Kämmerer | Staatsorganisationsrecht

D1692293

Staatsorganisationsrecht

Von

Dr. Jörn Axel Kämmerer

Professor an der Bucerius Law School in Hamburg

4. neu bearbeitete Auflage 2022

Verlag Franz Vahlen

Zitiervorschlag: Kämmerer StaatsorgR § Rn.

www.vahlen.de

Print ISBN 978 3 8006 6544 0
E-Book ISBN 978 3 8006 6807 0

© 2022 Verlag Franz Vahlen GmbH
Wilhelmstraße 9, 80801 München
Druck und Bindung: Druckerei C.H. Beck, Nördlingen
(Adresse wie Verlag)

Satz: R. John + W. John GbR, Köln
Umschlaggestaltung: Martina Busch Grafikdesign, Homburg Saar

Gedruckt auf säurefreiem, alterungsbeständigem Papier
(hergestellt aus chlorfrei gebleichtem Zellstoff)

Vorwort zur 4. Auflage

Seit Erscheinen der dritten Auflage dieses Buches sind fünf Jahre verstrichen. Für die vorliegende Neuauflage ist es einer Generalrevision unterzogen worden, die sich der Konsistenz und Tiefe der wissenschaftlichen Aussagen ebenso verpflichtet sieht wie den Anforderungen der juristischen Ausbildung und der Methodik der Fallklausur. Nicht die Grundgliederung, aber doch einige Abschnitte des Buches präsentieren sich im veränderten Gewand. Graphische Darstellungen und Textpassagen greifen stärker ineinander. Die Fallbeispiele sind noch einmal darauf abgeklopft worden, dass keine Stereotype transponiert werden. Wenn dieses Buch, soweit es Aussagen zum Staatsrecht enthält, trotzdem nicht „gendert", dann vor allem, weil es nah am Normtext sein will und sowohl das Grundgesetz als auch die wichtigsten staatsrechtlichen Nebengesetze bislang am „generischen Maskulinum" festhalten.

Ich bedanke mich für alle Anregungen und Kritik, die mich aus dem Kreis der Leserinnen und Leser erreicht haben, und bin auch weiterhin für solche Zuschriften dankbar. Bei der Vorbereitung dieser Auflage haben mich (in alphabetischer Folge) Julia Flick, Alexander Frantz, Tobias Hinderks, Leif Jischkowski, Dr. Andreas Kerkemeyer, Philipp Kleiner, Hauke Köhler, Heidrun Meyer-Veden und Yannek Wloch sehr unterstützt; ihnen allen gebührt mein herzlicher Dank.

Abschließend sei noch auf die frei zugängliche Youtube-Videoreihe „Bucerius Law School – lecture digital" hingewiesen. Meine unter http://buceri.us/staatsorga abrufbaren Videos zu zentralen Fragen des Staatsorganisationsrechts können und sollen dieses Lehrbuch zwar keinesfalls ersetzen, eignen sich aber als visuelle Ergänzung und zur raschen Wiederholung.

Hamburg, im November 2021   *Jörn Axel Kämmerer*

V

Vorwort zur 1. Auflage

Dieses Buch wendet sich an Studierende der Rechtswissenschaft, die erstmals mit dem Staatsorganisationsrecht befasst sind oder vor der „ersten Prüfung", dem bisherigen Staatsexamen, stehen. Für die Darstellung habe ich nicht auf das klassische Lehrbuchmuster rekurriert, sondern mich für ein Format eigener Art entschieden. Im Vordergrund steht die – durch Schaubilder unterstützte – Vermittlung der systematischen Zusammenhänge der Materie und des methodisch korrekten Umgangs mit ihr. Die Darstellung beschränkt sich zwar auf Kernfragen des Staatsorganisations- und Verfassungsprozessrechts, nimmt aber für sich in Anspruch, über eine bloße Übersicht über examens- und klausurrelevante Probleme hinauszugehen – weil sie Verständnis für das Staatsorganisationsrecht und seine Bedeutung für die Rechtswissenschaft wecken und auch einen Anreiz zu intensiveren wissenschaftlichen Auseinandersetzung mit dieser Materie geben will. Kritik und Verbesserungsvorschläge aus dem Kreis der Leserinnen und Leser sind willkommen.

Dank gebührt Frau Wiss. Mitarbeiterin Birthe Vollers für wertvolle Hilfe bei der Erstellung der Fußnoten, und Frau Wiss. Mitarbeiterin Paulina Starski für die Durchsicht des Manuskripts, außerdem meiner Sekretärin, Frau Susi Lohmann, die mich bei der Erstellung des Manuskripts sehr unterstützt hat.

Hamburg, im November 2007   *Jörn Axel Kämmerer*

Inhaltsverzeichnis

Abkürzungsverzeichnis

aA . . . . anderer Ansicht
aE . . . . am Ende
aF . . . . alte Fassung
AfD . . . . Alternative für Deutschland (politische Partei)
AfP . . . . Archiv für Presserecht. Zeitschrift für das gesamte Medienrecht
AbgG . . . . Abgeordnetengesetz
abl. . . . . ablehnend
Abs. . . . . Absatz
abw. . . . . abweichend
AEUV . . . . Vertrag über die Arbeitsweise der Europäischen Union
allg. . . . . allgemein[e]
AöR . . . . Archiv des öffentlichen Rechts (Zeitschrift)
arg. . . . . argumentum
Art. . . . . Artikel
AtG . . . . Gesetz über die friedliche Verwendung der Kernenergie und den Schutz gegen ihre Gefahren (Atomgesetz)
Aufl. . . . . Auflage
ausf. . . . . ausführlich
Az. . . . . Aktenzeichen

BAG . . . . Bundesarbeitsgericht
BauGB . . . . Baugesetzbuch
BayVBl. . . . . Bayerische Verwaltungsblätter (Zeitschrift)
Bd. . . . . Band
Bearb./bearb. . . . . . Bearbeiter/in/nen; bearbeitet
BeckOK . . . . Beck'scher Online-Kommentar
BeckRS . . . . Beck-Rechtsprechung (Online-Datenbank)
Begr. . . . . Begründer
BerlKomm . . . . Berliner Kommentar
BFH . . . . Bundesfinanzhof
BGB . . . . Bürgerliches Gesetzbuch
BGBl. . . . . Bundesgesetzblatt
BGH . . . . Bundesgerichtshof
BGHZ . . . . Entscheidungen des Bundesgerichtshofs in Zivilsachen (amtliche Sammlung)
BHO . . . . Bundeshaushaltsordnung
BIP . . . . Bruttoinlandsprodukt
BMJ . . . . Bundesministerium der Justiz
BpräsWahlG . . . . . Gesetz über die Wahl des Bundespräsidenten durch die Bundesversammlung
BremVerf . . . . Bremische Verfassung
BSG . . . . Bundessozialgericht
BT . . . . Bundestag
BT-Drs. . . . . Drucksachen des Deutschen Bundestages
BVerfG . . . . Bundesverfassungsgericht
BVerfGE . . . . Entscheidungen des Bundesverfassungsgerichts (amtliche Sammlung)
BVerfGG . . . . Gesetz über das Bundesverfassungsgericht – Bundesverfassungsgerichtsgesetz
BVerfG (K) . . . . . . Bundesverfassungsgericht (Kammerentscheidung)
BVerwG . . . . Bundesverwaltungsgericht
BVerwGE . . . . Entscheidungen des Bundesverwaltungsgerichts (amtliche Sammlung)
BVwVfG . . . . Verwaltungsverfahrensgesetz des Bundes
BWG . . . . Bundeswahlgesetz
bzw. . . . . beziehungsweise

CDU . . . . Christlich-Demokratische Union Deutschlands
CSU . . . . Christlich-Soziale Union in Bayern

dh . . . . das heißt
DDR . . . . Deutsche Demokratische Republik
DFS . . . . Deutsche Flugsicherung
DHS . . . . Dürig/Herzog/Scholz GG-Kommentar
DÖV . . . . Die Öffentliche Verwaltung (Zeitschrift)
DRiG . . . . Deutsches Richtergesetz
DRiZ . . . . Deutsche Richterzeitung
DSP . . . . Deutsche Stahlpartei
DStR . . . . Deutsches Steuerrecht (Zeitschrift)
DstRE . . . . Deutsches Steuerrecht Entscheidungsdienst (Zeitschrift)
DVBl . . . . Deutsches Verwaltungsblatt (Zeitschrift)

Ed. . . . . Edition
EG . . . . Europäische Gemeinschaft(en)/Vertrag zur Gründung der Europäischen Ge-
meinschaft
etc . . . . et cetera
EGMR . . . . Europäischer Gerichtshof für Menschenrechte
EMRK . . . . Europäische Konvention der Menschenrechte und Grundfreiheiten
ESZB . . . . Europäisches System der Zentralbanken
EU . . . . Europäische Union
EUV . . . . Vertrag über die Europäische Union
EuGH . . . . Gerichtshof der Europäischen Gemeinschaften
EUZBBG . . . . Gesetz über die Zusammenarbeit von Bundesregierung und Deutschem Bun-
destag in Angelegenheiten der Europäischen Union
EUZBLG . . . . Gesetz über die Zusammenarbeit von Bund und Ländern in Angelegenheiten
der Europäischen Union
EV . . . . Einigungsvertrag
EZB . . . . Europäische Zentralbank

f. . . . . folgende [Seite]
ff. . . . . folgende [Seiten]
FHOeffR . . . . Fundheft für Öffentliches Recht (Zeitschrift)
fortgef. . . . . fortgeführt

GastG . . . . Gaststättengesetz
gem. . . . . gemäß
GeschO . . . . Geschäftsordnung
GeschOBT . . . . . Geschäftsordnung des Deutschen Bundestages
GG . . . . Grundgesetz
GGO . . . . Gemeinsame Geschäftsordnung der Bundesministerien
ggf. . . . . gegebenenfalls
GO-BT . . . . Geschäftsordnung des Deutschen Bundestages
GO-BReg . . . . . . Geschäftsordnung der Bundesregierung
grds. . . . . grundsätzlich
GVG . . . . Gerichtsverfassungsgesetz
GWB . . . . Gesetz gegen Wettbewerbsbeschränkungen
GWC . . . . Gröpl/Windhorst/von Coelln GG-Kommentar

hA . . . . herrschende Ansicht/Auffassung
hM . . . . herrschende Meinung
HessVerf . . . . Hessische Verfassung
HGrG . . . . Gesetz über die Grundsätze des Haushaltsrechts des Bundes und der Länder
(Haushaltsgrundsätzegesetz)
HPMG . . . . Herdegen/Masing/Poscher/Gärditz GG-Kommentar

Hrsg. . . . . Herausgeber/in
hrsg. . . . . herausgegeben
Hs. . . . . Halbsatz
HVerfG . . . . Hamburgisches Verfassungsgericht
HW . . . . Hömig/Wolf GG-Kommentar

ICJ . . . . International Court of Justice (= Internationaler Gerichtshof)
idR . . . . in der Regel
ieS . . . . im engeren Sinne
IGH . . . . Internationaler Gerichtshof (= International Court of Justice)
iSd . . . . im Sinne des/der
iSv . . . . im Sinne von
iVm . . . . in Verbindung mit
inkl. . . . . inklusive
IntVG . . . . Integrationsverantwortungsgesetz
iwS . . . . im weiteren Sinn

JA . . . . Juristische Arbeitsblätter (Zeitschrift)
JöR nF . . . . Jahrbuch des öffentlichen Rechts, neue Folge
JURA . . . . Juristische Ausbildung (Zeitschrift)
JuS . . . . Juristische Schulung (Zeitschrift)
JZ . . . . Juristenzeitung

Kap. . . . . Kapitel
KPD . . . . Kommunistische Partei Deutschlands
krit. . . . . kritisch
KritV . . . . Kritische Vierteljahresschrift für Gesetzgebung und Rechtswissenschaft

Lfg. . . . . Lieferung
LG . . . . Landgericht
LHO . . . . Länderhaushaltsordnung
Lit. . . . . Literatur
lit. . . . . littera (Buchstabe)
LKV . . . . Landes- und Kommunalverwaltung (Zeitschrift)
Losebl. . . . . Loseblattwerk
LVerf . . . . Landesverfassung

MKS . . . . von Mangoldt/Klein/Starck GG-Kommentar
MretG . . . . Gesetz zur Rettung des Fahrzeugherstellers Mantamobil
mwN . . . . mit weiteren Nachweisen

NATO . . . . North Atlantic Treaty Organization (Organisation des Nordatlantikvertrags)
nF . . . . neue Fassung
NB . . . . notabene!
NJW . . . . Neue Juristische Wochenschrift
NPD . . . . Nationaldemokratische Partei Deutschlands
npoR . . . . Zeitschrift für das Recht der Non Profit Organisationen
Nr. . . . . Nummer
NVwZ . . . . Neue Zeitschrift für Verwaltungsrecht
NWVBl. . . . . Nordrhein-Westfälische Verwaltungsblätter (Zeitschrift)
NZS . . . . Neue Zeitschrift für Sozialrecht

oa . . . . oben angeführt
OVG . . . . Oberverwaltungsgericht

ParlBetG . . . . Gesetz über die parlamentarische Beteiligung bei der Entscheidung über den
Einsatz bewaffneter Streitkräfte im Ausland

ParlStG	Gesetz über die Rechtsverhältnisse der Parlamentarischen Staatssekretäre
PartG	Parteiengesetz
PKK	Partiya Karkerên Kurdistan (Arbeiterpartei Kurdistans)
polit.	politisch[e/en/er/es]
Prot.	Protokoll
PUAG	Gesetz zur Regelung des Rechts der Untersuchungsausschüsse des Deutschen Bundestages (Untersuchungsausschussgesetz)
Rn.	Randnummer
Rs.	Rechtssache
RuStAG	Reichs- und Staatsangehörigkeitsgesetz
RVO	Rechtsverordnung
S.	Satz, Seite
SGB	Sozialgesetzbuch
SKB	Schmidt-Bleibtreu/Klein/Bethge BVerfGG-Kommentar
Slg.	Sammlung (insbesondere amtliche Sammlung der Entscheidungen des EuGH)
sm	Seemeile(n)
sog.	sogenannt
SPD	Sozialdemokratische Partei Deutschlands
SRP	Sozialistische Reichspartei
StabG	Gesetz zur Förderung der Stabilität und des Wachstums der Wirtschaft (Stabilitätsgesetz)
stRspr	ständige Rechtsprechung
StAG	Staatsangehörigkeitsgesetz
StGB	Strafgesetzbuch
StVG	Straßenverkehrsgesetz
StVO	Straßenverkehrsordnung
ua	und andere[s], unter anderem, unter anderen
UCD	Umbach/Clemens/Dollinger BVerfGG-Kommentar
uU	unter Umständen
UAbs.	Unterabsatz
Urt.	Urteil
UWG	Gesetz gegen den unlauteren Wettbewerb
v.	vom/von
va	vor allem
Var.	Variante
VBlBW	Verwaltungsblätter für Baden-Württemberg (Zeitschrift)
VerfGH	Verfassungsgerichtshof
VereinsG	Vereinsgesetz
vgl.	vergleiche
Vorb.	Vorbemerkung(en)
VVDStRL	Veröffentlichungen der Vereinigung der Deutschen Staatsrechtslehrer
VwGO	Verwaltungsgerichtsordnung
VwVfG	Verwaltungsverfahrensgesetz
WahlprG	Wahlprüfungsgesetz Hessen
WahlprüfG	Wahlprüfungsgesetz
WRV	Verfassung des Deutschen Reichs von 1919 [Weimarer Reichsverfassung]
WVRK	Wiener Übereinkommen über das Recht der Verträge – Wiener Vertragsrechtskonvention
zB	zum Beispiel
ZG	Zeitschrift für Gesetzgebung
ZGR	Zeitschrift für Gesellschaftsrecht

zit. . . . . zitiert
zT . . . . zum Teil
ZPO . . . . Zivilprozessordnung
ZRP . . . . Zeitschrift für Rechtspolitik
ZZP . . . . Zeitschrift für Zivilprozess

Verzeichnis der abgekürzt zitierten Literatur

Badura, P., Staatsrecht, 7. Aufl. 2018 (zit.: Badura StaatsR).

Benda, E./Klein, E./Klein, O., Verfassungsprozessrecht, 4. Aufl. 2020 (zit.: Benda/Klein/Klein/ Bearbeiter VerfassungsProzR)

Degenhart, C., Staatsrecht I – Staatsorganisationsrecht, 37. Aufl. 2021 (zit.: Degenhart StaatsR I)

Dreier, H. (Hrsg.), Grundgesetz, Kommentar, Bd. I, 3. Aufl. 2013; Bd. II, 3. Aufl. 2015; Bd. III, 3. Aufl. 2018 (zit.: Dreier/Bearbeiter)

Dürig, G./Herzog, R./Scholz, R., Grundgesetz, Kommentar, 95. Lfg. 2021 (zit.: DHS/Bearbeiter)

Epping, V./Hillgruber, C. (Hrsg.), Beck'scher Online-Kommentar Grundgesetz, 48. Edition, Stand: 15.8.2021 (zit.: BeckOK GG/Bearbeiter)

Friauf, K. H./Höfling, W. (Hrsg.), Berliner Kommentar zum Grundgesetz, Losebl. (zit.: BerlKomm GG/Bearbeiter)

Graf Vitzthum, W./Proelß, A., Völkerrecht, 8. Aufl. 2019 (zit.: Vitzthum/Proelß VölkerR/Bearbeiter)

Gröpl, C., Staatsrecht I, 13. Aufl. 2021 (zit.: Gröpl StaatsR I)

Gröpl, C./Windthorst, K./v. Coelln, C., Grundgesetz, Studienkommentar, 4. Aufl. 2020 (zit.: GWC/Bearbeiter)

Herdegen, M./Masing, J./Poscher, R./Gärditz, K.F., Handbuch des Verfassungsrechts, 1. Aufl. 2021 (zit.: HMPG VerfassungsR-HdB/Bearbeiter)

Hesse, K., Grundzüge des Verfassungsrechts der Bundesrepublik Deutschland, 20. Aufl. 1999 (zit.: Hesse Grundzüge VerfassungsR)

Hillgruber, C./Goos, C., Verfassungsprozessrecht, 5. Aufl. 2020 (zit.: Hillgruber/Goos VerfassungsProzR)

Hömig, D. (Begr.), Grundgesetz für die Bundesrepublik Deutschland, Handkommentar, hrsg. v. Wolff, H. A., 12. Aufl. 2018 (zit.: HW-GG/Bearbeiter)

Ipsen, J./Kaufhold, A.-K./Wischmeyer, T., Staatsrecht I, 33. Aufl. 2021 (zit.: Ipsen/Kaufhold/Wischmeyer StaatsR I)

Ipsen, J., Staatsrecht II, 24. Aufl. 2021 (zit.: Ipsen StaatsR II)

Isensee, J./Kirchhof, P. (Hrsg.), Handbuch des Staatsrechts, Bd. I,. 3. Aufl. 2003; Bd. II, 3. Aufl. 2004; Bd. III, 3. Aufl. 2005; Bd. IV, 3. Aufl. 2006; Bd. V, 3. Aufl. 2007; Bd. VI, 3. Aufl. 2008; Bd. VII, 3. Aufl. 2009; Bd. VIII, 3. Aufl. 2010; Bd. IX, 3. Aufl. 2011; Bd. X, 3. Aufl. 2012; Bd. XI, 3. Aufl. 2013; Bd. XII 3. Aufl. 2014, Bd. XIII, 3. Aufl. 2015 (zit.: Isensee/Kirchhof StaatsR-HdB/ Bearbeiter)

Jarass, H. D./Pieroth, B. (Begr.), Grundgesetz für die Bundesrepublik Deutschland, Kommentar, bearb. v. Jarass, H. D./Kment, M., 16. Aufl. 2020 (zit.: Jarass/Pieroth/Bearbeiter)

Kahl, W./Waldhoff, C./Walter, C. (Hrsg.), Bonner Kommentar zum Grundgesetz, Losebl., 208. Lfg. 2020 (zit.: BK-GG/Bearbeiter)

Katz, A./Sander, G., Staatsrecht, 19. Aufl. 2019 (zit.: Katz/Sander StaatsR)

Kluth, W./Heusch, A., Beck'scher Online-Kommentar Ausländerrecht, 29. Edition, Stand: 1.4.2021 (zit.: BeckOK AuslR/Bearbeiter)

Korioth, S., Staatsrecht I, 5. Aufl. 2020 (zit.: Korioth StaatsR I)

Lechner, H./Zuck, R., Bundesverfassungsgerichtsgesetz, Kommentar, 8. Aufl. 2019 (zit.: Lechner/Zuck)

v. Mangoldt, H. (Begr.), Kommentar zum Grundgesetz, fortgef. v. Klein, F./Starck, C., hrsg. von Huber, P. M./Voßkuhle, A., Bd. I–III, 7. Aufl. 2018 (zit.: MKS/Bearbeiter)

Maurer, H., Staatsrecht I, 7. Aufl. 2021 (zit.: Maurer StaatsR I)

Morlok, M./Michael, L., Staatsorganisationsrecht, 5. Aufl. 2020 (zit.: Morlok/Michael StaatsorganisationsR)

v. Münch, I./Kunig, P. (Begr.), Grundgesetz, Kommentar, hrsg. v. Kämmerer, J. A./Kotzur, M., Bd. I u. II, 7. Aufl. 2021 (zit.: v. Münch/Kunig/Bearbeiter)

v. Münch, I./Mager, U., Staatsrecht I, 9. Aufl. 2021 (zit.: v. Münch/Mager StaatsR I)

Sachs, M. (Hrsg.), Grundgesetz, Kommentar, 9. Aufl. 2021 (zit.: Sachs/Bearbeiter)

Schlaich, K./Korioth, S., Das Bundesverfassungsgericht, 12. Aufl. 2021 (zit.: Schlaich/Korioth BVerfG)

Schmidt-Bleibtreu, B. (Begr.), Grundgesetz, Kommentar, hrsg. v. Hofmann, H./Henneke, H.-G., 15. Aufl. 2021 (zit.: SHH/Bearbeiter)

Schmidt-Bleibtreu, B./Klein, F./Bethge, H. (Hrsg.), Bundesverfassungsgerichtsgesetz, Kommentar, 60. Aufl. 2020 (zit.: SKB/Bearbeiter)

Schöbener, B./Knauff, M., Allgemeine Staatslehre, 4. Aufl. 2019 (zit.: Schöbener/Knauff Staatslehre)

Sodan, H. (Hrsg.), Grundgesetz, Kommentar, 4. Aufl. 2018 (zit.: Sodan/Bearbeiter)

Sodan, H./Ziekow, J., Grundkurs Öffentliches Recht, 9. Aufl. 2020 (zit.: Sodan/Ziekow GK ÖffR)

Stein, E./Frank, G., Staatsrecht, 21. Aufl. 2010 (zit.: Stein/Frank StaatsR)

Stern, K., Staatsrecht, Bd. I, 2. Aufl. 1984; Bd. II, 1980; Bd. III/1, 1988; Bd. III/2, 1994; Bd. IV/1, 2006; Bd. V, 2000 (zit.: Stern StaatsR/Bearbeiter)

Stolleis, M., Geschichte des öffentlichen Rechts in Deutschland, Bd. 4, 1. Aufl. 2012 (zit.: Stolleis Geschichte ÖffR IV)

Umbach, D./Clemens, T./Dollinger, F.-W. (Hrsg.), Bundesverfassungsgerichtsgesetz, Mitarbeiterkommentar, 2. Aufl. 2005 (zit.: UCD BVerfGG/Bearbeiter)

Will, M., Staatsrecht I, 1. Aufl. 2021 (zit.: Will StaatsR I)

Zippelius, R./Würtenberger, T., Deutsches Staatsrecht, 33. Aufl. 2018 (zit.: Zippelius/Würtenberger StaatsR)

1. Kapitel. Staat und Verfassung

§ 1 Staat und Staatsorganisationsrecht: Grundlagen und Grundbegriffe

A. Staatsorganisationsrecht als Bestandteil des Verfassungsrechts

Öffentliches Recht umfasst alle Vorschriften, die ausschließlich den Staat und seine **1** Organe verpflichten. Nach der herrschenden Sonderrechtstheorie (modifizierte Subjektstheorie) ist das **Öffentliche Recht** somit zu verstehen als das **Sonderrecht des Staates** und der anderen Hoheitsträger.[1] Kein Rechtsgebiet ist so markant öffentlichrechtlich wie das Staatsorganisationsrecht, denn es regelt den Aufbau, die Aufgaben und die Funktionsweise des Staates. Staatsorganisationsrecht und Grundrechte bilden zusammen das Verfassungsrecht.

Die Eigenheit des Verfassungsrechts – und damit auch des Staatsorganisationsrechts – **2** besteht in seiner auch normhierarchisch herausgehobenen Stellung: Als Organisations- und Funktionsstatut verfasst (konstituiert) es das Gemeinwesen als Ganzes. Es schafft die Basis für die Organe des Staates und ihre Rechtsakte, insbesondere einfache Gesetze. Konsequenterweise muss dem Verfassungsrecht ein höherer Rang zukommen als herkömmlichen Gesetzen, für die es den Rechtmäßigkeits- und Gültigkeitsmaßstab darstellt. In den meisten Staaten ist das Verfassungsrecht in einem normativen Dokument vereinigt, das als Verfassung (*constitution*) bezeichnet wird – so auch in Deutschland und den Ländern als Gliedstaaten der Bundesrepublik. Die davon abweichende Wahl der Bezeichnung „Grundgesetz" für die Bundesverfassung erklärt sich aus dem ursprünglich provisorischen Charakter weniger dieser Normenordnung als des Staatswesens, dessen Verhältnisse sie regelte; der Begriff „Verfassung" sollte derjenigen des wiedervereinigten Deutschlands vorbehalten bleiben.[2] Von einer Umbenennung oder gar Ersetzung des Grundgesetzes wurde angesichts seines „Erfolgs" und seiner Akzeptanz jedoch auch nach der Wiedervereinigung Abstand genommen. Dass es die Basis der gesamten Rechtsordnung darstellt, kommt in der Bezeichnung „Grundgesetz" im Übrigen noch deutlicher zum Ausdruck als im Wort „Verfassung". Auch außerhalb Deutschlands finden sich entsprechende Bezeichnungen (zB „grondwet" in den Niederlanden).

Der Begriff des **Staatsrechts** schließt den des Verfassungsrechts ein, ohne jedoch **3** normhierarchische Aussagekraft zu besitzen: Zum Staatsrecht werden vielfach auch Gesetze gerechnet, die – wie das Bundeswahlgesetz, das Gesetz über das BVerfG, die Wahlgesetze oder das Parteiengesetz – Kernaussagen des Grundgesetzes konkretisieren, ohne selbst am normativen Rang der Verfassung zu partizipieren.[3]

Der Höchstrang, der dem Verfassungsrecht und damit dem Grundgesetz in der **4** Normenordnung zukommt, hat zur Folge, dass das gesamte sonstige Öffentliche

---

1 Grdl. Wolff AöR 76 (1971), 205 f.; vgl. dazu auch v. Münch/Mager StaatsR I Rn. 6.
2 Vgl. JöR nF 1 (1951), 14 ff.
3 Stern StaatsR I § 1 III, S. 10 f.

Recht, das Privatrecht und das Strafrecht ihm untergeordnet sind. Ihre Vorschriften bilden, sofern sie mit Verfassungsrecht vereinbar sind, zusammen mit diesem die „verfassungsmäßige Ordnung". Der Begriff findet sich im Grundgesetz unter anderem in Art. 2 Abs. 1 GG sowie – mit engerem Begriffsverständnis – in Art. 28 Abs. 1 GG. Das einfache Recht (Gesetze und untergesetzliche Normen) muss nicht nur im **Einklang mit dem Verfassungsrecht** stehen (Vorrang der Verfassung; → Rn. 38, → § 3 Rn. 4), sondern ist auch im Einklang mit dem Verfassungsrecht auszulegen. Nicht nur die Gültigkeit, sondern auch der Inhalt von Vorschriften des BGB und des StGB, um sie nur als Beispiele anzuführen, werden mithin von den Normen des Grundgesetzes – den Grundrechten, aber auch dem Staatsorganisationsrecht – determiniert.[4]

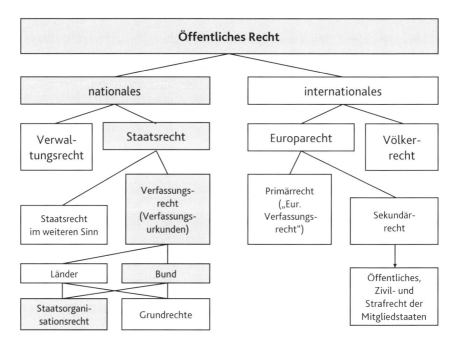

5 Nur noch gelegentlich wird differenziert zwischen der Verfassung im formellen und der Verfassung im materiellen Sinne.[5] Es handelt sich um eine lediglich rechtspolitische Unterscheidung, der kein rechtspraktischer Stellenwert zukommt. In diesem Sinne ist Verfassung im materiellen Sinne die Gesamtheit der Regeln, die ihrem Wesen nach in eine Verfassung gehört (aber nicht unbedingt immer tatsächlich Verfassungsrang hat), also unter anderem die Grundfunktionen des Staatswesens und die Grundprinzipien der Herrschafts- und Werteordnung. Verfassung im formellen Sinne umfasst all diejenigen Regeln, die tatsächlich in Verfassungsurkunden zusammengefasst sind (obwohl sie vielleicht ihrer Bedeutung nach nicht immer in solche hineingehören). Es gibt Länder mit ungeschriebenen Verfassungen (Beispiele: Vereinigtes Königreich, Israel, Neuseeland), die nicht oder kaum über formelles, wohl aber über ein materielles Verfassungsrecht verfügen. Selbst in Staaten mit geschriebenen Verfassungen kann es einzelne ungeschriebene Verfassungsgrundsätze geben, mit gleichem

---

4 Stolleis, Geschichte des öffentlichen Rechts in Deutschland, Bd. 4, 1. Aufl. 2012, S. 165 f.
5 Vgl. v. Münch/Mager StaatsR I Rn. 7; Degenhart StaatsR I Rn. 16.

Rang wie das geschriebene Verfassungsrecht. In der Regel lassen sie sich – wie die Bundestreue oder früher das Wiedervereinigungsgebot – aus dem Gesamtkontext der Verfassung ableiten und gründen insoweit doch auf kodifiziertem Recht; nur in wenigen Fällen – angeführt wird hier gern die Zuständigkeit für die Festlegung der Nationalhymne[6] – kommt eine solche Ableitung nicht in Betracht.

> **Hinweis:** Wenn hier von Verfassungsrecht die Rede ist, soll stets das Verfassungsrecht im formellen Sinne gemeint sein, in Deutschland (Gesamtstaat) also das Recht des Grundgesetzes.

B. Der Staat des Grundgesetzes

Wie bereits erwähnt, ist Öffentliches Recht, kurz gesagt, staatsbezogenes Sonderrecht. Das Staatsorganisationsrecht behandelt Aufbau, Aufgaben und Funktionsweise des Staates, auf dessen Wesensmerkmale daher – zunächst allgemein und sodann für die Bundesrepublik Deutschland als den durch das Grundgesetz verfassten Staat – zunächst einzugehen ist.   6

I. Der Staat im Allgemeinen

1. Person Staat

Als Rechtssubjekt verfügt der Staat über Rechte, die er im eigenen Namen geltend machen kann: Er ist eine **Person** – allerdings keine natürliche iSd § 1 BGB, sondern eine juristische. Juristische Personen sind nur durch ihre Organe, die mit natürlichen Personen (Organwalter oder Organvertreter) besetzt sind, handlungsfähig. Wie alle juristischen Personen existiert der Staat als Zuordnungssubjekt von Rechten und Pflichten, weil es hierüber ein rechtswirksames Einvernehmen gibt, dessen Grundlage im Falle des Staates selbst – weil seine Entstehung der Normenordnung zeitlichlogisch vorausgeht – in staatstheoretischen und rechtsphilosophischen Modellen (wie dem vom Gesellschaftsvertrag) zu suchen ist.[7] Der Staat ist (wie übrigens auch alle Vereine einschließlich der Kapitalgesellschaften) mitgliedschaftlich organisiert, gehört also unter den juristischen Personen zum Typus der **Körperschaften**.[8] Seine Mitglieder sind die Staatsangehörigen, deren Gesamtheit das Staatsvolk bildet. Im Bundesstaat gesellt sich eine zweite mitgliedschaftliche Ebene hinzu: Auch die Gliedstaaten (Länder) sind „Mitglieder" des Bundes.   7

Da Wesen und Wirken des Staates durch besondere Normen des öffentlichen Rechts determiniert werden, ist der Staat **Körperschaft des Öffentlichen Rechts**. Diese Kategorie umfasst unter anderem auch die durch Öffentliches Recht konstituierten Selbstverwaltungsorgane wie berufsständische Kammern, Gemeinden und kommunale Zweckverbände. Da den zu den staatskonstitutiven Merkmalen („drei Elemente", dazu sogleich) das Vorhandensein eines Gebiets gehört, wird der Staat (wie auch die Gemeinden und Gemeindeverbände) **Gebietskörperschaft** genannt.   8

---

6 Überblick über den Meinungsstand bei Hellenthal NJW 1988, 1294 ff.
7 Überblick über die Modelle bei Thiele, Der konstituierte Staat, 1. Aufl. 2021, S. 22.
8 Es gibt noch weitere Typen juristischer Personen des Öffentlichen Rechts: Anstalten (alias Agenturen), die keine Mitglieder, sondern nur Nutzer haben, und außerdem Stiftungen, die über weder das eine noch das andere verfügen. Hier gibt es nur Destinatäre, also diejenigen, denen die Werke der Stiftung zugutekommen.

2. Die drei Elemente der Staaten

9   Nach der von *Georg Jellinek*[9] entwickelten **Drei-Elemente-Lehre**, die mit der sog. Montevideo-Konvention über Rechte und Pflichten der Staaten vom 26.12.1933 völkerrechtliche Anerkennung gefunden hat und heute international unbestritten ist, liegt ein Staat vor, wenn folgende drei Merkmale („Elemente") erfüllt sind:

- Staatsgebiet
- Staatsvolk
- und Staatsgewalt.

a) Staatsvolk

10   Das Staatsvolk ist die Summe der Staatsangehörigen, also derjenigen Personen, die „Mitglieder" der Körperschaft Staat sind (vgl. für Deutschland Art. 16 Abs. 1 GG, Art. 116 Abs. 1 GG). Die **Staatsangehörigkeit** wird als besonderes rechtliches Band[10] zwischen dem Staat und seinen Bürgern bezeichnet. Nach allgemeinen, für alle Staaten geltenden Grundsätzen kann eine Staatsangehörigkeit entweder durch Verwaltungsakt (Einbürgerung) oder durch Geburt erworben werden. Der Erwerb aufgrund Geburt gliedert sich wiederum in zwei Erwerbstatbestände auf:

- den – in praktisch allen Staaten der Welt als Standard vorgesehenen – Erwerb kraft „blutsmäßiger" Abstammung, bei dem das Neugeborene die Staatsangehörigkeit der Eltern oder eines Elternteils erhält („**ius sanguinis**");
- vor allem in Einwanderungsländern das „**ius soli**", wonach jemand die Staatsangehörigkeit des Staates erhält, auf dessen Gebiet er geboren ist.

11   Hat eine Person Eltern mit unterschiedlichen Staatsangehörigkeiten oder ist sie in einem Staat geboren, welcher das „ius soli" kennt, ist **Mehrstaatigkeit** (umgangssprachlich, aber nicht ganz korrekt als „doppelte" oder „mehrfache Staatsangehörigkeit" bezeichnet) die Folge. Da sie zu kollidierenden Rechten oder Pflichten gegenüber unterschiedlichen Staaten führen kann, ist Mehrstaatigkeit nicht erwünscht, wenngleich sie in einem gewissen Maße als unvermeidlich in Kauf genommen wird.[11] Ein Mehrstaater kann sich seinen Pflichten (zB der Wehrpflicht) entziehen, aber auch von zwei Staaten gleichzeitig in die Pflicht genommen sehen. Mehrstaatigkeit entsteht vor allem dort, wo ein Staat den Erwerb der Staatsangehörigkeit durch Geburt nach dem ius soli, ein anderer nach dem ius sanguinis regelt. Die meisten durch Mehrstaatigkeit aufgeworfenen Rechtsfragen sind durch völkerrechtliche Verträge geregelt worden.[12]

b) Staatsgebiet

12   Das Staatsgebiet ist ein dreidimensionales Gebilde, das eigentlich als „Staatsraum" bezeichnet werden sollte. Denn das Staatsgebiet existiert nicht nur in der **Fläche**, sondern es erfasst auch die **Luftsäule** über dem Land bis hin zur Nutzungsgrenze von

---

9 G. Jellinek, Staatslehre, 3. Aufl. 1960, S. 174 ff., 394 ff.; vgl. auch BVerfGE 36, 1 (16) = NJW 1973, 1539; BVerfGE 77, 137 (150) = NJW 1988, 1313; Isensee/Kirchhof StaatsR-HdB/Isensee Bd. 2 § 15 Rn. 24.

10 Vgl. IGH ICJ Reports 1955, 4, (23) – Nottebohm; ferner MKS/Becker GG Art. 16 Rn. 1; BK-GG/Kämmerer, 176. Lfg. 2015, GG Art. 16 Rn. 33.

11 BVerfGE 37, 217 (254) = NJW 1974, 1609; BVerfG NJW 1991, 633 (634); dazu Walter VVDStRL 72 (2013), 7 (35 ff.).

12 Vgl. zB Art. 14 ff. des Europäischen Übereinkommens über die Staatsangehörigkeit v. 6.11.1997 (BGBl. 2004 II 578 [579]).

Fluggeräten (ca. 83 km) und den Untergrund.[13] Im Wesentlichen besteht es aus Festland, in geringerem Umfang wird aber auch Wasser von ihm umschlossen (auch insoweit unter Einschluss der dritten Dimension). Die – im Seerechtsübereinkommen der Vereinten Nationen von 1982/1994[14] verankerten – Maßstäbe für die Bemessung und (natur-)räumliche Unterteilung des Staatsgebiets und anknüpfende Nutzungsbefugnisse einerseits sowie die verschiedenen Kategorien von Nichtstaatsgebieten und die darauf bezogenen Nutzungsbefugnisse sind in den folgenden Schaubildern zusammengefasst.

NICHTSTAATSGEBIET, aber küstenstaatliche Nutzungsvorrechte		STAATSGEBIET		
Festlandsockel	Ausschießliche Wirtschaftszone	Küstenmeeer	Innere Gewässer	Landgebiet
= Meersboden und -untergrund bis grds. 200 Seemeilen (sm) ab Basislinie, zT bis 350 sm und darüber hinaus	= Wasserbereich bis 200 sm ab Basislinie	= 12 sm breiter Meeressaum ab Basislinie	Meeresgewässer landseitig der Basislinie	einschließlich aller Binnengewässer (die zT internationalen Nutzungsvereinbarungen unterliegen)

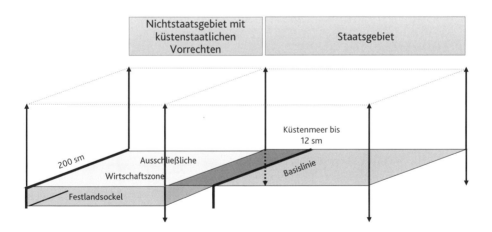

Staatsgebiet und angrenzende Meereszonen

Nichtstaatsgebiet mit küstenstaatlichen Vorrechten

Staatsgebiet

Küstenmeer bis 12 sm

200 sm

Ausschließliche Wirtschaftszone

Basislinie

Festlandsockel

---

13 Vgl. Vitzthum/Proelß VölkerR/Proelß S. 476
14 Umgesetzt durch das Gesetz zu dem Seerechtsübereinkommen der Vereinten Nationen v. 10.12.1982 (BGBl. 1994 II 1798).

c) Staatsgewalt

13 Ein Gebilde ohne (eigene) Staatsgewalt ist nach völkerrechtlichen Regeln kein Staat. Zeitweilige Unterbrechungen effektiver Ausübung der Staatsgewalt, beispielsweise im Falle kriegerischer Besetzung, schaden der Staatseigenschaft noch nicht. Dies gilt auch im Falle einer Annexion, also wenn ein Staat sich das Gebiet eines anderen Staats einverleibt, mit der Folge, dass dieser möglicherweise über lange Zeit keine funktionsfähige eigene Regierung mehr hat. Annexionen sind völkerrechtswidrig und entfalten keine Rechtswirkungen,[15] sie führen weder zu einem wirksamen Gebietsübergang noch zum ständigen Wegfall der Staatsgewalt und haben daher kein Erlöschen der Staatseigenschaft zur Folge. Annektierte Staaten (wie Äthiopien nach dem Überfall Mussolinis, das Baltikum zur Zeit der Sowjetunion) bestehen also fort und können uU nach vielen Jahren „reaktiviert" werden.

14 Auch eine „Niederkämpfung" (*„debellatio"*), wie sie Deutschland 1945 erfuhr, und die damit verbundene Besatzung (*occupatio bellica*) bleiben auf die Existenz des Staates grundsätzlich ohne Auswirkung.[16] Im Falle Deutschlands wurde dies nicht zuletzt darin manifest, dass die alliierten Besatzungsmächte Rechtsakte im Namen Deutschlands setzten (und damit funktional das Machtvakuum auf zentralrechtlicher Ebene füllten). Die Bundesrepublik Deutschland ist nicht Rechtsnachfolgerin des Deutschen Reichs, sondern mit diesem staats- und völkerrechtlich identisch; gewechselt hat nur die Staatsbezeichnung.[17]

15, 16 Für die Staatseigenschaft ohne Bedeutung ist die Binnenstruktur des Staates – ob und wie die Gewalten getrennt sind und ob das Volk oder ein Monarch der Souverän ist, ob es sich um eine Demokratie und einen Rechtsstaat handelt oder nicht, ob ein Einheitsstaat oder ein – seinerseits in Staaten aufgegliederter – Bundesstaat vorliegt.

> **Beachte:** Art. 20 Abs. 2 S. 2 GG bestimmt das Volk zum Inhaber der Staatsgewalt (Volkssouveränität). Dies bedeutet nicht, dass das Volk über jede Sachfrage unmittelbar entscheidet, sondern nur, dass alle Personal- und Sachentscheidungen (Wahlen und Abstimmungen) auf das Votum des Volkes zurückzuführen sein müssen. Da die staatsleitenden Sachentscheidungen dem Parlament obliegen, ist Deutschland eine mittelbare (repräsentative) parlamentarische Demokratie.

d) Souveränität

17 Zwischen Staatlichkeit, die lediglich das Vorliegen der drei Elemente erfordert, und Souveränität ist zu unterscheiden, wenngleich das BVerfG beide Merkmale vielfach miteinander verbindet („souveräne Staatlichkeit") und in Art. 23, 79 Abs. 3 GG ein Verbot hineinliest, die Souveränität Deutschlands zur Disposition zu stellen.[18] Die – im Grundgesetz nicht ausdrücklich erwähnte Souveränität lässt sich auch mit „Völkerrechtsunmittelbarkeit" wiedergeben, das heißt: Ein souveräner Staat hat niemanden

---

15 Statt aller Vitzthum/Proelß VölkerR/Kau S. 241 f.

16 Herdegen, Völkerrecht, 20. Aufl. 2021, § 8 Rn. 23.

17 Vgl. BVerfGE 3, 280 (319); BVerfGE 5, 85 (126) = NJW 1956, 1393; BVerfGE 36, 1 (16) = NJW 1973, 1539 – Grundlagenvertrag, ausf. zum wissenschaftlichen Diskurs einschließlich Gegenansichten Isensee/Kirchhof StaatsR-HdB/Stolleis Bd. 1 § 7 Rn. 34 ff.; Maurer StaatsR I § 3 Rn. 49 ff.; Katz/Sander StaatsR § 6 II Rn. 120 ff.

18 BVerfGE 89, 155 (182) = NJW 1993, 3047; BVerfGE 123, 267 (330) = NJW 2009, 2267; BVerfGE 129, 124 (169) = NJW 2011, 2946; BVerfGE 142, 123 (191) = NJW 2016, 2473; BVerfG NJW 2019, 3204 Rn. 119; jüngst BVerfGE 154, 17 (86) = NJW 2020, 1647; krit. v. Münch/Kunig/Bryde GG Art. 79 Rn. 64.

mehr über sich und ist an nichts gebunden als die völkerrechtlichen Pflichten, denen er sich in freier Entscheidung unterworfen hat bzw. an die jeder souveräne Staat gebunden ist.[19] In der Ordnung des Grundgesetzes existiert nur ein souveräner Staat – die Bundesrepublik Deutschland – neben 16 nicht souveränen Staaten, den Ländern. Souverän sind sie deswegen nicht, weil sie noch die (im Binnenverhältnis als „Bund" bezeichnete) Bundesrepublik Deutschland als Gesamtstaat über sich haben (→ § 4 Rn. 5). Konsequenterweise konzentrieren sich die außenpolitischen Befugnisse beim Bund (Art. 32 GG).

Die Souveränität des Staates wirkt nach außen wie nach innen. Kraft seiner inneren **18** Souveränität darf der Staat seine inneren Angelegenheiten grundsätzlich frei und ohne Einmischung anderer Mächte regeln. Faktisch ist der Staat durch das Völkerrecht und innerhalb der Europäischen Union (EU) insbesondere durch die mit Anwendungsvorrang ausgestatteten Bestimmungen des Unionsrechts[20] in dieser Freiheit stark beschränkt. Zu beachten ist, dass Staatensouveränität mit dem Grundsatz der sog. Volkssouveränität (Art. 20 Abs. 2 S. 1 GG: „Alle Staatsgewalt geht vom Volke aus.") unmittelbar nichts zu tun hat.

II. Die Bundesrepublik Deutschland

1. Name und Genese

Als Gründungsdatum des deutschen Staats im modernen Sinne kann man den **19** 18.8.1866 betrachten, als der **Norddeutsche Bund** – trotz seines an ein bloßes Staatenbündnis gemahnenden Namens bereits ein Bundesstaat – entstand, der 1971 durch Beitritt der süddeutschen Staaten zum **Deutschen Reich** wurde. Mehrmals gewechselt hat dieses Gemeinwesen seither

- seinen **Namen** (1866–1871 Norddeutscher Bund, 1871–1945 Deutsches Reich, 1949–1990 Bundesrepublik Deutschland/Deutsche Demokratische Republik, seit 1990 ausschließlich Bundesrepublik Deutschland),
- sein **politisches System** (1866–1918 parlamentarische Monarchie, seit 1918 Republik, davon 1918–1933 parlamentarische Demokratie mit präsidialen Zügen, 1933–1945 Diktatur, 1949–1989 wiederum Diktatur in Ostdeutschland, im Westen und 1989–1990 auch in Ostdeutschland parlamentarische Demokratie)
- und auch seine **Verfassung** (1867 Verfassung des Norddeutschen Bundes, 1871 Verfassung des Deutschen (Kaiser-)Reichs, 1919 (Weimarer) Verfassung des Deutschen Reichs, 1949 Grundgesetz – mit Geltung für das gesamte Deutschland seit 1990 –, 1949 und 1968 Verfassungen der Deutschen Demokratischen Republik).

„Bundesrepublik Deutschland" ist vor diesem Hintergrund lediglich der – im Titel des **20** Grundgesetzes verankerte – **Name des deutschen Staates**. Als Rechtsperson ist die heutige Bundesrepublik Deutschland jedoch nach ganz hM **mit dem Deutschen Reich identisch**, dh es hat keine Rechtsnachfolge (die ja unterschiedliche Rechtsträger voraussetzen würde) stattgefunden.[21] Insbesondere war in der Besatzungszeit (1945–1949) die

---

19 v. Arnauld, Völkerrecht, 4. Aufl. 2019, Rn. 90; Vitzthum/Proelß VölkerR/Kau S. 202.
20 Bieber/Epiney/Haag/Kotzur/Bieber/Kotzur, Die Europäische Union, 14. Aufl. 2021, § 3 Rn. 37 ff.; Sodan/Ziekow GK ÖffR § 5 Rn. 12.
21 So explizit BVerfGE 36, 1 (16) = NJW 1973, 1539 – Grundlagenvertrag. Näher Isensee/Kirchhof StaatsR-HdB/Stolleis Bd. I § 7 Rn. 34 ff. mwN auch zu Gegenansichten.

deutsche Staatlichkeit nicht unterbrochen (→ Rn. 14). Ebenso wenig steht der Umstand, dass Deutschland bzw. die beiden deutschen Staaten bis mindestens Mitte der 1950er Jahre nur eingeschränkt souverän waren, diesem an der Rechtspersönlichkeit anknüpfenden Kontinuum entgegen. Probleme bereitet einzig die 1949 erfolgte Teilung Deutschlands in einen westlichen (Bundesrepublik Deutschland) und einen östlichen Staat (Deutsche Demokratische Republik – DDR). Während die hM in der Bundesrepublik das Deutsche Reich nicht nur als nicht untergegangen, sondern jeden der beiden deutschen Staaten als „teilidentisch" mit ihm betrachtete,[22] verstand sich die DDR als Neustaat und bestritt jede staatliche Identität mit dem Deutschen Reich. Logisch ist nur schwer zu vermitteln, warum bei Teilung eines Staates jeder der Teile für sich genommen personenidentisch sein sollte mit dem zuvor als Deutsches Reich bezeichneten Gesamtstaat. Mit der Wiedervereinigung ist dieses logische Problem zwar nicht gelöst, aber obsolet geworden.

2. Aussagen des Grundgesetzes über die Staatselemente

a) Das „Deutsche Volk"

aa) Begriff und Grundlagen

21 Das Deutsche Volk (Präambel, S. 1, 3; Art. 1 Abs. 2 GG) – im Grundgesetz großgeschrieben – ist das Staatsvolk der Bundesrepublik Deutschland. Das Attribut „deutsch" fehlt in Art. 20 Abs. 2 GG, doch meint gerade diese Bestimmung das Staatsvolk als „pouvoir constituant": als eine der drei Säulen, auf denen die deutsche Staatseigenschaft ruht und von der die Staatsgewalt – im demokratisch verfassten Gemeinwesen – ihre Legitimität ableitet.[23]

22 Das Volk herrscht hier grundsätzlich eben nicht unmittelbar, sondern schafft – so die Idee – als **„pouvoir constituant"**, als verfassunggebende Gewalt, erst die Grundlage, auf der die Organe des Staates innerhalb seiner Gewaltentrias (Legislative, Exekutive und Judikative) agieren können: Diese **pouvoir(s) constitué(s)** alias verfasste Gewalt(en) existiert bzw. existieren nur im Rahmen der volksgegebenen Verfassung und ist bzw. sind nur nach ihren Vorgaben handlungsbefugt.[24] Tatsächlich ist das Verhältnis beider *pouvoirs* diffuser: Während das Volk nicht in allen staatlichen Ordnungen aktiv an der Verfassungsgebung mitwirkt – weswegen der Passus in der GG-Präambel, das Deutsche Volk habe „sich" die Verfassung gegeben, nur aus staatstheoretischer Sicht Bestand hat –, ist umgekehrt die Verfassungsänderung (die auch eine Form der Verfassungsgebung darstellt) vielfach ganz oder teilweise Angelegenheit der verfassten Gewalt(en), so auch in Art. 79 Abs. 2 GG. Die sog. **Volkssouveränität** (vgl. Art. 20 Abs. 2 S. 2 GG) kommt praktisch vor allem durch Wahlen zum Ausdruck, welche die vom Grundgesetz und den Landesverfassungen etablierten (konstituierten) Organe des Staates mit einer (zeitlich begrenzten) Handlungsermächtigung versehen (→ Rn. 16, → § 2 Rn. 4).

---

22 Dazu BVerfGE 36, 1 (16) = NJW 1973, 1539 – Grundlagenvertrag.

23 BVerfGE 107, 59 (87) = NVwZ 2003, 974; v. Münch/Kunig/Kotzur GG Art. 20 Rn. 111; DHS/ Greszick, 57. Lfg. 2010, GG Art. 20 Rn. 79.

24 Das theoretische Grundgebäude dazu findet sich vor allem bei Sieyès Qu'est-ce que le Tiers-Etat, 1789 (wo allerdings die Begriffe pouvoir constituant und pouvoir constitué nicht verwendet werden). Vgl. auch Degenhart StaatsR I Rn. 18; Schöbener/Knauff Staatslehre § 5 Rn. 44.

Wie die Zugehörigkeit zum Deutschen Volk begründet wird, regelt das Grundgesetz **23**
nicht. Die rechtlichen Grundlagen für den Erwerb der deutschen Staatsangehörigkeit
finden sich im **Staatsangehörigkeitsgesetz** (StAG), das seine jetzige Gestalt 1999 er-
hielt, im Kern jedoch noch auf das Jahr 1913 zurückgeht.[25] Deutschland folgt traditionell dem „ius sanguinis" (→ Rn. 10), hat jedoch in jüngerer Zeit, um die Integration der
Abkömmlinge von Zuwanderern zu fördern, in begrenztem Umfang auch das „ius soli" eingeführt (§ 4 Abs. 3 StAG). Um zu verhindern, dass die betroffenen Personen, die
auch über eine „blutsmäßige" Abstammung als Erwerbsgrund einer oder womöglich
mehrerer anderer Staatsangehörigkeiten verfügen, dauerhaft zu „Mehrstaatern" werden, zwingt § 29 StAG einen Großteil von ihnen, sich nach Erreichen der Volljährigkeit
für die deutsche oder für die andere Staatsangehörigkeit zu entscheiden.[26] Dennoch
wird Mehrstaatigkeit mittlerweile vom StAG in vielen Fällen hingenommen, insbesondere bei Unionsbürgern (EU-Ausländern). Der Grundsatz, dass die deutsche Staatsangehörigkeit beim Erwerb einer anderen verlorengeht, gilt nur noch eingeschränkt.[27]

Eine im Grundgesetz selbst verankerte Besonderheit des deutschen Staatsangehörig- **24**
keitsrechts, die heute allerdings kaum noch Bedeutung besitzt, sind die sog. „Status-
deutschen". Das GG hatte dem Umstand Rechnung zu tragen, dass bei seiner Entstehung Millionen Geflohene im Bundesgebiet lebten, die sich als Deutsche verstanden,
jedoch – wie die Sudetendeutschen – niemals die deutsche Staatsangehörigkeit inne-
hatten. Mit Blick auf sie wurde der Begriff des „Deutschen im Sinne des Grundgesetzes" (Art. 116 Abs. 1 GG) geschaffen, wonach Deutscher ist, wer die (nach den oben
genannten Grundsätzen erworbene) deutsche Staatsangehörigkeit besitzt (Var. 1)
oder als Flüchtling oder Vertriebener deutscher Volkszugehörigkeit (also „Status-
deutscher") oder sein Ehegatte oder Abkömmling im Gebiet des deutschen Reiches,
wie es am 31.12.1937 bestand,[28] Aufnahme gefunden hat (Var. 2). Spätere Rechtsände-
rungen haben auch diesen Personen und ihren Abkömmlingen die deutsche Staatsangehörigkeit verschafft; von gewisser Bedeutung bleibt Art. 116 Abs. 1 Var. 2 GG
noch für sog. Spätaussiedler aus Osteuropa und Zentralasien.[29] Wo das GG, insbesondere im Grundrechtsteil, von „Deutschen" spricht, sind stets die „Deutschen im
Sinne des Grundgesetzes", also beide Gruppen, gemeint. Auch beim Wahlrecht wird
kein Unterschied gemacht.

Gemäß Art. 16 Abs. 1 S. 1 GG darf die deutsche Staatsangehörigkeit nicht entzogen **25**
werden. Entziehung ist nach hM ein Verlust der Staatsangehörigkeit, der aus der Per-
spektive des Betroffenen unvermeidbar (also nicht „zumutbar beeinflussbar") war.[30]
Damit wird der Ausbürgerung, wie sie etwa nach 1933 (aus rassenideologischen und
politischen Gründen) in vielen Fällen erfolgte, der Boden entzogen.[31]

---

25 Von 1913–1999 trug es die Bezeichnung Reichs- und Staatsangehörigkeitsgesetz (RuStAG).
26 BeckOK AuslR/Griesbeck, 29. Ed. 1.4.2021, StAG § 29 Rn. 10; zur Reform der Optionspflicht,
   s. Mosbacher NVwZ 2015, 268 ff.
27 Vgl. § 25 StAG; Mosbacher NVwZ 2015, 268 (271).
28 Also auf dem Gebiet, das damals völkerrechtlich unbestritten deutsches Hoheitsgebiet war, bevor
   Deutschland seine schon damals völkerrechtswidrigen Annexionen begann.
29 Vgl. DHS/Giegerich, 61. Lfg. 2011, GG Art. 116 Rn. 56 ff.
30 BVerfG (K) NVwZ 2001, 1393; NJW 1990, 2193. Das BVerfG verwendet anstelle des Begriffs der
   »Vermeidbarkeit« neuerdings den der »zumutbaren Beeinflussbarkeit«; vgl. BeckRS 2006, 23181
   Abs. 50; zum Meinungsspektrum vgl. BK-GG/Kämmerer, 176. Lfg. 2015, GG Art. 16 Rn. 71 ff.
31 Zum Recht solchermaßen Ausgebürgerter auf Wiedererlangung der deutschen Staatsangehörigkeit vgl. Art. 116 Abs. 2 S. 1 GG.

bb) Vermittelte Rechtspositionen

26 Die Staatsangehörigkeit ist mit Rechten, aber auch Pflichten verbunden. Das Grundgesetz statuiert vorwiegend **Rechte der Staatsangehörigen**, gewisse Pflichten folgen vorwiegend aus einfachem Recht.

- Das **Wahlrecht** im Bund und zu den Parlamenten der Länder steht nur Deutschen zu.[32] Dies folgt aus dem Prinzip der Volkslegitimation gem. Art. 20 Abs. 2 S. 1 GG („Alle Staatsgewalt geht vom Volke aus"). **Volk** im Sinne der Bestimmung ist als *Deutsches* Volk zu verstehen. Nur dieses ist also zur Kreation der deutschen Staatsgewalt befugt. Art. 28 Abs. 1 S. 2 GG bestätigt diesen Grundsatz für Länder, Kreise und Gemeinden. „Ländervölker" im engeren Sinn gibt es nicht – nur „das Deutsche Volk in den Ländern". Einzige Ausnahme von der Legitimation der Staatsgewalt allein durch Deutsche ist der auf Art. 22 AEUV gründende Art. 28 Abs. 1 S. 3 GG, der Unionsbürger in Kreisen und Gemeinden ebenfalls für wahlberechtigt erklärt.[33]
- Nicht alle, aber einige Grundrechte sind den Deutschen vorbehalten; man spricht von „**Deutschengrundrechten**". Dazu zählen etwa Art. 8 GG (Versammlungsfreiheit), Art. 12 Abs. 1 GG (Berufsfreiheit) und Art. 16 Abs. 2 GG (Auslieferungsverbot). Das einzige Grundrecht, das hingegen nur Ausländern zusteht, ist das Asylrecht (Art. 16a GG).
- Ob das Grundgesetz auch **Grundpflichten** statuiert, ist zweifelhaft. Das BVerfG hat die Wehrpflicht zwar einmal als verfassungsrechtliche Pflicht bezeichnet,[34] doch spricht gegen ihre Zuordnung zu dieser Kategorie, dass der Pflichtwehrdienst (der auf männliche Deutsche beschränkt ist) nicht unmittelbar durch das Grundgesetz, sondern durch einfaches Gesetz begründet wird und der Gesetzgeber auch keineswegs von Verfassung wegen verpflichtet ist, ihn einzuführen oder beizubehalten (vgl. Art. 12a Abs. 1 GG). Dementsprechend konnte die „Aussetzung" der Wehrpflicht in Friedenszeiten 2011 durch einfaches Gesetz beschlossen werden.[35]
- Das Recht auf **diplomatischen Schutz** ist im Grundgesetz nicht ausdrücklich genannt. Teilen der Lehre zufolge soll es in Art. 16 Abs. 1 GG verankert sein. Aus allgemeinen völkerrechtlichen Grundsätzen folgt, dass ein solches Recht im Verhältnis zum Herkunftsland nur den eigenen Staatsangehörigen zustehen kann. In Deutschland besteht nach hM in der Regel kein Schutzanspruch.[36]

b) Das deutsche Staatsgebiet

27 Die Präambel zum Grundgesetz, Sätze 2 und 3, beschreibt das Bundesgebiet, also das deutsche Staatsgebiet, nur indirekt als die Summe der Staatsgebiete der dort namentlich aufgeführten Länder. Seit dem **„Zwei + Vier-Vertrag"** vom 12.9.1990[37], der den

---

32 Für ein Wahlrecht für ansässige Nichtdeutsche Meyer JZ 2016, 121 ff.
33 Gebilligt durch BVerfGE 83, 37 (59) = BeckRS 9998, 47877.
34 BVerfGE 48, 127 (161) = NJW 1978, 1245; für Grundpflicht: Martens, Grundgesetz und Wehrverfassung, 1961, 124; krit. HW/Wolff GG Art. 12a Rn. 2.
35 v. Münch/Kunig/Kämmerer GG Art. 12a Rn. 1 ff.; vgl. auch BeckOK GG/Schmidt-Radefeldt, 48. Ed. 15.8.2021, GG Art. 12a Rn. 7 f.
36 MKS/Becker GG Art. 16 Rn. 14; BK-GG/Kämmerer, 76. Lfg. 2015, GG Art. 16 Rn. 62 ff.; für einen Anspruch auf fehlerfreie Ermessensausübung v. Münch/Kunig/v. Arnauld/Martini GG Art. 16 Rn. 15.
37 Vertrag über die abschließende Regelung in Bezug auf Deutschland v. 12.11.1990 (BGBl. 1990 II 1318).

außenpolitischen Rahmen der Wiedervereinigung fixierte, in dem Deutschland endgültig auf eventuell noch vorhandene territoriale Souveränität in Gebieten jenseits der Oder-Neiße-Linie verzichtete und der zugleich die volle Souveränität Deutschlands wiederherstellte, steht fest, dass es keine Teile Deutschlands mehr gibt, die außerhalb des Geltungsbereichs des Grundgesetzes liegen.

c) Deutsche Staatsgewalt

Deutsche Staatsgewalt meint nicht nur die Staatsleitung, sondern sie umfasst alle Hoheitsträger in der bundesstaatlichen Ordnung des Grundgesetzes; „die" deutsche Staatsgewalt gibt es, so gesehen, nicht. Das Grundgesetz enthält Bestimmungen über die Begründung deutscher Staatsgewalt (durch das Volk, Art. 20 Abs. 2 S. 1 GG; dazu in diesem Buch → § 2 – Demokratie), ihre Aufteilung auf Bund und Länder (bundesstaatliche Ordnung; → § 4 – Bundesstaat), ihre Aufgliederung in die **drei Gewalten** der Legislative, Exekutive und Judikative (Art. 1 Abs. 3 GG, 20 Abs. 3 GG; → § 3 – unter anderem Gewaltenteilung) und für den Bund detaillierte Bestimmungen über die Konstituierung, Besetzung und Befugnisse der diesen Gewalten zugehörigen Organe (insbesondere Abschnitte III–IX, von denen die §§ 5–8 dieses Buches handeln). Über die Staatsgewalt in den Ländern – einschließlich der Gemeinden und Gemeindeverbände – trifft das Grundgesetz in Art. 28 nur allgemeine Vorgaben.

28

C. Das Grundgesetz: Geschichte, Stellung, Inhalt

I.   Die Genese des Grundgesetzes

1. Verfassungsgeschichtlicher Überblick

Als 1787 in den USA und 1791 in Frankreich erste freiheitliche Verfassungen entstanden, existierte hierzulande noch das strukturell mittelalterliche „Heilige Römische Reich deutscher Nation" mit einzelnen Verfassungsgesetzen („Reichsgrundgesetzen"). Nach seinem Untergang (1806) entstanden unter Napoleons Einfluss Fürstentümer, die sich Verfassungen modernen Stils gaben. Vielfach wurde im 19. Jahrhundert die Verfassung dem jeweiligen Landesvolk aber „oktroyiert", dh ohne Berücksichtigung seines Willens auferlegt.[38]

29

Die weitere Entwicklung kann hier nur stichwortartig und nur für die gesamtstaatliche Ebene umrissen werden:[39]

30

- 1815 Gründung des Deutschen Bundes (als Staatenbund, daher ohne Verfassung, nur mit einer Bundesakte).
- 1848/49 Revolution; im Dezember 1848 Verabschiedung der „Grundrechte des deutschen Volkes" durch die Frankfurter Nationalversammlung, am 27.3.1849 einer mit Grundrechtskatalog ausgestatteten Reichsverfassung. Mit dem Scheitern der Revolution wurden diese Rechtsakte hinfällig, sie waren jedoch in mancher Hinsicht für spätere Verfassungsdokumente, auch das Grundgesetz, Vorbild und Orientierungsgrundlage.
- 1866 Gründung des Norddeutschen Bundes (trotz seines an den Deutschen Bund gemahnenden Namens ein Bundesstaat aus 22 Staaten und freien Städten), dessen

---

38 Vgl. dazu Huber, Deutsche Verfassungsgeschichte, Bd. 1, 2. Aufl., Nachdruck 1990, 318.
39 Eine breit angelegte Zeittafel findet sich bei Berg, Staatsrecht, 6. Aufl. 2011, Rn. 96.

Verfassung vom 1.7.1867 als erste wirksame deutsche Bundesverfassung neuzeitlichen Typs gelten kann. In allgemeinen, freien und geheimen Wahlen Wahl des Bundestages, Ernennung Bismarcks zum *Bundeskanzler*.

- 18.1.1871 Erweiterung des Norddeutschen Bundes zum Deutschen Reich mit neuer Reichsverfassung, die ein bloßes Organisationsstatut ohne Grundrechte, mit starkem föderalem Einschlag („Bundesstaaten"), darstellte. Der *Reichskanzler* (wiederum Bismarck) war zugleich Preußischer Ministerpräsident und wurde vom Kaiser (bzw. Preußischem König) ernannt.
- 9.11.1918 Ausrufung der Republik unter Beibehaltung der Staatsbezeichnung „Deutsches Reich". Die neue (sog. „Weimarer") Reichsverfassung (WRV) trat am 14.8.1919 in Kraft. Ihre Charakteristika waren:
  - parlamentarische Demokratie mit starken präsidialen Zügen (Reichspräsident mit Exekutivgewalt und Notverordnungsrecht – „Diktaturgewalt", Art. 48 Abs. 2 WRV; vgl. auch → § 8);[40]
  - doppelte Verantwortlichkeit der Reichsregierung gegenüber Präsidenten und Reichstag;
  - schwacher Föderalismus (trotz Zuständigkeitsvermutung zugunsten der Länder, Art. 12 Abs. 1 S. 1 WRV; Dominanz Preußens im Reichsrat);
  - plebiszitäre Elemente auf Reichsebene (Art. 73 WRV);
  - Duldung der Verfassungsdurchbrechung, also des Erlasses von Gesetzesvorschriften mit Verfassungsrang, ohne dass es zu einer Änderung des Verfassungswortlauts kommt (Art. 76 WRV);
  - keine klare Trennung von Grundrechten, die von manchen nur als unverbindliche „Programmsätze" betrachtet wurden,[41] und Staatszielen.
- 24.3.1933 formale Legalisierung einer umfassenden Verfassungsdurchbrechung durch die Exekutive und zugleich Selbstentmachtung der Legislative durch ein Ermächtigungsgesetz („Gesetz zur Behebung der Not von Volk und Reich"); damit faktisch Beseitigung der Reichsverfassung und Beginn der Entwicklung zum totalitären Einheitsstaat.
- 8.5.1945 Kapitulation des Deutschen Reiches und Untergang der Zentralgewalt; Wiederaufbau der Staatsgewalt „von unten" in den Kommunen und von den Besatzungsmächten neu gegliederten Ländern. Sie erhielten sukzessive Landesverfassungen, die sich bis 1949 meist am Vorbild der WRV orientierten.
- 1948 Einberufung des Parlamentarischen Rates (aus Vertretern der Länder) zur Ausarbeitung einer *provisorischen* Verfassung. Im August 1948 legte dieser den für den finalen Text wegweisenden sog. Herrenchiemseer Entwurf vor. Am 8.5.1949 nahm der Parlamentarische Rat das Grundgesetz an.
- 23.5.1949 Verkündung und damit Inkrafttreten des Grundgesetzes nach Zustimmung fast aller Länder, somit auch Gründung der Bundesrepublik Deutschland als deutscher „Teilstaat". Ungeachtet des Präambel-Wortlauts „hat sich das Deutsche Volk kraft seiner verfasunggebenden Gewalt dieses Grundgesetz gegeben") fand kein Volksentscheid bzw. Referendum darüber statt.

31 Auf dem Gebiet der sowjetischen Besatzungszone wurde am 7.10.1949 die **Deutsche Demokratische Republik (DDR)** gebildet, die sich eigene Verfassungen mit zuneh-

---

40 Dazu etwa Anschütz, Die Verfassung des Deutschen Reiches vom 11. August 1919, Kommentar, 14. Aufl. 1933, Art. 48 Abs. 2, S. 275 ff.
41 Hammer JURA 2000, 57 (61 f.); krit. Dreier/Dreier GG Vorb. vor Art. 1 Rn. 16.

mend staatssozialistischem Charakter gab. Auch gesamtdeutsche Bezüge wurden nach und nach getilgt. Während Art. 1 Abs. 1 S. 1 DDR-Verfassung von 1968 noch verfügte „Die Deutsche Demokratische Republik ist ein sozialistischer Staat deutscher Nation", trat mit der Neubekanntmachung von 1974 an dessen Stelle der Satz „Die Deutsche Demokratische Republik ist ein sozialistischer Staat der Arbeiter und Bauern."[42]

2. Die Entwicklung des Grundgesetzes

a) Neuerungen gegenüber der Weimarer Reichsverfassung

Viele Regelungen des Grundgesetzes erklären sich aus vorgängigen Entwicklungen. **32** Mängel der Weimarer Reichsverfassung, welche die nationalsozialistische Diktatur erleichtert oder gar ermöglicht haben, sollten unterbunden werden:

- Am Anfang und im Mittelpunkt stehen nunmehr die Grundrechte, an deren Spitze wiederum die Menschenwürdegarantie. Die Qualität der Grundrechte als subjektive Rechte wird durch ihre verfassungsrechtliche Einklagbarkeit (Art. 93 Abs. 1 Nr. 4a GG) unterstrichen.
- Die Justizgarantien wurden gestärkt (unter anderem Einrichtung eines BVerfGs, Art. 92 f. GG; verfassungsrechtlich einklagbare „Justizgrundrechte" der Art. 101 ff. GG).
- Das föderale und das parlamentarische Moment erfuhren ebenfalls eine Aufwertung (Erweiterung der Landeszuständigkeiten, Schwächung der Stellung des Staatsoberhaupts etc).
- Stabilitätsgarantien für die verfassungsrechtliche Ordnung wurden geschaffen („Ewigkeitsklausel" des Art. 79 Abs. 3 GG, Elemente der „wehrhaften Demokratie" wie Verwirkung von Grundrechten, Art. 18 GG, oder Parteiverbote, Art. 21 Abs. 2 GG).

b) Änderungen seit 1949

Das Grundgesetz ist seit 1949 einer Vielzahl von Änderungen unterworfen worden **33** (64 verfassungsändernde Gesetze bis einschließlich 2019). Die wichtigsten und umfangreichsten Änderungen waren die **„Wehrverfassung"** von 1956, welche die Errichtung der Bundeswehr und die Einführung der Wehrpflicht möglich machte, die vor allem aus dem Abschnitt Xa bestehende **„Notstandsverfassung"** von 1968, die den Versuch unternimmt, demokratisch-parlamentarische Strukturen auch im Verteidigungsfall noch zu bewahren, die bundesstaatliche **Finanzreform** (Änderung der bundesstaatlichen Finanzbeziehungen) von 1969, der bereits erwähnte, verfassungsändernd wirkende **Einigungsvertrag**, der die Modalitäten des Beitritts der DDR – genau genommen: der eine juristische Sekunde zuvor aus ihr hervorgegangenen Länder – zum Geltungsbereich des Grundgesetzes regelte,[43] und schließlich die sog. **Föderalismusreformen** von 2006 und 2009, welche die Kompetenzen von Bund und Ländern reformieren und teilweise auch entflechten sollten.

Aus Sicht des Grundgesetzes war, wie bereits dargelegt, auch die DDR stets ein Teil **34** Deutschlands gewesen, auf den gem. Art. 23 das Grundgesetz nach seinem „Beitritt"

---

42 Texte einzusehen unter http://www.verfassungen.de/ddr/verf68-i.htm (zuletzt aufgerufen am 11.11.2021).

43 Der ursprünglich für die Ländereinführung vorgesehene Termin – 14.10.1990 – wurde durch den Einigungsvertrag auf den Zeitpunkt der Wiedervereinigung vorverlegt.

(gemeint war: zum Bund) in Kraft gesetzt worden wäre. Nach dem Zusammenbruch der sozialistischen Diktatur beschloss die erstmals frei gewählte Volkskammer, das DDR-Parlament, am 23.8.1990 tatsächlich den **Vollzug dieses Beitritts**, der jedoch schon aufgrund der Komplexität des Vorgangs nicht einseitig, sondern auf der Basis eines zwischenstaatlichen Vertrags – des am 31.8.1990 abgeschlossenen **Einigungsvertrags**[44] – erfolgte. Zuvor war der – ursprünglich für die „Ostgebiete" gedachte – Art. 23 GG lediglich ein einziges Mal zur Anwendung gekommen,[45] als 1957 das Saarland zum Geltungsbereich des Grundgesetzes hinzutrat. Parallel dazu verzichtete Deutschland im „Zwei- + Vier"-Vertrag[46] gegenüber den alliierten Mächten auch mit Wirkung für dritte Staaten (wie Polen) auf möglicherweise noch bestehende Forderungen nach Rückgabe von Gebieten. Art. 23 GG aF hatte sich damit erledigt und wurde später durch den heutigen „Europa-Artikel" 23 ersetzt. Erheblich geändert wurde Art. 146 GG, der bis dahin – Ausdruck des ursprünglich provisorischen Charakters des Grundgesetzes – das Grundgesetz für den Fall außer Geltung treten ließ, dass nach der Wiedervereinigung eine in freier Entscheidung des deutschen Volkes beschlossene gesamtdeutsche Verfassung beschlossen würde. Da das Grundgesetz in die Funktion einer gesamtstaatlichen Verfassung einrückte,[47] wurde Art. 146 GG zu einer Art Totalrevisionsklausel umgestaltet, derzufolge es möglich ist, das GG künftig durch eine neue gesamtstaatliche Verfassung abzulösen. Diese würde dann der Annahme durch Volksentscheid bedürfen (→ § 2 Rn. 26).

3. Die heutige Gestalt des Grundgesetzes

35 Das Grundgesetz gliedert sich in heute 14 Abschnitte sehr unterschiedlichen Umfangs:

---

44 Vertrag zwischen der Bundesrepublik Deutschland und der Deutschen Demokratischen Republik über die Herstellung der Einheit Deutschlands v. 31.8.1990 (BGBl. 1990 II 889).
45 Vgl. Isensee/Kirchhof StaatsR-HdB/Lerche, Bd. VIII, 2. Aufl. 1995, § 194 Rn. 6 ff., 27 ff.
46 Vertrag über die abschließende Regelung in Bezug auf Deutschland v. 12.9.1990 (BGBl. 1990 II 1317); hierzu Maurer StaatsR I § 3 Rn. 74 ff.
47 HW/Wolff GG Art. 146 Rn. 1; Dreier/Wollenschläger GG Art. 23 Rn. 2.

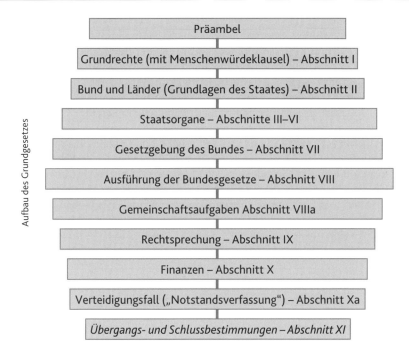

Das Staatsorganisationsrecht, von dem dieses Buch handelt, umfasst das gesamte **36** Grundgesetz mit Ausnahme des I. Abschnitts, Teilen des IX. Abschnitts („Justizgrundrechte") und einzelner grundrechtsbezogener Übergangsbestimmungen (wie etwa Art. 132, 137, 141 oder 142 GG). Die Darstellungen der folgenden §§ beschränken sich auf die Abschnitte II–VIII, Abschnitt IX jenseits der „Justizgrundrechte" und – im Überblick – Abschnitt X.

II. Stellung und Dignität des Grundgesetzes

Als Verfassung ist das Grundgesetz der Normenordnung – der verfassungsmäßigen **37** Ordnung (→ § 3 Rn. 4) übergeordnet. Sie kann – erstens – ihrer Funktion, die Grundlagen des Gemeinwesens zu regeln und zu ordnen, nur gerecht werden, wenn ihre Normen im Range über allen anderen Bestimmungen und Rechtsakten stehen und unter verfassungsrechtliche Bestimmungen, die den Vorgaben der Verfassung nicht entsprechen, unwirksam sind. Zweitens kann die Verfassung diesen Höchstrang und ihre Autorität nur bewahren, wenn sie nicht durch die jeweilige Parlamentsmehrheit wie jedes (und schon gar nicht nicht durch jedes) einfache Gesetz geändert werden kann, sondern ihre Änderung muss besonders strengen Anforderungen unterliegen.

1. Das Grundgesetz an der Spitze der „Normenpyramide" (Vorrang der Verfassung)

Das Grundgesetz und seine Normen stehen über allem sonstigen Bundesrecht. Diesen **38** „Vorrang der Verfassung" spiegelt das GG in Art. 20 Abs. 3 GG mit der Bindung der Gesetzgebung an die „verfassungsmäßige Ordnung" nur unvollständig wider (→ § 3 Rn. 4). Er kommt aber auch in Normen wie Art. 93 Abs. 1 Nr. 2 GG zum Ausdruck, wonach das BVerfG Bundesrecht am Grundgesetz zu messen berechtigt ist. Die Rangordnung der Normen lässt sich durch **„Normenpyramiden"** visualisieren, an deren

Spitze die Verfassung, in Deutschland also das GG, steht. Diese – „funktionale" – Normenpyramide kann nur Rechtsakte erfassen, die von ein und derselben Körperschaft (Bund oder Land) erlassen worden sind. In einem Bundesstaat wie dem deutschen ist jedoch auch eine weitere Rangordnung, die zwischen Bundes- und Landesrecht, von Bedeutung. Auch Landesrecht ist, wie aus Art. 93 Abs. 1 Nr. 2 ebenfalls abgeleitet werden kann, dem Grundgesetz untergeordnet. Die Hierarchie zwischen Grundgesetz (ja Bundesrecht insgesamt) und Landesrecht ist jedoch insoweit eine komplexe, als die Länder – als Staaten, die sie sind – über eigene, mitunter auch ausschließliche, Befugnisse verfügen, auf die der Bund keinen unmittelbaren Zugriff hat. Der Satz „Bundesrecht bricht Landesrecht" (Art. 31 GG) gibt das Verhältnis von Bundesrecht, insbesondere dem Grundgesetz, und Landesrecht nur höchst unvollkommen wieder (Näheres → § 4 Rn. 16 ff.). Hinzu kommt die Europäische Union, die zwar kein Bundesstaat, aber doch ein föderalen Grundsätzen verschriebenes Gebilde ist und dessen Rechtsvorschriften Anwendungsvorrang vor mitgliedstaatlichem Recht beanspruchen (→ § 12 Rn. 25).[48]

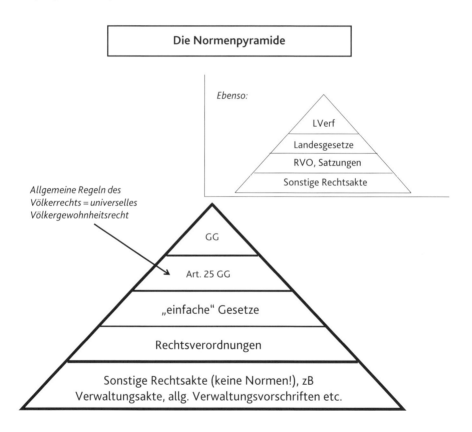

Die Normenpyramide

Ebenso:

LVerf
Landesgesetze
RVO, Satzungen
Sonstige Rechtsakte

Allgemeine Regeln des Völkerrechts = universelles Völkergewohnheitsrecht

GG
Art. 25 GG
„einfache" Gesetze
Rechtsverordnungen
Sonstige Rechtsakte (keine Normen!), zB Verwaltungsakte, allg. Verwaltungsvorschriften etc.

---

48 Maurer StaatsR I § 4 Rn. 26; Degenhart StaatsR I Rn. 271 ff.

2. Anforderungen an eine Änderung des Grundgesetzes

Der Änderung des Grundgesetzes stellt dessen Art. 79 noch höhere Hürden in den **39** Weg,[49] als die Verfassungen anderer souveräner Staaten dies tun; denn Änderungen mit bestimmten Inhalten werden durch Art. 79 Abs. 3 GG – auch bekannt als **Ewigkeitsklausel** – für schlechthin unzulässig erklärt. Grundgesetzänderungen, die Art. 79 Abs. 3 GG zuwiderlaufen, generieren damit verfassungswidriges Verfassungsrecht.[50] Insofern stehen die Ewigkeitsklausel und die Vorschriften, auf die sie sich bezieht, im Rang faktisch noch höher als der Rest der Bestimmungen des Grundgesetzes. Der im internationalen Vergleich wohl einzigartige Art. 79 Abs. 3 GG spiegelt die Verderbung der Rechtsordnung durch den Nationalsozialismus und das Bestreben wider, einem Wiederholungsversuch möglichst wirkungsvoll Einhalt zu gebieten.[51]

a) Formelle Anforderungen

In formeller Hinsicht muss das verfassungsändernde Gesetz den folgenden Anforde- **40** rungen genügen:

- Die Änderung muss **durch (verfassungsänderndes) Gesetz** erfolgen. Für die im Zusammenhang mit der deutschen Einigung erforderlich gewordenen Verfassungsänderungen akzeptierte das BVerfG auch ein Zustimmungsgesetz (Art. 59 Abs. 2 GG) zu einem völkerrechtlichen Vertrag (dem Einigungsvertrag), in dem diese Änderungen vorgesehen waren.[52]
- Der **Wortlaut des Grundgesetzes** muss **ausdrücklich geändert** werden. Damit ist zweierlei verfügt: Erstens muss die Einheit des Verfassungsdokuments bestehen bleiben. Vorschriften mit Verfassungsrang außerhalb des Grundgesetzes kann es nicht geben.[53] Zweitens ist die sog. Verfassungsdurchbrechung untersagt, also der Erlass einfachgesetzlicher Vorschriften, die von Inhalten der Verfassungsurkunde abweichen, mit den Mehrheiten, die für eine Verfassungsänderung erforderlich sind.[54] Solange ein Gesetz den Wortlaut des Grundgesetzes unberührt lässt, entfaltet es selbst dann, wenn es den Mehrheitserfordernissen des Art. 79 Abs. 2 GG genügt, weder verfassungsändernde Wirkung, noch erwächst es außerhalb des Grundgesetzes in Verfassungsrang.[55]
Einen **Sonderfall** erlaubter (materieller, nicht auch formeller) Verfassungsdurchbrechung regelt Art. 23 Abs. 1 S. 3 GG: Die Übertragung von Befugnissen auf die EU modifiziert implizit den verfassungsrechtlichen Ordnungsrahmen, ohne dass dies in der Gestaltung des Grundgesetzes zwingend Niederschlag finden muss.

---

49 Ebenso die Landesverfassungen; vgl. statt vieler Art. 64 Abs. 4 Landesverfassung Baden-Württemberg.
50 Dreier/Dreier GG Art. 79 Abs. 3 Rn. 14; BerlKomm GG/Schöbener, 45. Lfg. 2015, GG Art. 79 Rn. 91; Will StaatsR I § 11 Rn. 160.
51 BerlKomm GG/Schöbener, 45. Lfg. 2015, GG Art. 79 Rn. 92; vgl. MKS/Hain GG Art. 79 Rn. 5; vgl. Dreier/Dreier GG Art. 79 Rn. 3 f.
52 BVerfGE 82, 316 (320 f.) = BeckRS 1998, 181167; BVerfGE 84, 90 (118 f.) = NJW 1991, 1597; krit. Dreier/Dreier GG Art. 79 Abs. 1 Rn. 15.
53 Anders in Österreich, wo außerhalb der zentralen Verfassungsurkunde – des Bundes-Verfassungsgesetzes (B-VG) – auf einzelne Gesetze verstreut Vorschriften mit Verfassungsrang existieren, die jedoch als solche ausgewiesen sind und an der erschwerten Änderbarkeit von Verfassungsrecht teilhaben.
54 MKS/Hain GG Art. 79 Rn. 6; sprachlich differenziert Dreier/Dreier GG Art. 79 Abs. 1 Rn. 17 ff.
55 Vgl. auch Badura StaatsR F Rn. 63; Maurer StaatsR I § 22 Rn. 13.

Das Grundgesetz lässt solche Kompetenzübertragungen mit materiell verfassungsändernder Wirkung unter den gleichen übrigen formellen und materiellen Voraussetzungen (Art. 79 Abs. 2 und 3 GG) zu, die auch für förmliche Grundgesetzänderungen gelten. Unklar ist, ob jede Zuweisung von Befugnissen („Übertragung von Hoheitsrechten") an die EU den Anforderungen des Art. 23 Abs. 1 S. 3 GG zu genügen hat oder ob es Übertragungen von Rechten gibt, durch die das Grundgesetz nicht zugleich dem Inhalt nach geändert oder ergänzt wird (näher → § 12 Rn. 30).

- Die erforderlichen **qualifizierten Mehrheiten** müssen vorliegen: Das Änderungsgesetz bedarf der Zustimmung von zwei Dritteln der Mitglieder (vgl. Art. 121 GG) des Bundestages (zu Mehrheiten → § 5 Rn. 26 ff.) und außerdem der Zustimmung (→ § 6 Rn. 54 ff.) des Bundesrates mit zwei Dritteln seiner Stimmen (vgl. Art. 51 Abs. 2 GG; dh 46 Stimmen bei einer derzeitigen Gesamtstimmenzahl von 69).

b) Materielle Anforderungen

41 Inhaltlich darf die Änderung nicht gegen die bereits erwähnte „Ewigkeitsklausel" des Art. 79 Abs. 3 GG verstoßen. Die in Bezug genommenen Verfassungsprinzipien dürfen **nicht „berührt"**, also nicht beschränkt oder gar preisgegeben werden.[56] „Berührt" sind sie dann noch nicht, wenn die Verfassungsänderung zu ihnen lediglich in einem sachlichen Bezug steht, auch nicht, wenn sie systemimmanent konkretisiert werden oder nur der Wortlaut der Vorschriften, welche die Grundsätze festschreiben, ohne Modifikation im Materiellen geändert wird.[57] Zu beachten ist, dass Art. 79 Abs. 3 GG keine Normen, sondern Verfassungsgrundsätze in Bezug nimmt – auch dort, wo er (mit Art. 1 und 20 GG) an Artikeln anknüpft. Eine unzulässige Änderung des Grundgesetzes kann also auch dann vorliegen, wenn das Gesetz eine ganz andere Verfassungsbestimmung ändert, die ihrerseits aber eine zwingende Ausprägung eines der besonders geschützten Grundsätze ist (→ Rn. 43 aE).

42 Verboten sind Verfassungsänderungen, durch die „berührt" wird:

- die **Gliederung des Bundes in Länder** (Var. 1). Es muss weiterhin Länder geben, die auch als Gliedstaaten mit eigener Verfassungshoheit und für die Staatlichkeit ausreichenden Kompetenzen ausgestattet sind.[58] Eine bestimmte Zahl von Ländern ist jedoch nicht vorgegeben und auch nicht der Fortbestand aller jetzt existierenden, in der GG-Präambel aufgeführten Länder[59];
- die **Mitwirkung der Länder bei der Gesetzgebung** (Var. 2). Da das Recht der Länder, Gesetze zu erlassen, bereits von ihrer Staatlichkeit umschlossen ist, hat Var. 2 gegenüber Var. 1 nur dann einen sinnvollen eigenständigen Anwendungsbereich, wenn man „Gesetzgebung" als „Gesetzgebung des Bundes" versteht.[60] Die Länder wirken – wenn auch nicht unmittelbar, sondern durch den Bundesrat als

---

56 BVerfGE 30, 1 (24) = FHOeffR 22 Nr. 2579a; BVerfGE 109, 279 (310) = NJW 2004, 999.
57 Grdl. BVerfGE 30, 1 (2) = NJW 1971, 275; aus der jüngeren Rspr. s. BVerfG 132, 195 (244) = NJW 2012, 3145; BVerfGE 137, 108 (145) = NVwZ 2015, 136; vgl. auch Jarass/Pieroth/Kment GG Art. 79 Rn. 10.
58 BeckOK GG/Dietlein, 48. Ed. 15.8.2021, GG Art. 79 Rn. 23; HW/Schnapauff GG Art. 79 Rn. 4.
59 Sachs/Sachs GG Art. 79 Rn. 42; DHS/Herdegen, 72. Lfg. 2014, GG Art. 79 Rn. 97; krit. Isensee/Kirchhof StaatsR-HdB/Isensee Bd. VI § 126 Rn. 295; Das Verfahren der Länderneugliederung regelt Art. 29 GG.
60 Sachs/Sachs GG Art. 79 Rn. 44; Isensee/Kirchhof StaatsR-HdB/Isensee Bd. VI § 126 Rn. 307; Hesse AöR 98 (1973), 1 (18).

von den Ländern beschicktes Bundesorgan – an der Gesetzgebung des Bundes mit (Art. 76, 77 GG). Dies impliziert keine Ewigkeitsgarantie für den Bundesrat als Organ, sofern die Mitwirkung der Länder auch auf andere Weise, etwa über eine Beteiligung der Länderparlamente, gewährleistet werden kann;

- die **in Art. 1 GG niedergelegten Grundsätze** (Var. 3), also
  - die Garantie der Menschenwürde (Art. 1 Abs. 1 GG),
  - das Bekenntnis zu den universalen Menschenrechten (Art. 1 Abs. 2 GG), aus dem die Pflicht zur Auslegung von Verfassungsnormen im Einklang mit diesen Menschenrechten folgt, und
  - die Bindung der drei Staatsgewalten an die Grundrechte.

Ein verbreitetes und bei sorgfältiger Lektüre vermeidbares *Missverständnis* ist, dass Verfassungsänderungen, die Art. 1 *bis* 20 GG (also alle Grundrechte) berührten, unzulässig seien. Dies kann dem Wortlaut der Bestimmung ebenso wenig entnommen werden wie seinem Telos. Grundrechtsverbürgungen können durch Verfassungsänderung zurückgenommen werden, auch eine Abschaffung einzelner Grundrechte ist nicht per se untersagt.[61] Allerdings wohnt den Grundrechten ein „Menschenwürdekern" inne, der durch Verfassungsänderung nicht preisgegeben werden darf.[62] Damit entziehen sich zahlreiche Grundrechte der Abschaffung; auch soweit dies nicht der Fall ist, müsste durch objektive Gewährleistungen mit Verfassungsrang und/oder auf einfachgesetzlicher Ebene für einen ausreichenden Rechtsgüterschutz gesorgt werden.

- die **in Art. 20 GG niedergelegten Grundsätze** (Var. 4):
  - das Republikprinzip (als Verbot monarchischer bzw. dynastischer Herrschaftsstrukturen oder -elemente[63]), Art. 20 Abs. 1 GG,
  - das Bundesstaatsprinzip (Gebot eines föderalen Staatsaufbaus; insoweit überschneidet es sich mit Var. 1 „Gliederung des Bundes in Länder"), Art. 20 Abs. 1 GG,
  - die Gewaltenteilung (dh es muss abgegrenzte Bereiche von Legislative, Exekutive und Judikative, darauf speziell bezogene Organe und grundsätzlich eine wechselseitige Kontrolle zwischen ihnen geben; vgl. § 4 dieses Buches), Art. 20 Abs. 2 S. 2, Abs. 3 GG,
  - Demokratie und der Volkssouveränität (insbesondere die „ununterbrochene Legitimationskette" zwischen Wahlen oder Abstimmungen auf der einen und allem staatlichen Handeln auf der anderen Seite; vgl. § 2 dieses Buches), Art. 20 Abs. 1, 2 S. 1 GG,
  - das Sozialstaatsprinzip (Art. 20 Abs. 1 GG; vgl. § 4 dieses Buches),
  - das Rechtsstaatsprinzip (das in Art. 20 nicht ausdrücklich genannt ist, als dessen Sedes materiae aber Art. 20 Abs. 3 GG verstanden wird; vgl. § 3 dieses Buches),
  - das Widerstandsrecht (Art. 20 Abs. 4 GG).

Es liegt in der Logik des Art. 79 Abs. 3 GG, dass das Ewigkeitsprinzip sich auch **43** selbst vor Beeinträchtigungen schützt. Durch Änderungen des Art. 79 Abs. 3 können die darin enthaltenen Verbote nicht umgangen werden. Dies gilt auch dann noch, wenn das Grundgesetz nach Art. 146 GG durch eine neue gesamtstaatliche Verfassung

---

61 BVerfGE 94, 49 (103 f.) = NVwZ 1996, 700 für Art. 16a GG; dazu DHS/Gärditz, 83. Lfg. 2018, GG Art. 16a Rn. 495 ff.
62 Dazu etwa MKS/Hain GG Art. 79 Abs. 3 Rn. 67 mwN; GWC/v. Coelln GG Art. 79 Rn. 12.
63 Vgl. etwa Gröpl StaatsR I Rn. 522 ff.; Morlok/Michael StaatsorganisationsR Rn. 305 ff.

abgelöst wird. Auch für diesen Fall der „Totalrevision" bleibt Art. 79 Abs. 3 GG beachtlich.[64]

> **Beachte:** Bei der Frage der Zulässigkeit von Verfassungsänderungen nach Art. 79 Abs. 3 GG darf der Blick nicht auf die dort genannten Prinzipien sowie Art. 1 und 20 GG beschränkt werden; denn sie alle strahlen auch auf manche andere Bestimmung des Grundgesetzes aus, vor allem, aber nicht nur, auf den Grundrechtskatalog. Auch die Änderung solcher anderen Bestimmungen kann im Einzelfall verfassungswidrig sein. So wird geltend gemacht, dass die Änderung des Art. 102 GG (Abschaffung der Todesstrafe) mit der Menschenwürde nicht im Einklang stehen könne, weil Art. 102 GG Ausdruck des in Art. 1 Abs. 1 S. 1 GG genannten Grundsatzes sei.[65]

c) Änderungen der Normaussage ohne Änderung des Verfassungswortlauts

44 Verfassungsdurchbrechungen lässt Art. 79 Abs. 1 S. 1 GG, wie bereits (→ Rn. 30, 40) festgestellt, nicht zu: Sieht man von der Sonderkonstellation des Art. 23 Abs. 1 S. 3 GG ab (→ § 12 Rn. 30), wirkt als Änderung des Grundgesetzes nur, was auch mit einer Änderung seines Wortlauts einhergeht. Davon gibt es jedoch ein paar – „unechte" und hinsichtlich der dogmatischen Verortung nicht unumstrittene[66] – Ausnahmen. Dazu gehört der **Verfassungswandel**. Ändern sich die sozialen Anschauungen, so kann sich auch die Bedeutung einer Verfassungsvorschrift wandeln, ohne dass eine Änderung des Wortlauts erfolgt. Verfassungsbegriffe, bei denen ein solcher Bedeutungswandel nicht auszuschließen ist, sind unter anderem „Gott" (GG-Präambel) oder „Ehe" (Art. 6 Abs. 1 GG). Der Übergang von Verfassungswandel zu **Verfassungsauslegung** ist ein fließender.[67] Ändert das BVerfG seine Auslegung bestimmter Verfassungsbegriffe (womöglich um überstaatlichem Recht und Entscheidungen europäischer Gerichte Rechnung zu tragen), ist damit notwendigerweise ein Bedeutungswandel verbunden.[68] Eines der markantesten Beispiele bildet ein Urteil des BVerfG vom November 2019, in dem es unter bewusster Abweichung von seiner vorherigen Rechtsprechung erklärte, unter den Begriff „Grundrechte" iSv Art. 93 Abs. 1 Nr. 4a GG fortan auch die Grundrechte der EU-Grundrechtecharta fassen zu wollen.[69] In manchen Fällen nimmt die Verfassungsauslegung den Charakter einer richterlichen Rechtsfortbildung an; auf diese Weise hat das BVerfG beispielsweise Grundrechte wie das allgemeine Persönlichkeitsrecht (aus Art. 1 Abs. 1 GG iVm

---

64 BVerfGE 89, 155 (180) = NJW 1993, 3047 – Maastricht; Isensee/Kirchhof StaatsR-HdB/Isensee, Bd. VII, 2. Aufl. 1992, § 166 Rn. 61 mwN; diff. Sachs/Huber GG Art. 146 Rn. 9 ff.; von der Substanzlosigkeit des Art. 146 ausgehend Maurer StaatsR I § 22 Rn. 23.

65 MKS/Gusy GG Art. 102 Rn. 33; v. Münch/Kunig/Kunig/Kotzur GG Art. 102 Rn. 24; Sachs/Degenhart GG Art. 102 Rn. 7; diff. DHS/Scholz, 73. Lfg. 2014, GG Art. 102 Rn. 18 ff.; Dreier/Dreier GG Art. 102 Rn. 57 ff.

66 S. hierzu im Überblick DHS/Herdegen, 72. Lfg. 2014, GG Art. 79 Rn. 20 ff.

67 Zum Verhältnis Voßkuhle JuS 2019, 417 (417 f.).

68 Art. 12a Abs. 4 S. 2 GG aF lautete: »Sie dürfen auf keinen Fall Dienst mit der Waffe leisten.« Es war umstritten, ob nach dieser Vorschrift ein freiwilliger Dienst von Frauen mit der Waffe möglich war. Um die Zulässigkeit eines solchen Einsatzes auf eine »klare verfassungsrechtliche Grundlage« zu stellen (BT-Drs. 14/4380, 3) und einer Entscheidung des EuGH (NJW 2000, 49) Rechnung zu tragen, erfolgte am 19.12.2000 eine Änderung des Grundgesetzes, vgl. BGBl. 2000 I 1755. Nunmehr lautet Art. 12a Abs. 4 S. 2 GG: »Sie dürfen auf keinen Fall zum Dienst mit der Waffe verpflichtet werden.« Ein freiwilliger Dienst von Frauen in den Streitkräften ist somit möglich.

69 BVerfG NJW 2020, 314 (319); dazu Kühling NJW 2020, 275 (277); Hoffmann NVwZ 2020, 33 (34 ff.).

Art. 2 Abs. 1 GG) und das Recht auf informationelle Selbstbestimmung als seine wichtigste Spezifikation geschöpft.

> 1.1 Verbietet Art. 79 Abs. 3 GG die Beteiligung Deutschlands an einem Europäischen Bundesstaat?
> 1.2 Gibt es Beispiele für verfassungswidriges Verfassungsrecht?

D. Die Auslegung des Grundgesetzes

I. Methodik der Verfassungsinterpretation

Auch die Verfassung ist ein Gesetz und unterliegt insofern keinen anderen Interpretationsmethoden als andere Gesetze – siehe untenstehendes Schema. Zur Interpretation[70] gehören auch die sonst allgemein üblichen Deduktionsmethoden (Gegenschluss = *argumentum e contrario*; Erst-recht-Schlüsse = *argumentum de maiore ad minus* sowie *argumentum de minore ad maius*).   **45**

Der Vorrang des späteren Gesetzes (lex posterior derogat legi generali) spielt hingegen kaum eine Rolle, da alles Verfassungsrecht in einem einheitlichen Verfassungsdokument zusammengefasst ist. Um so bedeutsamer ist dagegen der interpretationsleitende Grundsatz der Einheit der Verfassung.[71] Es wird davon ausgegangen, dass das Grundgesetz insgesamt ein „logisch-teleologisches Sinngebilde"[72] darstellt, dessen normative Kraft durch innere Brüche und Widersprüche beeinträchtigt würde, weshalb die Interpretation auf deren Vermeidung gerichtet sein muss. Dies schließt nicht aus, dass der gleiche Begriff auch innerhalb des Grundgesetzes kontextabhängig unterschiedliche Bedeutung haben kann, wie beispielsweise „verfassungsmäßige Ordnung" (Art. 2 Abs. 1 GG/Art. 9 Abs. 2 GG), „Verantwortung" (Präambel, S. 1/Art. 20a GG/Art. 23 Abs. 5 S. 2 GG/Art. 46 Abs. 1 GG ua), aber selbst ein Terminus wie „Gesetz" (Art. 2 Abs. 2 GG/Art. 3 Abs. 1 GG/Art. 100 Abs. 1 GG ua).   **46**

---

70 Ausf. dazu Stein/Frank StaatsR § 6, II, S. 35 ff.; Maurer StaatsR I § 1 Rn. 47 ff.
71 BVerfGE 19, 206 (220) = NJW 1966, 147; s. auch Sodan/Ziekow GK ÖffR § 2 Rn. 11 f.
72 BVerfGE 19, 206 (220) = NJW 1966, 147.

47 Analogieschlüsse – also die Entlehnung der in einer anderen Norm angeordneten Rechtsfolge für den Fall, dass die eine Interpretation in diesem Sinne wegen Überschreitung der Wortlautgrenze verbietet, aber eine planwidrige Regelungslücke besteht[73] – sind auch im Verfassungsrecht prinzipiell zulässig, aber nur selten anzutreffen. Noch als Analogieschluss dürfte zB der Vorschlag eines Teils des Schrifttums anzusehen sein, die Rechtsfolge des Art. 85 Abs. 1 GG auf das – bei Normierung an geblich vergessene – Verwaltungsverfahren zu erstrecken (→ § 9 Rn. 10). Häufiger ist die Analogie im Grundrechtsbereich anzutreffen. Auch wenn das BVerfG sie nicht als solche bezeichnet, sind Schrankenleihen bei Einzelgrundrechten oder die als Anwendungserweiterung bezeichnete Erstreckung des Art. 19 Abs. 3 GG auf juristische Personen aus der EU[74] ebenfalls Analogieschlüsse. Grundsätzlich kein Raum für Analogien besteht bei Kompetenztiteln: Da das Grundgesetz Kompetenzvermutungen aufstellt (Art. 30, 70, 83 GG etc), die bei Fehlen einer einschlägigen Norm als Auffangvorschriften wirken, kommen planwidrige Regelungslücken nicht in Betracht.

II. Exkurs: Verfassungskonforme Auslegung

48 Von der Auslegung der Verfassung ist die verfassungskonforme Auslegung zu unterscheiden. Verfassungskonform ausgelegt wird Recht von geringerem Rang als die Verfassung. Statt verfassungskonformer könnte man auch von **gültigkeitswahrender Auslegung** dieser Gesetze sprechen. Sie bedeutet, dass, wenn bei Auslegung der Gesetze nach den oben angeführten Mustern Zweifel an der Verfassungsmäßigkeit erwachsen, nach Möglichkeit eine Auslegungsvariante – falls vorhanden – gewählt

---

73 Tettinger/Mann, Einführung in die juristische Arbeitstechnik, 5. Aufl. 2015, § 6 Rn. 274.
74 BVerfGE 129, 78 = NZG 2011, 1262.

wird, bei der die Verfassungskonformität der Gesetze noch gewährleistet ist.[75] (Es gibt – nach gleichen Grundsätzen – auch eine unionsrechtskonforme Auslegung am EUV und AEUV.)

Beachte: Das BVerfG legt aus Rücksicht auf die demokratisch gewählte Legislative verfassungskonform aus. Für die juristische Fallklausur hat die verfassungskonforme Auslegung kaum praktische Bedeutung (mögen ihr auch manche Klausurstellerinnen oder Klausursteller Verbindlichkeit auch für die Klausurbearbeitung zuschreiben). Jedenfalls besteht keine Pflicht, sich einer vom Wortlaut zwar abgedeckten, aber aus Bearbeitersicht nicht überzeugenden Auslegungsvariante anzuschließen, nur um dem Verdikt der Verfassungswidrigkeit zu entgehen. Vielmehr ist die Auslegungsvariante, welche die besten Argumente hinter sich hat, zu wählen.

Antworten und Lösungen

1.1 Ob Art. 79 Abs. 3 GG die Beteiligung Deutschlands an einem Europäischen Bundesstaat verbietet, hängt von der Tragweite der Bestimmung ab: Ausdrücklich ist nur die Preisgabe der dort genannten Grundsätze verboten. Diese Gefahr bestünde in einem europäischen Bundesstaat aber vermutlich ebenso wenig, wie Demokratie und Menschenwürde in den Bundesländern durch die Existenz einer übergeordneten Bundesrepublik Deutschland preisgegeben würden. Dennoch wird mitunter aus Art. 79 Abs. 3 GG (oder aus dem Kontext des Grundgesetzes) geschlossen, das Grundgesetz verbiete die Aufgabe der „Staatlichkeit" oder der „souveränen Staatlichkeit".[76] Genaugenommen ginge die Staatlichkeit Deutschlands in einem europäischen Bundesstaat aber nicht verloren; es würde zum Gliedstaat, so wie auch die Bundesländer der Bundesrepublik Deutschland heute Gliedstaaten – aber damit eben auch Staaten – sind. Letztlich geht es um die Souveränität, also Völkerrechtsunmittelbarkeit. Denkt man sich die Bestimmungen über die Außenbeziehungen (Art. 32, 59, 23–26 GG) hinweg, könnte das Grundgesetz ohne substanzielle Änderungen auch in einem europäischen Bundesstaat fortgelten. Insofern lässt sich schwerlich behaupten, die Souveränität Deutschlands sei geradezu „Geschäftsgrundlage" des Grundgesetzes.

1.2 Das BVerfG hat bislang in keinem Fall auf Verfassungswidrigkeit einer Grundgesetzbestimmung erkannt. Die Vorstellung, dass Verfassungsnormen selbst verfassungswidrig sein können, ist keineswegs eine Selbstverständlichkeit, sondern ausländischen Verfassungsrechtsordnungen anders als der deutschen vielfach fremd. Im Schrifttum werden einzelne Vorschriften des Grundgesetzes unter dem Gesichtspunkt der Verfassungskonformität durchaus kritisch betrachtet. So ist Art. 10 Abs. 2 GG, der seit 1968 bei Telefonüberwachungen an die Stelle des Rechtswegs die Überprüfung durch einen parlamentarischen Ausschuss („G 10-Ausschuss") treten lässt, verbreitet als rechtsstaatswidrig beanstandet worden. Das BVerfG hat sich dem in einer mit fünf zu drei Stimmen gefassten Entscheidung im Ergebnis nicht angeschlossen.[77]

---

75 Vgl. BVerfGE 2, 266 (282) = NJW 1953, 1057; BVerfGE 75, 218 = NJW 1988, 125; Zippelius/ Würtenberger StaatsR § 7 Rn. 55.

76 MKS/Hain GG Art. 79 Abs. 3 Rn. 135 mwN; offen gelassen von BVerfGE 89, 155 (188 ff.) = NJW 1993, 3047 – Maastricht; zurückhaltender Dreier/Dreier GG Art. 79 Abs. 3 Rn. 55 ff.; vgl. auch Sachs/Streinz GG Art. 23 Rn. 93; DHS/Scholz, 92. Lfg. 2020, GG Art. 23 Rn. 123, sowie jetzt auch BVerfGE 123, 367 (347 f.) = NJW 2009, 2267.

77 BVerfGE 30, 1 (33) = FHOeffR 22 Nr. 2579a. Vgl. Dürig/Evers (Hrsg.), Zur verfassungsändernden Beschränkung des Post-, Telefon und Fernmeldegeheimnisses: zwei Rechtsgutachten, 1969; aA BVerfGE 30, 1 (18 ff.) = FHOeffR 22 Nr. 2579a; dem BVerfG stimmt unter anderem zu v. Münch/Kunig/Löwer GG Art. 10 Rn. 66 ff.

§ 2 Demokratie, Wahlen und Parteien

A. Vorbemerkungen: Die Verfassungsprinzipien

1 Das Grundgesetz enthält eine Reihe von **Staatsgrundsätzen oder Staatsstruktur-prinzipien**, die gleichsam als „Konstruktionsvorgaben" für die staatliche Ordnung anzusehen sind. Ferner finden sich **Staatszielbestimmungen**, welche die nach Maß-gabe der Staatsstrukturprinzipien geschaffenen Organe programmatisch binden – wie beispielsweise Art. 20a GG betreffend den Schutz der natürlichen Lebensgrundlagen und der Tiere (→ § 3 Rn. 43 ff.). Die Unterteilung in Staatsziele und Staatsstrukturbe-stimmungen ist allerdings ebenso umstritten wie die Zuordnung einzelner Prinzipien – nicht zuletzt des im Folgenden betrachteten **Demokratieprinzips** – zu einer der beiden Kategorien.[78] Gemein haben sie miteinander, dass sie nur objektiv-rechtlich wirken. Der Staat hat sie zwar zu beachten, die Bürger jedoch können sie nicht ein-klagen, da sie keine subjektiven öffentlichen Rechte („Ansprüche" oder „Abwehr-rechte") vermitteln.

2 **Prinzipien** sind Rechtsnormen, die sehr allgemein gefasst sind und fundamentale Be-deutung haben.[79] Obwohl sie jeweils für sich genommen verfassungsrechtliche Gül-tigkeits- und Leitmaßstäbe sind, konkretisiert das Grundgesetz alle oben genannten Prinzipien in einer Vielzahl von Bestimmungen, von denen einige auch subjektiv-rechtlichen Charakter haben – wie das Wahlrecht zum Deutschen Bundestag (Art. 38 Abs. 1 S. 1, Abs. 2 GG) als Ausprägung des Demokratieprinzips oder die Garantie des gesetzlichen Richters (Art. 101 Abs. 1 S. 2 GG) als Ausprägung des Rechtsstaats-prinzips. Diese beiden Rechte sind, anders als die ihnen zugrunde liegenden Prinzi-pien, der Verfassungsbeschwerde zugänglich (Art. 93 Abs. 1 Nr. 4a GG). Zu den Konkretisierungen solcher Prinzipien zählen aber auch viele GG-Bestimmungen über die Bestellung, den Aufbau, die Befugnisse der staatlichen Organe und die von ihnen anzuwendenden Verfahrensregeln. Sofern sie – wie beispielsweise das Mehr-heitsprinzip im Bundestag (Art. 42 Abs. 2 GG) essenziell für die Verwirklichung des dahinterstehenden Prinzips sind, haben sie an diesen durch die „Ewigkeitsklausel" (Art. 79 Abs. 3 GG) vermittelten Schutz teil.

> 2.1 Nachdem bei der Bundestagswahl einige weniger angesehene Parteien des rechten und linken Randes des politischen Spektrums Zugang zum Parla-ment gefunden haben, wird die in der Sperrklausel (§ 6 Abs. 6 BWG) ver-körperte Hürde von 5 auf 20% erhöht. Der Bürger B hält dies für demokra-tiewidrig und will dagegen klagen. Mit Erfolg?

B. Demokratie und Volkssouveränität

3 Demokratie bedeutet „Herrschaft des Volkes", lässt sich im parlamentarischen Ver-fassungsstaat aber nicht auf eine einfache Formel herunterbrechen. Zu unterscheiden

---

78 Vgl. dazu einerseits Stern StaatsR I vor § 16 S. 551 f.; andererseits Merten DÖV 1993, 368 (369 f.); vgl. im Überblick auch MKS/Sommermann GG Art. 20 Rn. 5.

79 Vgl. Alexy, Theorie der Grundrechte, 1. Aufl. 1986, S. 75 ff.

ist zwischen der **Demokratietheorie(n)**, welche auf politikwissenschaftlicher Basis Maßstäbe für die Gestaltung von Staat und Gesellschaft formuliert bzw. formulieren,[80] auf der einen Seite und **Demokratie als Strukturprinzip** der jeweils betrachteten Verfassungsordnung, hier also des Grundgesetzes, auf der anderen. Dieses Kapitel handelt vom Demokratieprinzip im Sinne des Grundgesetzes in der Ausprägung, die es durch Verfassungsgerichtsbarkeit und -dogmatik erfahren hat. Das Grundgesetz verlangt Demokratie auch von den Ländern (Art. 28 Abs. 1 S. 1 GG) in dem Sinne, dass ihre Ordnung insoweit der vom Grundgesetz errichteten entsprechen muss, und – als Voraussetzung für die Mitwirkung Deutschlands an ihr – von der EU (Art. 23 Abs. 1 S. 1 GG). Da die EU als supranationaler „Staatenverbund" völlig anders strukturiert ist als ihre Mitgliedstaaten, können die Demokratie-Maßstäbe des Grundgesetzes auf sie nicht eins zu eins übertragen werden;[81] insbesondere hält das Grundgesetz keine definitive Antwort auf die Frage bereit, ob die EU an einem „Demokratiedefizit" krankt.[82]

Als Staatsstrukturprinzip ist das – wie seine zentralen Ausprägungen nach Art. 79 **4** Abs. 3 GG „ewige" Demokratieprinzip in Art. 20 Abs. 1 GG verankert. Das Demokratieprinzip schließt die **Volkssouveränität** (Art. 20 Abs. 2 S. 1 GG) ein: Die Legitimation durch den „pouvoir constituant" (→ § 1 Rn. 22) erschöpft sich nicht im Akt der Verfassungsgebung, sondern muss insbesondere auch die personelle wie sachliche Legitimation der Staatsgewalt und ihres Handelns durch Wahlen und Abstimmungen umschließen (Art. 20 Abs. 2 GG).[83] Da diese sich nicht selbst ermächtigen kann, muss *eine ununterbrochene Legitimationskette von der Wahlentscheidung bis zu jedem einzelnen staatlichen Akt mit Entscheidungscharakter bestehen!*[84] (→ Rn. 7 f.) Dies gilt für Sachentscheidungen ebenso wie für die Personalauswahl, und es gilt unabhängig davon, ob die Verfassung ein Vertretungsorgan vorschreibt oder ob seine Einrichtung in Wahrnehmung einer bloßen Gestaltungsoption erfolgt ist.[85]

„Volk" iSd Art. 20 Abs. 2 GG ist das **Deutsche Volk** (in dem ihm durch Art. 116 **5** Abs. 1 GG verliehenen Sinn; → § 1 Rn. 23). Dies bedeutet im Gegenschluss, dass ausländische Staatsangehörige an der demokratischen Willensbildung durch Wahlen und Abstimmungen nicht teilhaben. Nicht recht überzeugen kann die beliebte Formel von der „Identität von Regierenden und Regierten".[86] Zwar muss die Staatsgewalt vom Staatsvolk (also den Deutschen) ausgehen, doch gebieten weder Demokratieprinzip noch Staatslehre, dass die Repräsentanten der vom Volk konstituierten Staatsgewalt nur Deutsche sein dürfen; dies kann nur Art. 38 Abs. 1, 2 GG (für den Bundestag) im Wege der Auslegung entnommen werden. Für Gemeinden und Gemeindeverbände (insbe-

---

80 Vgl. Maurer StaatsR I § 7 Rn. 1.

81 Calliess/Ruffert/Calliess, EUV AEUV, 5. Aufl. 2016, EUV Art. 2 Rn. 20.

82 So aber das BVerfG; s. beispielsweise BVerfGE 123, 267 (Rn. 266 ff.) = NJW 2009, 2267; vgl. auch BVerfGE 135, 259 (insbesondere Rn. 74 ff.) = NVwZ 2014, 439 – Sperrklausel für die Wahl zum Europäischen Parlament.

83 Näher dazu etwa v. Münch/Kunig/Kotzur GG Art. 20 Rn. 114 ff. mwN.

84 BVerfGE 93, 37 (68) = NVwZ 1996, 574; BVerfGE 83, 60 (73) = NJW 1991, 159; BVerfGE 77, 1 (40) = NJW 1988, 890; Maurer StaatsR I § 7 Rn. 28; Dreier JURA 1997, 249 (250 f.); Jestaedt JuS 2004, 649 (649 f.).

85 Vgl. BVerfGE 83, 60 (76) = NJW 1991, 159 – Hamburger Bezirksversammlungen.

86 Die Formel geht zurück auf Schmitt, Verfassungslehre, 1. Aufl. 1928, S. 234 ff.; krit. auch Unruh, Der Verfassungsbegriff des Grundgesetzes, 2002, S. 459; ebenso Dreier/Dreier GG Art. 20 (Demokratie) Rn. 63.

sondere die Landkreise) wird dies durch Art. 28 Abs. 1 S. 3 GG zudem durchbrochen. Wegen des Ausnahmecharakters der Vorschrift hat das BVerfG sie für noch grundgesetzkonform befunden.[87]

> **2.2** Die Bundesbank ist nach Art. 88 S. 2 GG iVm Art. 130 AEUV weisungsabhängig. Ist dies eigentlich mit dem Demokratieprinzip in Einklang zu bringen? (S. 2 wurde erst Mitte der 1990er Jahre in das Grundgesetz eingefügt.)

Klausurtipp: Bei der Lösung von Klausurfällen ist auf spezielle Ausprägungen vorrangig einzugehen (lex specialis derogat legi generali); sind diese einschlägig, darf nicht mehr auf das allgemeine Demokratieprinzip rekurriert werden.

C. Ausprägungen des Demokratieprinzips

I. Überblick

1. Prinzipimmanente Vorgaben

6 Das Demokratieprinzip ist facettenreich. Die folgenden Anforderungen an die staatliche Ordnung lassen sich unmittelbar auf Art. 20 Abs. 2 GG stützen.

a) Ununterbrochene Legitimationskette

7 Erforderlich ist eine **ununterbrochene Legitimationskette** vom Wahlakt bis zur Besetzung jedes Amts im Staat (personelle Legitimation) und zu jeder Sachentscheidung im Staat (sachliche Legitimation).[88] Letztere ist nur gewährleistet, wenn Handlungen einer jeden Person, die hoheitsrechtliche, ja überhaupt staatliche Befugnisse innehat, zumindest indirekt der parlamentarischen bzw. demokratischen **Kontrolle** unterworfen sind. Da diese sich auf die Regierung als Spitze der Exekutive erstreckt, muss sichergestellt sein, dass die Kontrolle innerhalb der Exekutive durch Kontroll- und Rechenschaftsmechanismen bis hin zu Weisungsrechten sichergestellt ist.[89] „Ministerialfreie Räume" und „ministerialfreie Verwaltung"[90] darf es grundsätzlich nicht geben.[91]

8 BVerfG und hM lassen dennoch bei Sachentscheidungen gewisse Ausdünnungen und sogar Durchbrechungen der Legitimationskette (und insoweit auch ministerialfreies Verwaltungshandeln) – vom BVerfG als „**Modifikationen**" des Demokratieprinzips

---

87 Vgl. nur BVerfGE 83, 37 (53 ff.) = LSK 1991, 030158.
88 BVerfGE 83, 60 (72 f.) = NJW 1991, 159 – Wahlrecht für Ausländer zu Bezirksversammlungen; BVerfGE 93, 37 (67 f.) = NVwZ 1996, 574 – Gesetz über Mitbestimmung der Personalräte. Aus dem Schrifttum ua Dreier/Dreier GG Art. 20 (Demokratie) Rn. 109 ff.; v. Münch/Kunig/Kotzur GG Art. 20 Rn. 113 ff.; Maurer StaatsR I § 7 Rn. 28.
89 Dreier/Dreier GG Art. 20 (Demokratie) Rn. 112; v. Münch/Kunig/Kotzur GG Art. 20 Rn. 114; Maurer StaatsR I § 7 Rn. 28.
90 Vgl. dazu Müller JuS 1985, 497 (503 f.).
91 Jüngst BVerfG NJW 2019, 3204 (3208, 3218); Dreier/Dreier GG Art. 20 (Demokratie) Rn. 123; DHS/F. Kirchhof, 93. Lfg. 2020, GG Art. 83 Rn. 35.

bezeichnet, dort zu, wo es für die Erfüllung der jeweiligen Sachaufgabe unabdingbar ist.[92] Weitgehende oder gar völlige Autonomie kann daher zugestanden werden:

- Prüfungsämtern,
- Kartellbehörden,
- Datenschutzbehörden,
- und der Deutschen Bundesbank (Art. 88 S. 2 GG iVm Art. 130 AEUV)[93].

b) Mehrheitsprinzip

Das Mehrheitsprinzip ist Maßstab für alle Entscheidungen im Staat und über den Staat.[94] Dieses Prinzip ist nicht disponibel, es wird im Grundgesetz nur an einigen Stellen den Anforderungen entsprechend ausgestaltet (Erfordernis qualifizierter Mehrheiten, wie in Art. 77 Abs. 4 oder Art. 79 Abs. 2 GG). Es steht jedoch in einem Spannungsfeld zum – sogleich behandelten – Minderheitenschutz, der ebenfalls dem Demokratieprinzip entspringt.   **9**

c) Minderheitenschutz (Oppositionsrechte)

Auch Minderheiten verfügen über demokratische Mitwirkungsrechte und sind innerhalb des Parlaments Vertretung des Volkes. Eine absolute Geltung des Mehrheitsprinzips würde ihnen diese Beteiligungschancen rauben und die demokratische Kontrolle der (von der Mehrheit im Parlament getragenen) Regierung erschweren. Insofern gebietet das Demokratieprinzip, dass bestimmte Verfahrensschritte (allerdings regelmäßig keine Sachentscheidungen) bereits auf Antrag einer Minderheit (deren Umfang in Zahlen oder Anteilen an der Gesamtkohorte angegeben werden kann) ergriffen werden müssen. Zu den (auch in der Klausur) bedeutsamsten Minderheitsrechten gehört das Recht, nach Art. 44 Abs. 1 S. 1 GG die Einrichtung eines parlamentarischen **Untersuchungsausschusses** zu erwirken (→ § 5 Rn. 17 ff.). Ein Minderheitenrecht ist auch das – im Grundgesetz ungeschriebene, in manchen Landesverfassungen aber verankerte – Recht auf Bildung und Betätigung einer parlamentarischen **Opposition**.[95]   **10**

2. Ausformungen durch andere Verfassungsnormen

Darüber hinaus lassen sich aus dem Demokratieprinzip insbesondere die folgenden verfassungsrechtlichen Verbürgungen ableiten. Sie sind in Normen verankert, die als leges speciales Anwendungsvorrang vor dem allgemeinen Demokratieprinzip iSv Art. 20 Abs. 1, 2 GG haben.[96] Es handelt sich um   **11**

- das (aktive und passive) **Wahlrecht** zum Deutschen Bundestag, Art. 38 Abs. 1, 2 GG. Für die Wahl der Landesparlamente finden sich entsprechende Vorgaben, die in den Ländern nicht unmittelbar gelten, sondern von diesen umzusetzen sind, in Art. 28 Abs. 1 S. 2 GG. Gegen die Vorenthaltung des Wahlrechts steht die Verfassungsbeschwerde offen (Art. 93 Abs. 1 Nr. 4a GG).

---

92 Zu den Grenzen der Zulässigkeit s. BVerfGE 9, 268 (282) = NJW 1959, 1171 – bremisches Personalvertretungsgesetz; BVerfGE 22, 106 (113) = BeckRS 1967, 30421841 – Steuerausschuss.
93 BVerfGE 89, 155 (208) – Maastricht-Vertrag; BVerfGE 151, 202 Rn. 208 ff. = NJW 2019, 3204.
94 Zur Ratio ausf. Morlok/Michael StaatsorganisationsR Rn. 163 ff.
95 Vgl. nur Cancik, Parlamentarische Opposition in den Landesverfassungen, 2000.
96 GWC/Windthorst GG Art. 20 Rn. 32; Jarass/Pieroth/Jarass GG Art. 20 Rn. 1.

- die sog. **Legislatur- oder Wahlperiode**. Demokratie ist stets Herrschaft auf Zeit, die durch den Wahlakt vermittelte Legitimation „verbraucht" sich allmählich. Daher ist die Wahlperiode des Deutschen Bundestags auf vier Jahre (die der Länderparlamente fast durchweg auf fünf Jahre) begrenzt (Art. 39 GG). Parlamente sind in ihrer Zusammensetzung also „diskontinuierlich" – mit gravierenden verfahrensrechtlichen Folgen: Ein Gesetz, das vom Bundestag noch nicht beschlossen worden ist (Art. 77 Abs. 1 S. 1 GG), darf nicht vom neuen Parlament verabschiedet werden, sondern das Gesetzgebungsverfahren muss neu begonnen werden → § 5 Rn. 3).
- die Rechtsstellung der **Parteien** (Art. 21 GG, → Rn. 14) als „Transmissionsriemen" der demokratischen Willensbildung.[97] Art. 21 Abs. 1 GG sichert ihnen daher eine privilegierte Stellung zu. Allerdings wird die Demokratie des Grundgesetzes auch als „wehrhafte" verstanden, die sich dem Versuch, sie zu unterlaufen, aktiv widersetzt.[98] Daher eröffnet Art. 21 Abs. 2 GG die Möglichkeit, verfassungsfeindliche (insbesondere auch: demokratiefeindliche) Parteien zu verbieten (Art. 21 Abs. 2 GG) oder ihre staatliche Finanzierung unterbinden zu lassen (→ Rn. 64 ff.). Die Anforderungen daran sind allerdings streng.
- Enge Verbindungen weist das Demokratieprinzip zu den **Grundrechten** auf. Die Ausübung vieler dieser Rechte ist essenziell für politische Willensbildung und Willensäußerung. Dies gilt insbesondere für Art. 2 Abs. 1 GG, Art. 5 Abs. 1, 3 GG, Art. 8, 9, 10 und 17 GG.

II. Wahlen und Abstimmungen

12 Art. 20 Abs. 2 S. 2 GG erlaubt demokratische Willensbildung einerseits durch Wahlen und andererseits durch Abstimmungen. Während Wahlen Personalentscheidungen sind, handelt es sich bei Abstimmungen (wie Volksentscheid und Volksbegehren) stets um Sachentscheidungen. Das Grundgesetz sieht Abstimmungen allerdings nur in äußerst seltenen Fällen vor (→ Rn. 25 ff.).

1. Wahlen

13 Das Grundgesetz stellt in Art. 38 Abs. 1 Grundsätze für die Wahlen zum Deutschen Bundestag auf; für Landtagswahlen gilt dies Vorschrift *nicht*! Einschlägig ist insofern Art. 28 Abs. 1 S. 2 GG, der die gleichen Grundsätze auch für die Länder sowie deren Gemeinden und Gemeindeverbände für verbindlich erklärt (näher → § 4 Rn. 11). Nur die Verletzung des Art. 38 Abs. 1 GG ist der Verfassungsbeschwerde zugänglich. Wahlen müssen sein

- allgemein,
- unmittelbar,
- frei,
- gleich
- und geheim.

14 Das BVerfG hat über diese Grundsätze hinaus ein weiteres, ungeschriebenes Kriterium herausgearbeitet: das der sog. öffentlichen Wahl.

---

97 Vgl. dazu v. Münch/Kunig/Klafki GG Art. 21 Rn. 15; Dreier/Morlok GG Art. 21 Rn. 21 ff.
98 Voßkuhle/Kaiser JuS 2019, 1154; Beaucamp JA 2021, 1; vgl. auch HMPG VerfassungsR-HdB/ Herdegen § 1 Rn. 79 f.

a) Allgemeine Wahl

Der Grundsatz der allgemeinen Wahl gebietet die grundsätzliche Teilnahmemöglichkeit *aller* Wahlbürger.[99] Dies kennzeichnet Art. 38 Abs. 1 S. 1 GG als speziellen Gleichheitssatz (dh als Sonderregelung im Verhältnis zu Art. 3 Abs. 1 GG). **15**

Das Gleichheitserfordernis gilt allerdings nicht grenzenlos. Ausnahmen sind zulässig, wenn es dafür besondere, zwingende Gründe gibt.[100] Dazu zählen: **16**

- **Altersgründe**: Nur ab einem bestimmten Mindestalter ist von „Demokratiemündigkeit" auszugehen. Für das aktive Wahlrecht findet sich die Altersschwelle im Grundgesetz selbst, für das passive wird an das Alter angeknüpft, in dem die Volljährigkeit eintritt (Art. 38 Abs. 2 GG; vgl. § 12 BWG). Diese Verweisung auf ein einfaches Bundesgesetz ist im Lichte der Tatsache, dass das Recht zur Kandidatur ein Kernbestandteil des Demokratieprinzips ist, verfassungsrechtlich nicht unbedenklich.
- Das passive Wahlrecht geht als Nebenfolge der Verurteilungen zu mehr als einem Jahr **Freiheitsstrafe** für fünf Jahre verloren (§ 45 Abs. 1 StGB), auch das aktive kann unter bestimmten Voraussetzungen aberkannt werden (§ 45 Abs. 4 StGB).
- Für bestimmte Konstellationen sieht das Bundeswahlgesetz den Ausschluss vom Wahlrecht infolge geistig-seelischer Mängel vor: wenn für den Betroffenen nach Maßgabe des § 13 Nr. 2 StGB ein **Betreuer** bestellt worden ist oder er eine Straftat begangen hat, für die er wegen seelischer Störungen (§ 20 StGB) nicht bestraft, sondern zur Unterbringung in einem **psychiatrischen Krankenhaus** (Maßregel der Besserung und Sicherung) verurteilt worden ist (§ 63 StGB).
- Das Wahlrecht kann bei **Auslandsdeutschen** zeitweise entfallen, wenn die Verbindung zu Deutschland faktisch gelöst ist. Der maßgebliche § 12 Abs. 2 BWG wurde neu gefasst, nachdem das BVerfG die frühere Regelung (wonach ein dreimonatiger Aufenthalt in Deutschland das Wahlrecht eröffnete) als sachwidrig und damit als Verstoß gegen das Prinzip der Allgemeinheit der Wahl angesehen hatte.[101]
- Das Wahlrecht muss dafür Sorge tragen, dass die Wahl eine **Auswahl** zwischen unterschiedlichen politischen „Angeboten" sein kann.[102]

b) Unmittelbare Wahl

Die Wahl ist unmittelbar, wenn zwischen den aktiven Wahlakt und die passive Wahl (also das Gewähltwerden) kein weiterer Willensakt tritt. Die Zwischenschaltung von „Wahlleuten" wäre in Deutschland bei Wahlen zu Volksvertretungen also unzulässig.[103] Dies bedeutet aber nicht, dass mittelbare Wahlen per se demokratiewidrig wären: Die Bundesversammlung, die den Bundespräsidenten wählt, besteht zur Hälfte der Sache nach aus solchen Wahlfrauen und -männern (→ § 8 Rn. 10 ff.). **17**

---

99 BVerfGE 58, 202 (205) = NJW 1982, 817; Maurer StaatsR I § 13 Rn. 3 ff.
100 BVerfGE 36, 139 (141 f.) = NJW 1974, 311; BVerfGE 58, 202 = NJW 1982, 817.
101 BVerfGE 132, 39 (47 ff.) = NVwZ 2012, 1101; zur Entscheidung Sachs JuS 2013, 376; vgl. DHS/Klein/Schwarz, 94. Lfg. 2021, GG Art. 38 Rn. 93.
102 Vgl. BerlKomm GG/Schreiber, 41. Lfg. 2013, GG Art. 38 Rn. 31, 72 ff.
103 BVerfGE 7, 63 (68 f.) = NJW 1957, 1313; BVerfGE 47, 253 (279) = NJW 1978, 1967; Maurer StaatsR I § 13 Rn. 10 f.; Zippelius/Würtenberger StaatsR § 39 Rn. 9 ff.

> **2.3** Gemäß § 1 Abs. 2 BWG erfolgt die Wahl nach Landeslisten, die von den Parteien zusammengestellt werden. Verstößt dieses Prozedere nicht gegen den Grundsatz der unmittelbaren Wahl?

c) Freie Wahl

18 Der Grundsatz der freien Wahl gebietet insbesondere:

- Die Wahlentscheidung muss frei sein von Druck und Zwang. Wahlwerbung der Regierung zur Unzeit kann nicht nur die Chancengleichheit der Parteien, sondern auch die Freiheit der Wahl tangieren.[104]
- Das Wahlvorschlagsrecht muss für alle bestehen. Insbesondere besteht **kein Parteienmonopol**, sondern auch Einzelpersonen können sich ohne Parteibindung zur Wahl stellen.
- Das Wahlrecht muss dafür Sorge tragen, dass die Wahl eine **Auswahl** zwischen unterschiedlichen politischen „Angeboten" sein kann.[105]

19 Der Grundsatz der freien Wahl schließt die **„negative" Wahlentscheidung** ein, dh das Recht, sich für keinen der Wahlvorschläge zu entscheiden und keine oder eine ungültige Wahlentscheidung zu treffen. Umstritten ist, ob die freie Wahl auch das Recht schützt, sich an einer Wahl nicht beteiligen zu müssen.[106] In Deutschland besteht derzeit – anders als in einigen Nachbarländern – keine solche Wahlteilnahmepflicht. Ob sie durch Gesetz eingeführt werden dürfte, hängt davon ab, ob „Wahl" auch schon den Weg zum Wahllokal umfasst.

> **2.4** Könnte vor diesem Hintergrund angesichts der immer weiter sinkenden Wahlbeteiligungen in Deutschland auch hierzulande – wie etwa in Belgien – die Wahlpflicht eingeführt werden, und zwar (a) durch Gesetz; (b) durch Verfassungsänderung?

d) Geheime Wahl

20 Geheim ist die Wahl, wenn

- die Stimmabgabe verdeckt erfolgt und kein Druck in Richtung einer offenen Stimmabgabe ausgeübt wird,
- die Wahlentscheidung des Einzelnen nicht ohne Weiteres nachprüfbar ist (daher kann zB die Versiegelung der Urne geboten sein).[107]

e) Gleiche Wahl

21 *Dem Grundsatz der gleichen Wahl fällt nicht nur in der Rechts-, sondern auch in der Klausurpraxis die größte Bedeutung zu.* Die Anforderungen der Wahlgleichheit variieren nach dem anwendbaren Wahlverfahren.

---

104 Vgl. BerlKomm GG/Schreiber, 41. Lfg. 2013, GG Art. 38 Rn. 98.

105 Vgl. BerlKomm GG/Schreiber, 41. Lfg. 2013, GG Art. 38 Rn. 31, 98.

106 Für die Verfassungswidrigkeit einer Wahlpflicht DHS/Klein/Schwarz, 94. Lfg. 2021, GG Art. 38 Rn. 111; Sachs/Magiera GG Art. 38 Rn. 90; v. Münch/Kunig/Trute GG Art. 38 Rn. 54; Dreier/Morlok GG Art. 38 Rn. 88; aA Dreier JURA 1997, 249 (254); Labrenz ZRP 2011, 214 (216).

107 Vgl. Michael/Morlok StaatsorganisationsR Rn. 232; Korioth StaatsR I Rn. 481.

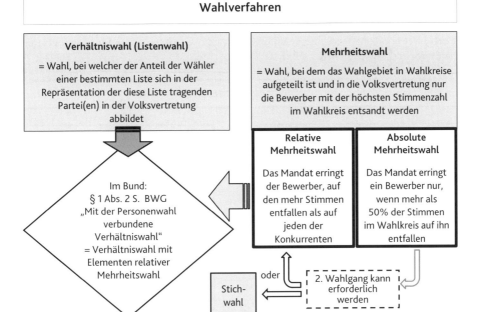

Ob die **Mehrheitswahl** überhaupt mit der Gleichheit der Wahl in Einklang gebracht **22** werden kann, ist umstritten, da die abgegebenen Stimmen keinen am „Output" zu messenden, gesicherten Erfolgswert, sondern lediglich beim „Input" eine Erfolgschance haben. Manche erachten – bei Listenwahlen – nur die Verhältniswahl für verfassungsgemäß;[108] auch Äußerungen des BVerfG deuten in diese Richtung.[109] Allerdings wird die Mehrheitswahl, die den Vorteil hat, meist stabile Regierungen zu generieren und auf diese Weise im Sinne des Demokratieprinzips die Fähigkeit zu politischer Entscheidung zu verbessern, in vielen demokratischen Systemen traditionell praktiziert. Vor diesem Hintergrund erscheint das Erfordernis nach Erfolgswertgleichheit als Petitio principii; aus dem Grundgesetz lässt sie sich jedenfalls nicht eindeutig ablesen. Für die Mehrheitswahl sollte daher auf den Erfolgswert verzichtet werden, solange gleiche Erfolgschancen bestehen.[110] Aber auch die hM muss anerkennen, dass die verfassungskonforme **Gestaltung** einer Mehrheitswahlregelung, die auf Wahlkreisen fußt, Schwierigkeiten aufwirft. Die Wahlkreise müssen gleich groß sein, um einen gleichen Zählwert und eine gleiche Erfolgschance zu sichern – ein Erfordernis, dem in der Praxis nur annähernd genügt werden kann. Überdies besteht die Gefahr, dass durch manipulativen Zuschnitt der Wahlkreise („Gerrymandering"), auch wenn sie gleich groß sind, das Wahlergebnis in eine bestimmte Richtung gelenkt wird.[111]

---

108 Meyer DÖV 1970, 691; Bakker ZRP 1994, 457; vgl. dazu im Überblick auch Wild, Die Gleichheit der Wahl, 2003, 117 ff. mwN.

109 Bereits früh BVerfGE 6, 84 (90) = NJW 1957, 377; BVerfGE 131, 316 (357 ff.) = NVwZ 2012, 1101 m. krit. Anm. Morlok.

110 Vgl. Stern/Magiera StaatsR I GG Art. 38 Rn. 90.

111 Dreier/Morlok GG Art. 38 Rn. 109; vgl. zum Zuschnitt der Wahlkreise auch BVerfGE 95, 355 (365) = NJW 1997, 1553.

23 Diese Gefahr besteht bei der **Verhältnis- oder Listenwahl** nicht. Jedenfalls der Zählwert muss – was wahltechnisch hier aber grundsätzlich auch umsetzbar ist – absolut gleich bemessen sein. Von der Wahlgleichheit nach dem Grundgesetz hat das BVerfG beim Erfolgswert hingegen aus wichtigem Grund gewisse Differenzierungen erlaubt (Sperrklauseln; → Rn. 32 ff.).

Gleichheitsforderungen

Bei Verhältniswahl: Stimmen müssen haben	Bei Mehrheitswahl: Stimmen müssen haben
• **generell gleichen Zählwert** (dh jede Stimme muss gleich in die Berechnung des Wahlergebnisses einfließen – „Input"). Hier ist *jede Differenzierung verboten;* • **grundsätzlich gleichen Erfolgswert** (jede Stimme muss sich im Wahlergebnis in gleicher Weise niederschlagen – „Output"). *Durchbrechung der Erfolgswertgleichheit im Bundesrecht:* *§ 6 Abs. 6 BWG*	• **generell gleichen Zählwert** Ein „Erfolgswert" im engeren Sinne existiert nicht; die Stimmen der unterlegenen Bewerber fallen „unter den Tisch".

---

f) Öffentliche Wahl

24 Den Grundsatz der Öffentlichkeit der Wahl leitet das BVerfG aus Art. 38 GG iVm Art. 20 Abs. 1, 2 GG ab. Er wird relevant, wo die Stimmabgabe automatisch bzw. rein digital erfasst wird, zB durch Einsatz von Wahlcomputern. In solchem Fall muss für den Bürger die Möglichkeit bestehen, die wesentlichen Schritte der individuellen Wahlhandlung und der Ergebnisermittlung – also ob die Stimmabgabe datentechnisch ordnungsgemäß erfasst worden und in die Ergebnisberechnung korrekt eingeflossen ist – ohne besonderes technisches Vorwissen zuverlässig nachzuprüfen. Diesem Erfordernis genügt zB die Ausgabe eines Papierprotokolls der abgegebenen Stimme oder eine Kombination von „digitalem Wahlstift" und Stimmzettel.[112] Die „öffentliche Wahl" soll nicht dazu führen, dass die konkrete Wahlentscheidung des Einzelnen öffentlich ermittelt werden kann (dies würde der geheimen Wahl zuwiderlaufen), sondern stellt nur sicher, dass diese korrekt „verbucht" wird.

2. Abstimmungen

25 Im Gegensatz zu Wahlen sind Abstimmungen keine Personalentscheidungen, sondern Entscheidungen über **Sachfragen**. Eine repräsentative Demokratie ist darauf angelegt, dass Sachentscheidungen vom Parlament getroffen werden. Systemisch be-

---

112 BVerfGE 123, 59 (72 ff.) = JuS 2009, 746. Vgl. zum Öffentlichkeitsprinzip auch BeckOK GG/Butzer, 48. Ed. 15.8.2021, GG Art. 38 Rn. 101 ff.

trachtet sind Entscheidungen durch das Volk selbst die Ausnahme, umso mehr, als sie nur in Grenzen detaillierte Sachdebatten erlauben, wie sie in den Ausschüssen des Parlaments erfolgt. Die Ausübung der Staatsgewalt „in Wahlen und Abstimmungen" verdeutlicht, dass das Volk zwar im Grundsatz keine mindere Legislativinstanz ist als das von ihm gewählte Parlament.[113] Dennoch sind Abstimmungen nicht schlechthin zulässig, sondern nur insoweit, als das Grundgesetz sie für einen Gegenstand zulässt und hierfür ein Verfahren bereithält („**plebiszitäre Elemente**").[114]

Das Grundgesetz ist anders als die Weimarer Reichsverfassung (Art. 73 WRV) und die Verfassungen der meisten anderen europäischen Staaten wenig abstimmungsaffin. Echte Volksgesetzgebung sieht das Grundgesetz nirgendwo vor. Der Grundsatz, dass die Bundesgesetze vom Bundestag beschlossen werden (Art. 77 Abs. 1 S. 1 GG), gilt ohne Ausnahme. Lediglich in zwei Bestimmungen wird ein bestätigender Volksentscheid (sog. Referendum) abweichend von Art. 78 GG zur Voraussetzung für das Zustandekommen des Bundesgesetzes erhoben: Art. 29 Abs. 3, 5, 6 GG (Neugliederung des Bundesgebiets), wobei die Zustimmung nicht des gesamten Deutschen Volks, sondern nur der Mehrheit (der Deutschen) in den Ländern bzw. betroffenen Gebieten erforderlich ist, und in Art. 146 GG für die **Ersetzung** bzw. **Totalrevision des Grundgesetzes**.[115] Im Sonderfall des Art. 29 Abs. 4 GG wird ein Gesetzgebungsakt durch ein Volksbegehren erwirkt. Keine dieser Vorschriften ist je zur Anwendung gelangt. Alle sind sie dispositiv gegenüber einer Regelung durch Staatsvertrag der betroffenen Länder, der Art. 29 Abs. 8 GG ebenfalls der Bestätigung durch Volksentscheid (Referendum) bedarf. Gleiches gilt – abweichend vom gesamten Art. 29 unter Einschluss seines Abs. 8 – für den Zusammenschluss namentlich bezeichneter Länder kraft (staatsvertraglicher) Vereinbarung: die 1952 erfolgte Bildung des Landes Baden-Württemberg aufgrund des damit erledigten Art. 118 GG und den Zusammenschluss Berlins und Brandenburgs gem. Art. 118a GG, der 1996 an der Ablehnung durch das Volk in Brandenburg – vorerst – gescheitert ist.[116] Diese Fälle betreffen, wie gesagt, landesrechtliche Vereinbarungen, für die das Grundgesetz eine Volksbeteiligung vorsieht, und führen daher keine Abweichungen von Art. 77 Abs. 1 S. 1 GG herbei.

Die **Landesverfassungen** erlauben Abstimmungen in unterschiedlichem, aber durchweg weiterem Umfang als das Grundgesetz.[117] Außer bestätigenden Referenden finden sich im Landesrecht auch Formen echter Volksgesetzgebung, bei denen die Entscheidung des Volkes an die Stelle derjenigen des Parlaments tritt. Auch Verfassungsänderungen unmittelbar durch das Volk sind in manchen Ländern zulässig.[118] Dies erfordert erstens komplexe Verfahrensregelungen, um Kompetenzkonflikte zwischen Parlament und Volk zu begrenzen, und zweitens Abstimmungsregeln, die dem Demokratieprinzip genügen. Damit ist vor allem das Mehrheitsprinzip (→ Rn. 9) an-

---

113 Dreier/Dreier GG Art. 20 (Demokratie) Rn. 99; DHS/Grzeszick, 57. Lfg. 2010, GG Art. 20 Abs. 2 Rn. 111; anders Möstl VVDStRL 72 (2013), 355 (361 ff.).

114 Vgl. MKS/Sommermann GG Art. 20 Rn. 161; zu den plebiszitären Elementen im Grundgesetz vgl. v. Münch/Mager StaatsR I Rn. 70.

115 Vgl. v. Münch/Kunig/Kunig/Ernst GG Art. 29 Rn. 37; vgl. MKS/Unruh GG Art. 146 Rn. 27.

116 v. Münch/Kunig/Kunig/Ernst GG Art. 118 Rn. 1 f.; v. Münch/Kunig/Kunig/Ernst GG Art. 118a Rn. 6 ff.

117 Überblick bei Wissenschaftlicher Dienst des Bundestages, Zum Volksgesetzgebungsverfahren in den einzelnen Bundesländern, WD2 – 3000 – 329/18, 25.9.2018; s. auch Weixner, Direkte Demokratie in den Bundesländern, 2002.

118 Siehe bspw. Art. 64 Abs. 3 BWVerf, aber auch Art. 60 Abs. 4 S. 2 Verf M-V.

gesprochen. Nicht selten sind Volksinitiativen von Partikularinteressen beeinflusst, und eine zahlreiche Beteiligung an der Abstimmung ist in geringerem Maße gewährleistet als im Bundestag (der übrigens auch nicht als beschlussfähig gilt, wenn nicht die Hälfte seiner Mitglieder anwesend ist, § 45 GOBT). Käme es allein auf das Überwiegen der Ja- über die Nein-Stimmen an, würde dies dem Mehrheits- und damit dem Demokratieprinzip nicht gerecht; erforderlich sind vielmehr (mit dem Fortgang der Volksgesetzgebung zunehmend strenge) Beteiligungs- und/oder Zustimmungsquoren am Maßstab der stimmberechtigten Bevölkerung. Dass die abgegebenen Ja-Stimmen auch der Mehrheit der deutschen Bevölkerung im Land entsprechen, ist aber zumindest bei Gesetzen ohne verfassungsändernde Wirkung nicht geboten.

28 Die Volksgesetzgebung durchläuft üblicherweise – je nach Ausgestaltung durch das Landesrecht – zwei oder drei Stufen.[119] Bei dreistufiger Ausgestaltung umfasst sie:

- **Volksinitiative:** Es handelt sich um einen Antrag aus dem Volk mit dem Ziel, ein Volksbegehren durchzuführen. Die Volksinitiative muss durch eine ausreichende Zahl von Unterschriften (absolut oder in Relation zur Zahl der Wahlberechtigten) unterstützt werden.
- **Volksbegehren:** Eine erfolgreiche Volksinitiative wird daraufhin überprüft, ob der Gegenstand dem Volksentscheid entzogen ist (wie üblicherweise Haushaltsfragen); zudem bekommt das Parlament Gelegenheit, das Anliegen zu prüfen und gegebenenfalls zu erfüllen. Geschieht dies nicht, ist für verfassungsrechtlich zulässige Gegenstände häufig, bevor es zum eigentlichen Volksentscheid kommt, ein Volksbegehren zwischengeschaltet: Innerhalb eines bestimmten Zeitraums muss sich jetzt eine bestimmte Mindestzahl von Wahlberechtigten (Beteiligungsquorum) durch Unterschrift für den Gegenstand aussprechen.
- **Volksentscheid:** Der Volksentscheid bildet die eigentliche Sachentscheidung (Plebiszit im engeren Sinne). Er wird anberaumt, wenn das Volksbegehren das erforderliche Quorum erreicht hat. Der Volksentscheid wird in der Regel wie eine Wahl zu einem ganz bestimmten Zeitpunkt durchgeführt. Er kann mit der Wirkung eines Gesetzesbeschlusses, ja selbst der eines verfassungsändernden Gesetzes ausgestattet sein. Plebiszite können auch bestätigende Wirkung haben; so kann ein vom Parlament beschlossenes Gesetz oder eine Verfassungsänderung oder Verfassungsgebung unter dem Vorbehalt der Zustimmung im Rahmen eines Volksentscheids stehen (eine Variante, die vielfach als **Referendum** bezeichnet wird[120]). In manchen Ländern ist auch eine Volksinitiative auf bloße „Befassung" des Parlaments mit bestimmten Gegenständen der politischen Willensbildung erlaubt. Viele Verfassungen sehen vor, dass der Volksentscheid nicht schon dann erfolgreich ist, wenn die Zahl der für „ja" (oder Variante A) die für „nein" (oder Variante B) abgegebenen Stimmen überwiegt. Um der Gefahr zu begegnen, dass Volksentscheide als Hebel für die Durchsetzung von Partikularinteressen missbraucht werden, werden für die Beteiligung und/oder Zustimmung abermals **Quoren** festgesetzt: Nur wenn die Abstimmungsbeteiligung oder die Zahl der Ja-Stimmen, gemessen an der Zahl der Wahlberechtigten, einen bestimmten Prozentsatz überschreitet, ist der Volksentscheid gültig.[121]

---

119 Wissenschaftlicher Dienst des Bundestages, Zum Volksgesetzgebungsverfahren in den einzelnen Bundesländern, WD2 – 3000 – 329/18, 25.9.2018, S. 4.
120 Kämmerer/Ernst/Winter ZG 2015, 349; Fliegauf LKV 1993, 181; Elicker ZRP 2004, 225.
121 Krit. zur Festsetzung von Quoren Hofmann NVwZ 2015, 715.

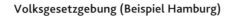

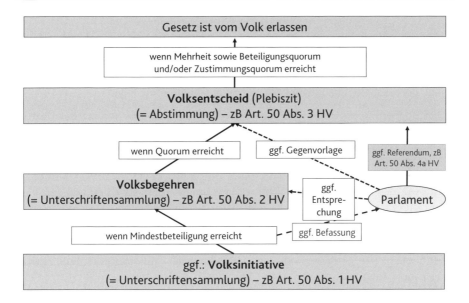

Volksgesetzgebung (Beispiel Hamburg)

Gesetz ist vom Volk erlassen

wenn Mehrheit sowie Beteiligungsquorum
und/oder Zustimmungsquorum erreicht

Volksentscheid (Plebiszit)
(= Abstimmung) – zB Art. 50 Abs. 3 HV

wenn Quorum erreicht

ggf. Gegenvorlage

ggf. Referendum, zB
Art. 50 Abs. 4a HV

Volksbegehren
(= Unterschriftensammlung) – zB Art. 50 Abs. 2 HV

ggf.
Entspre-
chung

Parlament

wenn Mindestbeteiligung erreicht

ggf. Befassung

ggf.: **Volksinitiative**
(= Unterschriftensammlung) – zB Art. 50 Abs. 1 HV

2.5 Verunsichert durch Bürgerproteste gegen neue Steuergesetze beschließt der Bundestag, vor der Abstimmung über die Erhöhung der Mineralölsteuer eine Volksbefragung durchzuführen. Ist dies zulässig?

2.6 Unter dem Eindruck einer Aktion „Für mehr Demokratie – Volksentscheid auch im Bund!" erlässt der Bundestag ein Bundesvolksabstimmungsgesetz, durch das der Volksentscheid über Gesetzesvorhaben auf Bundesebene eingeführt wird. Die Partei „Deutsche Repräsentative Liga" (DRL) hält das Gesetz für verfassungswidrig. Mit Recht?

D. Bundestagswahlen

I. „Personalisierte" Verhältniswahl

Die Abgeordneten des Deutschen Bundestages werden „nach den Grundsätzen einer 29 mit der Personenwahl verbundenen Verhältniswahl gewählt" (§ 1 Abs. 1 S. 2 BWG). Für dieses Wahlverfahren, das nicht verfassungsrechtlich, sondern nur einfachgesetzlich vorgegeben ist, hat sich die halboffizielle Bezeichnung **„personalisierte Verhältniswahl"** durchgesetzt. Der Begriff stellt klar, dass die Zusammensetzung des Bundestages sich zwar nach Verhältniswahlgrundsätzen bestimmt (Ergebnis nach Zweitstimmen), die Wähler jedoch – über die Erststimme – auch Einfluss auf die personale Zusammensetzung des Parlaments nehmen sollen. Daher kommt innerhalb der einzelnen Wahlkreise formal die Mehrheitswahl zur Anwendung, die wegen des Anrechnungsverfahrens gem. § 6 Abs. 4 BWG aber *in der Regel* nicht auf die Zusammensetzung des Parlaments durchschlägt. Eine Ausnahme ergibt sich nur insoweit, als sog. **Über-**

hangmandate entstehen. Sie werden bei Bundestagswahlen aber nunmehr durch **Ausgleichsmandate** kompensiert (§ 6 Abs. 4, 5 BWG).[122] Damit schlägt das Mehrheitswahlelement anders als nach bis Mai 2013 geltendem Recht nicht mehr auf die Repräsentation der politischen Gruppierungen im Bundestag durch.

30 Das Wahlverfahren ist im Bundeswahlgesetz (BWG) und der Bundeswahlordnung (einer Rechtsverordnung) geregelt. Jeder Wähler hat zwei Stimmen (§ 4 BWG). Die (regulär) 598 Sitze des Deutschen Bundestages (§ 1 Abs. 1 S. 1 BWG) verteilen sich – ohne Berücksichtigung möglicher Überhangmandate – wie folgt:

- 299 Abgeordnete werden über die Erststimme nach dem Grundsatz der relativen Mehrheitswahl gewählt (§ 5 BWG).
- Die übrigen 299 Abgeordneten werden über Landeslisten nach dem Grundsatz der Verhältniswahl gewählt (§ 6 BWG).
- Für die Sitzverteilung ist das Zweitstimmenergebnis (§ 6 Abs. 1 BWG) maßgeblich. Die von den Parteien in den Wahlkreisen errungenen Sitze werden von der Abgeordnetenzahl, die jeder Partei nach dem Zweitstimmenergebnis zusteht, abgerechnet, die Differenz an Sitzen aus den Landeslisten „aufgefüllt" (§ 6 Abs. 4 BWG).

31 Während bis 1985 das d'Hondt'sche Höchstzahlsystem und bis 2005 dasjenige nach Hare/Niemeyer (Quotenmethode mit Ausgleich nach größten Resten) zur Anwendung kam, erfolgt die Sitzzuweisung (§ 6 Abs. 2 BWG) nunmehr im Verfahren nach Sainte-Laguë/Schepers (Divisorverfahren mit Standardrundung).[123] Alle drei Verfahren genügen prinzipiell den Anforderungen der Wahlgleichheit bzw. des Demokratieprinzips, wirken sich aber auf kleine und große Parteien unterschiedlich günstig aus.[124] In den Ländern kommen unterschiedliche Zuweisungverfahren zum Einsatz.

II. Abweichungen von der gleichen Wahl: Sperrklausel und Grundmandatsklausel

1. Die Sperrklausel des BWG

32 Das BWG sieht nicht beim Zählwert, aber beim Erfolgswert Abweichungen von der Gleichheit der Wahl vor: Nach der sog. **5%-Sperrklausel** (§ 6 Abs. 6 BWG) erhalten Parteien, auf die nicht mindestens 5% der (die Listenstärke bestimmenden) Zweitstimmen entfallen, keine Sitze. Dies gilt nicht, wenn die Partei eine **nationale Minderheit** (wie Dänen oder Sorben; § 6 Abs. 3 S. 2 BWG) repräsentiert. Daher konnte der Südschleswigsche Wählerverband (SSW) als Vertretung der dänischen Minderheit 2021 mit nur 0,1% der Zweitstimmen einen Sitz im Bundestag erringen. Die Sperrklausel unterliegt jedoch einer Gegenausnahme: Erlangt eine Partei in wenigstens drei Wahlkreisen Direktmandate (sog. **Grundmandate**), zieht sie nach Maßgabe ihres Zweitstimmenergebnisses in den Bundestag ein; die **Sperrklausel ist dann deaktiviert.**

33 Die mit Sperrklausel und Grundmandatsklausel verbundenen Differenzierungen betreffen den Erfolgswert der Stimmabgabe, nicht den Zählwert. Während bei diesem

---

122 Vgl. hierzu Holste NVwZ 2013, 529; Steinbach DÖV 2016, 286.
123 Dazu auch Wissenschaftlicher Dienst des Bundestages, WD 3 - 3000 - 045/09, 4.2.2009, S. 3 ff.
124 BVerfGE 16, 131 (144) = NJW 1963, 1600 – d'Hondt; BVerfGE 79, 169 (170 f.) = NJW 1989, 1348 – Hare/Niemeyer; zu einem Vergleich der Systeme s. Gröpl StaatsR I Rn. 956 ff.; Maurer StaatsR I § 13 Rn. 29; BeckOK GG/Butzer, 48. Ed. 15.8.2021, GG Art. 38 Rn. 78.

jegliche Differenzierung untersagt ist, kann aus Sicht des BVerfG und der hM eine Abweichung von der Erfolgswertgleichheit aus wichtigen Gründen gerechtfertigt sein.[125] Mit der Sperrklausel soll eine Parteizersplitterung verhindert und die Handlungs- und Entscheidungsfähigkeit des Parlaments sichergestellt werden; dafür sieht das BVerfG 5% der Zweitstimmen – ohne diese Zahl näher zu begründen – als maximal zulässige Hürde an.[126] Inwieweit diese Erwägung noch tragfähig ist, nachdem die Zahl der Abgeordneten sowohl im Bundestag als auch in den Landesparlamenten (wo ebenfalls eine solche Sperrklausel gilt) erheblich angestiegen ist, ist zumindest diskussionswürdig. Wenn sie auch einer Parteienzersplitterung nur unzulänglich zu wehren vermag, verhindert sie doch immerhin, dass Kleinstparteien mit einem oder zwei Sitzen als „Zünglein an der Waage" überproportionalen Einfluss auf regierungstragende Mehrheiten erhalten und stellt sich insoweit auch wieder in den Dienst des demokratischen Mehrheitsprinzips und der damit in Verbindung stehenden Gleichheit der Abgeordneten (Art. 38 Abs. 1 S. 2 GG).

2. Die Grundmandatsklausel

Als Ausnahme von der Erfolgswertgleichheit unterliegt die Sperrklausel ihrerseits **34** zwei Gegenausnahmen: Erstens gilt sie nicht für Parteien nationaler Minderheiten (§ 6 Abs. 3 S. 2 BWG; → Rn. 32). Zweitens entfällt ihre Wirkung, wo die sog. **Grundmandatsklausel** (§ 6 Abs. 3 S. 1 Var. 2 BWG) Anwendung findet. Erringt eine Partei zwar weniger als 5% der Zweitstimmen, aber bundesweit drei oder mehr Direktmandate (dh, auf drei ihrer Wahlkreisbewerber entfällt wenigstens die relative Mehrheit der Erststimmen in den jeweiligen Wahlkreisen, § 5 BWG), so bleibt die Sperrklausel deaktiviert: Die Partei erhält so viele Sitze, wie es ihrem Zweitstimmenergebnis entspricht. Das BVerfG hat diese Klausel gutgeheißen, da sie die „effektive Integration des Staatsvolkes" ermögliche.[127] Tatsächlich begünstigt sie Parteien, die ihre Wählerschaft aus bestimmten, lokal konzentrierten Milieus rekrutieren, gegenüber solchen, deren Wähleranteil bundesweit homogen ist, in zweifelhafter Weise.[128]

3. Unzulässige Sperrklauseln

Sperrklauseln für **Kommunalwahlen** sowie für die Wahlen zum **Europäischen Parlament** sind vom BVerfG hingegen als verfassungswidrig erachtet worden, da solche **35** Schutzbelange hier nicht eingreifen.[129] Im Ergebnis ist dem auch für das Europäische Parlament zuzustimmen, nicht jedoch im Begründungsansatz des BVerfG, welches dem Europäischen Parlament aufgrund des Fehlens eines „europäischen Volkes" und

---

125 Zur Verfassungsmäßigkeit BVerfGE 34, 81 (99) = NJW 1973, 33; BVerfGE 78, 350 (357 ff.) = NJW 1989, 285; BVerfGE 95, 408 (417) = NJW 1997, 1568; BVerfGE 95, 408 (418 f.) = NJW 1997, 1568; Maurer StaatsR I § 13 Rn. 31 ff.; Dreier JURA 1983, 635 (643); krit. zur Verfassungsmäßigkeit v. Münch/Kunig/Trute GG Art. 38 Rn. 74 f.; Ehlers JURA 1999, 660.

126 BVerfGE 1, 208 (256) = NJW 1952, 657; BVerfGE 82, 322 (338) = NJW 1990, 3001; BVerfGE 95, 408 (419) = NJW 1997, 1568. Zur 5%-Sperrklausel bei Kommunalwahlen BVerfG NVwZ 2008, 407 (409); VerfGH Nordrhein-Westfalen NVwZ 2000, 666 (667); VerfGH Thüringen NVwZ-RR 2009, 1 (2).

127 BVerfGE 95, 408 (423 f.) = NJW 1997, 1568; vgl. auch BVerfGE 1, 208 (251 f.) = NJW 1952, 657; BVerfGE 6, 84 (93) = NJW 1957, 377.

128 So auch Frowein AöR 99 (1974), 72 (91); Wahl NJW 1990, 2585 (2590); Roth NJW 1994, 3269 (3271).

129 BVerfGE 120, 82 = JuS 2008, 730; BVerfGE 129, 300 (324 ff.) = NVwZ 2012, 33; BVerfGE 135, 259 (282 ff.) = NVwZ 2014, 439; Überblick bei Degenhart StaatsR I Rn. 94 ff.

aufgrund der überproportionalen Repräsentation kleinerer Staaten die Funktion eines echten Parlaments nicht zubilligen wollte.[130] Damit werden die Besonderheiten der EU (als Gemeinwesen sui generis), der durchaus parlamentarische Charakter des Europaparlaments und die Notwendigkeit, das Demokratieprinzip europaspezifisch zu deuten, nicht hinreichend gewürdigt.[131]

III. Verfahren der Sitzverteilung, Überhang- und Ausgleichsmandate

1. Verfahren der Sitzverteilung

36 *Erster Schritt: Bestimmung des „Sitzanspruchs" einer Partei nach Maßgabe des Zweitstimmenergebnisses (§ 6 Abs. 1, 2, 3 BWG).* Berechnungsgrundlage ist das *bundesweite* (dh aus der Addition der auf alle Landeslisten entfallenden Stimmen folgende) Zweitstimmenergebnis. Die danach ermittelten Sitze werden dann auf die Landeslisten nach Maßgabe der jeweiligen Zweitstimmenergebnisse verteilt (§ 6 Abs. 1, 2 BWG). Dabei werden nach § 6 Abs. 3 BWG nur Parteien berücksichtigt, welche wenigstens 5% der Zweitstimmen im Wahlgebiet (dh im Bundesgebiet) erhalten haben (Sperrklausel) oder wenigstens drei Direktmandate errungen haben (Grundmandatsklausel).

37 *Zweiter Schritt: Abzug der errungenen Direktmandate von dem im ersten Schritt bestimmten „Sitzanspruch", getrennt für jedes Land (§ 6 Abs. 4 BWG).* Die Zahl der in den Ländern erfolgreichen Wahlkreisbewerber muss von der Summe der ausweislich des Zweitstimmenergebnisses errungenen Sitze abgezogen werden, da ansonsten die Wahl ihrem Typus nach keine Verhältniswahl mehr wäre. Die errungenen Wahlkreismandate verbleiben einer Partei auch dann, wenn ihre Zahl höher ist als die Zahl der Sitze, die ihr nach dem Zweitstimmenergebnis zustehen würde (§ 6 Abs. 4 S. 2 BWG): Dann entstehen Überhangmandate.

38 *Dritter Schritt: Ausgleich der Überhangmandate und Wiederholung der ersten beiden Schritte (§ 6 Abs. 5, 6 S. 1, 2 BWG).* Meist gibt es einzelne Länder, in denen eine Partei mehr Direktmandate erringt, als sie nach dem Zweitstimmenergebnis an Abgeordneten insgesamt entsenden dürfte. Diese **Überhangmandate** werden durch Ausgleichsmandate für die anderen Parteien so lange ausgeglichen (näher → Rn. 42 f.), bis eine dem Zweitstimmenergebnis entsprechende Sitzverteilung wiederhergestellt ist. Dabei ist erneut eine Verteilung auf die Landeslisten nach Maßgabe des § 6 Abs. 2 BWG vorzunehmen.

39 *Vierter Schritt: Zuteilung der Listenmandate (§ 6 Abs. 6 S. 3, 4 BWG).* Eine Partei darf Sitze mit Listenbewerbern also nur noch belegen, wenn die erworbenen Direktmandate die ihr zustehende Abgeordnetenzahl nicht erschöpfen. Die Besetzung aus der Liste erfolgt in absteigender Reihenfolge der dort aufgeführten Namen (§ 6 Abs. 6 S. 4 BWG); die oberen Listenplätze sind also die chancenreicheren. Wer schon ein Wahlkreismandat errungen hat, wird auf der Liste nicht mehr berücksichtigt (§ 6 Abs. 6 S. 5 BWG). Ist die Liste erschöpft, ohne dass die Partei damit ihr Zweitstimmenkontingent ausgeschöpft hat, bleiben die übrigen Sitze unbesetzt (§ 6 Abs. 6 S. 6 BWG). Einer Nachnominierung von Kandidaten durch die Partei steht die Unmittelbarkeit der Wahl entgegen.

---

130 BVerfGE 123, 267 (372 ff.) = NJW 2009, 2267; vgl. auch Degenhart StaatsR I Rn. 94.
131 Zu dieser Kritik DHS/Grzeszick, 57. Lfg. 2010, GG Art. 20 Abs. 2 Rn. 293 f.

2. Überhangmandate und Ausgleichsmandate

Problemfeld: Gleichheit der Wahl

Nach früherem Recht wurden Überhangmandate nicht ausgeglichen, es setzte sich   40
insoweit also ein Mehrheitswahlelement im Ergebnis durch. Dies warf unter mehreren Aspekten Gleichheitsprobleme auf, denen der Gesetzgeber zu begegnen hatte.

a) Bedeutung des Wahlkreiszuschnitts

Erstens mussten die **Wahlkreise**, da insoweit Mehrheitswahl zur Anwendung kam,   41
möglichst gleich zugeschnitten sein (→ Rn. 22). Das BVerfG billigte eine Abweichung von maximal 33,3 %.[132] Obwohl Überhangmandate nunmehr ausgeglichen werden und das Mehrheitswahlelement somit keine mehrheitsprägende Wirkung mehr entfalten kann, verfügen Wahlkreiskandidaten doch jeweils über eine besondere persönliche Legitimation. Daher gilt das Erfordernis, dass die Größe der Wahlkreise nur im geringen Maße abweichen darf, auch heute fort.

b) Ausgleich von Überhangmandaten als Gleichheitsanforderung

Zweitens musste das Zweistimmenwahlrecht so ausgestaltet werden, dass der Gleich-   42
heit die Stimmabgabe einzelner Personen nicht im Ergebnis stärker ins Gewicht fällt als diejenige anderer Wähler, wenn dies der Gleichheit der Wahl widerstreitet. Die Erststimme unterliegt für sich genommen dem Mehrheitswahlrecht und dessen spezifischen Gleichheitsanforderungen. Werden Überhangmandate nicht ausgeglichen, können die Wahlentscheidungen einzelner Wähler (Erst- und Zweitstimme zusammengenommen) sich unter anderem mit **höherem Gewicht im Gesamtwahlergebnis** niederschlagen als die Stimmabgabe anderer – auch wenn dieser Effekt nicht prognostizierbar ist. Das BVerfG, das gegen Überhangmandate „in Grenzen" zunächst unter dem Gesichtspunkt der Wahlgleichheit nichts Grundsätzliches einzuwenden hatte,[133] schränkte dies in einem Urteil aus dem Jahr 2012 ein: Die Gesamtzahl der Überhangmandate dürfe künftig nicht über ca. 15 – was ungefähr Fraktionsstärke entspricht – hinausgehen.[134] Was man für freie Rechtsfindung erachten mag, gründet auch in einer Änderung der politischen Verhältnisse: Waren Überhangmandate lange Zeit Einzelphänomene gewesen, traten sie mit zunehmender Zergliederung der Parteienlandschaft in zweistelliger Zahl auf (24 bei der Bundestagswahl 2009, nur vier bei der Bundestagswahl 2013, aber 46 bei der Bundestagswahl 2017 und 34 im Jahr 2021[135]). Ohne Ausgleich werden nicht nur größere Parteien begünstigt, sondern es erhöht sich die Wahrscheinlichkeit, dass eine Regierungsmehrheit aus Fraktionen, deren kumuliertes Zweitstimmenergebnis deutlich unter 50 % liegt, allein mithilfe von Überhangmandaten gebildet würde. Der Bundesgesetzgeber entschied sich daraufhin zunächst, über das Gebot des BVerfG noch hinauszugehen und Überhangmandate in vollem Umfang auszugleichen, auch auf die Gefahr hin, dass sich der Bundestag hier-

---

132 Vgl. BVerfGE 95, 335 (365) = NJW 1997, 1553; das Gericht stellte dies allerdings schon damals für den Fall infrage, dass sich die Verhältnisse von den Grundvorgaben des BWG entfernen würden (S. 362 ff.).

133 Etwas anders offenbar noch BVerfGE 95, 335 (343 f.).

134 BVerfGE 131, 316 = NVwZ 2012, 1101.

135 Datenhandbuch zur Geschichte des Deutschen Bundestages, Stand 1.7.2020, Kap. 1.13, abrufbar unter https://www.bundestag.de/datenhandbuch (letzter Abruf am 19.8.2021).

durch stark vergrößert.[136] Damit bestand zwar das angesprochene Gleichheitsproblem nicht mehr, aber es erwuchs die Gefahr, dass die Größe des Bundestags mit der zunehmenden Zahl im Bundestag vertretener Parteien um mehrere 100 Abgeordnete über der Normalzahl von 598 Abgeordneten liegen würde.[137] Die Zahl der Ausgleichsmandate fällt stets höher aus als die der Überhangmandate, da es auch insoweit einer komplizierten Verhältnisberechnung bedarf. Mit 736 Abgeordneten zählt der Bundestag nach der Wahl 2021 zu den größten frei gewählten Parlamenten weltweit.

43 Der Bundestag suchte diesem Problem durch das fünfundzwanzigste Gesetz zur Änderung des Bundeswahlgesetzes zu begegnen,[138] das am 19.11.2020 in Kraft trat.[139] Im Kern reduziert das Gesetz die Anzahl der Wahlkreise ab 2024 von 299 auf 280, und bereits bei früheren Wahlen gehen bis zu drei Überhangmandate nicht mehr in den Ausgleich ein (§ 6 Abs. 5 S. 4 BWG). Auch werden drei Überhangmandate bereits seit 2021 nicht mehr ausgeglichen. Ob die – eher bescheidenen – Reformen den Bundestag wieder verkleinern helfen oder zumindest einer weiteren Vergrößerung des Bundestags entgegenwirken, ist fraglich und bleibt abzuwarten.

c) „Negatives Stimmgewicht"

44 Erledigt haben[140] könnte sich mit dem Ausgleich der Überhangmandate zumindest ein weiteres, wahlarithmetisch anders nur schwer zu beseitigendes Gleichheitsproblem: das **„negative Stimmgewicht"**. Eine niedrigere (bzw. höhere) Zweitstimmenzahl konnte zu einer Erhöhung (bzw. Reduzierung) der Zahl der in einem Land auf sie entfallenden Überhangmandate – und damit der Gesamtzahl der Abgeordneten für eine Partei führen. Diese in eine Verletzung der Wahlgleichheit mündende Absurdität beruhte auf der Wechselwirkung zwischen bundeseinheitlicher „Oberverteilung" der Sitze zwischen den Parteien und der folgenden „Unterverteilung" auf die verschiedenen Landeslisten dieser Parteien.[141]

> **2.7** Zur Vereinfachung der Berechnung sei angenommen, dass bundesweit 100 Mandate, davon 50 in Wahlkreisen, zu vergeben und nur Bundeslisten aufgestellt sind. Unter anderem erlangen
>
> - die A-Partei: 5,1% der Zweitstimmen und kein Direktmandat;
> - die B-Partei: 4,9% der Zweitstimmen und drei Direktmandate;
> - die C-Partei: 4,9% der Zweitstimmen und kein Direktmandat;
> - die D-Partei: 4,9% der Zweitstimmen und zwei Direktmandate;
> - die E-Partei: 4,9% der Zweitstimmen und acht Direktmandate.
>
> Wie viele Sitze würden diese Parteien mindestens erhalten? (Es ist davon auszugehen, dass ohne Berücksichtigung der Sperrklausel das auf volle

---

136 Zweiundzwanzigstes Gesetz zur Änderung des Bundeswahlgesetzes v. 3.5.2013 (BGBl. 2013 I 1082); Boehl ZRP 2017, 197. Dazu Degenhart StaatsR I Rn. 97 ff., insbesondere Rn. 102.

137 Vgl. BT-Drs. 19/22504, 1 (5); Kluckert NVwZ 2020, 1217 (1218).

138 BGBl. 2020 I 2395.

139 Über einen abstrakten Normkontrollantrag hiergegen (Az. 2 BvF 1/21) war bis September 2021 noch nicht entschieden.

140 Ganz unbestritten ist das nicht: vgl. Hettlage DÖV 2015, 329 (331 f.).

141 BVerfGE 121, 266 (274 f.) = LSK 2008, 330209.

Prozentanteile gerundete Zweitstimmenergebnis der Zahl der auf die jeweilige Partei entfallenden Mandate entsprechen würde.)

2.8 Henriette Heimatlieb (H) hat für die Partei pro Patria (PPP) den Wahlkreis W erobert. Nachdem sie ein Jahr als Hinterbänklerin im Bundestag gesessen hat, bekommt sie das Angebot, in ihrem Stammbundesland B Ministerin für Volksbrauchtumspflege zu werden. Daraufhin gibt H ihr Abgeordnetenmandat zurück.

a) Kann H so einfach über die Entscheidung des Wählers disponieren? (Vgl. § 46 BWG und Art. 38 Abs. 1 S. 2 GG!)

b) Der PPP-Funktionär Ruckauf (R), der als Listenkandidat kein Mandat mehr erhalten hat, möchte Nachfolger der H werden. Ist dies zulässig und auch mit dem Grundgesetz vereinbar? Auch dann, wenn die PPP Überhangmandate errungen hat?

c) Wie wäre es, wenn die Landesliste der PPP, die mit einem so großen Wahlerfolg nicht gerechnet hatte, bereits erschöpft ist, weil alle Bewerber Abgeordnetenmandate errungen haben?

IV. Wahlprüfung

Die Ordnungsmäßigkeit der Wahl kann im **Wahlprüfungsverfahren (Art. 41 GG)** gerichtlich überprüft werden, das als zweistufiges ausgestaltet ist. Einzelheiten der ersten, parlamentarischen, Stufe regelt das Wahlprüfungsgesetz, wohingegen die an das BVerfG zu richtende Wahlprüfungsbeschwerde als zweite Stufe im BVerfGG verankert ist. **45**

Die Wahlprüfung durch den Bundestag erfolgt nur auf Einspruch, den jeder Wahlberechtigte, aber auch der Präsident des Bundestags und jeder Wahlleiter innerhalb von zwei Monaten nach dem Wahltag erheben kann (§ 2 WahlprüfG). Der Wahlprüfungsausschuss des Bundestags legt dessen Plenum nach öffentlicher Verhandlung (§ 8 WahlprüfG) einen Beschlussvorschlag vor. Der Bundestag entscheidet auf der Basis dieses Vorschlags, ob die Wahl gültig ist und welche Rechtsfolgen die Ungültigkeit der Wahl hat (§ 11 WahlprüfG). **46**

Gegen die Entscheidung des Bundestages ist die **Wahlprüfungsbeschwerde** an das BVerfG statthaft (Art. 41 Abs. 2 GG, §§ 13 Nr. 3, 48 BVerfGG). Sie muss ebenfalls binnen zweier Monate (in diesem Fall seit Beschlussfassung des Bundestags) erhoben werden. Antragsberechtigt sind neben wahlberechtigten Personen, deren Einspruch vom Bundestag verworfen worden ist, jede Fraktion oder wenigstens 1/10 der Mitglieder des Bundestags. Nicht antragsberechtigt sind – anders auf der ersten Stufe – der Bundestagspräsident sowie die Wahlleiter. Die Prüfung durch das BVerfG erstreckt sich nicht nur auf die fehlerhafte Anwendung des geltenden Wahlrechts, sondern kann auch die Untersuchung der Verfassungskonformität von Vorschriften einschließen, auf denen der Wahlakt beruht.[142] **47**

---

142 BVerfGE 130, 212 (224) = NVwZ 2012, 622; s. auch SKB/Schmidt-Bleibtreu, 60 Lfg. 2020, BVerfGG § 48 Rn. 26; DHS/Klein/Schwarz, 94. Lfg. 2021, GG Art. 41 Rn. 92.

48 Ist das Wahlverfahren oder das Wahlgesetz fehlerbehaftet gewesen, muss entschieden werden, auf welche Weise dieser – auf eine zurückliegende Wahl bezogene – Fehler korrigiert wird.

- Nach Ansicht des BVerfG muss er nur behoben werden, wenn er sich auf das Wahlergebnis möglicherweise ausgewirkt hat („potenzielle Kausalität"), und nur insoweit, als eine Korrektur erforderlich ist (Erforderlichkeitsprinzip, Verbesserungsprinzip[143]).
- Schlägt sich der Fehler im Wahlergebnis nieder, ist der Verhältnismäßigkeitsgrundsatz zu beachten: Der Eingriff in das Wahlergebnis, durch den das Vertrauen in den Bestand erschüttert wird, darf nicht außer Verhältnis zum verursachten Schaden stehen.[144] Eine Fehlerkorrektur (zB durch Wiederholung der Abstimmung oder Neuauszählung in einzelnen Wahlkreisen) hat, wo immer sie möglich ist, Vorrang vor dem Anberaumen einer Neuwahl, insbesondere wenn die Korrektur ohne Auswirkung auf die Mehrheitsverhältnisse im Bundestag bleibt.[145]

> **Hinweis:** Lesenswert im Zusammenhang hiermit ist die Entscheidung des BVerfG zur Wahlprüfung in Hessen:[146] § 17 WahlPG Hessen, wonach die Wahlprüfung durch ein Gremium („Wahlprüfungsgericht") aus den beiden höchsten Richtern des Landes und drei vom Landtag gewählten Abgeordneten gegen Art. 92 GG verstößt, da niemand Richter in eigener Sache sein kann.

E. Politische Parteien

49 Die Ausgestaltung der Bundestagswahl als (wenn auch personalisierte) Verhältniswahl, bei welcher die Sitze im Bundestag auf von den Parteien erstellte Listen verteilt werden, verdeutlicht bereits die Unentbehrlichkeit der Parteien als Scharnier der politischen Willensbildung. Das Grundgesetz setzt sich von der Weimarer Reichsverfassung, die Parteien nahezu unerwähnt ließ,[147] bewusst ab, wenn es in Art. 21 Abs. 1 S. 1 GG bestimmt: „Die Parteien wirken bei der politischen Willensbildung des Volkes mit." Die räumliche Nähe dieser Aussage, die nicht **nur eine Feststellung, sondern auch eine rechtliche Zusage** beinhaltet,[148] zum Grundrechtskatalog ist kein Zufall.

I. Begriff

50 Eine Definition der politischen Partei findet sich im Grundgesetz nicht.[149] Eine Begriffsbestimmung nimmt lediglich § 2 Abs. 1 Parteiengesetz (PartG) vor. Zwar ermächtigt Art. 21 Abs. 5 („Das Nähere regeln Bundesgesetze") den Gesetzgeber, die in

---

143 Zum Verbesserungsprinzip vgl. BVerfGE 34, 81 (102) = NJW 1973, 33; BVerfGE 121, 266 (312) = NVwZ 2008, 991, vgl. auch SHH/Kluth GG Art. 41 Rn. 23; krit. BerlKomm GG/Lang, 14. Lfg. 2005, GG Art. 41 Rn. 60.

144 Illustrativ eine Entscheidung des Hamburgischen Verfassungsgerichts: VerfG Hamburg DVBl 1993, 1070 (1073).

145 Vgl. BVerfGE 103, 111 (134) = NJW 2001, 1048; BVerfGE 121, 266 (311) = LSK 2008, 330209; BVerfGE 123, 39 (87) = JuS 2009, 746.

146 BVerfGE 103, 111 ff. = NJW 2001, 1048.

147 Die einzige Vorschrift, in der Parteien überhaupt Erwähnung finden und dies in negativer Konnotation, ist Art. 130 Abs. 1 WRV: „Die Beamten sind Diener der Gesamtheit, nicht einer Partei."; dazu MKS/Streinz GG Art. 21 Rn. 4.

148 Vgl. MKS/Streinz GG Art. 21 Rn. 73, 76; Jarass/Pieroth/Jarass GG Art. 21 Rn. 16.

149 Umfassend dazu BK-GG/Towfigh/Keesen, 205. Lfg. 2020, GG Art. 21 Rn. 284 ff.

Art. 21 GG enthaltenen Rechte und Pflichten der Parteien zu konkretisieren. Diese Ermächtigung geht jedoch nicht so weit, dass der Gesetzgeber den Begriff der Partei mit Verbindlichkeit für das Verfassungsrecht festgelegt dürfte, da dies auf eine verbotene Verfassungsdurchbrechung (→ § 1 Rn. 40) hinausliefe. Einer systematischen Auslegung des Art. 21 Abs. 1 GG am Maßstab des § 2 Abs. 1 PartG steht methodisch im Weg, dass es sich um eine im Rang untergeordnete Vorschrift handelt.[150] Ohne Missachtung des Vorrangs der Verfassung vor dem einfachen Gesetz kann § 2 Abs. 1 PartG für die Auslegung des Verfassungsbegriffs der politischen Partei in Art. 21 Abs. 1 GG nur über die Frage nutzbar gemacht werden, ob § 2 Abs. 1 PartG einen Parteienbegriff transponiert, der, obwohl nicht aus dem Wortlaut ersichtlich, auch dem Grundgesetz ganz oder in seinen wesentlichen Teilen zugrunde liegt. Falls dies für bestimmte Merkmale nicht sicher festgestellt werden kann, müsste sodann gefragt werden, ob Art. 21 Abs. 1 GG eine definitorische Ausgestaltung insoweit zumindest zulässt.[151]

Nach § 2 Abs. 1 PartG liegt eine Partei bei Erfüllung folgender Merkmale vor: **51**

- Es handelt sich um eine Vereinigung **natürlicher Personen** in Deutschland (vgl. demgegenüber Abs. 3), deren Mehrheit aus **Deutschen** besteht. Damit spiegeln sich im Parteienbegriff, wenn auch nur noch schemenhaft, das Recht zur Wahlteilnahme und letztlich die Volkssouveränität (Art. 20 Abs. 2 S. 1 GG). Ein Teil des Schrifttums spricht sich dafür aus, im Lichte des § 2 Abs. 1 PartG Unionsbürger wie Deutsche zu behandeln.[152] Diese Erweiterung scheint jedoch nicht erforderlich, da das Unionsrecht eine spezifische Legitimationskette von den Unionsbürgern zum Europäischen Parlament (Art. 14 Abs. 2 EUV, Art. 22 Abs. 2 AEUV) und auch einen spezifisch unionsrechtlichen Parteienbegriff (Art. 10 Abs. 4 EUV, Art. 224 AEUV) kennt.
- Die Vereinigung ist auf **Einflussnahme auf die politische Willensbildung** durch Teilnahme an Bundes- oder Landtagswahlen gerichtet. Gemäß Abs. 2 geht die Rechtsstellung als Partei verloren, wenn sie sechs Jahre lang nicht mit eigenen Wahlvorschlägen angetreten ist.
- Die Partei lässt nach dem Gesamtbild die **Ernsthaftigkeit ihrer Zielsetzung** erkennen; insbesondere verlangt § 2 PartG ein Mindestmaß an gefestigter Organisation.

Im Kern entspricht dies den Erfordernissen an die Fähigkeit zur Mitwirkung an der politischen Willensbildung. Die Deutschenmehrheit rechtfertigt sich aus dem systematischen Zusammenspiel des Art. 21 Abs. GG mit Art. 20 Abs. 2 S. 1 GG: Politische Willensbildung ist mehr als politische Meinungsäußerung, sondern sie findet vor allem über Wahlen und Abstimmungen – des Deutschen Volkes als des Staatsvolks der Bundesrepublik Deutschland (→ § 1 Rn. 10 f., 21 ff.) – statt.[153] Die politischen Parteien haben insoweit eine Scharnierfunktion inne; die Politikwissenschaft spricht von den Parteien als „Transmissionsriemen".[154] Dies stützt die Annahme, dass der Parteienbegriff der § 2 Abs. 1 PartG dem Bild von politischen Parteien nach dem **52**

---

150 Gröpl StaatsR I § 6 Rn. 372; DHS/Klein, 94. Lfg. 2021, GG Art. 21 Rn. 222.
151 Dazu v. Münch/Kunig/Klafki GG Art. 21 Rn. 19 f.
152 Vgl. Lenski, Parteiengesetz, 2011, § 2 Rn. 41 mwN.
153 HMPG VerfassungsR-HdB/Waldhoff § 10 Rn. 26; Lenski, Parteiengesetz, 2011, § 2 Rn. 41.
154 Insoweit wird eine Vielzahl von Termini verwendet, vgl. Stolleis VVDStRL 44 (1986), 7 (8).

Grundgesetz entspricht[155] – mit einer Ausnahme allerdings: Politische Gruppen, die nur auf kommunaler Ebene agieren, werden nicht als Parteien anerkannt, mit der Folge übrigens, dass sie – obwohl sie auch auf ihrer Aktionsebene im Wettbewerb mit politischen Parteien stehen – keine staatliche Finanzierung erhalten. Politische Willensbildung findet, wie sich aus Art. 28 Abs. 1 S. 2 GG klar ergibt, aber auch und in der Praxis ganz besonders auf Kreis- und Gemeindeebene statt. Ein gewisser Organisationsgrad und eine gewisse Kontinuität vorausgesetzt, sollten daher auch kommunale Wählervereinigungen als Parteien iSd Art. 21 Abs. 1 GG verstanden werden – und das PartG darauf respondieren.[156] In der Praxis zeigt sich bei den lange nur auf Kommunalebene agierenden freien Wählervereinigungen ein Trend zur (teils auch erfolgreichen[157]) Teilnahme an Landtagswahlen, womit sie automatisch den Status einer politischen Partei mit allen damit verbundenen Rechten und Pflichten erlangen.

II. Rechtsstellung

53 Die Rechtsfolgen, die sich aus der Eigenschaft als politische Partei ergeben, sind teils im Grundgesetz und im Übrigen im PartG niedergelegt, das auf der Grundlage des Art. 21 Abs. 5 GG erlassen wurde, der dem Bund die ausschließliche Gesetzgebungszuständigkeit (Art. 71 GG) für Rechtsfragen politischer Parteien einräumt.[158] Nach zustimmungswürdiger hM ist Art. 21 Abs. 5 GG nur ein **Regelungsvorbehalt** und Regelungsauftrag, kein Gesetzesvorbehalt, der Einschränkung der Parteienrechte gestatten würde.[159] Im Folgenden werden die wichtigsten Rechte und Pflichten der Parteien behandelt.

1. Innere Ordnung

54 Wenn Parteien ein Element demokratischer Willensbildung sein sollen, muss ihre innere Ordnung ebenfalls demokratischen Grundsätzen entsprechen (vgl. Art. 21 Abs. 1 S. 3 GG, §§ 6 ff. PartG). Personal- und Sachentscheidungen müssen also auf den Willen der Mitglieder zurückgeführt werden können, die Gremien müssen demokratischer Kontrolle unterliegen und das Mehrheitsprinzip Anwendung finden. §§ 6–16 PartG enthalten einen höchst detaillierten Katalog von Anforderungen. Werden Entscheidungen gefasst, die demokratischen Standards nicht genügen, kann dies uU gravierende rechtliche Folgen haben; ein Landesverfassungsgericht ging sogar so weit, die Wiederholung einer Parlamentswahl wegen gravierender Fehler bei der Aufstellung der Kandidaten durch diejenige Partei anzuordnen, die bei dieser Wahl die Mehrheit der Sitze errang (und bei ihrer Wiederholung wieder verlor).[160]

---

155 Zur Verfassungsmäßigkeit s. BVerfGE 6, 367 (372 f.) = NJW 1957, 985; Kunig JURA 1991, 247 (251); HMPG VerfassungsR-HdB/Waldhoff § 10 Rn. 25; BeckOK GG/Kluth, 48. Ed. 15.5.2021, GG Art. 21 Rn. 19; krit. dazu Sachs/Ipsen GG Art. 21 Rn. 19 f.; aber auch Isensee/Kirchhof StaatsR-HdB/Kunig Bd. III § 40 Rn. 13, 15, 78 ff.

156 Dreier/Morlok GG Art. 21 Rn. 37; Hesse Grundzüge VerfassungsR Rn. 168; wohl auch MKS/Streinz GG Art. 21 Rn. 59; anders BVerfGE 11, 266 (276) = NJW 1960, 1755.

157 In Rheinland-Pfalz sind die Freien Wähler im Parlament vertreten, in Bayern sogar an der Regierung beteiligt.

158 Lesenswert insofern: BVerfGE 85, 264 (283 ff.) = NJW 1992, 2545.

159 MKS/Streinz GG Art. 21 Rn. 253; Dreier/Morlok GG Art. 21 Rn. 161 f.

160 HmbVerfG NVwZ 1993, 1083; krit. dazu Arndt NVwZ 1993, 1066.

2. Finanzierung

a) Pflicht zur Rechenschaftslegung

Das Grundgesetz verlangt den Parteien Transparenz nicht nur bei politischen Ent- **55** scheidungen ab, sondern auch in finanziellen Dingen: Über die Herkunft ihrer Mittel und ihr Vermögen müssen sie öffentlich Rechenschaft geben (Art. 21 Abs. 1 S. 4 GG). Für die Wahlentscheidung für oder gegen eine Partei ist die Frage, wer sie finanziell beeinflusst und wofür sie ihre Einnahmen verwendet, bedeutsam. Auch für die Rechenschaftslegung finden sich im PartG (§§ 23–31) äußerst detailreiche Vorgaben.

b) Anspruch auf staatliche Teilfinanzierung

> **2.9** Nachdem wieder einigen Parteien der Empfang illegaler Spenden hat nachgewiesen werden können, beschließt der Bundestag die Flucht nach vorn und schafft die staatliche Parteienfinanzierung (die solche Skandale nicht verhindert habe und daher nutzlos sei) ganz ab. Die antikapitalistisch angehauchte Partei der Sozialistischen Subsistenzökologie (PSSÖ), welche kaum Parteispenden erhält, ist der Auffassung, dies sei verfassungswidrig. Hat die PSSÖ Recht?

Die Bedeutung der Parteien als Scharniere im demokratischen Willensbildungspro- **56** zess kommt auch darin zum Ausdruck, dass sie aus staatlichen Mitteln finanzielle Förderung erhalten. Dies hatte im Grundgesetz keinen Niederschlag gefunden, bis der neue Art. 21 Abs. 3 GG normiert wurde. Dieser bestätigt indirekt die verfassungsrechtliche Zulässigkeit der staatlichen Finanzierung politischer Parteien, indem er die Voraussetzungen für einen Finanzierungsausschluss (→ Rn. 68) verfassungsfeindlicher Parteien statuiert. Eine Pflicht des Staates, eine Partei zu finanzieren, wenn kein Ausschlussgrund besteht, kann allerdings weder Art. 21 Abs. 3 GG noch Art. 21 GG insgesamt entnommen werden.[161]

Während die Finanzierung früher als Wahlkampfkostenunterstützung ausgestaltet **57** habe, werden nun – umfassend – die **allgemeinen Aufgaben** der Parteien bezuschusst. Es handelt sich nicht um eine Voll-, sondern nur eine Teilfinanzierung: Die Parteien sollen nicht finanziell am Tropf des Staates hängen. Der Übergang von der Wahlkampfkostenerstattung zur allgemeinen Finanzierung wurde beschlossen, nachdem das BVerfG an seinen früheren Vorbehalten gegen eine staatliche Finanzierung der Parteien Abstand genommen hatte.[162] Eine Art „mittelbare Parteienfinanzierung" durch den Staat wird darüber hinaus durch besondere steuerliche Vorteile für Spenden an politische Parteien bewirkt.[163]

Die wichtigsten Eckpunkte der staatlichen Teilfinanzierung: **58**
- Als **Maßstab** für die Finanzierung dienen
  - das letzte Wahlergebnis (0,83 EUR für jede abgegebene Stimme, § 18 Abs. 3 Nr. 1, 2 PartG) sowie

---

161 BVerfGE 20, 56 (101) = NJW 1966, 1499; neuerlich BVerfGE 111, 54 (98 f.) = JuS 2005, 171; Sachs/Ipsen/Koch GG Art. 21 Rn. 96.
162 Vgl. dazu BVerfGE 85, 264 (283 ff.) = NJW 1992, 2545.
163 Dazu Sachs/Ipsen GG Art. 21 Rn. 137 f.

– die Mitgliedsbeiträge und Spenden (0,45 EUR für jeden Euro an Mitgliedsbeiträgen oder Spenden, § 18 Abs. 3 Nr. 3 PartG)

• Finanziert werden grundsätzlich nur Parteien mit mehr als 0,5% (Bund) bzw. 1% (Land) der Stimmen (§ 18 Abs. 4 PartG).

• Das Gesetz setzt relative und absolute Obergrenzen für staatliche Zuwendungen. Eine relative Grenze ist nach § 18 Abs. 5 PartG die Summe der von der Partei selbst erwirtschafteten Einnahmen, absolute Obergrenzen finden sich in § 18 Abs. 2 PartG. (Dagegen besteht in Deutschland keine betragsmäßige Obergrenze für private Spenden an Parteien.)

• Auf Antrag werden Abschlagszahlungen geleistet (§ 20 PartG).

3. (Chancen-)Gleichheit der Parteien

a) Rechtliche Anknüpfung und Bedeutung

59 Die Gleichheit der Parteien und ihr daraus resultierendes Recht auf Gleichbehandlung sind in der juristischen Fallbearbeitung und der staatsrechtlichen Praxis gleichermaßen bedeutsam. Als **Chancengleichheit** präsentiert sie sich vor allem mit Blick auf bevorstehende Wahlen. Während die gleiche Beteiligung an der Wahl am passiven Wahlrecht und damit an Art. 38 Abs. 1 GG (iVm Art. 21 Abs. 1 GG) gemessen werden kann,[164] sind Ungleichbehandlungen im Vorfeld der Wahl (zB bei der Wahlwerbung im öffentlich-rechtlichen Rundfunk) nur an Art. 21 Abs. 1 GG zu messen[165] (andere knüpfen an Art. 21 Abs. 1 GG iVm Art. 3 Abs. 1 GG,[166] wiederum andere an Art. 3 Abs. 1 GG iVm Art. 20 Abs. 2 GG, Abs. 3 GG an[167]), da Art. 21 Abs. 1 GG auch ein besonderer Gleichheitssatz ist. Eine Diskussion über den normativen Anknüpfungspunkt braucht in der Klausur in der Regel nicht geführt zu werden, da die Rechtsfolgen bei allen normativen Anknüpfungen identisch sind: Die Parteien müssen gleichbehandelt werden. Gehen Ungleichbehandlungen von Staatsorganen aus (ein klassischer Fall sind ministeriale Informationen mit werbendem, zur Wahlbeeinflussung geeignetem Inhalt), können betroffene Parteien die Verletzung dieses Rechts über den Organstreit vor dem BVerfG rügen (→ Rn. 63). Dies ist allerdings nicht möglich, wo Urheber der Ungleichbehandlung kein tauglicher Anspruchsgegner in diesem Verfahren ist (wie zB eine Rundfunkanstalt). In solchen Fällen muss erforderlichenfalls die Verfassungsbeschwerde eröffnet werden – mit auf Art. 3 Abs. 1 GG (iVm Art. 21 Abs. 1 GG) oder gegebenenfalls Art. 38 Abs. 1 GG gestützter Beschwerdebefugnis, da die Verletzung des Art. 21 Abs. 1 GG für sich genommen nicht mit der Verfassungsbeschwerde gerügt werden kann (vgl. Art. 93 Abs. 1 Nr. 4a GG).[168] Zu beachten ist jedoch, dass in Fällen, in denen die Verfassungsbeschwerde und nicht der Organstreit in Betracht kommt – etwa wenn eine Partei gegen eine öffentlich-rechtliche Rundfunkanstalt vorgehen will –, die Beschwerdebefugnis nicht über Art. 21 Abs. 1 GG hergestellt werden kann; es bedarf also insoweit des Rekurses auf Art. 3 Abs. 1 GG oder Art. 38 Abs. 1 S. 1 GG.

---

164 Maurer StaatsR I § 11 Rn. 43 f.

165 Ebenso Isensee/Kirchhof StaatsR-HdB/Kunig Bd. III § 40 Rn. 93.

166 Jülich, Chancengleichheit der Parteien, 1967, 70 ff.; Häberle JuS 1967, 64 (72).

167 v. Arnim DÖV 1984, 85 (87); Isensee/Kirchhof StaatsR-HdB/Böckenförde, Bd. II, 2. Aufl. 1995, § 22 Rn. 44.

168 Maurer StaatsR I § 11 Rn. 59 f.

Was Gleichbehandlung bedeutet, ist nicht unumstritten und zudem von der Konstel- **60**
lation abhängig. Manche Stimmen im Schrifttum verstehen die Parteiengleichheit
streng formal und als Verbot jeglicher Unterscheidung, etwa nach der (bisherigen)
Bedeutung der Parteien.[169] Für andere ist der unterschiedlichen Bedeutung der Parteien zumindest in manchen Kontexten auch durch eine Differenzierung bei der
Zuweisung von Vorteilen Rechnung zu tragen.[170] Insofern, als die Bedeutung der Parteien durch vorausgehende Wahlergebnisse determiniert wird, ist dies gleichheitsge-
recht, doch ist zugleich eine Verstetigung des früheren Ergebnisses bei der Folgewahl
durch eine zu starke Differenzierung bei wahlkampfrelevanten Leistungen zu verhindern. Eine in diesem Sinne vermittelnde Position hat das BVerfG für die Sendezeiten für Parteienwerbung im öffentlichen Rundfunk vertreten: Zwar wird eine
Differenzierung nach der Bedeutung der Parteien für zulässig erachtet, Mindestsen-
dezeiten müssen aber auch den kleinsten Parteien zustehen.[171] Weitere im Gesetz angelegte Unterscheidungen nach der Bedeutung der Parteien sind:

- Notwendigkeit der Vorlage von Unterschriftsquoren für die Einreichung von
  Wahlvorschlägen (§§ 21, 28 PartG),
- unterschiedliche Höhe der Parteienfinanzierung nach Maßgabe des vorangegange-
  nen Wahlergebnisses (→ Rn. 58),
- Vergabe sonstiger öffentlicher Leistungen nach der Bedeutung der Parteien,[172]
- im weiteren Sinne auch die 5%-Sperrklausel (→ Rn. 32 f.).

b) Parteiengleichheit als Neutralitätsgebot für den Staat

Chancengleich sind Parteien nicht nur, wenn sie bei Leistungen nicht benachteiligt **61**
und bevorzugt werden. Staatsorgane dürfen auf den politischen Wettbewerb der Parteien auch nicht durch Äußerungen einwirken, mit anderen Worten nicht „Partei
nehmen". Denn andernfalls würde die durch Wahlen konstituierte Staatsgewalt auf
die Voraussetzungen ihrer eigenen Konstituierung Einfluss nehmen; die Legitima-
tionsrichtung kehrte sich teilweise um. Das **Neutralitätsgebot**, das der Staat und seine
Organe zu beachten haben, steht in einem Spannungsverhältnis zu ihrem Recht (und
gegebenenfalls auch ihrer Pflicht) zur Öffentlichkeitsarbeit.[173] Wo die Grenze zwischen verfassungskonformer **Öffentlichkeitsarbeit** und verfassungswidriger **Wahlwerbung** zu ziehen ist, hängt von den Umständen ab. Das Verhältnis zwischen dem
sachlichen Informationsgehalt einer Presse- oder Twitter-Mitteilung, einer Zeitungs-
annonce oder eines Plakats zu deren Präsentation ist anhand von Indizien (wie Auf-
machung, Inhalt, Aussagegehalt, Suggestivkraft – auch von Fotos –, politische Ver-
anlassung etc) zu bestimmen. Je näher ein Wahltermin rückt, desto strengere
Anforderungen sind zu stellen und desto weniger Elemente sind gestattet, die nicht
der schlichten Information dienen. Was also außerhalb von Wahlkampfzeiten noch

---

169 Sachs/Ipsen/Koch GG Art. 21 Rn. 44; MKS/Starck GG Art. 3 Rn. 41.

170 DHS/Klein, 64. Lfg. 2012, GG Art. 21 Rn. 311; Dreier/Morlok GG Art. 21 Rn. 83; MKS/
     Streinz GG Art. 21 Rn. 127 ff.

171 BVerfGE 7, 99 (108) = NJW 1957, 1513; BVerfGE 14, 121 (138) = NJW 1962, 1493.

172 Verfassungsmäßigkeit nicht ganz unbestritten, vom BVerfG aber gebilligt, vgl. BVerfGE 24, 300
     (340 f.) = NJW 1969, 413; ebenso DHS/Klein, 64. Lfg. 2012, GG Art. 21 Rn. 306 ff.; Dreier/
     Morlok GG Art. 21 Rn. 88; die Verfassungsmäßigkeit verneint Sachs/Ipsen GG Art. 21
     Rn. 41 ff.

173 Eingehend Eder, »Rote Karte« gegen »Spinner«?: Bedeutung und Reichweite staatlicher Neutra-
     litätspflichten in der politischen Auseinandersetzung, 2017, 33 ff.; dazu auch Gusy NVwZ 2015,
     700.

Öffentlichkeitsarbeit ist, kann sich im Wahlkampf und insbesondere mit Heranrücken des Wahltermins durchaus in verbotene Wahlwerbung verwandeln.[174]

62 Das Neutralitätsgebot gilt auch für den **Bundespräsidenten**, der ebenfalls Staatsgewalt ausübt, und scheint durch dessen „überparteilichen" Status einerseits verstärkt zu werden, während er aufgrund seiner Distanz vom parteipolitischen Wettbewerb wiederum größere Gestaltungsspielräume bei seiner Amtsführung in Anspruch nehmen kann. Jedenfalls können abwertende Aussagen zulasten bestimmter Parteien auch dem Bundespräsidenten im Wahlkampf untersagt sein.[175] (Näher → Fall 8.4)

4. Verfassungsprozessuale Stellung

63 Das BVerfG hat den politischen Parteien **Parteifähigkeit im Organstreit** zuerkannt, soweit die Stellung aus Art. 21 GG betroffen ist. Sie werden mithin als „andere Beteiligte, die durch dieses Grundgesetz mit eigenen Rechten ausgestattet sind", iSv Art. 93 Abs. 1 Nr. 1 GG angesehen[176] (§ 63 BVerfG, der diese anderen Beteiligten nicht auflistet, muss im Auslegungswege grundgesetzkonform ergänzt werden). Teile des Schrifttums kritisieren dies als organschaftliche Überhöhung nichtstaatlicher Akteure.[177] In der Tat stehen Parteien nicht nur kraft ihrer privatrechtlichen Organisationsform Privatpersonen näher, sondern konstituieren sich auch aus privaten Grundrechtsträgern. Solange aber Art. 21 GG kein Recht ist, dessen Verletzung mit der Verfassungsbeschwerde gerügt werden kann, bleibt nur der Rekurs auf das Organstreitverfahren, um eine Rechtsschutzlücke zu verhindern. (Einzelheiten → § 11 Rn. 13)

2.10 Die „Bunte Liste Alsterburg" (BLA) ist eine Vereinigung politisch interessierter Bürger der Stadt Alsterburg (65.000 Einwohner), die bei den Kommunalwahlen in Schleswig-Holstein die Mehrheit der Ratssitze in dieser Stadt knapp verfehlt hat. Die BLA findet es ungerecht, dass die im Rat ebenfalls vertretenen, in einer „Ratskoalition" verbundenen Parteien CDU und SPD durch staatliche Mittel unterstützt werden, sie selbst aber nicht. Die Vorsitzenden des SPD- und des CDU-Ortsvereins erklären dies für logisch, da die BLA nun einmal keine Partei darstelle. So habe das BVerfG in E 6, 367 (372 f.) = NJW 1957, 985, entschieden. Der BLA-Vorsitzende weist demgegenüber auf BVerfGE 99, 69 (84 ff.) = NVwZ 1999, 400, und Art. 20, 28 Abs. 2 GG hin.

Muss der Bund auch die BLA finanzieren? Wenn nicht: Wäre Schleswig-Holstein berechtigt, „in die Bresche zu springen"?

---

174 Vgl. BVerfGE 44, 125 (143 f.) = NJW 1977, 751; BVerfGE 63, 230 (243 f.) = NJW 1983, 1105.

175 BVerfGE 136, 323 (Rn. 24 ff.); Voßkuhle/Schemmel JuS 2021, 118 (121).

176 BVerfGE 73, 40 (66) = LSK 1986, 400165; BVerfGE 82, 322 (335) = NJW 1990, 3001; BVerfGE 84, 290 (298) = NJW 1991, 2472; BVerfGE 85, 264 (284) = NJW 1992, 2545; DHS/Klein, 64. Lfg. 2012, GG Art. 21 Rn. 401; Degenhart StaatsR I Rn. 71;

177 Sachs/Ipsen GG Art. 21 Rn. 50 ff.; MKS/Streinz GG Art. 21 Rn. 147; BK-GG/Towfigh/Ulrich, 205. Lfg. 2020, GG Art. 21 Rn. 427 ff.

III. Verbot und Finanzierungsausschluss

1. Das Parteienprivileg

Die rechtlichen Hürden für das Verbot einer politischen Partei und ihren (2017 als   **64**
weitere Option eingeführten) Ausschluss von staatlicher Finanzierung liegen außerordentlich hoch. Insoweit untermauern Art. 21 Abs. 2, 3 GG das durch Art. 21
Abs. 1 GG etablierte **Parteienprivileg**. Es erstreckt sich nicht nur auf die Anerkennung der besonderen Funktion der Partei bei der politischen Willensbildung (und die
daraus einfachgesetzlich abgeleiteten Rechte, etwa auf Finanzierung), sondern wirkt
sich auch in der Weise aus, dass die rechtlichen Hürden für tätigkeitsbeendende Eingriffe bei Parteien höher liegen als bei anderen Vereinigungen (Art. 9 Abs. 2 GG).
Aus Art. 21 Abs. 2 GG folgt im Gegenschluss, dass jede politische Partei, die nicht
(durch das BVerfG) verboten und deren staatliche Finanzierung nicht nach Art. 21
Abs. 3 GG unterbunden worden ist, in den vollen Genuss der Rechte kommt, die mit
ihrem Status als Partei verbunden sind. Sie darf auch dann, wenn sie die verfassungsrechtliche Ordnung aktiv bekämpft, nicht amtlicherseits als verfassungswidrig bezeichnet und deshalb rechtlich benachteiligt werden.[178] Allenfalls darf sie als „verfassungsfeindliche" Partei durch den **Verfassungsschutz** observiert werden. Auch dies
ist nicht unbegrenzt zulässig; so haben Verwaltungsgerichte es als Stigmatisierung
und damit Verletzung des Art. 21 Abs. 1 GG angesehen, dass das Bundesamt für Verfassungsschutz der Öffentlichkeit ohne klare Rechtsgrundlage kundtat, eine bestimmte Partei als „Prüffall" zu untersuchen.[179]

Dass politische Parteien in Deutschland, anders als unter vielen ausländischen Verfas-   **65**
sungsordnungen, verboten oder von Finanzierung ausgeschlossen werden können, ist
Ausdruck der **„wehrhaften" oder „streitbaren" Demokratie**.[180] Bei dieser handelt es
sich nicht um ein Verfassungsprinzip, sondern um eine dem Grundgesetz inhärente
Tendenz. Es setzt sich gegen Versuche zur Wehr, die verfassungsrechtliche Ordnung
unter Ausnutzung der durch sie selbst gewährleisteten Rechte und Institutionen zu
zerstören.

2. Voraussetzungen des Parteiverbots und des Finanzierungsausschlusses (Art. 21 Abs. 2–4 GG)

Die Voraussetzungen eines Parteiverbots und des (im Verhältnis dazu milderen) Fi-   **66**
nanzierungsausschlusses sind in weiten Teilen identisch.

Formelle Voraussetzungen sind in beiden Verfahren   **67**

- die ausschließliche Zuständigkeit des BVerfG (Art. 21 Abs. 2 S. 2 bzw. 3, Abs. 4
  GG, §§ 13 Nr. 2 bzw. 2a, 43 ff. BVerfGG). Das BVerfGG legt fest, dass ein Verbot
  oder Finanzierungsausschluss der Mehrheit von zwei Dritteln der Richter des zuständigen (Zweiten) Senats bedarf (§ 15 Abs. 4 S. 1 GG, § 14 Abs. 2 GG).
- Zur Eröffnung des Verfahrens bedarf es eines Antrags des Bundestages, des Bundesrates oder der Bundesregierung (§§ 43 ff. BVerfGG).

---

178 Voßkuhle/Kaufhold JuS 2019, 763 (765); Korioth StaatsR I Rn. 828.
179 Vgl. VG Weimar BeckRS 2021, 17889; VG Köln NVwz 2019, 1060.
180 Vgl. dazu BVerfGE 5, 85 (139) = NJW 1956, 1393.

68 Auch die **materiellen Voraussetzungen** sind streng, unterscheiden sich allerdings zwischen beiden Verfahren im Detail. Maßgeblich für die Feststellungen sind aber in beiden Fällen die erklärten Ziele oder das Verhalten der Anhänger der Partei.

- Für ein **Parteiverbot** muss die Partei **darauf ausgehen** (also aktiv und planvoll danach streben), entweder die **freiheitliche demokratische Grundordnung** (→ Rn. 72) zu beeinträchtigen oder zu beseitigen oder den **Bestand der Bundesrepublik Deutschland** zu gefährden. Dies schließt „die Abschaffung zumindest eines ihrer Wesenselemente oder deren Ersetzung durch eine andere Verfassungsordnung oder ein anderes Regierungssystem ein." Im zweiten NPD-Verbotsverfahren hat das BVerfG dies allerdings mit einer objektiven Tauglichkeitsschwelle verknüpft: Von einem Beeinträchtigen sei auszugehen, „wenn eine Partei nach ihrem politischen Konzept mit hinreichender Intensität eine spürbare Gefährdung der freiheitlichen demokratischen Grundordnung bewirkt."[181] Zum „darauf Ausgehen" gehört also auch die tatsächliche Fähigkeit, die freiheitliche demokratische Grundordnung etc zu beeinträchtigen (Potenzialität).[182] Es gibt mit anderen Worten Parteien, die, vereinfacht formuliert, in ihrer politischen Wirkung zu unbedeutend sind, um verbotswürdig zu sein.[183]
- Im Unterschied hierzu verwendet Art. 21 Abs. 3 GG (**Finanzierungsausschluss**) die Wendung „**darauf ausgerichtet sind**". Dies erfordert nicht, wie „darauf ausgehen", ein potenzielles Erfolgs- oder Gefahrenmoment.[184] Kleine radikale Parteien mit geringer Mobilisierungskraft, die nicht in der Lage sind, die Schwelle zum „darauf Ausgehen" zu überschreiten und politisch zu „unwichtig" für ein Verbotsverfahren sind, sollen zumindest von der staatlichen Finanzierung abgeschnitten und so in ihrer Entfaltung behindert werden können.

69 Das BVerfG hatte (ebenso übrigens wie für Art. 9 Abs. 2 GG) ein zusätzliches, ungeschriebenes Tatbestandsmerkmal in Gestalt der „kämpferisch-aggressiven Haltung" (gegen die freiheitliche demokratische Grundordnung) eingeführt.[185] Im jüngsten Urteil (2017) griff es auf dieses Merkmal allerdings nicht zurück, sondern unterstrich vielmehr das Fehlen ungeschriebener Tatbestandsmerkmale über den Wortlaut des Art. 21 Abs. 2 GG hinaus, ohne sich allerdings von der Prüfung der „kämpferisch-aggressiven Haltung" dezidiert zu verabschieden.[186]

70 In seiner Entscheidung stellt das BVerfG die Verfassungswidrigkeit der Partei (§ 46 BVerfGG) oder ihren Ausschluss von staatlicher Finanzierung fest (§ 46a BVerfGG). Diese Verbote wirken konstitutiv und bedürfen als solche daher keiner Vollstreckung. Vollstreckbar (vgl. § 32 PartG) sind jedoch manche Nebenfolgen des Verbots, wie Liquidation, Verbot von Ersatzorganisationen (§ 33 PartG, § 46 Abs. 3 S. 1 BVerfGG).

71 **Historische Fälle** von Parteienverboten waren das Verbot der Sozialistischen Reichspartei (SRP) im Jahr 1952[187] und das der KPD von 1956.[188] Es ist ein (gerade auch im

---

181 BVerfGE 144, 20 (Ls. 4 ff.) = NJW 2017, 611.
182 BVerfGE 144, 20 (224) = NJW 2017, 611.
183 BVerfGE 144, 20 (224 f.) = NJW 2017, 611.
184 BeckOK GG/Kluth, 48. Ed. 15.5.2021, GG Art. 21 Rn. 212b; krit. v. Münch/Kunig/Klafki GG Art. 21 Rn. 118.
185 BVerfGE 5, 85 (142) = NJW 1956, 1393; BVerfGE 47, 130 (139 f.) = NJW 1978, 1047.
186 BVerfGE 144, 20 (Ls. 7, 202 ff.) = NJW 2017, 611.
187 BVerfGE 2, 1 = NJW 1952, 1407.

Hinblick auf das Parteienprivileg, das ja nicht verletzt werden soll) sehr umständliches Verfahren, das eine komplizierte Beweisaufnahme gebietet. Es bindet die Kräfte des BVerfG in hohem Maße. Dieses Missverhältnis von Aufwand und Nutzen hat dazu beigetragen, dass Parteienverbote 45 Jahre nicht ernsthaft betrieben worden sind. Überdies ist das Betreiben eines solchen Verfahrens eine Frage politischer Opportunität. Verschiedene Versuche, die **NPD** verbieten zu lassen, sind allesamt gescheitert. Im ersten Verfahren (2003)[189] erachtete ein Teil der Richter des BVerfG die angebotenen Beweismittel für nicht verwertbar, die für ein Verbot erforderliche Zweidrittelmehrheit der Senatsmitglieder (§ 15 Abs. 4 BVerfGG) wurde verfehlt. Der Einsatz von V-Leuten in der NPD ließ nach Ansicht der „Sperrminorität" keine klare Beurteilung mehr zu, ob und inwieweit die kämpferisch-aggressive Haltung gegen die freiheitlich-demokratische Grundordnung wirklich „hausgemacht" oder vom Staat nicht vielmehr provoziert worden war.[190] 2017 entschied das BVerfG gegen ein Verbot der NPD, weil die Partei aus seiner Sicht politisch nicht in der Lage sei, die freiheitliche demokratische Grundordnung in Gefahr zu bringen[191] – womit es am objektiven Moment des „darauf Ausgehens" fehlte. Dies nahm der verfassungsändernde Gesetzgeber zum Anlass, um – einer Anregung des BVerfG folgend – den jetzigen Art. 21 Abs. 3 GG zu normieren.

> 2.11 Die rechtsextreme Großdeutsche Nationale Union (GNU) begehrt für eine Großveranstaltung (jedes Jahr aufs Neue) Zugang zur König-Ludwig-Halle der bayerischen Stadt Ilzhofen. Die Stadt weigert sich (wie jedes Jahr), der GNU die Halle zu überlassen. Es handle sich um eine rechtsradikale Partei, die nicht auf dem Boden des Grundgesetzes stehe. Außerdem sei bereits ein Verbot der GNU beantragt worden. Muss Ilzhofen der GNU die Halle überlassen?

3. Die freiheitliche demokratische Grundordnung als Angriffsgegenstand

Die freiheitliche demokratische Grundordnung scheint als Begriff nur an wenigen   72
Stellen des Grundgesetzes auf (zB Art. 9 Abs. 2, 18, 73 Nr. 10 lit. b GG). Bedeutung entfaltet sie vor allem – in wesentlich stärkerem Maße als der „Bestand der Bundesrepublik Deutschland" als Verbotsmaßstab bei Art. 21 Abs. 2, 3 GG. Die freiheitliche demokratische Grundordnung ist im Grundgesetz nicht definiert, sondern ist durch die Verfassungsjudikatur ausgelegt bzw. ausgestaltet worden. Sie stellt sich als ein Bündel fundamentaler Werte von Verfassungsrang dar, in denen sich Demokratie, Rechtsstaat und Grundrechte manifestieren.

Das BVerfG hatte die freiheitliche demokratische Grundordnung zunächst weit ge-   73
fasst und rechnete dazu[192] die Achtung vor den im Grundgesetz konkretisierten Men-

---

188 BVerfGE 5, 85 = NJW 1956, 1393.
189 BVerfGE 107, 339 = NJW 2003, 1577.
190 S. dazu die Minderheitsmeinung der Richter Hassemer und Broß und der Richterin Osterloh, BVerfGE 107, 339 (366 f.) = NJW 2003, 1577; anders die Mehrheit der Richter, vgl. BVerfGE 107, 339 = NJW 2003, 1577; zum Einsatz von V-Leuten allg. s. auch Michaelis KritV 2002, 188 (213 ff.). Lösungsansatz bei BeckOK GG/Kluth, 48. Ed. 15.5.2021, GG Art. 21 Rn. 210.
191 BVerfGE 144, 20 (325 ff.) = NJW 2017, 611.
192 BVerfGE 5, 85 (140) = NJW 1956, 1393; BVerfGE 144, 20 (203 ff. mwN) = NJW 2017, 611.

schenrechten, insbesondere freie Meinungsäußerung und freie Meinungs- und Willensbildung des Volkes sowie religöse und weltanschauliche Neutralität des Staates, die Volkssouveränität (Art. 20 Abs. 2 S. 1 GG), die Gewaltenteilung (Art. 20 Abs. 2 S. 2 GG), Verantwortlichkeit der Regierung, Gesetzmäßigkeit der Verwaltung (Art. 20 Abs. 3 GG), Unabhängigkeit der Gerichte, das Mehrparteienprinzip und die Chancengleichheit der Parteien (Art. 21 GG) sowie das Recht auf verfassungsmäßige Bildung und Ausübung einer Opposition. Diese weite Auslistung drohte Art. 21 Abs. 2 GG als Vorschrift, die auf die Abwehr zerstörerischer Parteien gerichtet ist, zu überfrachten. Im NPD-Urteil von 2017 schränkte es – jedenfalls für die Zwecke des Art. 21 Abs. 2 GG – den Begriff auf eine Trias fundamentaler Verfassungswerte ein, also „nur jene zentralen Grundprinzipien, die für den freiheitlichen Verfassungsstaat schlechthin unentbehrlich sind":

- Menschenwürde
- Demokratieprinzip und Volkssouveränität
- Rechtsstaat einschließlich der durch den Staat rechtsstaatlich garantierten und begrenzten Freiheit des Einzelnen.[193]

2.12 Zur weiteren Überlegung:

- Die P-Partei wendet sich gegen das föderale Prinzip, das sie als antiquiert und ungerecht ansieht. Ist sie damit „verbotswürdig"?
- Warum konnte die „Kurdische Arbeiterpartei" (PKK) durch den Bundesminister des Innern verboten werden?

Antworten und Lösungen

2.1 Auch das Demokratieprinzip vermittelt keine subjektiven Rechte für den Bürger und kann daher nicht eingeklagt werden. Anderes gilt zT für dessen spezielle Ausprägungen, hier das aktive Wahlrecht (Art. 38 Abs. 1 S. 1 GG), das nach Art. 93 Abs. 1 Nr. 4a GG mit der Verfassungsbeschwerde geltend gemacht werden kann, obwohl es kein Grundrecht ist. Sie würde auch Erfolg haben: Die 20%-Klausel stellt eine durch nichts zu rechtfertigende erhebliche Abweichung von der Erfolgswertgleichheit der Stimmen dar, da insbesondere Parteien mit zweistelligen Prozentergebnissen nicht mehr als Splitterparteien angesehen werden können, welche die parlamentarische Entscheidungsfindung erschweren. Tatsächlich würde sich bei Anwendung einer solchen Klausel der Volkswille in völlig verzerrter Form in der Zusammensetzung des Bundestages niederschlagen. Das BVerfG hat durchblicken lassen, dass es Schwellen, die höher als 5% liegen, nicht für zulässig erachtet.[194]

2.2 Die Bundesbank ist eine Bundesbehörde; als solche müsste sie eigentlich den Weisungen eines zuständigen Ministers unterliegen. Dies folgt aus dem Demokratieprinzip, das die parlamentarische Kontrolle der Regierung (und damit indirekt auch der Verwaltung) – mit anderen Worten eine „ununterbrochene Legitimationskette" in Bezug auf Sachentscheidungen – gebietet. Weisungsunabhängigkeit von Behörden schafft „ministerialfreie Räume"[195], die an sich nicht mit dem Demokratieprinzip vereinbar sind. Das BVerfG hat gewisse „Ausnahmen" vom Demokratieprinzip zugelassen, wo dies von der Natur der Sache her geboten ist. Dies gilt insbesondere für die Zentralbank, die Preisstabilität nur garantieren kann, wenn sie von Weisungen der politisch Verantwortlichen frei ist. Damit hat Karlsruhe die europa-

---

193 BVerfGE 144, 20 (Ls. 3, 200 ff.) = NJW 2017, 611.

194 BVerfGE 1, 208 (249 ff.) = NJW 1952, 657.

195 Zum Begriff der „ministrialfreien Räume" vgl. Müller JuS 1985, 497 (497 f.); Fichtmüller AöR 91 (1966), 297.

rechtlich vermittelte Unabhängigkeit der Bank nach Art. 88 S. 2 GG gerechtfertigt; verfassungswidriges Verfassungsrecht liegt nach seiner Meinung nicht vor.[196]

2.3 Die Wahl nach Landeslisten verstößt nicht gegen den Grundsatz der unmittelbaren Wahl, da der vermittelnde Akt – die Zusammenstellung der Landeslisten – nicht zwischen die Stimmabgabe und das Wahlergebnis tritt, sondern bereits vor der Stimmabgabe seinen Abschluss gefunden hat.[197]

2.4 Die Wahlpflicht kann nur eingeführt werden

- durch Gesetz – wenn das Grundgesetz sie nicht verbietet. Ein Verbot könnte aber Art. 38 Abs. 1 S. 1 GG (freie Wahl) aussprechen. Die freie Wahl umfasst nicht nur das Recht, eine freie Auswahl zu treffen, sondern schließt auch die „negative" Entscheidung ein, nicht zur Wahl zu gehen.[198] Wer einwendet, dass auch im Falle der Wahlpflicht noch die Möglichkeit bestehe, leere oder ungültige Stimmzettel abzugeben, dass also die Wahl nach wie vor freigestellt sei, nur nicht der Gang zur Urne, könnte zum Ergebnis gelangen, dass diese Regelung mit Art. 38 Abs. 1 S. 1 GG noch vereinbar ist. Wer hingegen auch den Gang zur Urne als „demonstrative" Absenzentscheidung von der Freiheit der Wahl umschlossen sieht, wird zur Verfassungswidrigkeit des Gesetzes gelangen;
- wenn das Grundgesetz sie derzeit verbietet, durch Verfassungsänderung. Auch diese darf aber nicht gegen das Demokratieprinzip verstoßen, das gem. Art. 79 Abs. 3 GG nicht berührt werden darf. Zwar ist die Freiheit der Wahl ein essenzieller Teil demokratischer Willensäußerung. Der Zwang, zur Wahlurne zu gehen, steht allerdings nur im Vorfeld der eigentlichen Wahlentscheidung. Er betrifft die eigentliche demokratische Legitimation nicht. Insofern wird auch das Demokratieprinzip nicht preisgegeben. Art. 20 Abs. 2 GG iVm Art. 79 Abs. 3 GG verbieten die Einführung der Wahlpflicht durch Verfassungsänderung daher nicht. (AA vertretbar.)

2.5 Die Einführung der Volksbefragung könnte gegen Art. 20 Abs. 2 S. 2 GG verstoßen. Ein Erst-Recht-Schluss (argumentum de maiore ad minus) könnte hingegen lauten, dass, wenn Abstimmungen für zulässig erklärt werden, dann erst recht Volksbefragungen, die nicht die Wirkung eines bindenden Beschlusses haben, zulässig sein müssen. Man kann jedoch ebenso gut einen Gegenschluss (argumentum e contrario) vollziehen: Das Grundgesetz lässt nur Wahlen und Abstimmungen, aber eben keine Volksbefragungen zu. Dafür spricht, dass es sich in diesem Fall nicht um eine bindende Entscheidung des Volkes handelt, sondern nur um eine Meinungsbekundung, die keine Legitimationskette begründet.[199]

2.6 Das Gesetz ist verfassungswidrig, wenn das Grundgesetz diese Form der Gesetzgebung nicht zulässt. Zwar sieht Art. 20 Abs. 2 S. 2 GG „Wahlen und Abstimmungen" vor, doch kennt das Grundgesetz für die Gesetzgebung bislang nur das parlamentarische Verfahren (Art. 77 ff. GG). Um die Volksgesetzgebung auch im Bund einzuführen, sind verfassungsrechtliche Regeln über Verfahren und Umfang nötig. Dies ist auch vor dem Hintergrund zu sehen, dass diese Regeln die bestehenden – parlamentarischen – Willensbildungsmechanismen inhaltlich modifizieren. Solange sie nicht bestehen, verstößt das Gesetz gegen Art. 77, 78 GG.

2.7 Die A-Partei hat kein Direktmandat gewonnen, zieht jedoch kraft ihres Zweitstimmenergebnisses mit mindestens fünf Sitzen ins Parlament ein. Die B-Partei hat drei Direktmandate gewonnen. Damit ist sie von der 5%-Klausel befreit. Nach dem Zweitstimmenergebnis stehen ihr ca. fünf Sitze zu. Sie kann also noch zwei Sitze aus der Liste besetzen. Bei der C-Partei wirkt sich die Sperrklausel dagegen, da sie keine Direktmandate errungen hat, in vollem Umfang aus: Sie erhält kein einziges Mandat. Die D-Partei hat zwei Direktmandate erworben. Diese darf sie, obwohl sie die 5%-Hürde verfehlt hat, auch behalten; weil sie die für die Befreiung von der 5%-Klausel erforderlichen drei Direktmandate aber verfehlt, nimmt sie am Verhältnisausgleich nach dem Zweitstimmenergebnis, der ihr 5 Sitze hätte bescheren können, nicht teil. Die zwei Direktmandate werden dabei wie Überhangmandate behandelt. Ande-

---

196 BVerfGE 89, 155 (208 f.) = NJW 1993, 3047 – Maastricht.

197 Vgl. Sachs/Magiera GG Art. 38 Rn. 89; zu Bedenken unter dem Gesichtspunkt der Unmittelbarkeit der Wahl Dreier/Morlok GG Art. 38 Rn. 81 mwN.

198 Sachs/Magiera GG Art. 38 Rn. 91; v. Münch/Kunig/Trute GG Art. 38 Rn. 50 ff.; Dreier/Morlok GG Art. 38 Rn. 88.

199 Zum Meinungsstand vgl. Dreier/Dreier GG Art. 20 (Demokratie) Rn. 107 m. Fn. 400; nach Isensee/Kirchhof StaatsR-HdB/Krause Bd. III § 35 Rn. 24, soll die Volksbefragung nicht einmal durch verfassungsänderndes Gesetz eingeführt werden dürfen.

res gilt für die D-Partei, welche auf – in der Praxis unwahrscheinliche – acht Direktmandate kommt: Da sie nach dem Zweitstimmenergebnis nur 5 Sitze hätte beanspruchen können, erringt sie drei Überhangmandate. Da diese zugunsten der anderen Parteien ausgeglichen werden und sich zudem die „Verteilungsmasse" dadurch erhöht, dass sich die Stimmabgabe für einzelne Parteien gar nicht (C) oder nur beschränkt (D) in einer parlamentarischen Vertretung niederschlägt, ist es wahrscheinlich, dass der Sitzanspruch der Parteien A, B und E nach Zweitstimmen im Ergebnis über 5 liegt.

2.8 Art. 38 Abs. 1 S. 2 GG unterwirft den Abgeordneten nur seinem Gewissen. Er ist daher nicht gezwungen, das Mandat über die gesamte Legislaturperiode (Art. 39 GG) auszuüben, sondern kann es jederzeit zurückgeben. Das Bundeswahlgesetz (§ 48 Abs. 1 S. 1 BWG) sieht in diesem Fall vor, dass R Nachfolger der H wird, vorausgesetzt, er steht an erster Stelle unter den nicht zum Zuge gekommenen Listenkandidaten. Die Zulässigkeit dieses Verfahrens wurde vom BVerfG nicht bezweifelt.[200] Dem ist jedoch entgegenzuhalten, dass in beiden Fällen die demokratische Legitimation unterschiedlich hergestellt wird: Im Falle der H ist sie an ihre Person gebunden (Mehrheitswahl), im Falle des R wird sie durch die Partei (Liste) vermittelt. Die Ersetzung der personalen durch die Listenlegitimation ist unter Demokratiegesichtspunkten nicht unproblematisch. Das BVerfG hat sie gleichwohl nur für denjenigen Fall, dass eine Partei Überhangmandate errungen hat, begrenzt: In diesem Fall kann aus den genannten Gesichtspunkten ein Wahlkreismandat, dessen Träger entfallen ist, nicht mit einem Listenkandidaten besetzt werden.[201] Mit der Einführung des Überhangausgleichs ist diese Begrenzung jedoch obsolet geworden. Ist die Liste zu klein geraten und insofern wirklich erschöpft, ist kein Nachrücken möglich (§ 48 Abs. 1 S. 4 BWG).

2.9 Verfassungswidrig ist die Abschaffung der Parteienfinanzierung, wenn Art. 21 Abs. 1 GG eine solche gebietet. Nach hM ist dies nicht der Fall, die Parteienfinanzierung wird lediglich durch diese Bestimmung erlaubt.[202] Davon ist jedenfalls dann auszugehen, wenn den Parteien im Grundsatz andere Möglichkeiten der Finanzierung offenstehen, beispielsweise über Mitgliedsbeiträge. Dass dies einzelnen Parteien, etwa der PSSÖ, aus politischen Gründen schwerer fällt als anderen, begründet noch keinen Gleichheitsverstoß.

2.10 Die Pflicht des Bundes, die BLA zu finanzieren, könnte sich aus Art. 21 Abs. 1 (iVm Art. 3 Abs. 1) GG ergeben. Dies ist der Fall, wenn es sich bei der BLA um eine Partei im Sinne des Grundgesetzes handelt. Im Sinne des § 2 PartG ist die BLA keine Partei, jedoch ist diese Parteiendefinition für die Auslegung des Art. 21 Abs. 1 GG nicht in jeder Hinsicht maßgeblich. Aus verbreiteter Sicht ist jedoch die Teilnahme an Bundes- und Landtagswahlen ein wesentliches Kriterium auch des verfassungsrechtlichen Parteienbegriffs.[203] Wer sich dem anschließt, gelangt zum Schluss, dass es sich bei der BLA nicht um eine Partei handelt, weswegen eine Gleichbehandlung jedenfalls nicht aufgrund Art. 21 Abs. 1 GG geboten ist. Wohl aber kann sich eine Pflicht, auch die Wählervereinigungen – denn um eine solche handelt es sich dann – zu alimentieren, aus Art. 20 Abs. 2, 28 Abs. 1 S. 2, Abs. 2 GG ergeben: Auch die Tätigkeit der kommunalen Wählervereinigungen ist Partizipation an der demokratischen Willensbildung des Volkes. Da die Ortsverbände der Parteien, die mit den kommunalen Wählervereinigungen konkurrieren, infolge der Parteienfinanzierung einen gewissen Vorteil gegenüber den Wählervereinigungen haben, gebietet Art. 3 Abs. 1 GG in Verbindung mit den anderen genannten Bestimmungen, den Wählervereinigungen zumindest eine gewisse Alimentierung zuteil werden zu lassen. Diese Notwendigkeit deutete das BVerfG, auch wenn es die Anwendung des Art. 21 Abs. 1 GG auf Wählervereinigungen ablehnt, in seiner Entscheidung zur Parteienfinanzierung bereits an.[204] Auch die Entscheidung zur steuerlichen Begünstigung von Wählervereinigungen[205] deutet in diese Richtung.

Ob Schleswig-Holstein berechtigt ist, eine Regelung zur Finanzierung der kommunalen Wählervereinigungen zu erlassen, scheint zweifelhaft. Art. 21 Abs. 5 GG statuiert eine ausschließliche Bundeskompetenz für die Parteienfinanzierung. Zwar handelt es sich nach hM bei kommunalen Wählervereinigungen

---

200 BVerfGE 97, 317 (327) = NJW 1998, 2892; s. dazu auch Nicolaus JuS 2000, 436.

201 BVerfGE 97, 317 (328 f.) = NJW 1998, 2892.

202 BVerfGE 20, 56 (101) = NJW 1966, 1499; Sachs/Ipsen GG Art. 21 Rn. 96 ff.; aA Dreier/Morlok GG Art. 21 Rn. 45; DHS/Klein, 64. Lfg. 2012, GG Art. 21 Rn. 433 f. mwN.

203 DHS/Klein, 73. Lfg. 2014, GG Art. 21 Rn. 230 ff.; BK-GG/Towfigh/Keesen, 205. Lfg. 2020, GG Art. 21 Rn. 312 ff.; krit. MKS/Streinz GG Art. 21 Rn. 47 f.; Sachs/Ipsen GG Art. 21 Rn. 17 ff.

204 BVerfGE 85, 264 (328) = NJW 1992, 2545.

205 BVerfGE 99, 69 (79 ff.) = NVwZ 1999, 400.

nicht um Parteien, doch könnte der Sachzusammenhang mit der Parteienfinanzierung eine bundesgesetzliche Regelung gebieten. Schleswig-Holstein wäre dann nur im Rahmen einer Ausnahmebefugnis gem. Art. 71 GG zur Gesetzgebung berechtigt.

2.11 Verfassungsrechtliche Grundlage ist Art. 21 Abs. 1 GG (gegebenenfalls iVm Art. 3 Abs. 1 GG). Auf den Gleichheitssatz kann sich die GNU jedenfalls dann berufen, wenn die politische Position dieser Partei bei der Entscheidung über die Vergabe der Halle keine Rolle spielen darf. Gemäß Art. 21 Abs. 2 GG hat das BVerfG die ausschließliche Befugnis, über Parteiverbote zu entscheiden. Daraus folgt, dass Parteien, die nicht verboten sind, nicht von Amts wegen als verfassungswidrig betrachtet werden dürfen; sie dürfen daher auch nicht benachteiligt werden (Parteienprivileg).[206] Die Stadt Ilzhofen muss also, wenn ausreichend Platz zur Verfügung ist, die Halle der GNU überlassen (einfachgesetzlich ist dies in § 5 PartG so verfügt).

2.12 Eine Partei, die sich gegen das föderale Prinzip wendet, ist nicht verbotswürdig. Die Bundesstaatlichkeit zählt nicht zur freiheitlichen demokratischen Grundordnung, sondern ist lediglich fester Bestandteil des Grundgesetzes, der nach Art. 79 Abs. 3 GG gegen Abschaffung geschützt ist.

Die PKK konnte durch den Bundesminister des Innern verboten werden, da es sich um eine Ausländerorganisation handelt, die nicht im Sinne des Parteiengesetzes eine Partei ist, sondern ein Verein.[207] Zuständig für das Verbot war daher der Bundesminister des Innern (§ 3 Abs. 2 Nr. 2 VereinsG).

---

206 BVerfGE 12, 296 (304 ff.) = NJW 1961, 723; vgl. dazu auch Sachs/Ipsen GG Art. 21 Rn. 148 f.
207 Vgl. allg. zum Vereinsverbot Planker NVwZ 1998, 113.

§ 3 Sozialer Rechtsstaat mit Gewaltenteilung, Wirtschaft und Umwelt

1 Art. 20 und 28 GG nennen Sozial- und Rechtsstaat bewusst in einem Atemzug: Es handelt sich, wie zu zeigen sein wird, um zwei Seiten der gleichen Medaille. Während Rechtsstaatlichkeit die Gestaltung des Staates an sich bestimmt und damit als Staatsstrukturprinzip anzusehen ist, stellt das Sozialstaatsprinzip Vorgaben für das staatliche Handeln auf, stellt also ein Staatsziel dar.[208]

2 Die Entwicklung des Rechtsstaatsprinzips steht im Zusammenhang mit der Forderung nach dem Schutz und der Garantie bürgerlicher Rechte durch den Monarchen. Hieraus erwuchs zunächst die Idee des „**formellen Rechtsstaats**". In einem solchen bedürfen Eingriffe in Freiheit und Eigentum eines parlamentarischen Gesetzes. Er ist heute zum „**materiellen Rechtsstaat**" erweitert.[209] In diesem bedeutet Rechtsstaatlichkeit nicht nur Eingriffsfreiheit, sondern sie zielt auf die Herstellung materieller Gerechtigkeit ab. Gerechtigkeit in diesem Sinne wiederum hängt mit der Verwirklichung sozialer Belange zusammen, sodass sich hier Rechtsstaat und Sozialstaat begegnen. Insbesondere der allgemeine Gleichheitssatz (Art. 3 Abs. 1 GG[210]) bildet ein wichtiges Scharnier. Der Sozialstaat ergänzt den rechtsstaatlichen Gedanken der Rechtssicherheit insofern um die Idee materieller Gerechtigkeit. Im sozialen Rechtsstaat kann dabei auch eine Ungleichbehandlung sogar einmal gerechtfertigt, ja geboten sein.

A. Der Rechtsstaat nach dem Grundgesetz

I. Verfassungsrechtlicher Kontext

3 „Das" Rechtsstaatsprinzip ist verfassungsrechtlich nicht näher umschrieben und nur an wenigen Stellen, wie Art. 28 Abs. 1 S. 1 GG, als solches bezeichnet. Dennoch besteht Einigkeit darüber, dass sein materieller Kern von Art. 20 Abs. 3 GG verkörpert wird – auch wenn dieser nach seinem Wortlaut „nur" die Bindung der Gesetzgebung an die verfassungsmäßige Ordnung und die der drei Staatsgewalten an Gesetz und Recht anordnet – und den Schutz der „Ewigkeitsklausel" (Art. 79 Abs. 3 GG) genießt.[211] Ist aber Art. 20 Abs. 3 GG die „Stammvorschrift" der Rechtsstaatlichkeit,[212]

---

208 Graf Vitzthum VBlBW 1991, 404 (405); Isensee/Kirchhof StaatsR-HdB/Isensee Bd. IV § 73 Rn. 39.
209 Maurer StaatsR I § 8 Rn. 7 f.; Katz/Sander StaatsR Rn. 178; diff. DHS/Grzeszick, 48. Lfg. 2006, GG Art. 20 Abs. 7 Rn. 35 ff., 35 ff.
210 Dreier/Schulze-Fielitz GG Art. 20 (Rechtsstaat) Rn. 51.
211 Ipsen StaatsR I Rn. 749, 1037; Gröpl StaatsR I Rn. 422, 790.
212 Vgl. nur BVerfGE 92, 365 (409) = BeckRS 9998, 147932; BVerfGE 93, 99 (107) = NJW 1995, 3173; BVerfGE 95, 64 (82) = NJW 1997, 722; BVerfGE 141, 1 (33) = NJW 2016, 1295; zurückhaltender Dreier/Schulze-Fielitz GG Art. 20 (Rechtsstaat) Rn. 40; so auch BeckOK GG/Huster/Rux, 48. Ed. 15.8.2021, GG Art. 20 Rn. 140; unentschieden Sachs/Sachs GG Art. 20 Rn. 75.

dann sind auch in anderen Verfassungsartikeln verankerte zentrale Elemente des Rechtsstaats iSd Art. 79 Abs. 3 GG änderungsfest – wie zB das Grundrecht auf Eröffnung des Rechtswegs gegen Rechtsverletzungen durch die öffentliche Gewalt (Art. 19 Abs. 4 S. 1 GG) oder die Unabhängigkeit der Richter (Art. 97 Abs. 1 GG).[213] Umgekehrt gilt aber auch, dass eine verfassungsrechtliche Vorgabe nicht schon deshalb von der „Ewigkeitsklausel" erfasst wird, weil sie im Rechtsstaatskontext steht.[214]

II. Emanationen des Rechtsstaatsprinzips im Grundgesetz

1. Bindung an die und Vorrang der Verfassung (Art. 20 Abs. 3 GG)

Art. 20 Abs. 3 GG bindet die Gesetzgebung (also die Tätigkeit der Legislative) an die **4** verfassungsmäßige Ordnung und die beiden anderen Gewalten – die vollziehende Gewalt und die Rechtsprechung – an „Gesetz und Recht". Die „verfassungsmäßige Ordnung", an welche die Legislative gebunden ist, geht über „Verfassung" zwar insoweit hinaus, als die Legislative mit den von ihr erlassenen Gesetzen auch eine Selbstbindung bewirken kann (man denke zB an das Abgeordnetengesetz). Im Mittelpunkt steht dennoch die Verfassungsbindung der Gesetzgebung,[215] die sich in einem eng verwandten, von manchen auch als mit ihr identisch betrachteten Prinzip spiegelt: dem **Vorrang der Verfassung** vor dem einfachen Gesetz;[216] Um gültig zu sein, muss es – formell wie materiell – mit dem Grundgesetz übereinstimmen. Mit anderen Worten: Als Verfassung steht das Grundgesetz vor den einfachen Gesetzen und allem übrigen Recht an der Spitze der Normenhierarchie (→ § 1 Rn. 38).

2. Bindung der anderen Gewalten an Gesetz und Recht (Art. 20 Abs. 3 GG)

a) Gesetzmäßigkeit der Verwaltung und Justiz

Die vollziehende Gewalt – das heißt, die Regierung (Gubernative) und die Verwaltung (Exekutive ieS) – sowie die Rechtsprechung sind als an „Gesetz und Recht" als **5** diejenigen, die sie anwenden müssen, gebunden. Ihr Handeln muss – in formeller wie materieller Hinsicht – rechtskonform sein. Für die Rechtsprechung ist klar, dass sie ihre Urteile nach geltendem Recht (auf allen Hierarchieebenen) zu treffen hat. Ebensolches gilt für Regierungs- und Verwaltungsentscheidungen. Hier stellt sich allerdings die zusätzliche Frage, inwieweit sie für ihr Handeln eine normative Ermächtigung benötigen und welche Normqualität diese aufweisen muss, mithin die nach der Reichweite des (sogleich behandelten) Vorbehalts des Gesetzes.

b) Vorbehalt des Gesetzes

Der nach hM ebenfalls in Art. 20 Abs. 3 GG verankerte[217] Vorbehalt des Gesetzes ist **6** ein altüberkommenes rechtsstaatliches Prinzip, über dessen Geltungsumfang allerdings nicht durchweg Einigkeit besteht. Soweit der Vorbehalt des Gesetzes reicht,

---

213 Vgl. zu den Elementen des Rechtsstaatsprinzips Dreier/Schulze-Fielitz GG Art. 20 (Rechtsstaat) Rn. 39; aber auch Sachs/Sachs GG Art. 20 Rn. 77.

214 Katz/Sander StaatsR Rn. 219; Stern JuS 1985, 329 (332).

215 Vgl. Sachs/Sachs GG Art. 20 Rn. 94 ff.; vgl. v. Münch/Kunig/Kunig/Kotzur GG Art. 20 Rn. 137.

216 Vgl. statt vieler Isensee/Kirchhof StaatsR-HdB/Schmidt-Aßmann, Bd. II, 3. Aufl. 2004, § 26 Rn. 42 ff.

217 Vgl. BVerfGE 49, 89 (126) = NJW 1979, 359; Dreier/Schulze-Fielitz GG Art. 20 (Rechtsstaat) Rn. 105; DHS/Grzeszick, 51. Lfg. 2007, GG Art. 20 Abs. 6 Rn. 75; Stern StaatsR I § 20 Abs. 4 S. 4, S. 805; GWC/Windthorst GG Art. 20 Rn. 134.

bedarf staatliches Handeln einer Ermächtigung (in der Fallprüfung meist etwas pleonastisch „Ermächtigungsgrundlage" genannt) in Form einer parlamentsgesetzlichen Norm. Im Vorbehalt des Gesetzes begegnen sich daher die Prinzipien des Rechtsstaats und der Demokratie.[218] Wo das Grundgesetz von „Gesetz" spricht, ist in den allermeisten Fällen – und auch in Art. 20 Abs. 3 GG – das Parlamentsgesetz gemeint. Früher wurde unterschieden zwischen Gesetzen im formellen Sinne (= Parlamentsgesetze, die also auch offiziell Gesetz heißen) und Gesetzen im materiellen Sinne (= alle Rechtsnormen, also abstrakt-generelle Regelungen, folglich auch Verordnungen und Satzungen). Diese Einteilung führt eher zu Verunklarung und ist entbehrlich.

7   In den einzelnen **Grundrechtsvorbehalten**, die bestimmen, unter welchen Voraussetzungen durch Gesetz oder aufgrund Gesetzes in ein Grundrecht eingegriffen werden kann (Grundrechtsschranken), findet der Vorbehalt des Gesetzes spezielle Ausprägungen,[219] sein Anwendungsbereich geht jedoch über Grundrechtseingriffe hinaus. Wo Grundrechte nach dem Wortlaut des Grundgesetzes „schrankenlos" gewährleistet sind, kann dennoch – zum Schutz anderer Verfassungsgüter – in sie eingegriffen werden; dass dafür ein Gesetz erforderlich ist, folgt dann unmittelbar aus dem Vorbehalt des Gesetzes iSd Art. 20 Abs. 3 GG.[220]

8   Als Richtschnur für die Geltung des allgemeinen Vorbehalts des Gesetzes kann gelten:

- Für alle staatlichen **Eingriffe** in Rechte ist nach allgemeiner Auffassung stets eine gesetzliche Grundlage erforderlich.
- Im Gegenschluss bedarf **Leistungshandeln** des Staates (wie Subventionen) nach hM grundsätzlich keiner gesetzlichen Ermächtigung. Die Lehre vom **Totalvorbehalt**, die aus Art. 20 Abs. 3 GG das Erfordernis der Gesetzesbindung jeglichen Verwaltungshandelns ableitet,[221] hat sich bislang nicht durchsetzen können.
- Das BVerfG und die hM beschreiten eine Art Mittelweg in Form der **„Wesentlichkeitslehre"** (oder „Wesentlichkeitsrechtsprechung" bezeichnet). Danach ist für Maßnahmen, die für die Verwirklichung der *Grundrechte* wesentlich sind, unabhängig von ihrem Charakter als Eingriffs- oder Leistungsakt eine gesetzliche Grundlage erforderlich. Je intensiver die Grundrechtsbetroffenheit, desto mehr hat der Gesetzgeber selbst zu regeln.[222]

> **Beachte:** Umstritten ist, ob die Wesentlichkeitslehre außer für grundrechtsbedeutsame Maßnahmen auch für solche gilt, die aus anderen Gründen für das Staatsganze von wesentlicher Bedeutung sind![223]

---

218 BVerfGE 101, 1 (34) = NJW 1999, 3253; BVerfGE 136, 69 (114) = NVwZ 2014, 1219; so auch Jarass/Pieroth/Jarass GG Art. 20 Rn. 69; Dreier/Schulze-Fielitz GG Art. 20 (Rechtsstaat) Rn. 105; nur aus Art. 20 Abs. 3 GG abgeleitet noch BVerfGE 40 237 (248 f.) = NJW 1976, 34; BVerfGE 49, 89 (126) = NJW 1979, 359.

219 Dreier/Schulze-Fielitz GG Art. 20 (Rechtsstaat) Rn. 106; dazu auch Bumke, Der Grundrechtsvorbehalt, 1998.

220 DHS/Herdegen, 94. Lfg. 2021, GG Art. 1 Abs. 3 Rn. 46; Michael/Morlok, Grundrechte, 7. Aufl. 2020, Rn. 560.

221 Maurer, Allgemeines Verwaltungsrecht, 18. Aufl. 2011, § 6 Rn. 19; DHS/Grzeszick, 51. Lfg. 2007, GG Art. 20 Abs. 6 Rn. 108 ff.

222 BVerfGE 61, 260 (275); BVerfGE 77, 170 (230) = NJW 1988, 1651; Degenhart StaatsR I Rn. 330 ff.; MKS/Sommermann GG Art. 20 Rn. 274 ff.; vgl. auch BerlKomm GG/Gärditz, 31. Lfg. 2011, GG Art. 20 (6. Teil) Rn. 128 ff.

223 Vgl. Dreier/Schulze-Fielitz GG Art. 20 (Rechtsstaat) Rn. 114 mwN.

Vom Vorbehalt des Gesetzes zu unterscheiden ist der **„Parlamentsvorbehalt"**, dh ein 9
Erfordernis parlamentarischer Zustimmung, die aber nicht in Gesetzesform zu kleiden ist. Allgemeine Regeln zum Parlamentsvorbehalt, der eher dem Demokratie- als
dem Rechtsstaatsprinzip zuzuordnen ist, gibt es nicht. Das BVerfG hat eine schlichte
parlamentarische Zustimmung bisher insbesondere für die Entsendung von Bundeswehreinheiten ins Ausland[224] sowie in besonders gelagerten Fällen für die Übertragung von Befugnissen auf die EU gefordert.[225]

c) Vorrang des Gesetzes

Während der Vorbehalt des Gesetzes bestimmt, unter welchen Voraussetzungen für 10
das Handeln der Exekutive eine gesetzliche Ermächtigung erforderlich ist, bindet der
Vorrang des Gesetzes die Exekutive an eine vorhandene gesetzliche Regelung unabhängig von ihrer rechtsstaatlichen Erforderlichkeit. In beiden kommt die Gesetzmä
ßigkeit der Verwaltung zum Ausdruck: Nach dem ersten Prinzip darf sie ohne Gesetz
nicht handeln, nach dem zweiten muss sie nach dem Gesetz, das besteht, handeln. Indirekt erwirkt der Vorrang des Gesetzes auch eine Bindung der Legislative selbst: Hat
sie eine gesetzliche Regelung getroffen, die den Vorbehalt des Gesetzes nicht erfordert hätte, kann die Bindung der anderen Staatsgewalten an diese Regelung nur durch
erneuten Gesetzgebungsakt wieder beseitigt werden. (Ein Beispiel aus der Rechtspraxis: Das Land L gründet per Gesetz eine Stiftung, in die mehrere darin namentliche
benannte Museen eingebracht werden. Keines der Museen kann dann ohne vorherige
Gesetzesänderung mehr geschlossen werden.)

3. Subjektiv-rechtliche justizielle Gewährleistungen

Das Grundgesetz enthält eine Reihe konkreter individualrechtlicher Gewährleistun 11
gen, die als spezielle Ausprägungen des Rechtsstaatsprinzips gelten können. Soweit es
sich um Rechte handelt, die im Wege der Verfassungsbeschwerde geltend gemacht
werden können, soll es in diesem dem Staatsorganisationsrecht vorbehaltenen Lehrbuch bei einer knappen Erwähnung bleiben.

a) Rechtsweggarantie und Justizgewähr

Die **Rechtsweggarantie** (Art. 19 Abs. 4 GG) ist ein Grundrecht auf effektiven 12
Rechtsschutz gegen die **öffentliche Gewalt** (gemeint ist die Exekutive) durch mindestens eine gerichtliche Instanz.[226] Ist dabei nicht in ausreichendem Maße rechtliches
Gehör gewährt worden, ist grundsätzlich eine weitere Instanz zu garantieren.[227] Dass
der Staat wirksame Instrumente zur Austragung auch anderer (privater) Rechtsstreitigkeiten vor staatlichen Gerichten zur Verfügung stellen muss, ist Gegenstand des
allgemeinen **Justizgewährleistungsanspruchs**, gestützt auf Art. 2 Abs. 1 GG iVm
Art. 20 Abs. 3 GG.[228]

---

224 BVerfGE 90, 286 (381 ff.) = NJW 1994, 2207; s. dazu auch den Überblick bei Brenner/Hahn JuS
 2001, 729 ff.; Maurer StaatsR I § 13 Rn. 124.
225 Dazu BVerfGE 123, 267 (388 ff., 435 f.) = NJW 2009, 2267 – Lissabon sowie das auf dieser Grundlage erlassene Integrationsverantwortungsgesetz (IntVG) v. 22.9.2009 → § 7 Rn. 9.
226 StRspr, vgl. zB BVerfGE 4, 74 (94 f.) = NJW 1955, 17.
227 S. Sachs/Sachs GG Art. 19 Rn. 143 mwN.
228 Vgl. BVerfGE 85, 329 (345) = NJW 1992, 1951; BVerfGE 54, 277 (291) = NJW 1981, 39.

b) „Justizgrundrechte"

13 Grundrechte im Rechtssinne des ersten GG-Abschnitts sind die als „Justizgrundrechte" bezeichneten Verbürgungen nicht, können aber wie jene mit der Verfassungsbeschwerde eingeklagt werden (vgl. Art. 93 Abs. 1 Nr. 4a GG). Zu ihnen gehören

- das Verbot von **Ausnahmegerichten** (Art. 101 Abs. 1 S. 1 GG);
- das Recht auf den **gesetzlichen Richter** (Art. 101 Abs. 1 S. 2 GG);
- der Anspruch auf **rechtliches Gehör** (Art. 103 Abs. 1 GG);
- der **strafrechtliche Bestimmtheitsgrundsatz** (nulla poena/nullum crimen sine lege) und das **Schuldprinzip** (nullum crimen sine culpa) (Art. 103 Abs. 2 GG);
- das Verbot der **Doppelbestrafung** (ne bis in idem) (Art. 103 Abs. 3 GG);
- die **Habeas-Corpus-Garantien** des Art. 104 GG bei Freiheitsentziehung (insbesondere Richterbeteiligung).

4. Maßstäbe für die Setzung von Rechtsnormen und Einzelrechtsakten

14 Dem Rechtsstaatsprinzip lassen sich zudem bestimmte – teils in Normen des Grundgesetzes verankerte, teils ungeschriebene Anforderungen entnehmen, von denen manche (wie das Verhältnismäßigkeitsprinzip) für alle rechtlichen Handlungen Geltung gebieten, während andere Erfordernisse speziell die Setzung von Rechtsnormen oder konkret die Gesetzgebung betreffen.

a) Für alle staatlichen Handlungen beachtliche Maßstäbe

(1) Verhältnismäßigkeitsgrundsatz

15 Der für belastende Maßnahmen geltende Verhältnismäßigkeitsgrundsatz (Übermaßverbot) ist nicht nur ein (ungeschriebenes) Verfassungsgebot, sondern ein fundamentales Rechtsprinzip, das in allen Rechtsordnungen und auf allen Rechtsebenen grundsätzlich anerkannt ist. Er gilt insbesondere für Eingriffe in Grundrechte und sonstige Individualrechte – wo er seinen Hauptanwendungsbereich hat –, aber auch überall sonst, wo Rechtshandlungen in einem Verhältnis der Über- und Unterordnung in irgendeiner Form in Rechte eingreifen.[229] Ob auch Maßnahmen im Verhältnis zwischen Bund und Ländern am Verhältnismäßigkeitsgrundsatz gemessen werden können, ist umstritten. Das BVerfG tendiert dazu, dies zu verneinen,[230] doch sollte für das Verhältnismäßigkeitsprinzip in seiner Funktion als die Rechtsausübung limitierendes Moment auch insoweit Raum sein. Gegen eine Begrenzung der als Korrektiv gedachten Verhältnismäßigkeitsprüfung spricht das universelle Bedürfnis nach Ausgleich konfligierender Rechtspositionen.

16 Ist eine Maßnahme unverhältnismäßig, lautet der Befund nicht auf Verletzung des Verhältnismäßigkeitsgrundsatzes, sondern auf Verletzung des Rechts, in das – in unverhältnismäßiger Weise – eingegriffen worden ist. Die Verhältnismäßigkeitsprüfung umfasst bis zu drei Stufen, wie das nächstehende Schema illustriert.

---

229 HMPG VerfassungsR-HdB/Herdegen § 6 Rn. 41 mwN aus der Rspr.; vgl. auch Jarass/Pieroth/Jarass GG Art. 20 Rn. 113 ff.
230 BVerfGE 81, 310 (338) = NVwZ 1990, 955; BVerfGE 83, 363 (381 ff.) = NVwZ 1992, 365.

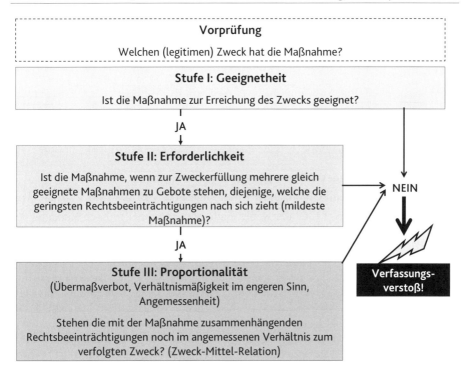

(2) Untermaßverbot

So wie es ein vom Verhältnismäßigkeitsprinzip verkörpertes Übermaßverbot, also das **17**
Verbot gibt, in einer dem Ziel und Zweck nicht mehr angemessenen Weise in Rechte
einzugreifen, existiert auch ein Untermaßverbot – allerdings im ganz anderen rechts-
dogmatischen Kontext der grundrechtlichen Schutzpflichten. Der Staat darf gegenüber grundrechtsbeeinträchtigenden Handlungen Privater oder anderen Grund-
rechtsbedrohungen nicht untätig oder nachlässig sein, sondern hat – auf Ebene aller
Gewalten – das zur Abwehr der Grundrechtsbedrohung gebotene Mindestmaß an
Schutzmaßnahmen vorzunehmen.[231] Das Untermaßverbot entfaltet ausschließlich im
Zusammenhang mit Grundrechten Wirkung; auf das einschlägige Schrifttum sei verwiesen.

(3) Gebot hinreichender Bestimmtheit von Rechtsakten

Für die staatsorganisationsrechtliche Fallprüfung hat das Bestimmtheitsgebot (als ma- **18**
teriellrechtlicher Maßstab) Gewicht. Seine Geltung ist allerdings nicht auf den Erlass
von Gesetzen beschränkt; auch Verwaltungsakte müssen, wie § 37 Abs. 1 VwVfG
einfachgesetzlich vorgibt, inhaltlich hinreichend bestimmt sein. Zum allgemeinen und
ungeschriebenen rechtsstaatlichen Bestimmtheitsprinzip finden sich im Grundgesetz
für bestimmte Konstellationen vorrangige Sondervorschriften:

- für Strafgesetze in Art. 103 Abs. 2 GG, der besonders strenge Anforderungen stellt
  und in dem auch ein Analogieverbot im Bereich des materiellen Strafrechts wur-
  zelt;

---

231 Begriff erstmals verwendet in BVerfGE 88, 203 (254 ff.) = NJW 1993, 1751.

- für die gesetzliche Ermächtigung der Exekutive zum Erlass von Normen (sog. Rechtsverordnungen) in Art. 80 Abs. 1 S. 2 GG (→ § 7 Rn. 25). In dessen Bestimmtheitsanforderungen begegnen sich Rechtsstaatsprinzip und Gewaltenteilung.[232]

19 Die Allgemeinheit und Auslegungsbedürftigkeit von Rechtsbegriffen auf Tatbestands- und/oder Rechtsfolgenebene führt noch nicht zwingend zu deren verfassungrechtlicher Unbestimmtheit. Das Bestimmtheitsgebot ist nicht verletzt, solange im Auslegungswege eine Konkretisierung durch Rechtsprechung, Verwaltung und Lehre möglich bzw. schon erfolgt ist.[233]

b) Vorgaben speziell für die Gesetzgebung

(1) Verbot grundrechtsbeschränkender Einzelfallgesetze (Art. 19 Abs. 1 S. 1 GG)

20 Gemäß Art. 19 Abs. 1 S. 1 GG, der weder eindeutig der formellen noch eindeutig der materiellen Verfassungsmäßigkeit zugeordnet werden kann, dürfen Gesetze, die in Grundrechte eingreifen, nicht für den Einzelfall, sondern müssen allgemein gelten. Auch diese Vorschrift gehört damit in den Grundrechtsbereich und nicht so sehr zum Staatsorganisationsrecht. Die praktische Bedeutung der Vorschrift ist, anders als ihre Klausurrelevanz, gering, weshalb über ihre Auslegung keine vollständige Einigkeit herrscht. Mit der Vorschrift soll, so die überwiegende Ansicht, dem Missbrauch der (ihrem Wesen nach eigentlich abstrakt-generellen) Gesetzesform für individuelle Grundrechtsbeschränkungen Einhalt geboten werden.[234] Dies ist jedenfalls dann der Fall, wenn aus einer Reihe gleichartiger Sachverhalte durch das Gesetz *willkürlich* nur ein Fall durch das Gesetz herausgegriffen wird.[235] Art. 19 Abs. 1 S. 1 GG untersagt aber nicht, ein grundrechtsbeschränkendes Gesetz zu erlassen, das nur einen einzigen Anwendungsfall hat, wenn das Gesetz seinem Wesen nach darauf angelegt ist, weitere Fälle zu erfassen und weitere Fälle auch nicht ausgeschlossen sind,[236] und insbesondere verbietet er nicht Einzelfallgesetze, die nicht mit Grundrechtsbeschränkungen einhergehen, wie zB eine gesetzliche Regelung über die Errichtung einer staatlichen Stiftung oder die Privatisierung eines staatlichen Betriebs.

(2) Zitiergebot (Art. 19 Abs. 1 S. 2 GG)

21 Das Zitiergebot hat zum Zweck, Betroffene auf grundrechtsbeschränkende Gesetzesnormen aufmerksam zu machen. Insofern dient es der Rechtssicherheit als einer weiteren Facette des Rechtsstaatsprinzips. Es kommt allerdings nur zur Anwendung bei Grundrechten, die im Grundgesetz mit einer Schranke versehen sind, deren Wortlaut die Formel „durch Gesetz oder aufgrund eines Gesetzes" zumindest annähernd wörtlich enthält.[237]

---

232 BVerfGE 52, 1 (47) = NJW 1980, 985.

233 BVerfGE 31, 255 (264) = NJW 1971, 2167; BVerfGE 83, 130 (145) = NJW 1991, 1471; vgl. auch MKS/Sommermann GG Art. 20 Rn. 289; Sachs/Sachs GG Art. 20 Rn. 126 ff.; Maurer StaatsR I § 8 Rn. 47; GWC/Windthorst GG Art. 20 Rn. 187.

234 v. Münch/Kunig/Kerkemeyer GG Art. 19 Rn. 14; s. auch BeckOK GG/Enders, 48. Ed. 15.8.2021, GG Art. 19 Rn. 8.

235 Vgl. BVerfGE 13, 225 (228) = NJW 1962, 100; BVerfGE 25, 371 (398) = NJW 1969, 1203.

236 Vgl. BVerfGE 85, 360 (374) = NJW 1992, 1373.

237 BeckOK GG/Enders, 48. Ed. 15.8.2021, GG Art. 19 Rn. 14; zu den „Ausnahmen" vom Zitiergebot v. Münch/Kunig/Kerkemeyer GG Art. 19 Rn. 35.

(3) Rückwirkungsverbot

Das – mit Ausnahme von Art. 103 Abs. 2 GG ungeschriebene – Rückwirkungsverbot **22** ist (nach dem Verhältnismäßigkeitsprinzip) eine der bedeutsamsten sog. Schranken-Schranken der Grundrechte, also Rechtsprinzipien, welche die Zulässigkeit von Eingriffen in diese begrenzen. Im Rückwirkungsverbot manifestiert sich der rechtsstaatliche Grundsatz des **Vertrauensschutzes**. Für die Reichweite des Rückwirkungsverbots ist zwischen der echten und der unechten Rückwirkung zu differenzieren.[238] Die echte Rückwirkung wird vom Zweiten Senat des BVerfG mit „Rückbewirkung von Rechtsfolgen" umschrieben (die unechte als „tatbestandliche Rückanknüpfung"), während der Erste Senat sie als nachträglich ändernden Eingriff in abgewickelte, der Vergangenheit angehörende Tatbestände beschreibt.[239] Die im Folgenden skizzierten Grenzen für die zulässige Rückwirkung von Normen gelten nicht für das materielle Strafrecht, in dem jede Rückwirkung nach Art. 103 Abs. 2 GG ausgeschlossen ist.

Unechte Rückwirkung ist verfassungsrechtlich grundsätzlich zulässig – auf den **23** Fortbestand rechtlicher Regeln für die Zukunft kann normalerweise nicht vertraut werden –, doch kann sie im Einzelfall einmal übermäßig in schutzwürdige Belange der Adressaten eingreifen. Dies gilt vor allem bei komplexen steuerrechtlichen Maßnahmen mit einschneidenden Wirkungen auf in der Vergangenheit getätigte und als Existenz- und Wirtschaftsgrundlage bedeutsame Dispositionen (Wegfall von Abschreibungsmöglichkeiten, Steuerfreiheit etc). Dies gilt desto mehr, je stärker sich die Maßnahme einer echten Rückwirkung annähert.[240]

Die **echte Rückwirkung** ist im Regelfall verfassungsrechtlich unzulässig und verletzt **24** die (Grund-)Rechte der von ihr betroffenen Personen, weil deren Vertrauen auf den Fortbestand der Rechtslage schutzwürdig ist.[241] Nur wo der Vertrauensschutz zurücktritt, darf eine Rückbewirkung von Rechtsfolgen ausnahmsweise angeordnet werden – etwa, wo eine Regelung angekündigt ist und bevorsteht,[242] insbesondere wenn durch Dispositionen der Normunterworfenen vor dem Inkrafttreten deren Wirkung unterlaufen zu werden droht,[243] und bei Bagatellen. Gleiches gilt, wenn schutzwürdiges Vertrauen ganz fehlt, weil die Rechtslage unklar und verworren ist[244] oder eine verfassungswidrige Regelung mit Wirkung für die Vergangenheit durch verfassungsmäßige ersetzt werden muss.[245] Dies sind jedoch nur Leitlinien; stets müssen die Einzelumstände gewürdigt werden. Auch bei der Ersetzung verfassungswidriger Gesetze wird man differenzieren müssen: Der Neuerlass eines (uU aus verfahrensrechtlichen Gründen verfassungswidrigen) Gesetzes mit gleichem Inhalt mit Wirkung für den Zeitpunkt des Erlasses der verfassungswidrigen Vorregelung darf jederzeit erfolgen; denn auch dem Vertrauen auf die fortbestehende

---

238 BVerfGE 30, 392 (407 f.) = NJW 1971, 1211 – unechte Rückwirkung; BVerfGE 11, 139 (145 f.) = BeckRS 9998, 116765 – echte Rückwirkung; vgl. dazu auch im Überblick MKS/Sommermann GG Art. 20 Rn. 293 ff.; Maurer StaatsR I § 17 Rn. 105 ff.; Fischer JuS 2001, 861.

239 BVerfGE 72, 200 (241 f.) = NJW 1971, 1211 – Zweiter Senat; BVerfGE 30, 367 (385) – Erster Senat.

240 Vgl. BVerfGE 105, 17 (37 f.) = NJW 2002, 3009; BVerfGE 127, 1 (17) = NJW 2010, 3629; BVerfGE 127, 31 (47) = NJW 2010, 3638.

241 Vgl. BVerfGE 101, 239 (262 f.) = NJW 2000, 413.

242 Vgl. BVerfGE 72, 200 (260 ff.) = NJW 1971, 1211; BVerfGE 127, 31 (50 ff.) = NJW 2010, 3638.

243 BVerfGE 97, 67 (79 ff.) = NJW 1998, 1547.

244 Vgl. BVerfGE 11, 64 (72 f.) = NJW 1960, 1195.

245 BVerfGE 7, 89 (94) = BeckRS 1957, 30700627.

Verfassungswidrigkeit einer Regelung steht die Gesetzmäßigkeit der Verwaltung gegenüber. Bedarf es dagegen materiell-rechtlicher Veränderungen, muss das Vertrauen auf einen bestimmten Regelungsinhalt in der Güterabwägung jedenfalls dann Berücksichtigung finden, wenn eine gesetzeslose Lage für die Vergangenheit unter rechtsstaatlichen Gesichtspunkten (zB weil keine dem Vorbehalt des Gesetzes unterliegende Eingriffsverwaltung vorgesehen ist) hingenommen werden kann.

3.1 § 51 des Postgesetzes sah vor, dass die Exklusivlizenz der Deutschen Post AG – der Rest des einstigen Postmonopols – am 31.12.2002 auslaufen sollte. Im Juli 2000 beschließt der Bundestag die Verlängerung des Monopols bis 31.12.2007. Zulässig?

3.2 Der Bundestag hat mehrfach die Verjährungsfrist für Mord verlängert, schließlich ganz aufgehoben. Der Täter T, der 1948 einen Mord begangen hatte, wird deswegen 2001 zu lebenslanger Haft verurteilt. T ist der Meinung, er hätte freigesprochen werden müssen.

B. Die Gewaltenteilung

I. Grundlagen

25 Die Gewaltenteilung ist ein zentrales Struktur- und Funktionskonzept des neuzeitlichen konstitutionellen Staates. Als ihr führender Theoretiker gilt Charles de Montesquieu (1689–1755) mit seinem Werk „Vom Geist der Gesetze" („De l'esprit des lois", 1748),[246] aber auch andere Staatstheoretiker dieser Zeit (wie Locke oder Hobbes) propagierten ein Modell der Gewaltenteilung, um die wechselseitige Kontrolle der Staatsfunktionen zu ermöglichen („checks and balances") und damit der Gefahr eines Missbrauchs politischer Macht entgegenzuwirken.[247] Was insbesondere bei Montesquieu noch als veritable Gewaltentrennung erscheint, ist in modernen Verfassungen wie dem Grundgesetz einem Modell gewichen, das auf der Erkenntnis wechselseitiger Bedingtheiten und Synergien der Gewalten fußt. Es gebietet zwar die Unterscheidbarkeit der Staatsgewalten, erkennt aber bestimmte systemimmanente Verschränkungen und Abhängigkeiten an.

26 Im deutschen Bundesstaat wird die Matrix der Gewaltenteilung nicht nur durch die Trias aus Legislative, Exekutive und Judikative bestimmt, sondern auch durch die sie durchschneidende Kompetenzabgrenzung zwischen Bund und Ländern:

---

246 Vgl. ferner Sachs/Sachs GG Art. 20 Rn. 79; DHS/Grzeszick, 70. Lfg. 2013, GG Art. 20 Abs. 5 Rn. 3 ff.

247 v. Münch/Kunig/Kotzur GG Art. 20 Rn. 133; BVerfGE 68, 1 (86).

II. Die Gewaltenteilung im Grundgesetz

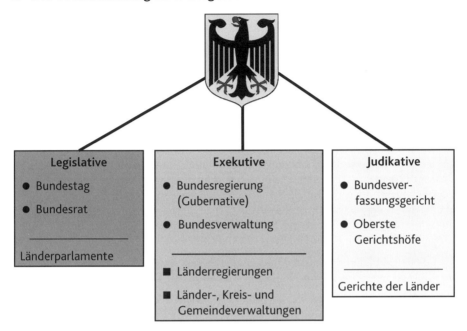

Legislative	Exekutive	Judikative
● Bundestag ● Bundesrat ――――― Länderparlamente	● Bundesregierung (Gubernative) ● Bundesverwaltung ――――― ■ Länderregierungen ■ Länder-, Kreis- und Gemeindeverwaltungen	● Bundesverfassungsgericht ● Oberste Gerichtshöfe ――――― Gerichte der Länder

Zentralnorm ist Art. 20 Abs. 2 S. 2 GG: „**Besondere Organe** der Gesetzgebung, der **27** vollziehenden Gewalt und der Rechtsprechung" sind vorgeschrieben. Art. 20 Abs. 3 GG bestätigt diese Gewaltentrias: „Die Gesetzgebung (...), die vollziehende Gewalt und die Rechtsprechung". Auch in Art. 1 Abs. 3 GG, der jede der drei Gewalten an die Grundrechte bindet, findet sich diese Trias wieder. Damit genießt die Gewaltenteilung unter mehreren Aspekten den Schutz der „Ewigkeitsklausel" des Art. 79 Abs. 3 GG, der die in Art. 1 und 20 GG enthaltenen Grundsätze für indisponibel erklärt. An der Trias der Gewalten ausgerichtet sind die GG-Abschnitte VII, VIII und IX.

Das Gewaltenteilungsprinzip fordert nicht nur eine Aufgliederung der Staatsgewalt in **28** Funktionen, sondern auch „**besondere Organe**", also die eindeutige Zuweisung von Staatsorganen zu einer dieser Gewalten. Eine Mehrfachzuordnung einzelner Organe würde das der Gewaltenteilung immanente Kontrollziel unterlaufen. Grundsätzlich verbietet das Gewaltenteilungsprinzip zwar nicht, *einzelne* Funktionen, die dem Wesen nach einer bestimmten Gewalt zugeordnet sind, durch Organe einer anderen Gewalt ausüben zu lassen oder zur Mitwirkung an Funktionen einer anderen Gewalt zu berechtigen. Im Hinblick auf eine effiziente Kontrolle kann dies sogar einmal geboten sein. Unzulässig ist aber der Übergriff einer Gewalt in den Kernbereich einer anderen (also zB die – auch nur faktische – Gesetzgebung durch Verwaltungsorgane oder gar Instanzgerichte oder die Ausübung von Rechtsprechungsbefugnissen durch die Exekutive, deren Handeln durch die Gerichte doch gerade kontrolliert werden sollte[248]).

―――――――――

248 Zur Abgrenzung von Legislative und Exekutive vgl. BVerfGE 9, 268 (279) = NJW 1959, 1171; BVerfGE 34, 52 (59) = NJW 1973, 451; BVerfGE 67, 100 (139) = LMRR 1984, 42; BVerfGE 68, 1 (87) = NJW 1985, 603; BVerfGE 95, 1 (15, 16) = NJW 1997, 383; zur Abgrenzung von Legislative und Judikative vgl. abw. Meinung von Böckenförde in BVerfGE 93, 121 (149, 151 f., 157) = NJW 1995, 2615; abw. Meinung von Limbach und Böckenförde in BVerfGE 94, 166 (223 f., 234 f.) = NVwZ 1996, 678.

29 Eine unvermeidliche Verschränkung zwischen Organen unterschiedlicher Gewalten folgt aus Kreationsrechten (und der damit verbundenen Kontrolle einschließlich der Möglichkeit, das BVerfG anzurufen): Der Bundestag als Legislativorgan bestimmt über die Spitze der Exekutive, Legislativ- und/oder Exekutivorgane entscheiden über die Besetzung der Justizorgane. Zwischen Legislative und Exekutive bestehen auch **personelle Verflechtungen**, die der Funktionsfähigkeit der Organe sogar zuträglich sein können und deswegen in begrenztem Rahmen zulässig sind. Dürfte zB Bundeskanzler und Bundesminister nicht zugleich Mitglieder des Bundestags sein, hätte der Bundestag es in der Hand, durch Abberufung deren politische Laufbahn unmittelbar zu beenden. Der Bundesrat setzt sich sogar aus Mitgliedern der Regierungen der Länder und daher ihrer Exekutive zusammen (Art. 51 Abs. 1 S. 1 GG). Darüber hinaus kann es in gewissem Umfang „gewaltfremde" **Funktionszuweisungen** geben: Obwohl Organe als „besondere" einer bestimmten Gewalt angehören, schließt dies nicht aus, dass ihnen punktuell Befugnisse überantwortet werden, die ihrem Wesen (als Rechtsetzung oder Rechtsausführung) zu einer anderen Staatsgewalt gehören würden. Ausgenommen hiervon bleibt die Justiz: Die rechtsprechende Gewalt ist – ausschließlich – den Richtern anvertraut (Art. 92 Hs. 1 GG).

30 Solche Einzelbefugnisse räumt das Grundgesetz an einigen Stellen ausdrücklich ein oder lässt sie jedenfalls zu; im Folgenden werden Beispiele skizziert aufgeführt.

- **Rechtsetzungsbefugnisse der Exekutive:** Unter den Voraussetzungen des Art. 80 GG darf sie Rechtsverordnungen erlasssen, wenn auch vielfach begrenzt durch eine „Gegenkontrolle" in Form der Mitwirkung des Legislativorgans Bundesrat. Die Bundesregierung wirkt an der Gesetzgebung insbesondere über die Gesetzesinitiative (Einbringen von Vorlagen, Art. 76 Abs. 1 GG) mit.
- **Exekutivbefugnisse der Legislative:** Der Bundestag verfügt über eine unter Leitung des Bundestagspräsidenten stehende Verwaltung. Dem Präsidenten des Bundestags (→ § 5 Rn. 49) stehen insbesondere exekutive Befugnisse gegenüber den politischen Parteien nach dem PartG zu.
- **Exekutivbefugnisse der Judikative:** Sie ist auf den engen Bereich der Justizverwaltungstätigkeit begrenzt.
- **Rechtsetzungsbefugnisse der Judikative:** Durch Rechtsfortbildung – „Richterrecht" (besonders markant im kollektiven Arbeitsrecht) – trägt auch die Justiz zur Rechtsentwicklung bei, wobei die Grenze zwischen Rechtsbildung und Rechtsanwendung eine fließende ist.[249] Im Sonderfall des § 31 BVerfGG haben bestimmte Entscheidungen des BVerfG Gesetzeskraft.

> **3.3** Viele Bundesminister sind zugleich Abgeordnete des Deutschen Bundestages. Ist es mit dem Gedanken der Gewaltenteilung vereinbar, dass sie ihr Abgeordnetenmandat nach Berufung in die Bundesregierung behalten?
>
> **3.4** Die Ministerpräsidentin des Landes L beschließt, das Innen- und das Justizministerium organisatorisch zu vereinen, zumindest aber sollen sie dem gleichen Minister unterstellt werden. Zulässig?
>
> **3.5** In das Grundgesetz wird ein Art. 77a eingefügt, in dem verfügt wird, dass die Bundesregierung mit Zustimmung des Bundespräsidenten bei dringen-

---

249 Hierzu DHS/Hillgruber, 51. Lfg. 2007, GG Art. 92 Rn. 61 ff., dazu auch BVerfGE 111, 54 (81 ff.) = NJW 2005, 126.

dem Bedarf „gesetzesvertretende Verordnungen" erlassen kann. Diese sind Parlamentsgesetzen im Range gleichgestellt, ihre Geltungsdauer ist jedoch, soweit der Bundestag nicht anderweit beschließt, auf ein Jahr beschränkt. Der Präsident des Bundestages äußert verfassungsrechtliche Zweifel an Art. 77a GG.

C. Sozialstaat

Das Sozialstaatsprinzip, ebenfalls unter dem Schutz des Art. 79 Abs. 3 GG ergänzt **31** Gesetzmäßigkeit und Rechtssicherheit – Kernbestandteile des Rechtsstaatsprinzips – um Aspekte materieller Gerechtigkeit.[250] Das Sozialstaatsprinzip ist in Art. 20 Abs. 1 GG verankert und genießt damit den Schutz des „Ewigkeitsprinzips" gem. Art. 79 Abs. 3 GG.

I. Rechtliche Einordnung

Während der Rechtsstaat ein Staatsstrukturprinzip darstellt, dem sich Vorgaben für **32** den Aufbau des Staates und seiner Organe entnehmen lassen, ist das Sozialstaatsprinzip ein **Staatsziel**, also eine Maxime für das Handeln der Staatsorgane.[251] Für die Fallklausur hat die Frage der kategorialen Zuordnung allerdings kaum Bedeutung. In jedem Fall entfaltet das Sozialstaatsprinzip für sich genommen nur objektiv-rechtliche Wirkung. Ein subjektives Recht gegen den Staat auf „soziales Handeln" kann auf Art. 20 Abs. 1 GG allein nicht gestützt werden. Allerdings zieht die Verfassungsjudikatur das Sozialstaatsprinzip – ebenso wie übrigens auch das Rechtsstaatsprinzip – gelegentlich zur Verstärkung grundrechtlicher Positionen heran und überprüft die Zulässigkeit und Begründetheit von Verfassungsbeschwerden an einem Grundrecht – bei Existenzminimum ist dies sogar die Menschenwürde (Art. 1 Abs. 1 S. 1 GG)[252] – „in Verbindung mit dem Sozialstaatsprinzip".[253] Methodisch-dogmatisch ist diese indirekte Versubjektivierung des Sozialstaatsprinzips bedenklich.[254] Keinen Einwänden begegnet demgegenüber die (systematische) Auslegung von Grundrechten im Einklang mit dem Sozialstaatsprinzip; zudem lassen sich bestimmte Grundrechte (wie zB Art. 3 Abs. 3 S. 2 GG oder Art. 6 Abs. 5 GG) selbst als dessen Konkretisierungen begreifen.

II. Inhalt

Mit dem Rechtsstaatsprinzip hat das Sozialstaatsprinzip gemein, dass das Grundge- **33** setz ihm in Art. 20 bzw. 28 Abs. 1 keine klaren Konturen verleiht, es also in hohem Maße **ausgestaltungsbedürftig** ist. Für Staatsziele – und besonders für das Sozial-

---

250 Vgl. Hesse Grundzüge VerfassungsR Rn. 207 ff.
251 BeckOK GG/Huster/Rux, 48. Ed. 15.8.2021, GG Art. 20 Rn. 209; Gröpl StaatsR I Rn. 673; nach aA handelt es sich zumindest auch um ein Staatsstrukturprinzip: Stern StaatsR I § 21 Abs. 1 S. 1, S. 877.
252 BVerfGE 125, 175 (221 ff.) = NJW 2010, 505; BVerfGE 152, 68 (112 f.) = NJW 2019, 3703.
253 Vgl. BVerfGE 33, 303 (322 ff.) = NJW 1972, 1561 – numerus clausus; BVerfG NZS 2006, 84 – Leistungspflicht der gesetzlichen Krankenversicherung für neue Behandlungsmethoden; vgl. auch Maurer StaatsR I § 8 Rn. 71; Degenhart StaatsR I Rn. 596 ff.
254 In diese Richtung Muckel JA 2010, 476 (477 f.) „eigenständiges, als solches ungeschriebenes Grundrecht".

staatsprinzip – gilt überdies, dass sie dem Staat grundsätzlich nicht die Herbeiführung eines bestimmten Ergebnisses vorschreiben, sondern lediglich die Ausrichtung des Handelns auf die Verfolgung des Zieles, also, wenn man so will, ein „strebendes Sich-bemühen". Das Sozialstaatsprinzip ist nicht verletzt, wenn irgendwo am Ende doch eine soziale Schieflage besteht, sofern nur der Staat dagegen aktiv und mit nicht völlig unzureichenden Ansätzen vorgegangen ist.[255] Dies gilt umso mehr, als der Staat nicht alleiniger Inhaber der Sachgüter und Produktionsmittel ist, der Wirkung seines Zugriffs auf das Sozialsystem also tatsächliche Grenzen gesetzt sind. Die sozialstaatlichen Pflichten des Staates wirken auch nicht absolut, sondern müssen in Ausgleich gebracht werden mit anderen und möglicherweise gegenläufigen staatlichen Pflichten, wie zB zum Schutz des Eigentums (Art. 14 Abs. 1 GG).

34 Das Sozialstaatsprinzip verpflichtet den Staat insoweit, überhaupt eine auf sozialen Ausgleich gerichtete **Sozialgestaltung** vorzunehmen. Er muss Leistungen an Bedürftige entweder selbst erbringen oder sicherstellen und mithilfe von Einrichtungen, die er selbst betreibt, vorschreibt oder ermöglicht, auch institutionell zur sozialen Sicherheit beitragen.[256] Im Mittelpunkt stehen die verschiedenen Bücher des Sozialgesetzbuchs (SGB), doch fließen sozialstaatliche Wertungen auch in zahlreiche andere Rechtsbereiche bis zum Privatrecht – man denke nur an die Mieterschutzregelungen im Mietrecht des BGB – und ganz besonders Arbeitsrecht ein.

> **3.6** Die alleinerziehende, zudem arbeits- und vermögenslose A erhält wegen einer Lücke in der Sozialgesetzgebung keine staatliche Unterstützung und ist auf Gaben angewiesen, um zu überleben. Der Rechtsanwalt R bietet ihr an, sie bei einer Verfassungsbeschwerde zu unterstützen. Ist der „Weg nach Karlsruhe" Erfolg versprechend?

> **3.7** Wäre es verfassungsrechtlich zulässig, die Rentenversicherung ganz abzuschaffen und durch ein System obligatorischer privater Vorsorge zu ersetzen? Wäre es umgekehrt zulässig, private Vorsorge zu erschweren oder zu unterbinden, wenn nicht mehr gesichert erscheint, dass die staatlichen Renten für den Lebensunterhalt ausreichen werden?

III. Verfassungsrechtliche Konkretisierungen

35 Wie alle anderen in Art. 20 GG enthaltenen Prinzipien erfährt auch das Sozialstaatsprinzip Konkretisierungen durch andere Bestimmungen des Grundgesetzes (und in erheblichem Umfang auch der Landesverfassungen). Sie sind als leges speciales vorrangig anzuwenden. Manche dieser Bestimmungen haben Grundrechtsrang, insbesondere

- die „sozialstaatlich relevanten" speziellen Gleichheitssätze der Art. 3 Abs. 2 S. 2, Abs. 3 S. 2 und Art. 6 Abs. 5 GG,
- der Anspruch von Müttern auf Fürsorge (Art. 6 Abs. 4 GG);

---

255 Gröpl StaatsR I Rn. 681; vgl. BVerfGE 110, 412 (446 f.) = BeckRS 2004, 24365.
256 Zu den Instrumenten sozialstaatlicher Gestaltung, s. v. Münch/Kunig/Kotzur GG Art. 20 Rn. 90.

aus sozialen Belangen können jedoch auch Begrenzungen von Grundrechtsgewähr-leistungen folgen, wie

- die Sozialbindung des Eigentums, Art. 14 Abs. 1 S. 2, Abs. 2 GG („Eigentum ver-pflichtet")[257],
- die Enteignung Einzelner zum Wohl der Allgemeinheit (Art. 14 Abs. 3 GG),
- die Möglichkeit der Sozialisierung (Vergesellschaftung) von Betrieben bzw. Pro-duktionsmitteln (Art. 15 GG).

> **3.8** Art. 15 GG ist noch niemals zur Anwendung gekommen. Grund genug, die Bestimmung als „totes Recht" aus dem Grundgesetz zu streichen?

Als Konkretisierungen des Sozialstaatsprinzips können ferner aufgefasst werden   **36**

- die verfassungsrechtliche Zielsetzung der Angleichung der Lebensverhältnisse, ge-nannt unter anderem in Art. 72 Abs. 2, 104a ff. GG,
- die Gewährleistung von Dienstleistungsgrundstandards in den Bereichen Bahn-transport sowie Post- und Telekommunikationsdienstleistungen (Art. 87e Abs. 4, 87f Abs. 1 GG),
- bestimmte Gesetzgebungskompetenzen, insbesondere Art. 73 Abs. 1 Nr. 13 GG und Art. 74 Abs. 1 Nr. 6, 7, 9, 12–17, 19a GG.

> **3.9** Zur weiteren Überlegung:
>
> 1. Besteht das BGB-Ideal der unbeschränkten Privatautonomie noch un-beschränkt, oder ist es mittlerweile sozialstaatlich überlagert? Durch welche Regeln beispielsweise?
> 2. Es ist (von Dürig) behauptet worden, im Privatrecht gebe es besondere „Einfallstore" des Verfassungsrechts, insbesondere der Grundrechte. Wo zB?

Eine das Sozialstaatsprinzip konkretisierende Besonderheit von Landesverfassungen   **37**
sind Bestimmungen, die – wenn auch dogmatisch und terminologisch unsauber – als
„soziale Grundrechte" bezeichnet werden.[258] Das Grundgesetz enthält solche Be-stimmungen nicht, wohl aber einige Landesverfassungen.[259] Äußerlich handelt es sich
um Grundrechte (zB Art. 28 Abs. 2 HessVerf: „Jeder hat nach seinen Fähigkeiten ein
Recht auf Arbeit (...)"; ähnlich Art. 8 Abs. 1 BremVerf; analog: „Recht auf Bildung",
„Recht auf soziale Sicherheit"); da der Staat seiner Position in der Sozialordnung
nach gar nicht in der Lage sein kann, einen so formulierten Anspruch zu erfüllen,
werden die Bestimmungen trotz des auf Grundrechte deutenden Wortlauts nur als

---

257 Zur Frage, wie der Eigentumsschutz im Einzelfall mit den berechtigten Interessen Dritter in Ein-klang zu bringen ist, s. Schulenberg DÖV 2016, 55 f. – „Bierdosen-Flashmob für die Freiheit".
258 Beispielhaft Badura Der Staat 14 (1975), 17 ff.; Isensee Der Staat 19 (1980), 367 ff.; Marauhn Re-konstruktion sozialer Grundrechte als Normkategorie, 2008.
259 Sachs/Sachs Vorbemerkungen zu Abschnitt I Rn. 47; Überblick bei Diercks LKV 1996, 231 (234 ff.); Dietlein NWVBl. 1993, 401 (403); Neumann DVBl. 1997, 92 (96 ff.); Graf Vitzthum VBlBW 1991, 404 (405 f.).

Staatszielbestimmungen gedeutet.[260] Das „Recht auf Arbeit" ist (als objektiver Rechtssatz) also nicht verletzt, wenn es Arbeitslose gibt, solange der Staat nach seinen Möglichkeiten und unter Abwägung mit anderen verfassungsrechtlich geschützten Belangen nach (Voll-)Beschäftigung strebt,[261] das „Recht auf Bildung" dann nicht, wenn der Staat Bildungseinrichtungen schafft oder ermöglicht, deren Kapazität am Bedarf orientiert sind und die nicht nur wohlhabenden Bevölkerungsschichten offenstehen. In der Sache erfordert dies auch das Sozialstaatsprinzip des Art. 20 Abs. 1 GG.

IV. Wirtschaftsordnung

38 Zwar ist das Grundgesetz – wie zu Recht immer wieder betont wird[262] – nicht auf eine *bestimmte* Wirtschaftsordnung festgelegt, schon gar nicht dem Wortlaut nach. Vielmehr wurde auf die Festschreibung eines bestimmten Wirtschaftssystems bei seinem Erlass bewusst verzichtet.[263]

39 Daraus kann aber nicht gefolgert werden, dass *jede* Form der Wirtschaftsordnung verfassungsgemäß wäre. Einem reinen oder überwiegenden Staatswirtschaftssystem würden bereits die in Art. 12 Abs. 1 und 14 Abs. 1 GG enthaltenen Gewährleistungen der Berufsfreiheit (und damit auch der Unternehmensfreiheit) sowie des Eigentums entgegenstehen.[264] Die mitunter zu lesende Auffassung, das Grundgesetz stütze ausschließlich die „soziale Marktwirtschaft"[265], scheint in Art. 20 Abs. 1, 28 Abs. 1 GG (Sozialstaat) und Art. 14 Abs. 1 S. 2 GG (Sozialbindung des Eigentums) eine Bestätigung zu finden. Die Feststellung führt wegen der äußerst unscharfen Konturen des Begriffes „soziale Marktwirtschaft" aber nicht weiter. Letztlich spiegelt dieser nur die Rahmenbedingungen, die sich im Grundgesetz für wirtschaftliches Handeln finden und die durch die oben genannten Grundrechte, aber eben auch durch das Sozialstaatsprinzip umrissen werden. Dass dieser verfassungsrechtliche Rahmen recht weit gezogen ist, verdeutlicht die Vergesellschaftungsklausel des Art. 15 GG.[266]

40 Das an Staatszielen insgesamt arme Grundgesetz enthält eine Reihe wirtschaftsbezogener Staatsziele, die sich allenfalls zu Rudimenten einer „Wirtschaftsverfassung" fügen. Art. 109 Abs. 2 GG verpflichtet Bund *und* Länder, den Erfordernissen des **„gesamtwirtschaftlichen Gleichgewichts"** Rechnung zu tragen. Dieses Staatsziel – zumindest auch ein Element des Sozialstaatsprinzips – bildet nach § 1 StabG[267] ein **„magisches Viereck"** aus

- stabilem Preisniveau,
- hohem Beschäftigungsstand,
- außenwirtschaftlichem Gleichgewicht (insbesondere kein hohes Außenhandelsdefizit) und
- angemessenem Wirtschaftswachstum (keine Depression, aber auch keine Überhitzung des Wachstums).

---

260 Sachs/Sachs Vorbemerkungen zu Abschnitt I Rn. 47 mwN.

261 Vgl. dazu Graf Vitzthum VBlBW 1991, 404 (405 f.).

262 Grdl. BVerfGE 4, 7 (17 f.) = NJW 1954, 1235; neuerlich BVerfGE 50, 290 (338) = NJW 1979, 699; DHS/Scholz, 47. Lfg. 2006, GG Art. 12 Rn. 85 mwN aus der Literatur.

263 Vgl. DHS/Di Fabio, 39. Lfg. 2001, GG Art. 2 Abs. 1 Rn. 76.

264 MKS/Depenheuer/Foese GG Art. 14 Rn. 9.

265 Nipperdey, Soziale Marktwirtschaft und Grundgesetz, 3. Aufl. 1965, 56 ff.

266 Dreier/Wieland GG Art. 15 Rn. 19; vgl. auch v. Münch/Kunig/Bryde GG Art. 15 Rn. 1 ff.

267 Sartorius I Nr. 720.

In Verfassungsrang erhoben sind nunmehr durch die gleiche Vorschrift überdies die **41** europarechtlichen **Stabilitätskriterien** des Art. 126 AEUV (iVm Prot. Nr. 12), die unter anderem durch den europäischen „Stabilitäts- und Wachstumspakt" flankiert werden.[268] Nach den EU-Defizitregeln darf insbesondere die jährliche Neuverschuldung von Bund und Ländern gemeinsam 3% des BIP und die Gesamtverschuldung 60% des BIP nicht überschreiten. Nicht von der Verweisung des Art. 109 Abs. 2 GG erfasst sind die strengeren Stabilitätsmaßstäbe des 2012 abgeschlossenen sog. Fiskalpakts, der Bestandteil eines neben den EU-Gründungsverträgen stehenden völkerrechtlichen Vertrags von EU-Mitgliedstaaten[269] ist.

Art. 109 Abs. 2 GG ist – da Staatsziel – *nicht* verletzt, wenn eines der dort aufgeführ- **42** ten Eckdaten nicht erreicht ist, jedoch dann, wenn Bund oder Länder keine Maßnahmen ergreifen, die objektiv zur Erfüllung der Vorgaben des „magischen Vierecks" bzw. zur Erfüllung der Stabilitätsziele geeignet sind.[270]

V. Schutz der natürlichen Lebensgrundlagen und Tiere

Der 1994 normierte Art. 20a zählt zu den wenigen Staatszielen[271] des Grundgesetzes **43** und bindet ebenso wie Art. 20 GG ausweislich der Überschrift des II. Abschnitts Bund und Länder gleichermaßen. Danach schützen alle drei Gewalten „im Rahmen der verfassungsmäßigen Ordnung"[272] die **natürlichen Lebensgrundlagen und die Tiere**. Art. 20a GG ist nicht nur auf Umweltschutz gerichtet, sondern auch auf die Erhaltung der gegenwärtigen und künftigen Lebensgrundlagen des Menschen unter Einschluss des Klimas.[273]

Mit der Eingangsformel „auch in Verantwortung für die künftigen Generationen" **44** nimmt das Grundgesetz auf das als Rechtskonzept zuerst im Völkerrecht ausgeformte Prinzip der **Nachhaltigkeit** (*sustainability*) bzw. der nachhaltigen Entwicklung Bezug. Entwicklung (wirtschaftlich, sozial etc) ist demnach nachhaltig, wenn sie „die Bedürfnisse der Gegenwart erfüllt, ohne die Fähigkeit künftiger Generationen infrage zu stellen, ihre eigenen Bedürfnisse zu befriedigen."[274] Auch wenn die Konturen und Reichweite des Prinzips bis heute nicht klar bestimmt sind, wird doch deutlich, dass Generationengerechtigkeit, die seinen Kern ausmacht, auch im engen Bezug zur Wirtschaftsordnung und zum Sozialstaatsprinzip steht. Mit dem Wort „auch" vor „Verantwortung für die künftigen Generationen" wird allerdings signalisiert, dass

---

268 Vgl. Lenz/Borchardt/Koch, EU-Verträge, 6. Aufl. 2013, AEUV Art. 123–126 Rn. 9 ff.; Geiger/Khan/Kotzur/Khan, EUV AEUV, 5. Aufl. 2010, AEUV Art. 126 Rn. 4.

269 Vertrag über die Stabilität, Koordination und Steuerung in der Wirtschafts- und Währungsunion (SKS-Vertrag) BGBl. 2012 II 2008; dazu mwN Sachs/Siekmann GG Art. 109 Rn. 29.

270 Einige wirtschaftliche Leitentscheidungen: BVerfGE 4, 7 = NJW 1954, 1235 – Investitionshilfe; BVerfGE 12, 354 ff. = NJW 1961, 1107 – VW-Privatisierung; BVerfGE 31, 229 = NJW 1971, 2163 – Eigentum; BVerfGE 50, 290 = FHOeffR 31 Nr. 3917 – Mitbestimmung.

271 Vgl. dazu etwa v. Münch/Kunig/Sommermann GG Art. 20a Rn. 20.

272 Pointiert, aber womöglich etwas überzeichnend mit dem Begriff „ökologischer Rechtsstaat" von Morlok/Michael StaatsorganisationsR § 9 versehen.

273 BVerfG, Beschl. des Ersten Senats v. 4.3.2021 – 1 BvR 2656/18 ua, Ls. 2 a–c und Rn. 198 ff. – Bundes-Klimaschutzgesetz.

274 Originalfassung: „Sustainable development is development that meets the needs of the present without compromising the ability of future generations to meet their own needs (United Nations, Report of the World Commission on Environment and Development «Our Common Future", sog. Brundtland Report, 1987, Chapter 2, am Anfang (1.).

Generationengerechtigkeit nur ein Teilaspekt des Art. 20a GG ist. Die den Art. 20a GG, wiewohl die Norm objektiv-rechtlich wirkt, dominierende anthropozentrische Betrachtungsweise wird beim Schutz der (im Normtext ursprünglich nicht aufgeführten) Tiere, wo es nicht nur um Artenschutz geht, teilweise durchbrochen: Die Tiere, jedes einzelne unter ihnen, werden in ihrer Eigengeschöpflichkeit geachtet, seien es Nutz-, Labor- oder Haustiere (pathozentrischer Ansatz).[275] Die von Art. 20a GG geforderte Verantwortung für die künftigen Generationen kann für diese Schutzdimension schlechterdings nicht gelten.[276]

45 Als **Staatsziel** ist auch Art. 20a GG mit einer bislang recht weit verstandenen Einschätzungs- und Gestaltungsprärogative für die staatlichen Stellen verbunden (→ Rn. 32). Das BVerfG versteht ihn als „eine justiziable Rechtsnorm, die den politischen Prozess zugunsten ökologischer Belange auch mit Blick auf die künftigen Generationen binden soll."[277] Die Verletzung eines Staatsziels als solchen kann grundsätzlich nicht im Wege des Individualrechtsschutzes unmittelbar gerügt werden, sondern im Normenkontrollverfahren. Praktische Bedeutung kommt Art. 20a GG vor allem als verfassungsimmanente Schranke für Grundrechte, besonders Art. 4 Abs. 1, 2 GG, Art. 5 Abs. 3 GG oder Art. 12 Abs. 1 GG, zu, mit welchen es in **praktische Konkordanz** gebracht werden muss (wie zB bei normativen Begrenzungen für das Schächten von Tieren oder Tierversuche in Wissenschaft oder Kosmetikindustrie[278]). Allerdings hat das BVerfG auch Art. 20a GG selbst mit seinem Urteil zum Klimaschutzgesetz vom 24.3.2021 mit einem dezidiert grundrechtlichen Unterbau versehen, indem es ihn zum Maßstab für die Erfüllung der staatlichen Schutzpflichten aus den Grundrechten auf Leben und Gesundheit (Art. 2 Abs. 2 S. 1 GG) erhob. Damit wurde praktisch ein Weg für eine Überprüfung von Gesetzen an Art. 20a GG im Wege der Verfassungsbeschwerde eröffnet. Die Grundrechte deutet das Gericht als „intertemporale Freiheitssicherung", ohne allerdings auf eine Art „Treuhandschaft" der Beschwerdeführer für künftige Generationen rekurrieren zu wollen; jene seien vielmehr bereits in eigenen Rechten gegenwärtig betroffen.[279]

Antworten und Lösungen

3.1 Verstoßen könnte die Verlängerung der Exklusivlizenz gegen Grundrechte der Konkurrenten, insbesondere Art. 12 Abs. 1 GG. Das ist der Fall, wenn das Gesetz eine unzulässige Rückwirkung anordnet. Die Verlängerung modifiziert einen Prozess, der in der Vergangenheit begonnen hat und noch nicht abgeschlossen ist; es handelt sich daher um eine unechte Rückwirkung. Diese ist grundsätzlich zulässig und nur ausnahmsweise verboten, wenn ihr Vertrauensschutzgesichtspunkte entgegenstehen. Solche Gesichtspunkte könnten – jedenfalls in der Fallvariante – daraus folgen, dass nur eineinhalb Jahre bis zur ursprünglich geplanten Marktöffnung übrig waren und viele Konkurrenten im Vertrauen hierauf bereits Dispositionen und Investitionen getroffen hatten. In der Praxis war das Vertrauen jedoch schon

---

275 BK-GG/Kloepfer, 203. Lfg. 2020, GG Art. 20a Rn. 102, 104, 106.

276 BK-GG/Kloepfer, 203. Lfg. 2020, GG Art. 20a Rn. 111 f., mit Hinweis auf BT-Drs. 14/8860, S. 3.

277 BVerfG, Beschl. des Ersten Senats v. 24.3.2021 – 1 BvR 2656/18 ua, Ls. 2e – Bundes-Klimaschutzgesetz.

278 Zum Schächten: BVerwG NVwZ-RR 2007, 461; aus dem Schrifttum jüngst Dietz DÖV 2021, 585 ff.; grundlegend BVerfGE 104, 337 ff. (aber noch ohne Rekurs auf Art. 20a GG, da die Tiere bis dato nicht in das Staatsziel aufgenommen waren). Zur Bedeutung von Art. 20a GG bei Tierversuchen beispielsweise OVG Münster BeckRS 2016, 46153 Rn. 49 ff.

279 BVerfG, Beschl. des Ersten Senats v. 24.3.2021 – 1 BvR 2656/18 ua Rn. 108 ff. Vgl. auch Ls. 3: »Die Vereinbarkeit mit Art. 20a GG ist Voraussetzung für die verfassungsrechtliche Rechtfertigung staatlicher Eingriffe in Grundrechte.« Dazu unter anderem Berkemann DÖV 2021, 701 ff.

gut ein Jahr vorher dadurch erschüttert worden, dass die Regierung Pläne zur Verlängerung der Exklusivlizenz kundgetan hatte. Unter diesem Gesichtspunkt erscheint der Vertrauensschutz nicht vorrangig (aA vertretbar).[280]

3.2 Hier gilt Ähnliches. Der Mord des T war noch nicht verjährt, die Frist lief also noch, als die Verlängerung beschlossen wurde. Selbst wenn man einem Mörder Vertrauensschutz hinsichtlich der Nichtverfolgung seiner Tat zubilligen wollte, genösse dieser keinen Vorrang. Art. 103 Abs. 2 GG steht dem nicht entgegen, da er nur das materielle Strafrecht, nicht aber das Strafprozessrecht erfasst. Die Regelung ist damit ebenfalls verfassungsrechtlich zulässig.[281]

3.3 Die Abgeordnetenstellung der Bundesminister führt zu einer Verflechtung von Legislative und Exekutive in deren Person. Dabei handelt es sich nicht um einen Eingriff der Exekutive in zentrale Bereiche der Legislative und umgekehrt, sondern lediglich um eine personale Verstärkung des ohnehin gegebenen Transmissionsriemens, die eine gegebene sachliche Vernetzung noch unterstreicht. In Anbetracht der Größe des Bundestages betrifft die Verflechtung überdies nur eine geringe Zahl von Abgeordneten.

3.4 Ob das Rechtsstaatsprinzip eine solche Regelung gestattet, ist zweifelhaft. Von einigen wird die Auffassung vertreten, die Vermengung der Verantwortlichkeit für Justiz und Polizei (als dem von der Justiz kontrollierten Organ) könne die rechtsstaatliche Kontrolle untergraben, insbesondere führe sie zudem zur Verschmelzung zweier Gewalten auf höchster Ebene und sei daher mit dem Prinzip der Gewaltenteilung unvereinbar.[282] Dem ließe sich entgegenhalten, dass sich diese Verknüpfung auf die Regierungszuständigkeit beschränkt, die Gewalten aber sonst unabhängig blieben und insbesondere die Unabhängigkeit der Richter (Art. 92 GG) nicht beeinträchtigt werde.[283]

3.5 „Gesetzesvertretende Verordnungen" haben laut Sachverhalt die gleiche Wirkung wie Gesetze. Materiell betrachtet sind sie auch, unabhängig von der Geltungsdauer – denn auch Gesetze lassen sich entsprechend befristen – als solche anzusehen. Damit handelt es sich um eine Einflussnahme der Exekutive im Kernbereich der Legislative, die das Prinzip der Gewaltenteilung (Art. 20 Abs. 2 S. 2 GG) verbietet. Die Regelung ist zwar durch Änderung des Grundgesetzes eingefügt worden, doch ist eine solche Änderung nach Art. 79 Abs. 3 GG nicht zulässig. (Zur umgekehrten Konstellation – Änderung von Rechtsverordnungen durch den Bundestag[284] – → § 7 Rn. 32.)

3.6 Mit der Verfassungsbeschwerde kann A nur Grundrechte geltend machen (Art. 93 Abs. 1 Nr. 4a GG, § 90 BVerfGG), die Verletzung des Sozialstaatsprinzips dagegen jedenfalls nicht unmittelbar. Es wirkt als Staatszielbestimmung objektiv-rechtlich, begründet keine subjektiven Rechtspositionen für Einzelne und ist konsequenterweise in Art. 93 Abs. 1 Nr. 4a GG nicht aufgeführt. Da im Falle der A jedoch Grundrechte (Art. 1 Abs. 1, Art. 2 Abs. 1, 2 GG etc) wahrscheinlich betroffen sind, steht der Zulässigkeit der Verfassungsbeschwerde nichts im Wege. Bedeutungslos ist das Sozialstaatsprinzip für diese dennoch nicht, da es als verfassungsrechtliche Grundsatzentscheidung auch Bedeutung und Tragweite von Grundrechten beeinflusst.[285] Das BVerfG hat dies wiederholt dadurch zum Ausdruck gebracht, dass es Grundrechte „in Verbindung mit dem Sozialstaatsprinzip" geprüft hat[286] – ohne das Prinzip damit per se zum Prüfungsgegenstand der Verfassungsbeschwerde zu erheben.

3.7 Die obligatorische private Vorsorge ist anstelle der Rentenversicherung nur zulässig, wenn gesichert ist, dass allen die Möglichkeit, an diesem System zu partizipieren, auch tatsächlich offensteht. Dies ist bei Personen, deren Einkommen nicht ausreicht, um Rücklagen für private Vorsorge zu bilden, nicht ohne Weiteres gewährleistet. Das Vorsorgesystem muss daher so gestaltet werden, dass weder jetzt noch in Zukunft existenzielle Not ausgelöst wird. Ansonsten würde das Sozialstaatsprinzip ver-

---

280 Weitergehend BVerfGE 108, 370 (398 ff.) = JuS 2004, 436; krit. dazu Kämmerer DVBl 2001, 1705.

281 Vgl. BVerfGE 25, 269 (286 ff.) = NJW 1969, 1059; s. dazu auch Papier/Möller NJW 1999, 3289.

282 Vgl. v. Arnauld AöR 124 (1999), 659 (662 ff.); krit. auch VerfGH Nordrhein-Westfalen NJW 1999, 1243 (1244 f.).

283 So Rudolph NJW 1998, 3094.

284 BVerfGE 144, 196 (232); dazu auch Sachs/Mann GG Art. 80 Rn. 43.

285 Maurer StaatsR I § 8 Rn. 71; Jarass/Pieroth/Jarass GG Art. 20 Rn. 153 ff.

286 BVerfGE 125, 175 (221 f.) = LSK 2010, 080734 – Art. 1 Abs. 1 GG; BVerfGE 94, 241 (263) = NJW 1996, 2293 – Art. 3 Abs. 1 GG; BVerfGE 82, 60 (79 ff.) = NJW 1990, 2869 – Art. 6 Abs. 1 GG; BVerfGE 33, 303 (332) = NJW 1972, 1561 – Art. 12 Abs. 1 GG.

letzt. Daher wäre die alternative Regelung (Vereiteln privater Vorsorge) bereits aus sozialstaatlichen Gründen unzulässig, wenn sie die Gefahr einer unzureichenden Altersversorgung auslöste.

3.8 Art. 15 GG ist für andere Bestimmungen auslegungserheblich (Beschränkung wirtschaftsbezogener Grundrechte, Ausgestaltung der Wirtschaftsordnung) und schon aus diesem Grunde keineswegs überflüssig.[287]

3.9 Das BGB ist vielfach sozialstaatlich überlagert, etwa durch Gesetze wie das UWG, das Allgemeine Gleichbehandlungsgesetz, aber auch in einer Vielzahl eigener Bestimmungen, wie zB im Recht der Allgemeinen Geschäftsbedingungen. Als „Einfallstore" des Verfassungsrechts (Dürig) gelten auch die in einfachen Gesetzen enthaltenen Generalklauseln, allen voran § 242 BGB.[288]

---

287 Vgl. die Grundfälle zu Art. 15 GG: Hummel JuS 2008, 1065.

288 Vgl. dazu v. Münch/Kunig/Kotzur GG Art. 1 Rn. 86.

§ 4 Bundesstaat

1. Bundesstaatlichkeit als Verfassungsstrukturprinzip

Als **Bundesstaat** gliedert sich der „Gesamtstaat" Deutschland wiederum in Staaten, **1** die staatswissenschaftlich als **Gliedstaaten** bezeichnet werden und im Grundgesetz **Länder** heißen. Die Staatsbezeichnung „*Bundes*republik Deutschland" bringt den föderalen Charakter dieses Gemeinwesens zum Ausdruck – und überdies die republikanische (also nicht-monarchische) Leitung des Gesamtstaates und seiner Glieder.

Den Gegenbegriff zum Bundestaat bildet der „**Einheitsstaat**" als Staat, der allenfalls **2** in Verwaltungseinheiten gegliedert ist, aber über keine weitere *staatliche* Ebene verfügt. Auch **Staatenbund** kann als Gegenmodell zum Bundesstaat verstanden werden. Zwar hat er mit dem Bundesstaat die bündische Struktur gemein, ist aber gerade kein Staat, sondern eine Verbindung souveräner (dh völkerrechtsunmittelbarer) Staaten auf der Basis eines völkerrechtlichen Vertrages. Eine Art Zwischenkategorie bildet – als „Staaten*verbund*" – die Europäische Union (→ Rn. 3 sowie → § 12 Rn. 25 ff.).

Zum Begriffsverständnis sei noch erwähnt, dass **Bundesstaatlichkeit und Föderalismus** **3** nicht bedeutungsidentisch sind. Während jeder Bundesstaat eine **Föderation** bildet (lat. *foedus* = Bündnis), ist umgekehrt nicht jede Föderation auch ein Staat. Kennzeichen föderaler Ordnungen ist die Aufteilung hoheitlicher Befugnisse auf mehrere – aber eben nicht notwendigerweise staatliche – Ebenen. So verfügt die Europäische Union über eigene, teils sogar ausschließliche Zuständigkeiten (Art. 2 Abs. 1, Art. 3 AEUV), teils mit den Mitgliedstaaten geteilte Zuständigkeiten (Art. 2 Abs. 2, Art. 4 AEUV), die sie als Föderation kennzeichnen, und ihr Recht hat Anwendungsvorrang vor nationalem Recht, der sich auch auf das Verfassungsrecht erstreckt.[289] Sie erreicht aber selbst keine Staatsqualität und wird daher als „Staatenverbund"[290] oder „supranationale Gemeinschaft" geführt.[291]

Bundesstaatlichkeit hat in Deutschland **Verfassungstradition:** **4**

- Der Norddeutsche Bund wurde 1867 als Bundesstaat (mit einem Bundeskanzler und sogar einem Bundespräsidenten – dies war der König von Preußen) gegründet und dieser Bundesstaat 1871 zum Deutschen Reich erweitert.[292] Die republikanische Verfassung von 1919 behielt die Bundesstaatlichkeit bei, stärkte jedoch im Verhältnis zur früheren Rechtslage die Zentralgewalt.
- Unter der nationalsozialistischen Diktatur leiteten allerdings das „Vorläufige" und das „Zweite Gesetz zur Gleichschaltung der Länder mit dem Reich" vom 31.3.[293] bzw. 7.4.1933[294] die Umwandlung Deutschlands zu einem diktatorisch geführten Einheitsstaat ein.

---

289 Vgl. Bieber/Epiney/Haag/Kotzur/Bieber/Kotzur, Die Europäische Union, 14. Aufl. 2021, § 3 Rn. 21 ff., 37 ff.
290 BVerfGE 89, 155 (189) = NJW 1993, 3047 – Maastricht.
291 Vgl. dazu statt vieler Hilf VVDStRL 53 (1994), 7 (9 ff.).
292 Laut Präambel seiner Verfassung schließen die Fürsten »einen ewigen Bund zum Schutze des Bundesgebietes und des innerhalb desselben gültigen Rechtes, sowie zur Pflege der Wohlfahrt des Deutschen Volkes. Dieser Bund wird den Namen Deutsches Reich führen«.
293 RGBl. 1933 I 153.
294 RGBl. 1933 I 173.

- Unter **alliierter Besatzung** wurde ab 1945 die bundesstaatliche Struktur Deutschlands wiederhergestellt, wobei deutsche Staatsgewalt zwischen 1945 und 1949 ausschließlich in den Ländern ausgeübt wurde. Die dominante Stellung Preußens im föderalen Gefüge, die seit 1867 bestand, wurde durch Auflösung des Landes qua Gesetz Nr. 47 des Alliierten Kontrollrats im Jahre 1947 beseitigt.

- Während in der 1949 gegründeten DDR die Entmachtung der Länder im Jahre 1952 (Bezirksgliederung; eine formale Auflösung unterblieb) erneut einen autoritären Einheitsstaat herbeiführte, knüpfte die auf dem Gebiet der westlichen Besatzungszonen geschaffene Bundesrepublik Deutschland an die föderale Tradition an und übernahm die ab 1945 geschaffenen neuen Länderstrukturen. Bis auf den in Art. 118 GG vorgezeichneten Zusammenschluss der drei südwestdeutschen Länder zu Baden-Württemberg hat sich bis heute am Bestand der ehemals westdeutschen Länder nichts und an ihren Staatsgebieten nahezu nichts geändert.

- Mit der Demokratisierung der DDR verabschiedete deren erstes frei gewähltes Parlament (Volkskammer) das **Länderwiedereinführungsgesetz** vom 22.7.1990.[295] Wirksam wurde dieses Gesetz, mit dem auf DDR-Gebiet die bis 1952 bestehenden Länder weitgehend in den früheren Grenzen wiedererrichtet wurden, erst mit dem Beitritt der DDR zum Geltungsbereich des Grundgesetzes (Art. 1 Abs. 1 EV). Damit trat genau genommen nicht die DDR der Bundesrepublik bei, sondern die aus ihr eine „juristische Sekunde" vorher hervorgegangenen fünf Länder (und überdies der Ostteil von Berlin). Ob die „neuen Bundesländer", wie sie auch genannt wurden, erst 1990 entstanden oder juristisch identisch mit den 1952 entmachteten, aber eben nie offiziell aufgelösten Ländern sind, die ab 1945 geschaffen wurden, ist niemals höchstrichterlich klar beantwortet worden. Die Identitätsfrage stellte sich im Zusammenhang mit derjenigen nach der Anwendung der sog. Bremer Klausel (Art. 141 GG) auf das Land Brandenburg: Ist das heute bestehende Land mit dem 1949 existierenden Land Brandenburg identisch, findet Art. 141 GG Anwendung und Brandenburg ist dann nicht verpflichtet, Religionsunterricht als ordentliches Lehrfach einzuführen (Art. 7 Abs. 3 S. 1 GG). Das BVerfG entschied das Verfahren durch Vergleich (einmalig in seiner Geschichte)[296] und ließ die Vorfrage nach der staatlichen Identität damit unbeantwortet.

5   Wo im Grundgesetz vom Gesamtstaat und seinen Zuständigkeiten die Rede ist, wird dieser einfach als „**der Bund**" bezeichnet. Obwohl auch die 16 Länder Staaten sind (wobei ihr Staatsvolk als das „Deutsche Volk in den Ländern" aufgefasst werden muss), unterscheidet sich der Bund von ihnen in einem wesentlichen Merkmal – einem Merkmal, das im Grundgesetz nicht benannt, sondern vorausgesetzt wird: Der Gesamtstaat ist souverän, die Länder sind es nicht. **Souveränität** lässt sich wiedergeben als „Völkerrechtsunmittelbarkeit": Die Bundesrepublik Deutschland ist in seinem Bestand und seinen Rechten lediglich dem Völkerrecht als dem internationalen öffentlichen Recht unterworfen, wohingegen die Länder den Bund über sich haben und in ihrem Bestand als Staaten von der verfassungsrechtlichen Ordnung des Grundgesetzes abhängig sind. Nur höchst ausnahmsweise und nur mit Zustimmung des Bundes können sie unter den Voraussetzungen des Art. 32 Abs. 3 GG zu auslän-

---

295 GBl. DDR 1990 I 955.
296 BVerfGE 104, 305 = NVwZ 2002, 980; dazu Schmidt NVwZ 2002, 925.

dischen souveränen Staaten in vertragliche Rechtsbeziehungen treten. Vor diesem Hintergrund überzeugt eine Qualifikation der Länder als „teilsouverän" nicht.[297]

Die **Kommunen**, also **Gemeinden und Gemeindeverbände** (hier insbesondere die **6** Kreise), bilden keine weitere staatliche Ebene. Sie sind als Gebietskörperschaften den Ländern vielmehr eingegliedert. Art. 28 Abs. 2 GG spricht ihnen für die Angelegenheiten der örtlichen Gemeinschaft das **Recht auf Selbstverwaltung** zu. Dessen Verletzung kann ausnahmsweise vor dem BVerfG (unter den Voraussetzungen des Art. 93 Abs. 1 Nr. 4b GG), sonst vor den Landesverfassungsgerichten im Wege der **Kommunalverfassungsbeschwerde** geltend gemacht werden.

Die **Bundesstaatlichkeit** ist im Grundgesetz durch Art. 20 Abs. 1 GG als Staats- **7** strukturprinzip geschützt und fällt damit unter die „Ewigkeitsgarantie" des Art. 79 Abs. 3 GG. Das Bekenntnis zur Bundesstaatlichkeit erschöpft sich nicht in einer Strukturformel, sondern umschließt auch materielle Anforderungen an die Ausstattung der Länder mit solchen Rechten, die für die Qualifikation als Staaten unabdingbar sind. Zur **(Eigen-)Staatlichkeit der Länder**, die über das Bundesstaatsprinzip geschützt ist, gehören unter anderem das Recht, ihre innere Ordnung (in den Grenzen des Art. 28 Abs. 1 GG) autonom zu gestalten, Gesetzgebungshoheit, Verwaltungshoheit und die ausreichende Ausstattung mit Einnahmen, wobei diese Rechte sowohl qualitativ als auch quantitativ die Länder als Staaten (und eben nicht nur bloße Verwaltungseinheiten) erscheinen lassen müssen.[298]

Nicht änderungsfest gewährleistet hingegen ist die Existenz *einzelner* Länder (→ § 1 **8** Rn. 42). Dies folgt schon aus Art. 29 GG, wonach durch Bundesgesetz das Bundesgebiet neu gegliedert werden kann. Theoretisch ist dem Bundesstaatsprinzip also genügt, wenn es mindestens zwei Bundesländer gibt.[299]

Art. 79 Abs. 3 GG schließt zwei weitere bundesstaatsbezogene Festlegungen in die **9** „Ewigkeitsgarantie" ein:

- die durch Art. 79 Abs. 3 GG zudem explizit für änderungsfest erklärte „**Gliederung des Bundes in Länder**". Sie hat keinen über den „Bundesstaat" hinausgehenden Aussagegehalt,[300] belegt und bekräftigt aber, wie wichtig dem Verfassungsgeber die bundesstaatliche Natur des Gemeinwesens bei Erlass des Grundgesetzes war. Wie soeben dargelegt, garantiert Art. 79 Abs. 3 GG nur die Existenz *von* Ländern, nicht aber einzelner Länder oder einer bestimmten Anzahl von Ländern;
- und die „**Beteiligung der Länder an der Gesetzgebung**". Auf den ersten Blick scheint auch diese Festlegung deklaratorischen Charakter zu haben, da das Recht, Gesetze zu erlassen, ein wesentliches Merkmal von Staatlichkeit ist: Würde es den Ländern entzogen, wären sie keine Staaten und Deutschland kein Bundesstaat mehr. Gemeint ist jedoch etwas anderes: die Beteiligung der Länder an der Gesetzgebung des Bundes, die nach dem grundgesetzlichen Modell durch den Bundesrat (Art. 50 Abs. 1 GG) erfolgt (→ § 5 Rn. 64).

---

297 Anders BK-GG/Fassbender, 152. Lfg. 2011, GG Art. 32 Rn. 17; noch weitergehender Nawiasky VVDStRL 12 (1954), 235 (237); dazu v. Münch/Mager StaatsR I Rn.689; s. auch MKS/Sommermann GG Art. 20 Rn. 26.

298 Vgl. BVerfGE 1, 14 (34) = NJW 1951, 877; BVerfGE 34, 9 (19 f.); s. v. Münch/Kunig/Kotzur GG Art. 20 Rn. 100.

299 DHS/Herdegen, 72. Lfg. 2014, GG Art. 79 Rn. 97; MKS/Meyer-Teschendorf GG Art. 29 Rn. 1.

300 MKS/Hain GG Art. 79 Rn. 119.

10 Das Grundgesetz ordnet die Bundesstaatlichkeit unter zwei Aspekten: Es enthält

- grundlegende Vorgaben für die staatliche Ordnung in den Ländern, also Begrenzungen der im Kern autonomen Ausgestaltung ihrer Staatlichkeit (sog. Homogenitätsklausel des Art. 28 GG), sowie
- Kompetenzordnungen für die staatliche Gewalt (Organisation und Rechtshandlungen von Legislative, Exekutive und Judikative), also eine Aufteilung der jeweiligen staatlichen Befugnisse auf Bund und Länder sowie Bestimmungen, die im Fall eines Konflikts zwischen beiden zur Anwendung kommen.

2. Vorgaben für die staatliche Ordnung in den Ländern (Homogenitätsgebot, Art. 28 Abs. 1 GG

11 Art. 28 Abs. 1 S. 1 GG überträgt die Anforderungen des Art. 20 Abs. 1 GG (natürlich mit Ausnahme des Bundesstaatsprinzips) auf die verfassungsmäßige Ordnung in den Ländern und macht den Gliedstaaten damit materielle Vorgaben für die Ausgestaltung ihrer staatlichen Ordnung (**Homogenitätsprinzip**). Die Länder bewahren – als Staaten – zwar ihre **Verfassungsautonomie**, jedoch unter Bindung an bestimmte Staatsstrukturprinzipien und -ziele, die in Art. 28 Abs. 1 S. 1 GG vorgegeben sind: Republik, Demokratie, Rechtsstaat und Sozialstaat. Überdies müssen die Länder die gleichen Wahlgrundsätze beachten, wie Art. 38 Abs. 1 GG sie für die Wahlen zum Deutschen Bundestag vorschreibt (Art. 28 Abs. 1 S. 2 GG). Der Bund wiederum ist **Garant** für die Erfüllung dieser Vorgaben sowie die Einhaltung der Grundrechte (Art. 28 Abs. 3 GG). (Die in Art. 28 Abs. 3 GG indirekt ausgesprochene Homogenitätsverpflichtung auch auf die Grundrechte ist im Verhältnis hierzu von geringer Bedeutung, da die Grundrechte des Grundgesetzes gleichzeitig in den Ländern gelten, vgl. Art. 1 Abs. 1 S. 2, Abs. 3 GG sowie Art. 142 GG als Spezialbestimmung zu Art. 31 GG.)

12 Art. 28 Abs. 1 GG nimmt keine Kompetenzabgrenzung vor, ist mithin keine Kollisionsregel, sondern sucht die **staatlichen Grundlagen** der Länder auf ein Raster festzulegen, das an die staatlichen Ordnung des Bundes angelehnt ist. Homogenität heißt dabei *nicht* Uniformität. Die Länder sollen keine Kopien des Bundes bilden, erforderlich ist aber eine Grundübereinstimmung.[301] Dies gilt auch für das Wahlsystem: Solange die Wahlen allgemein, unmittelbar, frei, gleich und geheim bleiben (→ § 2 Rn. 13 ff.), sind die Länder in der Ausgestaltung insoweit frei.[302]

> 4.1 Das strukturschwache Land L möchte mehr für seine regionale Identität tun und führt durch Verfassungsänderung das Amt eines Staatspräsidenten ein. Ist dies nach Art. 28 Abs. 1 S. 1 GG zulässig? Könnte L auch einen „Großfürsten" als Staatsoberhaupt einsetzen?

---

301 BVerfGE 36, 342 (360 f.) = NJW 1974, 1181; BVerfGE 41, 88 (119) = NJW 1976, 952; BVerfGE 60, 175 (208) = NJW 1982, 1579; vgl. auch MKS/Schwarz GG Art. 28 Rn. 26; Stern StaatsR I § 19 Abs. 3 S. 5, S. 704.

302 HMPG VerfassungsR-HdB/Wieland § 8 Rn. 26.

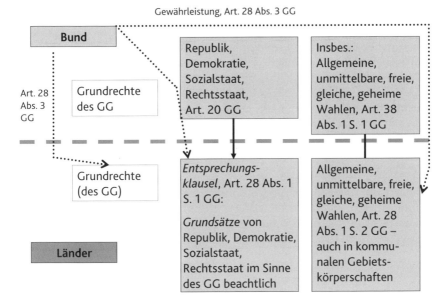

3. Kompetenzordnung und Lösung von Kompetenzkonflikten

a) Kompetenzordnung

Im bundesstaatlichen System müssen staatliche Kompetenzen, bezogen auf die drei 13
Staatsgewalten, nach einem bestimmten Modus auf die föderalen Ebenen aufgeteilt
werden. Das Grundgesetz operiert überwiegend mit Kompetenzvermutungen (in den
meisten Fällen zugunsten der Länder), die durch ausdrückliche Zuweisung von Zuständigkeiten (auch) an die andere Ebene für enumerierte Materien wieder entkräftet
werden:

- allgemein gem. Art. 30 GG (eine selten zur Anwendung gelangende Auffangregel),
- bei den Gesetzgebungskompetenzen, Art. 70 Abs. 1 Hs. 1 GG (→ § 6 Rn. 5),
- bei der Zuständigkeit für die Ausführung von Bundesgesetzen, Art. 83, 84 GG
  (→ § 9 Rn. 9 ff.).

Anderen Mustern folgt die Zuweisung der Zuständigkeiten

- für die auswärtigen Beziehungen (Art. 32 GG), mit Primat des Bundes (→ § 12
  Rn. 9 ff.),
- der institutionellen Aspekte der rechtsprechenden Gewalt (Art. 92 GG), wo regelmäßig Bundesgerichte auf den obersten Instanzen Landesgerichten auf den unteren gegenüberstehen (→ § 11 Rn. 3 ff.),
- der Kostentragung für die sich aus dem Grundgesetz ergebenden Aufgaben, die
  den komplexen Regeln des Art. 104a GG entspricht (→ § 10 Rn. 4), und
- der Steuerertragshoheit gem. Art. 106 GG (→ § 10 Rn. 21).

b) Lösung von Kompetenzkonflikten

14 Dass das Grundgesetz Kompetenzen auf die föderalen Ebenen verteilt, bietet noch keine Gewähr für das Ausbleiben von Kompetenzkonflikten. Sie sind intrinisch in bestimmten Formen der Kompetenzzuweisung sogar angelegt, und zwar wo Zuständigkeiten prinzipiell Bund und Ländern als „konkurrierende" im Prinzip gleichermaßen zustehen (vgl. für die Gesetzgebung Art. 72 GG). Hier bedarf es Vorrangregeln, die bestimmen, wer unter welchen Voraussetzungen von einer Zuständigkeit Gebrauch machen darf. Für die konkurrierende Gesetzgebung ist dies der (durch Art. 72 Abs. 2 GG allerdings eingeschränkte und in den Fällen des Art. 72 Abs. 3 GG sogar entkräftete) Art. 72 Abs. 1 GG, der dem Bundesgesetz Sperrwirkung gegenüber Landesrecht verleiht: Solange und soweit der Bund von seiner Gesetzgebungszuständigkeit Gebrauch gemacht hat, dürfen die Länder keine Gesetze erlassen. Tun sie es gleichwohl, sind diese Landesgesetze nichtig, und zwar bereits nach Maßgabe des Art. 72 Abs. 1 GG (näher hierzu → § 6 Rn. 14).

15 Kollisionsregeln sind entbehrlich, wo Bund oder Ländern ausschließliche Zuständigkeiten zugewiesen sind. Setzt die andere Seite in diesen Bereichen Hoheitsakte, so sind diese wegen Fehlens einer ihnen erteilten Ermächtigung verfassungswidrig und nicht, weil der Bund bzw. die Länder das „bessere Recht" haben.

4.2 Zur weiteren Überlegung:
- Wo liegen die Kompetenzschwerpunkte der Länder?
- Niedersachsen und Hamburg sollen zusammengelegt werden. Was müsste dafür getan werden?
- Wo gibt es weitere föderale Systeme weltweit?
- Gibt es dreigliedrige Bundesstaaten – oder sind solche im Entstehen?

---

c) „Bundesrecht bricht Landesrecht" (Art. 31 GG)

16 Das Prinzip besagt, dass Landesrecht, das dem Bundesrecht widerspricht, unwirksam ist. Sein Anwendungsbereich ist allerdings umstritten. Nach herrschender und auch hier vertretener Auffassung ergeben sich Vorrang und Nichtigkeitsfolge schon aus den für die einzelnen Sachbereiche einschlägigen Vorschriften. Hat der Bund zB in Wahrnehmung seiner Befugnis zur konkurrierenden Gesetzgebung ein Gesetz erlassen, folgt die Nichtigkeit eines Landesgesetzes zum gleichen Gegenstand also aus Art. 72 Abs. 1 GG,[303] weshalb ein Rekurs auf Art. 31 GG entbehrlich ist.

17 Der Anwendungsbereich des Art. 31 GG ist damit schmal. In der Judikatur des BVerfG hat er keine Bedeutung erlangt. Man sollte ihn als Auffang-Kollisionsvorschrift verstehen, die zur Anwendung kommt, wo eine landesrechtliche Regelung weder als Angelegenheit der (einfachen) Gesetzgebung noch der Ausführung von Bundesgesetzen verstanden werden kann. Bedeutung entfaltet Art. 31 GG damit vor allem für Festlegungen in **Landesverfassungen**, die sich nicht eindeutig den Bereichen der Art. 70 ff. und 83 ff. GG zuordnen lassen. Erforderlich ist stets ein Konflikt zwischen Bundes- und Landesrecht, der sich nicht allein auf den Inhalt, sondern auch

---

303 So auch Jarass/Pieroth/Jarass GG Art. 31 Rn. 1, 3; Dreier/Dreier GG Art. 31 Rn. 19, 49 ff.; Isensee/Kirchhof StaatsR-HdB/Pietzcker Bd. VI § 134 Rn. 48; Korioth StaatsR I Rn. 259.

auf den Geltungsanspruch des Bundesrechts erstreckt. Auch Art. 28 Abs. 1 GG genießt Vorrang vor Art. 31 GG, obwohl die Vorschrift nicht als Kollisionsregel, sondern als Ordnungsvorgabe angelegt ist; aber er erstreckt sich auf Staatsprinzipien des Art. 20 GG, die ihrer Natur nach nicht nur für, sondern auch innerhalb der staatlichen Ordnung der Länder Geltung entfalten. Konstellationen, in denen Art. 31 GG Wirkung zeigen könnte, sind eher lehrbuchartiger als praktischer Natur: Würde zB ein Land im Widerspruch zu Art. 20a GG der Wirtschaft absoluten Vorrang vor den natürlichen Lebensgrundlagen einräumen oder die Amtshilfe zwischen Behörden trotz Art. 35 Abs. 1 GG untersagen, käme Art. 31 GG zum Tragen.

Ob auch die Grundnorm des Art. 31 GG inhaltsgleiches Landesverfassungsrecht bestehen lässt, ist umstritten, die Frage wird aber vom BVerfG mit Recht bejaht.[304] Andere wollen auch inhaltsgleiches Landesrecht (Verfassung oder Gesetz) für gebrochen erachten,[305] um Rechtssicherheit auf der Rechtsfolgenebene (Anknüpfungsvorschriften) zu gewährleisten. **18**

Der Geltungsbereich des Art. 31 GG wird zusätzlich dadurch eingeschränkt, dass Art. 142 GG eine **Sondervorschrift für den Grundrechtsbereich** statuiert. Der Passus „in Übereinstimmung" bedeutet, dass das Landesrecht nicht im Widerspruch zum Bundesrecht stehen darf. Landesgrundrechte, die mit Bundesgrundrechten inhaltsgleich sind, bleiben – was bei Art. 142 GG unstreitig ist – also bestehen. Über den Wortlaut hinaus erfasst die Bestimmung nicht nur Landesgrundrechte, die beim Erlass des Grundgesetzes bereits eingeräumt waren, sondern auch später geschaffene Landesgrundrechte. Die Länder sind also befugt, inhaltsgleiche oder zusätzliche Grundrechte im Verhältnis zum Grundrechtskatalog des Bundes zu schaffen.[306] Ist die Grundrechtsgewährleistung auf Landesebene jedoch restriktiv, kommt Art. 142 GG zum Tragen: Die Länder dürfen den Grundrechtsschutz weiter, aber nicht enger als das Grundgesetz fassen. **19**

4. Das Prinzip der Bundestreue

Der Grundsatz der **Bundestreue** oder des **bundesfreundlichen Verhaltens** ist ein ungeschriebener Verfassungsgrundsatz, der nur in einzelnen Ausprägungen eine Kodifikation erfahren hat (zB Art. 23 Abs. 5 GG). Das Prinzip besagt, dass die Länder dem Bund, dieser den Ländern und die Länder einander bei der Ausübung ihrer Zuständigkeiten zu solidarischem, mithin „bundesfreundlichem" Verhalten verpflichtet sind. Während die Vorschriften des Grundgesetzes über die Verteilung der Kompetenzen angeben, ob der Bund oder die Länder zur Ausübung staatlicher Befugnisse berufen sind, nimmt die Bundestreue als materieller Rechtsgrundsatz primär auf die Art und Weise ihrer Wahrnehmung Bezug. Die Verletzung der Bundestreue kann (insbesondere im Wege der Bund-Länder-Streitigkeit; → § 11 Rn. 31 ff.) vor dem BVerfG gerügt werden.[307] **20**

---

304 BVerfGE 36, 342 (363) = NJW 1974, 1181.
305 Vgl. Kerpmann Der Staat 35 (1996), 428 (437).
306 MKS/März GG Art. 31 Rn. 104 ff.; vgl. Lindner JuS 2018, 323 ff.
307 BVerfGE 6, 309 (361 f.) = NJW 1957, 705; BVerfGE 8, 122 (131, 138–141) = NJW 1958, 1341; BVerfGE 12, 205 (255) = NJW 1961, 547; BVerfGE 21, 312 (319, 326) = NJW 1967, 1956; BVerfGE 34, 9 (20 f.) = VerwRspr 1973, 391.

4.3 Der Bund möchte in Absprache mit den Ländern eine Neuregelung des Finanzausgleichs erreichen (zustimmungsbedürftiges Gesetz!). Die Bundesregierung lädt die Ministerpräsidenten der Länder daher zu einem Symposion ein; ausgeschlossen bleibt das Land L, in dem die der Bundesregierung missliebige YZ-Koalition regiert und das man nach deren Auffassung daher „ächten" müsse.

4.4 Für das gleiche Gesetz benötigt der Bund statistisches Datenmaterial des Landes B über die Finanzkraft der Städte und Gemeinden. Die Regierung von B gibt dieses nicht heraus. Man habe die Daten mit teurem Geld erhoben und denke nicht daran, sie dem Bund zur Verfügung zu stellen, dessen Gesetz dann überdies die Finanzkraft von B schwächen werde.
Steht das Verhalten der Bundesregierung (4.3) und des Landes B (4.4) mit dem Bundestreuegrundsatz im Einklang?

4.5 Eine EU-Richtlinie wird von den Ländern B und L, die nach Art. 70 GG für die Umsetzung zuständig sind, nicht fristgerecht umgesetzt. Der EuGH setzt daher als Sanktion auf Antrag der Europäischen Kommission einen von Deutschland (also vom Bund) zu entrichtenden Pauschalbetrag fest (vgl. Art. 260 Abs. 2 UAbs. 2, Abs. 3 AEUV). Die Bundesregierung ist erbost, da sie keine Schuld am Versäumnis trägt, und will die entstandenen Kosten auf B und L abwälzen. Gibt es eine Anspruchsgrundlage hierfür?

5. Aufsichts- und Zwangsmittel

21 Dem Bund stehen in geringem Umfang Zwangs- und Aufsichtsbefugnisse gegenüber den Ländern zu, um diese zur Erfüllung bundesstaatlicher Pflichten anzuhalten:

- Der **Bundeszwang** (Art. 37 GG) ist an das Übermaßverbot (→ § 3 Rn. 15) gebunden[308] und damit Ultima Ratio im Verhältnis zu Aufsichtsbefugnissen, Weisungen und Anrufung des BVerfG, die parallel zum Bundeszwang möglich ist.[309]
- Der Bund verfügt über **Aufsichtsbefugnisse** bei Ausführung von Bundesgesetzen durch die Länder als eigene Angelegenheit oder im Auftrag des Bundes (in Art. 84 f. GG). Im Regelfall (Landeseigenverwaltung) ist nur Rechtsaufsicht vorgesehen, also keine Überprüfung der Zweckmäßigkeit des Ausführungshandelns (Art. 84 Abs. 3, 4 GG). (Näheres hierzu → § 9 Rn. 20)
- **Weisungsbefugnisse** stehen dem Bund insbesondere bei Bundesauftragsverwaltung (Art. 85 Abs. 3 GG) zu (→ § 9 Rn. 24 ff.).
- Der Einsatz von Polizei und Bundesgrenzschutz ist zur Abwehr politischer Gefahren im sog. **inneren Notstand** unter den Voraussetzungen des Art. 91 GG zulässig.

6. Rezente Rechtsentwicklungen

22 Allen umfassenden konstitutionellen Sicherheiten zugunsten der Länder zum Trotz ist der Trend zum **unitarischen Bundesstaat**[310] ungebrochen. Während formal die

---

308 Jarass/Pieroth/Pieroth GG Art. 37 Rn. 3 mwN.
309 v. Münch/Mager StaatsR I Rn. 485.
310 Degenhart StaatsR I Rn. 486 ff.; grundlegend Hesse Grundzüge VerfassungsR Rn. 221.

föderale Verschiedenheit der Länder weiter betont wird, werden diese Unterschiede praktisch zusehends eingeebnet. Die Länder lassen sich Gesetzgebungskompetenzen „abkaufen"; die im Gegenzug dem Bundesrat (der ein Bundesorgan ist) zuwachsenden Mitwirkungsrechte kompensieren diesen Verlust nicht. Kompetenzen sind also zunehmend beim Bund zentriert worden, der für das gesamte Bundesgebiet einheitliche Regeln erlässt und dabei zwar Rücksicht auf die Interessen der Länder nehmen muss, kaum aber auf ihre Individualität. Die Föderalismusreform von 2006 war bestrebt, diese Entwicklung umzukehren, erzielte dabei allerdings nur mäßige Erfolge. Manche Vorschriften, mit denen die Hoheitsrechte der Länder gestärkt werden sollten – wie Art. 72 Abs. 3 GG –, erwiesen sich als kompliziert und zu wenig praktikabel. In jüngsten Verfassungsänderungen haben die Länder dem Bund Mitwirkungs- und Mitfinanzierungsrechte zugestanden, denen die Föderalismusreformen eigentlich ein Ende bereiten wollte (vgl. Art. 91c und 91e GG oder den novellierten Art. 107 GG), oder Hoheitsrechte – wie in Art. 90 Abs. 2 GG für die Bundesautobahnen – an ihn sogar abgegeben.

Antworten und Lösungen

4.1 Die Antwort bestimmt sich danach, welche Kompetenzen der Staatspräsident von L haben soll. Unproblematisch wird das Amt eines repräsentativen Staatspräsidenten sein, wie zB Südbaden (vor seiner Verschmelzung in das Land Baden-Württemberg) ihn hatte.[311] Ob ein vom Volk gewählter und mit erheblichen, die Befugnisse des Parlaments beschneidenden Kompetenzen ausgestatteter Staatspräsident wie in Frankreich nach Art. 28 Abs. 1 S. 1 GG zulässig wäre, bestimmt sich danach, ob „Demokratie" im Sinne dieser Bestimmung die repräsentative Demokratie nach dem Muster des Grundgesetzes meint – oder ob es ausreicht, dass das Volk eine irgendwie demokratisch gewählte Vertretung hat. Im zweiten Fall wäre auch ein Staatspräsident nach Art. 28 Abs. 1 S. 1 GG zulässig, sofern er durch Volkswahl bestimmt würde. Letztlich lassen sich beide Antworten vertreten; es bedarf hierfür nur jeweils einer umfassenden teleologischen, historischen und systematischen Argumentation. Keineswegs zulässig wäre die Einsetzung eines „Großfürsten": Das Prinzip der dynastischen Nachfolge widerspräche der Vorgabe, dass die Länder Republiken zu sein haben. Man wird dies auch für den Fall annehmen müssen, dass der „Großfürst" durch Volkswahl bestimmt wird, jedenfalls wenn sie auf Lebenszeit erfolgt. Dann liefe sie wegen der Abkehr vom Grundsatz der „Herrschaft auf Zeit" auch dem Demokratieprinzip (vgl. § 2) zuwider.

4.2 Der **Kompetenzschwerpunkt der Länder** liegt heute in den Bereichen Bildung, Kultur, Polizei und Umweltschutz. Das Verfahren zur **Zusammenlegung von Ländern** ergibt sich aus Art. 29 GG. Dieser bietet dafür im Wesentlichen zwei Wege an: (a) die bundesgesetzliche Lösung, die der Bestätigung durch Volksentscheid bedarf (Abs. 2, 3), und (b) die staatsvertragliche Lösung, ebenfalls mit Volksentscheid (Abs. 8). Eine weitere Option, die durch Volksbegehren einzuleitende Neugliederung eines zusammenhängenden, abgegrenzten länderübergreifenden Wirtschaftsraums (Abs. 4, 5), kommt hier nicht in Betracht, da nicht ganz Niedersachsen einbezogen werden könnte. **Föderale Staatsstrukturen** sind nicht nur bei großen und zT heterogenen Gemeinwesen (USA, Indien, Kanada, Brasilien etc), sondern auch bei kleineren Staaten (Schweiz, Österreich, Malaysia, Vereinigte Arabische Emirate etc) weit verbreitet. Ein (mit Einschränkungen) dreigliedriger Bundesstaat war die Sowjetunion; heute ist Bosnien-Herzegowina teils dreigliedrig. Soweit die Mitgliedstaaten der Europäischen Union selbst Bundesstaaten sind, könnte auch die Europäische Union, falls sie je einmal Staatsqualität annehmen sollte, zu einem (partiell) dreigliedrigen Bundesstaat erstarken.

4.3 Das Verhalten der Bundesregierung verletzt möglicherweise den Grundsatz der Bundestreue im Verhältnis zum Land L. Die Bundestreue ist ein ungeschriebenes Verfassungsprinzip. Es gebietet die Rücksichtnahme auf die Belange der anderen föderalen Glieder. Grundsätzlich ist der Bund frei, politische Konsultationen zu führen oder zu unterlassen. Dies darf jedoch nicht zu einer Diskriminierung ein-

---

311 Vgl. BerlKomm GG/Waldhoff/Grefrath, 27. Lfg. 2009, GG Art. 54 Rn. 40.

zelner Glieder des Bundes führen.[312] Der Ausschluss des Landes L vom Symposium hat eine solche diskriminierende Wirkung. Gegen eine Verletzung der Bundestreue könnte allenfalls sprechen, dass Ziel des Symposiums eine Neuregelung des Finanzausgleichs im Bundesstaat ist, für den lediglich der Bund die Gesetzgebungskompetenz hat (Art. 106 f. GG); den Ländern kommt keine Entscheidungsgewalt zu. Dagegen spricht, dass das Gesetz der Zustimmung des Bundesrates bedarf. In materieller Hinsicht beruhen die Finanzausgleichsgesetze jedoch weithin faktisch auf Vereinbarungen.[313] Der Bund hat seine Treuepflicht gegenüber L damit verletzt.

4.4 In diesem Fall liegt eine Verletzung der Bundestreue des Landes B gegenüber dem Bund (und letztlich auch den anderen Ländern, die am Finanzausgleich teilhaben) vor. Das Solidarprinzip gebietet, dass das Land dem Bund jene Informationen zur Verfügung stellt, die der Bund von sich aus nicht erheben kann, derer dieser allerdings für seine Gesetzgebung bedarf, um so mehr, als diese Gesetzgebung für die Lebensverhältnisse in allen Bundesländern wichtig ist. Der Einwand, dass das Land die Daten mit teurem Geld erhoben habe, zählt ebenso wenig wie die Befürchtung einer Schwächung der Finanzkraft: Die Pflicht zur Kostentragung für die Datenerhebung ergibt sich bereits aus Art. 104a Abs. 1 GG; eine mögliche Schwächung der Finanzkraft ist mit Blick auf die gebotene bündische Solidarität in gewissem Umfang hinzunehmen.

4.5 Das Prinzip der Bundestreue vermittelt noch keinen Zahlungsanspruch. Der Bund kann jedoch nach Art. 104a Abs. 6 S. 1 GG von B und L verlangen, dass sie ihn im Innenverhältnis von der Haftung freistellen. (Beachte, dass für EU-Sanktionen wegen eines übermächtigen Defizits, Art. 126 Abs. 11 AEUV, andere Regeln gelten. Nach Art. 109 Abs. 5 S. 2 GG bleibt der Bund hier stets mit 65% des Sanktionsbetrags belastet.)

---

312 BVerfGE 12, 205 (255) = NJW 1961, 547.
313 Krit. hierzu allerdings BVerfGE 101, 158 (226 ff.) = NJW 2000, 1097.

2. Kapitel. Die Verfassungsorgane und ihre Zuständigkeiten

Der Begriff des Verfassungsorgans hat eher staats- und politikwissenschaftliche als **1** verfassungsrechtliche Bedeutung; im Grundgesetz findet er sich nicht. Als **Verfassungsorgane** werden gemeinhin Institutionen des Staates betrachtet, deren Rechte und Pflichten sich unmittelbar durch die Verfassung ergeben. Dies trifft insbesondere auf die Bundesregierung, den Bundespräsidenten, den Bundesrat, und das BVerfG zu, aber – nach nicht unumstrittener Auffassung – auch auf so „versteckt" liegende Institutionen wie den Vermittlungsausschuss (Art. 77 GG) und den Gemeinsamen Ausschuss gem. Art. 53a GG.[314] Die Einordnung als „Verfassungsorgan" ist eine hinreichende, aber keine notwendige Voraussetzung für die Parteifähigkeit im Organstreit.

Als ein Kennzeichen von Verfassungsorganen wird **Geschäftsordnungsautonomie** **2** angesehen, also das Recht, die inneren Angelegenheiten des Organs durch Binnenrechtssätze eigenständig zu regeln. Dem Bundestag sichert das Grundgesetz dies in Art. 40 Abs. 1 S. 2 GG, dem Bundesrat in Art. 52 Abs. 3 S. 2 GG und der Bundesregierung in Art. 65 S. 4 GG zu. Der Bundespräsident benötigt als Individualorgan keine Geschäftsordnung. Über eine Geschäftsordnung verfügen auch der Vermittlungsausschuss und der (im Verteidigungsfall aktive) Gemeinsame Ausschuss. Misst man die Verfassungsorganschaft aber an der Autonomie des Organs zur Festlegung seiner Geschäftsordnung, sind diese beiden Organe keine Verfassungsorgane, denn ihre Geschäftsordnungen werden vom Bundestag mit Zustimmung des Bundesrats beschlossen (Art. 53a Abs. 1 S. 4 GG, Art. 77 Abs. 2 S. 2 GG). Den **Fraktionen** des Bundestags räumt § 48 Abs. 2 AbgG hingegen Geschäftsordnungsautonomie ein, *obwohl* das Grundgesetz (außer in Art. 53a GG) sie nicht einmal ausdrücklich nennt und *obwohl* sie einem anderen Organ, dem Bundestag, eingegliedert sind. Als rechtssicheres Kennzeichen der Verfassungsorganschaft können eine Geschäftsordnung oder die Geschäftsordnungsautonomie also kaum herhalten.[315] Es sollte sein Bewenden bei dem Befund haben, dass den wichtigsten vom Grundgesetz konstituierten Organen durch dieses Geschäftsordnungsautonomie eingeräumt wird.

Die **Rechtsnatur einer Geschäftsordnung** ist umstritten. Als Binnenrecht, das Vor- **3** gänge und Befugnisse innerhalb des Verfassungsorgans regelt, kann sie nicht wie ein Gesetz Rechtswirkung für und gegen die Allgemeinheit entfalten. Sie ist, weil sie nicht von einer Selbstverwaltungskörperschaft für deren Mitglieder, sondern von einem Organ von seinen und für seine Organpersonen erlassen worden ist, auch keine Satzung. Wegen ihrer – rein äußerlichen – Ähnlichkeit mit Satzungsrecht werden Geschäftsordnungen mitunter als „autonome Satzungen" apostrophiert.[316] Diese terminologische Anlehnung an eine Rechtskategorie, zu der sie *gerade nicht* zählen, ist je-

---

314 Maurer StaatsR I § 12 Rn. 23; ähnlich MKS/Voßkuhle GG Art. 93 Rn. 102.

315 So wohl aber Arndt, Parlamentarische Geschäftsordnungsautonomie und autonomes Parlamentsrecht, 1966, S. 62.

316 BVerfGE 1, 144 (148 f.) = NJW 1952, 537; BVerfGE 84, 304 (311) = NJW 1991, 2474.

doch nicht hilfreich. Letztlich müssen Geschäftsordnungen als eine eigenständige („sui generis") Kategorie von Rechtsnormen verstanden werden.[317]

4   Für die juristische Fallbearbeitung ist vor allem, aber nicht nur, die Geschäftsordnung des Deutschen Bundestages (GOBT) von einiger Bedeutung. **Geschäftsordnungen** haben – auch wenn die Verfassung zu ihrem Erlass ermächtigt – **niemals selbst Verfassungsrang**. Für das BVerfG sind sie für sich genommen niemals Prüfungsmaßstab! (Daran ändert nichts, dass die Parteifähigkeit im Organstreit davon abhängen kann, ob ein Akteur – zB die Fraktionen des Bundestags – in einer Geschäftsordnung mit eigenen Rechten ausgestattet ist.) In der Verletzung von Bestimmungen der Geschäftsordnung kann sich jedoch zugleich eine Verletzung verfassungsmäßiger Rechte oder Garantien manifestieren, welche durch die Geschäftsordnung nur auf unterverfassungsrechtlicher Ebene konkretisiert werden. Ebenso ist aber auch möglich, dass eine Geschäftsordnung gerade dies nicht in gebotener Weise tut, sondern vielmehr das Grundgesetz verletzt; dann kann sie – als Ergebnis der Handlung eines Verfassungsorgans – gegebenenfalls selbst im Wege des Organstreits angegriffen werden.

5   **„Staatsorgane"** führt das Grundgesetz ebensowenig auf wie „Verfassungsorgane". Der Begriff des Staatsorgans ist einerseits weiter und andererseits noch weniger bestimmt als der des Verfassungsorgans. Im engeren Sinne könnte man als Staatsorgan Einrichtungen oder Funktionsträger bezeichnen, die im Organstreit parteifähig sind; diese Definition erweist sich jedoch als unbrauchbar im Lichte der politischen Parteien, die trotz Parteifähigkeit gerade nicht Teil der organisierten Staatlichkeit sind (→ § 2 Rn. 63). Dass Bundestag, Bundesrat oder Bundesregierung als Herzstücke der jeweiligen Staatsgewalt als Staatsorgane firmieren können, liegt zwar auf der Hand, ist aber nicht mit juristischen Erkenntnismehrwerten verbunden. Beim weitesten Verständnis bezeichnet der Begriff des Staatsorgans sogar schlechthin alle Stellen, die dem Staat eingegliedert sind und staatliche Funktionen ausüben – und als Teil einer der drei Gewalten an die Grundrechte sowie Gesetz und Recht gebunden sind (Art. 1 Abs. 3 GG, Art. 20 Abs. 3 GG). Auch der Erkenntnismehrwert einer solchen Zuordnung bleibt gering. Dies gilt umso mehr, als die Bindung an Grundrechte und den Vorbehalt des Gesetzes durch Beleihung Privater auch für Akteure hergestellt werden kann, die weder aus einem staatlichen Organisationsakt hervorgegangen sind noch bloßes Organ, sondern als (natürliche oder juristische) Personen selbst Rechtsträger sind.

---

317 So auch DHS/Klein, 85. Lfg. 2018, GG Art. 40 Rn. 61; Dreier/Morlok GG Art. 40 Rn. 18.

§ 5 Die Legislativorgane des Bundes

A. Der Deutsche Bundestag (Art. 38 ff. GG)

I. Der Bundestag als Volksvertretung

Der Deutsche Bundestag (im Folgenden kurz „Bundestag") ist die **Vertretung des Deutschen Volkes**, das ihn durch Wahl konstituiert hat (vgl. Art. 20 Abs. 2 GG, Art. 38 Abs. 1 S. 2 GG). Als solche fungiert er als **Zentralorgan der Legislative**: Gesetze werden, wie Art. 77 Abs. 1 S. 1 GG verfügt, durch den Bundestag beschlossen. Als einziges Staatsorgan, das über eine unmittelbare Volkslegitimation verfügt, wählt der Bundestag andere Staats- bzw. Verfassungsorgane bzw. ist an ihrer Bestellung zumindest beteiligt: Bundeskanzler (und damit die Bundesregierung), Bundespräsident, Bundesverfassungsgericht. Über die Verantwortlichkeit der Bundesregierung gegenüber dem Bundestag strahlt dessen demokratische Kontrolle auf die gesamte Exekutive des Bundes aus. **1**

Da Demokratie „Mandat zur Herrschaft auf Zeit" bedeutet (→ § 2 Rn. 11), erschöpft sich das dem Bundestag durch Wahl erteilte Mandat mit dem Ende der im Grundgesetz festgelegten **Wahl- bzw. Legislaturperiode**. Das Grundgesetz legt sie in Art. 39 auf vier Jahre fest. Diese Dauer könnte durch Verfassungsänderung verlängert werden, die Bemessung muss jedoch die dem Demokratieprinzip immanente **Zeitgebundenheit des Mandats** widerspiegeln.[318] Überlange Wahlperioden stoßen auch unter Wahlrechtsgesichtspunkten (Art. 38 Abs. 1 GG) auf Bedenken: Fände eine Bundestagswahl nur einmal pro Dekade statt, könnte man dieses Wahlrecht, das in der Zeit nur wenigen beschieden wäre, nur schwerlich noch ein allgemeines nennen. **2**

Aufgrund der zeitlichen Begrenzung des durch die Wahl erteilten Mandats unterliegt der Bundestag der **Diskontinuität**. Sie gliedert sich auf[319] in institutionelle Diskontinuität (es ist üblich, die Zählung der Wahlperioden auf den Bundestag selbst zu übertragen und vom 18., 19. oder 20. Deutschen Bundestag zu sprechen), in personelle Diskontinuität (das Mandat des einzelnen Parlamentariers als „Vertreter des ganzen Volkes", Art. 38 Abs. 1 S. 2 GG, erschöpft sich) und schließlich auch verfahrensrechtliche Diskontinuität: Anträge und Vorlagen, die in einer Legislaturperiode innerhalb des Bundestags nicht zum Abschluss gebracht werden können, erledigen sich mit dem Zusammentritt des neu gewählten Bundestags und müssen im neuen Bundestag, wenn dies gewünscht ist, neu eingebracht werden.[320] Dies gilt insbesondere für Gesetze, über die der Bundestag noch nicht in dritter Lesung beschlossen hat (Art. 77 Abs. 1 S. 1 GG); dass sie den Bundesrat – der nicht diskontinuierlich ist – noch nicht passiert haben (→ § 6 Rn. 47 ff.), ist hingegen unschädlich. Auch noch nicht abgeschlossene Vermittlungsverfahren (Art. 77 Abs. 2 GG; → § 6 Rn. 51 ff.) werden mit Ende der Legislaturperiode hinfällig, sobald das Mandat der Abgeordneten ausläuft, **3**

---

318 v. Münch/Kunig/Groh GG Art. 39 Rn. 8; BeckOK GG/Brocker, 58. Ed. 15.8.2021, GG Art. 39 Rn. 2.3.

319 Vgl. v. Münch/Kunig/Groh GG Art. 39 Rn. 15 ff.

320 Jarass/Pieroth/Pieroth GG Art. 39 Rn. 4 f.; BerlKomm GG/Lang, 21. Lfg. 2007, GG Art. 39 Rn. 43. Ausgenommen werden in der Parlamentspraxis allerdings mittlerweile Gesetzes- und andere Vorlagen, die noch beim Bundestag eingebracht werden sollen; sie unterliegen (noch) nicht der Diskontinuität: MKS/Masing/Risse GG Art. 76 Rn. 158 mwN.

die der Bundestag in den für das Verfahren zuständigen Vermittlungsausschuss entsendet. Selbst die Geschäftsordnung unterliegt der Diskontinuität und erledigt sich mit Ende der Legislaturperiode. Zu den ersten Handlungen des neu gewählten Bundestags gehört daher die Verabschiedung der Geschäftsordnung. Dabei wird stets die für den alten Bundestag maßgebliche Fassung zugrunde gelegt, sodass die Geschäftsordnung zumindest äußerlich als ein Kontinuum in Erscheinung tritt.[321]

> **5.1** Gemäß § 45 Abs. 1 GOBT ist der Bundestag (BT) beschlussunfähig, wenn weniger als die Hälfte seiner gesetzlichen Mitgliederzahl im Saal ist. Wird die Beschlussunfähigkeit mit Erfolg gerügt, hebt der Präsident die Sitzung auf. Wird sie nicht gerügt oder seitens des Sitzungsvorstands die Beschlussfähigkeit nicht bezweifelt, gilt der BT auch als beschlussfähig, wenn die Beschlussunfähigkeit offenkundig ist. Auf Wunsch der Bundesregierung soll ein wichtiger Gesetzentwurf noch in der letzten Sitzung vor der Sommerpause verabschiedet werden. Zum fraglichen Zeitpunkt nimmt ein Großteil der Abgeordneten an einer Trauerfeier für einen unerwartet verstorbenen früheren Bundesminister teil. Das Gesetz wird trotz Rüge der Beschlussunfähigkeit verabschiedet. Ist es verfassungsgemäß zustande gekommen?

4 Als Volksvertretung unterliegt der Bundestag selbst der Kontrolle des Volkes, das ihn konstituiert hat. Daher **verhandelt** er gem. Art. 42 Abs. 1 GG **öffentlich**.[322] Dies gilt lediglich dann nicht,

- wenn der Ausschluss der Öffentlichkeit beschlossen worden ist. Dies erfordert einen Antrag eines Zehntels der Mitglieder (Art. 121 GG) oder einen solchen der Bundesregierung und einen mit Zweidrittelmehrheit (der Stimmen) gefassten Plenarbeschluss (Art. 42 Abs. 1 S. 2 GG);
- wenn über den Ausschluss der Öffentlichkeit Beschluss gefasst wird (Art. 42 Abs. 1 S. 3 GG);
- wenn es sich um die Sitzung eines Ausschusses des Bundestags handelt; sie tagen im Gegensatz zum Plenum grundsätzlich unter Ausschluss der Öffentlichkeit. Der Ausschuss kann aber durch Beschluss die Öffentlichkeit herstellen (§ 69 Abs. 1 S. 1, 2 GOBT).

II. Funktionen und Rechte des Bundestags

1. Gesetzgebung

5 Der Deutsche Bundestag ist für den Bund das zentrale Beschlussorgan der Legislative: Gemäß Art. 77 Abs. 1 S. 1 GG werden die Bundesgesetze vom Bundestag beschlossen – auch wenn der Bundesrat als weiteres Legislativorgan an jedem Gesetzgebungsprozess teilhat. Vom Zeitpunkt des Bundestagsbeschlusses an spricht das Grundgesetz von „Gesetz". Aber erst dann, wenn es alle Verfahrenshürden genom-

---

321 MKS/Achterberg/Schulte GG Art. 40 Rn. 55; vgl. auch BVerfGE 1, 144 (148) = NJW 1952, 537 zu den Auswirkungen auf die parlamentarische Geschäftsordnung.
322 Dazu Morlok/Michael StaatsorganisationsR Rn. 764; s. auch HW/Risse/Witt GG Art. 42 Rn. 1.

men hat, ist das Gesetz auch ein „zustande gekommenes" iSd Art. 78 GG (Näheres → § 6 Rn. 40 ff.).

> **5.2** Warum gilt das Budgetrecht als die höchste Kompetenz des Bundestages?

Eine besondere Form der Gesetzgebung bildet die **Haushaltsgesetzgebung**. Zu unterscheiden sind Haushaltsplan und Haushaltsgesetz (→ § 10 Rn. 25). Der Haushaltsplan wird von der Bundesregierung aufgestellt. Er enthält vollständig alle Ausgaben und Einnahmen des Bundes (Art. 110 Abs. 1 GG). Die Bundesregierung hat insoweit – abweichend von Art. 76 Abs. 1 GG – das alleinige Recht zur Gesetzesinitiative. Das Haushaltsgesetz dient – als förmliches Bundesgesetz – der Annahme des Haushaltsplanes und verleiht dessen Inhalt damit selbst Gesetzesrang. Es hat unstreitig Binnenwirkung, bindet also die Bundesorgane; inwieweit ihm Außenwirkung zukommt, ist sehr umstritten.[323]

Eine weitere Sonderkonstellation der Gesetzgebung betrifft die **völkerrechtlichen** **Verträge:** Sie bedürfen nach Art. 59 Abs. 2 S. 1 GG der **Zustimmung** durch den Bundestag (und der Beteiligung des Bundesrats), die allerdings nur bewirkt, dass der Bundespräsident den Vertrag formal abschließen (ratifizieren) darf und er zum Bestandteil des innerstaatlichen deutschen Rechts wird. Dies gilt auch dann, wenn der Bund für den Vertragsinhalt keine Gesetzgebungskompetenz hat; Ausführungsgesetze zu erlassen, ist dann allerdings Sache der Länder (→ § 12 Rn. 19). Auch für die – förmliche oder faktische – Änderung der EU-Verträge ist ein Gesetz erforderlich, das den Anforderungen des Art. 23 Abs. 1 GG zu genügen hat (→ § 12 Rn. 29).

2. Sonstige Zustimmungsrechte (Parlamentsvorbehalte)

Bestimmte Beschlüsse des Bundestags erfordern keine Gesetzesform, wohl aber seine Zustimmung als Volksvertretung. Im Grundgesetz sind solche **Parlamentsvorbehalte** nicht ausdrücklich festgeschrieben; sie gründen vielmehr auf der (konvergenten) Auslegung von Verfassungsvorschriften durch das BVerfG. Für den Einsatz der Bundeswehr „out of area", also außerhalb des NATO-Vertragsgebietes, hielt es wegen des verfassungspolitischen Gewichts dieser Entscheidung eine parlamentarische Kontrolle für erforderlich, wofür es unter anderem auf Art. 115a GG zurückgriff.[324] Die Rechtsprechung des BVerfG hat Eingang in das **Parlamentsbeteiligungsgesetz** gefunden, das Fragen der parlamentarischen Zustimmung detailliert regelt.[325] Auch die Mitwirkung von Vertretern der Bundesrepublik Deutschland an Rechtsakten der EU-Organe, durch welche die vertraglichen Grundlagen faktisch modifiziert werden, setzt – außer im Falle der Ablehnung des Rechtsakts – bei Konstellationen von min-

6

7

8

---

323 S. dazu im Überblick Bleckmann DVBl. 2004, 333 f.; eine Außenwirkung lehnt ab MKS/ Hillgruber/Drüen GG Art. 110 Rn. 60 ff.; für eine begrenzte Außenwirkung des Haushaltsgesetzes, soweit es über die Feststellung des Haushaltsplanes hinausgeht, v. Münch/Kunig/ Heintzen GG Art. 110 Rn. 32.; DHS/Kube, 70. Lfg. 2013, GG Art. 110 Rn. 69 f.

324 Vgl. BVerfGE 90, 286 (381 ff.) = NJW 1994, 2207 – Somalia; BVerfG DÖV 2008, 594 (594 ff.); Maunz/Düring/Depenheuer, 53. Lfg. 2008, GG Art. 87a Rn. 142 ff. mwN.

325 ParlBetG (Gesetz über die parlamentarische Beteiligung bei der Entscheidung über den Einsatz bewaffneter Streitkräfte im Ausland vom 23.3.2005 (BGBl. 2005 I 775); s. dazu auch Wiefelspütz NVwZ 2005, 496; Schröder NJW 2005, 1401.

derer Tragweite nur einen Parlamentsbeschluss und kein förmliches Gesetz voraus (vgl. §§ 5 ff. Integrationsverantwortungsgesetz (IntVG); hierzu → § 12 Rn. 32).

3. Kreations- und Kontrollrechte

a) Kreationsrechte

9 Als einziges vom Volk gewähltes Verfassungsorgan ist allein der Bundestag berufen, den **Bundeskanzler zu wählen** (Art. 63 GG; → § 7 Rn. 7) und damit die Voraussetzungen für die Anbindung der Exekutive an die „Legitimationskette" herzustellen. Beteiligt ist der Bundestag zudem an der Konstituierung der Bundesversammlung, welche den Bundespräsidenten wählt (Art. 54 Abs. 3 GG), und im Rahmen des Art. 94 Abs. 1 GG an der Bestellung der Richter des BVerfG.

10 Daneben treten Kreationsrechte in **eigener Sache:** Der Bundestag wählt einen Präsidenten, dessen Stellvertreter, Schriftführer etc (Art. 40 Abs. 1 S. 1 GG). Als „Hilfsorgan des Bundestages" fungiert zudem der von ihm gewählte **Wehrbeauftragte** (Art. 45b GG), der gleichzeitig eine verteidigungspolitische Kontrollinstanz gegenüber der Regierung darstellt.

b) Kontrolle der Regierung

11 Das Handeln der Bundesregierung unterliegt der Kontrolle des Bundestags. Damit sie ihm für die Handlungen der ihr unterstellten Exekutivorgane verantwortlich sein kann, darf es grundsätzlich keine ministerialfreien Bereiche geben (→ § 2 Rn. 8).

12 Das Spektrum der **Kontrollrechte** ist weit. Einige dieser Rechte sind explizit im Grundgesetz verankert, andere finden sich nur in der Geschäftsordnung des Deutschen Bundestages (GOBT), haben allerdings ihre Wurzeln im Grundgesetz selbst. Das (auch für die Fallbearbeitung) wichtigste Kontrollrecht – Einsetzung parlamentarischer Untersuchungsausschüsse – greift über die Kontrolle der Regierung insoweit hinaus, als auch allgemeine im weiteren Sinne „politische" Vorgänge zum Gegenstand eines Untersuchungsausschusses erhoben werden können. Wegen seiner herausgehobenen Bedeutung wird dieses Recht hier in einem gesonderten Abschnitt (→ Rn. 22 ff.) behandelt.

13 Ein im Grundgesetz verankertes Recht des Bundestags gegenüber der Regierung ist das **Zitationsrecht** (auch Zitierbefugnis genannt, Art. 43 Abs. 1 GG): Wenn der Bundestag es verlangt, haben die Mitglieder der Bundesregierung die Pflicht, vor dem Bundestag zu erscheinen und Fragen zu beantworten. (Im Gegenzug steht den Mitgliedern der Bundesregierung aber auch ein Zutritts- und Rederecht zu, Art. 43 Abs. 2 GG.)

14 Umstritten ist, ob **Interpellationsrechte** – also das Recht, Fragen durch die Bundesregierung beantworten zu lassen – von Art. 43 Abs. 1 GG geschützt sind oder von Art. 38 Abs. 1 S. 2 GG (den das BVerfG hier – ohne erkennbare dogmatische Notwendigkeit – „iVm Art. 20 Abs. 2 S. 2 GG" anwendet.[326] Da keiner der beiden Artikel sie für sich genommen hinreichend erfasst (so ist zB das Interpellationsrecht im

---

326 Für einen Schutz über Art. 38 Abs. 1 GG sprechen sich unter anderem aus Sachs/Magiera GG Art. 43 Rn. 2; Dreier/Morlok GG Art. 43 Rn. 12 f.; Jarass/Pieroth/Pieroth GG Art. 38 Rn. 49; Zippelius/Würtenberger StaatsR § 38 Rn. 25; für einen Schutz über Art. 43 GG sprechen sich aus Stern StaatsR II § 26 Abs. 2 S. 3, S. 55 f.; unklar Maurer StaatsR I § 13 Rn. 129; Badura StaatsR E Rn. 46.

Gegensatz zum schlichten Zitationsrecht nicht individualisiert und Anfragen werden schriftlich gestellt und beantwortet), bietet es sich an, für die verfassungsrechtliche Anknüpfung auf sie beide zusammen zu rekurrieren.[327] Ausdrücklich verankert sind diese Rechte (von denen manche den Fraktionen vorbehalten sind, → § 5 Rn. 47) allerdings nur in der GOBT. Diese kennt die Große Anfrage (§§ 100 ff.), die Kleine Anfrage (§ 104), die Fragestunde (§ 105) und die Befragung (§ 106 Abs. 2).

Über diese Formen der Kontrolle hinaus ist es dem Bundestag unbenommen, im **15** Rahmen **einfacher** (die Regierung nicht im Sinne einer Handlungsanweisung bindender) **Parlamentsbeschlüsse** Voten abzugeben. Verfassungsrechtlich institutionalisiert ist die Stellungnahme im Rahmen von EU-Angelegenheiten (Art. 23 Abs. 2, 3 GG).

Hat die Bundesregierung das Vertrauen des Bundestags verloren, kann dieser zum **16** äußersten Instrument aus dem Bereich der „checks and balances" greifen: dem **konstruktiven Misstrauensvotum** (Art. 67 GG). Im Erfolgsfall führt dies zu einem Austausch des Bundeskanzlers und in der Folge der gesamten Bundesregierung (Art. 64 GG). Dazu muss mit „Kanzlermehrheit", also der Mehrheit der Mitglieder des Bundestags, Art. 121 GG (→ Rn. 32), ein neuer Bundeskanzler gewählt werden. Geschieht dies, muss der Bundespräsident den Gewählten ernennen und den bisherigen Bundeskanzler aus dem Amt entlassen. Als „konstruktiv" wird das Misstrauensvotum in der Staatsrechtslehre bezeichnet, weil die Abwahl nur im Wege einer Neuwahl des Bundeskanzlers, also eines konstruktiven Akts, möglich ist.

c) Parlamentarische Untersuchungsausschüsse

Eines der praktisch wichtigsten Kontrollrechte (mit Klausurbedeutung) ist das zur **17** Einsetzung von Untersuchungsausschüssen. Damit werden im allgemeinen politischen Interesse bestimmte Sachverhalte aufgeklärt. Grundlage ist Art. 44 GG. Hinzu tritt auf einfachgesetzlicher Ebene das Gesetz zur Regelung des Rechts der Untersuchungsausschüsse des Deutschen Bundestages (Untersuchungsausschussgesetz – PUAG). Das PUAG ist zwar zu einem nicht unerheblichen Teil „geronnene" Verfassungsgerichtsrechtsprechung. Formal betrachtet genießt es jedoch keinen verfassungsrechtlichen Rang und kann als solches nicht Maßstab verfassungsgerichtlicher Prüfung sein.

Die **Einsetzung des Untersuchungsausschusses** muss den formellen wie materiellen **18** Vorgaben des Grundgesetzes und des PUAG genügen. Ihr Vorliegen wird durch den Bundestag, bevor er den Untersuchungsausschuss einsetzt, überprüft. Rechtsstreitigkeiten erwachsen nicht selten daraus, dass das Plenum im Einsetzungsbeschluss den Untersuchungsausschuss nicht, nur teilweise oder anders als beantragt einsetzt. Insoweit ist zu prüfen, wie weit die Kontrollrechte des Plenums reichen und ob es im konkreten Fall den Rahmen des verfassungsrechtlich Zulässigen überschritten hat.

(1) Formelle Voraussetzungen der Einsetzung

Sie sind Art. 44 Abs. 1 S. 1 GG und, was die Einzelheiten betrifft, vor allem dem Un- **19** tersuchungsausschussgesetz (PUAG) zu entnehmen. Dieses bildet die langjährige Verfassungspraxis und -rechtsprechung in weiten Teilen ab. (Im Klausurfall darf zwar auch auf das PUAG zurückgegriffen werden, doch muss jeweils für seine Normen

---

327 So wohl auch Badura StaatsR E Rn. 46.

untersucht werden, inwieweit ein Verstoß hiergegen auch ein solcher gegen das Grundgesetz ist. Dies ist zB zweifelhaft bei der Vorgabe des § 1 Abs. 2 PUAG.)

20 In Ansehung des Art. 44 Abs. 1 S. 1 GG lassen sich – jedenfalls in der Theorie – zwei Formen der Begründung eines Untersuchungsausschusses unterscheiden.

- Von einer **Mehrheitsenquête** wird gesprochen, wenn das Plenum selbst mit der Mehrheit der abgegebenen Stimmen (Art. 42 Abs. 2 S. 1 GG) über die Einsetzung des Ausschusses beschließt (Art. 44 Abs. 1 S. 1 Var. 1 GG).
- **Minderheitsenquête** wird ein von mindestens einem Viertel der Abgeordneten (iSv Art. 121 GG) und damit einer qualifizierten Minderheit getragener Antrag genannt (Art. 44 Abs. 1 S. 1 Var. 2 GG). Nach § 2 Abs. 1 PUAG ist mit Vorliegen des Antrags der Untersuchungsausschuss noch nicht formell eingesetzt; vielmehr bedarf es eines **Einsetzungsbeschlusses** des Bundestages. Das Plenum darf die Einsetzung eines verfassungsgemäßen Ausschusses aber nicht verweigern (Art. 44 Abs. 1 Var. 2 GG: „die Pflicht").

21 Zu beachten ist, dass der vom Grundgesetz vorgeschriebene **Verteidigungsausschuss** des Bundestags von Verfassung und Amts wegen die Rechte eines Untersuchungsausschusses besitzt (Art. 45a Abs. 2 GG). Daher ist die Einsetzung eines Untersuchungsausschusses auf dem Gebiet der Verteidigung unzulässig (Art. 45a Abs. 3 GG).

(2) Materielle Voraussetzungen der Einsetzung

22 In materieller Hinsicht sind vor allem die folgenden drei Anforderungen zu beachten.

(1) Am Untersuchungsgegenstand muss ein **öffentliches Aufklärungsinteresse** bestehen. Dieser Begriff wird weit ausgelegt. Maßgeblich ist, ob der Bundestag zumindest berechtigt ist, sich mit der Sache zu befassen. Dies ist nicht der Fall bei rein privaten Vorkommnissen, für die ein öffentliches Aufklärungsinteresse nicht vorhanden ist, wohl aber bei Vorgängen im gesellschaftlichen oder wirtschaftlichen, also im weitesten Sinne „politischen" Bereich.[328]

(2) Das Aufklärungsinteresse muss **auf Bundesebene** bestehen. Sachverhalten, deren Tragweite sich auf das politische Leben in den Ländern beschränkt und in deren Kompetenzbereich fällt, darf der Bundestag nicht nachgehen.

(3) Das Aufklärungsinteresse muss sich auf **Sachverhalte** beziehen. Abstrakte Fragen oder Meinungen sind kein tauglicher Untersuchungsgegenstand.

(4) Überdies darf das Untersuchungsmandat des Ausschusses nicht den **Kernbereich exekutiver Eigenverantwortung** verletzen. Das BVerfG attestiert der Regierung und Exekutive grundsätzlich einen „auch von parlamentarischen Untersuchungsausschüssen grundsätzlich nicht ausforschbaren Initiativbereich, Beratungsbereich und Handlungsbereich", der unter anderem die Willensbildung und Vorbereitung von Entscheidungen in der Regierung selbst betrifft, aber auch das Recht umfasst, Staatsgeheimnisse zu bewahren und die Tätigkeit von Geheimdiensten und die Identität ihrer Mitarbeiter nicht ohne weiteres offenbaren zu müssen.[329] Das PUAG enthält hierzu unter anderem in §§ 15 f. Regelungen.

---

328 BVerfGE 77, 1 (44) = NJW 1988, 890.
329 BVerfGE 67, 100 (139) = NJW 1984, 2271; BVerfGE 124, 78 (120 ff.) = NVwZ 2009, 1353; BVerfG NVwZ 2021, 628 (Ls. 2, S. 630 ff.).

(3) Die Rechte des Plenums und der Minderheiten

Nicht selten formuliert das Plenum den Einsetzungsbeschluss abweichend von dem   23
von der einsetzungsberechtigten Minderheit gestellten Antrag. Da das Kontrollrecht
der Minderheit gefährdet wäre, wenn der Antrag zur Disposition der Mehrheit stün-
de, ergeben sich aus Art. 44 Abs. 1 S. 1 GG und § 2 Abs. 2, 3 PUAG enge Grenzen:
Der beantragte Untersuchungsgegenstand darf nur geändert werden

- mit Zustimmung der Antragsteller oder
- bei (partieller) Verfassungswidrigkeit; in diesem Fall wird der Ausschuss, soweit
  dies sachlogisch möglich ist, unter Beschränkung seines Auftrags auf die verfassungsgemäßen Teile des Untersuchungsgegenstandes eingesetzt.

Die **einsetzungsberechtigte Minderheit** kann gegen den Bundestag, wenn die Ein-   24
setzung des Untersuchungsausschusses versagt oder der Untersuchungsauftrag modifiziert wird, im Wege des Organstreits (Art. 93 Abs. 1 Nr. 1 GG) vorgehen (Innerorganstreit). Sie ist Teil des Verfassungsorgans Bundestag und kann sich auf die
Verletzung des in Art. 44 Abs. 1 S. 1 GG verankerten eigenen Rechts berufen.[330] In
der Praxis gesteht das BVerfG auch Fraktionen die Berufung auf Art. 44 Abs. 1 S. 1
GG zu, sofern sie die einsetzungsberechtigte Minderheit repräsentieren.[331]

Obwohl Untersuchungsausschüsse vor allem der Opposition als Kontrollinstrumen-   25
te dienen, unterliegen sie wie alle Untergliederungen des Bundestags dem Prinzip der
Spiegelbildlichkeit (oder besser Ebenbildlichkeit):[332] Die Kräfteverhältnisse im Bundestag bilden sich in denjenigen im Ausschuss ab (→ Rn. 52). § 4 S. 3 PUAG gebietet
dabei, dass jede Fraktion – den Mehrheitsverhältnissen im Bundestag gemäß S. 2 – im
Untersuchungsausschuss vertreten sein muss. Diese **„Fraktionen im Untersuchungsausschuss"** können sich ebenfalls im Wege des Organstreits gegen beschrän-
kende Maßnahmen (des Untersuchungsausschusses selbst oder des Bundestags) wehren. Das BVerfG hat die „Fraktion im Untersuchungsausschuss" mit Blick auf die ihr
durch die GOBT eingeräumten Rechte (§§ 59 Abs. 4, 60 Abs. 1, 61 Abs. 2, 64 Abs. 2
S. 3 GG) für im Organstreit parteifähig erachtet.[333] Die Rechte aus Art. 44 Abs. 1 S. 1
GG kann eine „Fraktion im Untersuchungsausschuss" jedoch nur in Anspruch nehmen, wenn sie wenigstens ein Viertel der Mitglieder des Bundestags und damit die
einsetzungsberechtigte Minderheit repräsentiert.[334] Da Art. 44 Abs. 1 S. 1 GG als
minderheitsschützendes Recht angelegt sei, muss sich dieses im eingesetzten Ausschuss unter anderem in einem Recht zur Stellung von Beweisanträgen perpetuie-
ren.[335] Antragsgegner ist, wenn diese Rechte beschränkt werden, der Untersuchungsausschuss als mit eigenen Rechten (unter anderem aus Art. 44 Abs. 2–4 GG
und der GOBT) ausgestatteter Beteiligter und Teil des Bundestags. (Zur Prozessstandschaft der „Fraktion im Untersuchungsausschuss" → § 11 Rn. 18.)

---

330 BVerfGE 67, 100 (124 ff.) = LMRR 1984, 42.
331 BVerfGE 124, 78 (106 f.)
332 Vgl. nur v. Münch/Kunig/Groh GG Art. 44 Rn. 18.
333 BVerfGE 67, 100 (124) = LMRR 1984, 42; BVerfGE 105, 197 (220) = NJW 2002, 1936.
334 Vgl. BVerfGE 105, 197 (220, 224 f.) = NJW 2002, 1936; DHS/Klein, 76. Lfg. 2015, GG Art. 44
     Rn. 72.
335 BVerfGE 105, 197 (220) = NJW 2002, 1936.

5.3 Die Fraktion der Deutschen Anti-Filz-Partei (180 Abgeordnete) beantragt die Einsetzung eines Untersuchungsausschusses, der sich mit folgenden Fragen befassen soll:

1. Hat der Rüstungsbetrieb R Schmiergeld an die Bundesministerin Helga Handauf für die Erteilung eines Rüstungs-Großauftrags gezahlt?
2. Hat sich der Landesminister Ludwig Lebemann vom R-Vorstandsvorsitzenden eine Kreuzfahrt bezahlen lassen?
3. Beabsichtigt die Liga für saubere Politik (LSP), wegen der Handauf-Affäre die Regierungskoalition zu verlassen?
4. Hat der R bei der „feindlichen Übernahme" eines großen deutschen Rüstungsbetriebs ebenfalls Schmiergelder gezahlt?

Muss der Bundestag den Untersuchungsausschuss einsetzen? Kann er den Untersuchungsgegenstand beschränken?

III. Mehrheiten im Bundestag

26 Das Grundgesetz sieht für die Beschlussfassung im Bundestag verschiedene Formen von Mehrheiten vor, deren Anwendung konstellationsabhängig ist und mit denen die Balance zwischen dem demokratischen Mehrheitsprinzip und dem ebenfalls im Demokratieprinzip wurzelnden Grundsatz des Minderheitenschutzes hergestellt wird (→ § 2 Rn. 10). Je größer die Tragweite der Entscheidung, desto höher sind die formellen Anforderungen an die sie tragende Mehrheit. In der Verfassungsrechtsklausur, vor allem bei der Prüfung des Gesetzgebungsverfahrens auf seinen ordnungsgemäßen Verlauf, wird die Feststellung der erforderlichen Mehrheit häufig erforderlich.

27 • **Abstimmungsmehrheit** ist die Mehrheit der jeweils abgegebenen Stimmen. Enthaltungen werden bei der Ermittlung der Abstimmungsmehrheit nicht mitgerechnet.[336] Wo die Entscheidung auf „ja" oder „nein" lautet, kommt es nur auf das zahlenmäßige Überwiegen der Ja-Stimmen an.
  – Die **einfache Abstimmungsmehrheit** (Art. 42 Abs. 2 GG) bildet den verfassungsrechtlichen Regelfall. Soweit nichts anderes bestimmt ist, kommt sie zur Anwendung.
  – In manchen Fällen verlangt das Grundgesetz eine **qualifizierte Abstimmungsmehrheit**, etwa für den Ausschluss der Öffentlichkeit gem. Art. 42 Abs. 1 S. 2 GG. „Zweidrittelmehrheit" bedeutet, dass für den Ausschluss wenigstens doppelt so viele Stimmen abgegeben worden sind wie gegen ihn.
• **Mehrheit der Mitglieder** bedeutet die Mehrheit der gesetzlichen Mitgliederzahl (Legaldefinition in Art. 121 GG). Dabei ist nach hM die Mitgliederzahl zugrunde zu legen, die der Bundestag nach Anwendung der Wahlgesetze in der *jeweiligen* Legislaturperiode hat (dies sind im Normalfall, aber eben nicht stets, 598 Abgeordnete, § 1 Abs. 1 BWG).[337]
  – Die **einfache Mitgliedermehrheit** wird, weil sie für die Wahl und Abwahl des Bundeskanzlers sowie die Abstimmung über eine von ihm gestellte Vertrauensfrage gilt (Art. 63 Abs. 2 S. 1 GG, Art. 67 Abs. 1 S. 1 GG und Art. 68 Abs. 1 S. 1 GG), auch als „Kanzlermehrheit" bezeichnet.

---

336 Sachs/Magiera GG Art. 42 Rn. 10; DHS/Klein/Schwarz, 94. Lfg. 2021, GG Art. 42 Rn. 83.
337 DHS/Klein, 80. Lfg. 2017, GG Art. 121 Rn. 19.

– Für die Beteiligung des Bundestags an einer Grundgesetzänderung schreibt Art. 79 Abs. 2 GG die **qualifizierte Mitgliedermehrheit** vor (zwei Drittel der Mitglieder müssen ihr zustimmen).

Anwesenheitsmehrheit ist die Mehrheit der jeweils Anwesenden. Das Grundgesetz **28** kennt sie nicht, wohl aber die GOBT (§§ 80 Abs. 2, 81 Abs. 1, 84 lit. b, 126 GG). Soweit sie zur Einschränkung nach dem Grundgesetz eröffneter Rechte führt, stößt die Anwesenheitsmehrheit auf verfassungsrechtliche Bedenken.[338]

In einigen Konstellationen weist das Grundgesetz auch **(qualifizierten) Minderhei-** **29** **ten**, die sich nach der gesetzlichen Mitgliederzahl bestimmen, Rechte zu. Sie können, da die Minderheiten Träger eigener Rechte nach dem Grundgesetz sind, auch im Wege des Organstreits verteidigt werden (→ Rn. 25, → § 11 Rn. 15). Solche Vorschriften sind unter anderem Art. 23 Abs. 1a S. 2 GG, Art. 39 Abs. 3 S. 3 GG, Art. 42 Abs. 1 S. 2 GG, Art. 44 Abs. 1 S. 1 GG (Minderheitsenquête zur Einsetzung eines parlamentarischen Untersuchungsausschusses), Art. 61 Abs. 1 S. 2 GG, Art. 93 Abs. 1 Nr. 2 GG (Recht zur Beantragung einer abstrakten Normenkontrolle).

> **5.4** An der Abstimmung über eine Gesetzesvorlage im Bundestag nehmen 200 Abgeordnete teil, von denen 50 dafür, 40 dagegen stimmen – bei 110 Enthaltungen. Kann das Gesetz zustande kommen?

IV. Die Untergliederungen bzw. Teile des Bundestages

1. Die Abgeordneten

a) Das freie Mandat

Die besondere Rechtsstellung der Abgeordneten als der gewählten Volksvertreter ist **30** in Art. 38 GG genannt. Gemäß Abs. 1 S. 2 GG sind sie „Vertreter des ganzen Volkes, an Aufträge und Weisungen nicht gebunden und nur ihrem Gewissen unterworfen". Damit ist das **freie Mandat** verfassungsrechtlich festgelegt. *Nicht* zulässig ist das imperative (oder pflichtgebundene) Mandat, das Abgeordneten verbietet, von einem Wähler- oder Parteiwillen inhaltlich abzuweichen. Einer gewissen Partei- oder Fraktionsdisziplin steht dies nicht entgegen. Art. 38 Abs. 1 S. 2 GG befindet sich insofern in einem **Spannungsverhältnis** zu Art. 21 Abs. 1 GG (Partei) bzw. Art. 38 Abs. 1 S. 2 GG selbst (Fraktion)[339].

Die Partei- und Fraktionsdisziplin, die dem Abgeordneten abverlangt werden kann, **31** wird durch Art. 38 Abs. 1 S. 2 GG begrenzt – und umgekehrt. Lässt es der Abgeordnete an der erwarteten Disziplin oder Loyalität nachhaltig mangeln, so kann er zwar aus der Partei oder Fraktion ausgeschlossen werden. Der Verlust der Fraktionszugehörigkeit (bei Austritt oder Ausschluss) darf jedoch nicht mit dem Verlust des Abgeordnetenstatus verbunden sein, auch nicht bei Listenabgeordneten. Blankoverzichtserklärungen (die der Abgeordnete der Fraktion bei Mandatsübernahme unterschrieben übergibt und in die bei Bedarf nur noch das Datum eingetragen wird),

---

338 Für die Verfassungswidrigkeit spricht sich aus Jarass/Pieroth/Pieroth GG Art. 42 Rn. 4; verfassungsrechtliche Bedenken auch bei Sachs/Magiera GG Art. 42 Rn. 14.

339 Dazu im Überblick MKS/Müller GG Art. 38 Rn. 41 ff.

außerdem durch den Eintritt eines Ereignisses, wie zB Austritt aus der Partei oder Fraktion, konditionierte Verzichtserklärungen oder vertragliche Verpflichtungen, in solchen Fällen das Mandat niederzulegen, sind im Lichte des Art. 38 Abs. 1 S. 2 GG unzulässig.[340]

> **Beachte:** Das pflichtgebundene Mandat ist nicht schlechthin mit dem Grundgesetz unvereinbar. Für die Vertreter der Landesregierungen im Bundesrat beispielsweise wird angenommen, dass ihnen das Stimmverhalten vorgegeben werden darf (→ Rn. 70). Auf die Wirksamkeit der Stimmabgabe wirkt sich das Nichtbefolgen einer Vorgabe allerdings nicht aus.

32 Nach seinem Wortlaut garantiert Art. 38 Abs. 1 S. 2 GG den Abgeordneten ausschließlich Freiheiten bei der Amtsausübung. Diese finden jedoch ihre Grenze, wo durch Dispositionen des Abgeordneten selbst die freie Ausübung des Mandats beeinträchtigt zu werden droht. **Inkompatibilitätsregelungen**, welche die gleichzeitige Ausübung von Abgeordnetenmandat und anderen öffentlichen Ämtern untersagen, stehen Art. 38 Abs. 1 S. 2 GG daher nicht schlechterdings entgegen. Im Grundsatz beruht die Inkompatibilität – außer der Mitgliedschaft in der Bundesregierung und dem Posten eines Parlamentarischen Staatssekretärs sind Bundestagsmitgliedern fast alle Ämter verschlossen – auf einfachgesetzlicher Grundlage; soweit sie aus dem Kontext des Grundgesetzes abgeleitet werden können, genießen die Vorgaben auch Verfassungsrang (zB die Unvereinbarkeit gleichzeitiger Mitgliedschaft in Bundestag und Bundesrat oder in Bundestag und BVerfG).[341]

b) Einzelne Ausprägungen des freien Mandats

33 Aus Art. 38 Abs. 1 S. 2 GG lassen sich insbesondere die folgenden Rechte ableiten:

- Recht auf **Bildung von Fraktionen und Gruppen**. Die Definition der Fraktion in § 10 Abs. 1 GOBT steht zwar formell betrachtet zur Disposition der Bundestagsmehrheit. Da das Recht zum Zusammenschluss jedoch aus Art. 38 Abs. 1 S. 2 GG selbst folgt,[342] darf der Bundestag die Vereinigung von Abgeordneten zu Fraktionen nicht im Definitionswege nach Belieben erschweren, sondern allenfalls Missbräuchen bei der Fraktionsbildung begegnen;
- Recht auf **Teilnahme an den Sitzungen** des Bundestages;[343]
- Recht auf **Mitwirkung in Ausschüssen** des Bundestages (beschränkt bei fraktionslosen Abgeordneten, → Rn. 46);
- **Rederecht** im Bundestag (beschränkt bei fraktionslosen Abgeordneten);
- Antrags-, Initiativ-, Fragerecht etc.[344]

34 Art. 38 GG ist in Art. 93 Abs. 1 Nr. 4a GG zwar als möglicher Gegenstand der Verfassungsbeschwerde aufgeführt. Der Abgeordnete darf eine solche – als Teil eines Staatsorgans – jedoch nicht erheben, sondern ist auf den **Organstreit** verwiesen. Nur

---

340 Dazu im Überblick BerlKomm GG/Schreiber, 42. Lfg. 2013, GG Art. 38 Rn. 191 ff.; Maurer StaatsR I § 13 Rn. 66; Peters JZ 1968, 783; zu Blankoverzichtserklärungen BVerfGE 2, 1 (74) = NJW 1952, 1407; zum Schuldanerkenntnis LG Braunschweig DVBl 1970, 591 (592); Dreier/Morlok GG Art. 38 Rn. 154.

341 Ähnlich wie hier Stein/Frank StaatsR § 9 Abs. 4 S. 4, S. 77; zum Teil anders MKS/Müller GG Art. 38 Rn. 71 ff., mit Übersicht über die Einzelfälle in Rn. 82.

342 Ebenso Maurer StaatsR I § 13 Rn. 71; Degenhart StaatsR I Rn. 641.

343 Sachs/Magiera GG Art. 38 Rn. 58 f.

344 Vgl. GWC/Gröpl GG Art. 38 Rn. 36 f.

ausnahmsweise kann auf die Verfassungsbeschwerde zurückgegriffen werden, wenn dem Abgeordneten sonst kein ausreichender Rechtsschutz zuteilwerden könnte.[345]

c) Sonstige verfassungsrechtliche Gewährleistungen

Die Rechtsstellung aus Art. 38 Abs. 1 S. 2 GG wird durch weitere Rechte der Abge- **35** ordneten ergänzt, die unmittelbar im Grundgesetz verankert sind (und insoweit Art. 38 Abs. 1 S. 2 GG als leges speciales grundsätzlich vorgehen).

Vor Strafverfolgung sind Abgeordnete durch die Indemnität und die Immunität stär- **36** ker geschützt als normale Bürger. Trotz äußerer Ähnlichkeit unterscheiden sie sich beim Schutzzweck.

- Mit der **Indemnität** (Art. 46 Abs. 1 GG) kommt dem Abgeordneten ein persönlicher Strafausschließungsgrund zugute. Für Äußerungen im Bundestag (mit Ausnahme verleumderischer Beleidigungen, §§ 103, 187, 188 StGB) genießt er Verfolgungsfreiheit. Diese wirkt im Verhältnis zu allen außerhalb des Bundestags ergriffenen rechtlichen Maßnahmen, also nicht nur der strafgerichtlichen Verurteilung.[346]
- Von der Indemnität ist die **Immunität** (Art. 46 Abs. 2 GG) zu unterscheiden. Es handelt sich um ein höchstpersönliches Strafverfolgungshindernis für Straftaten, die der Abgeordnete innerhalb oder auch außerhalb des Bundestages begangen hat. Die Immunität sichert die Funktionsfähigkeit des Bundestages; der Freiheit des Abgeordneten kommt sie nur im Rahmen eines Rechtsreflexes zugute.[347] Damit dient sie dem Demokratieprinzip. Sie wurde eingeführt, um den Monarchen daran zu hindern, durch gerichtliche Verfolgung von Abgeordneten missliebige Entscheidungen zu unterbinden. Anders als die Indemnität kann die Immunität durch den Bundestag aufgehoben werden (was in der Regel auch geschieht). Außerdem endet sie, wenn der Abgeordnete aus dem Bundestag ausscheidet.

Für die unabhängige Mandatsausübung soll auch das gem. Art. 47 S. 1 GG bestehen- **37** de **Zeugnisverweigerungsrecht** über ihnen anvertraute Tatsachen Gewähr bieten. Es wird ergänzt durch ein **Beschlagnahmeverbot** in Bezug auf Schriftstücke (wozu auch Daten-, Bild- und Tonträger und allgemein digital gespeicherte Daten gerechnet werden). Beschlagnahme ist weit zu fassen und schließt bereits das Nachforschen nach Informationen (zB Durchsuchung) ein, die iSd S. 1 beweisgeeignet und beweiserheblich sind.[348] „Gewahrsam des Abgeordneten" muss im Lichte des Schutzzwecks der Bestimmung weit ausgelegt werden. Er besteht nicht nur bei Schriftstücken und Daten(trägern), die sich im Büro des Abgeordneten selbst, sondern auch solchen, die sich innerhalb seines funktionalen Herrschaftsbereichs bei seinen Mitarbeitern befinden – vorausgesetzt, dass der Abgeordnete im Rahmen seines Direktionsrechtes jederzeitigen Zugriff nehmen kann. Dies trifft auf im Parlamentsbüro aufbewahrte Schriftstücke idR zu, auf in der Privatwohnung befindliche idR nicht.[349]

---

345 Beispiel: Der Abgeordnete wehrt sich gegen Maßnahmen der Staatsanwaltschaft; vgl. BVerfGE 108, 251 (266) = NJW 2003, 3401.
346 Vgl. dazu auch BVerfGE 104, 310 (325 ff.) = NJW 2002, 1111 zur Durchsuchung von Wohn- und Geschäftsräumen eines Abgeordneten; Dreier/Schulze-Fielitz GG Art. 46 Rn. 18.
347 BVerfGE 104, 310 (328) = NJW 2002, 1111; Butzer, Immunität im demokratischen Rechtsstaat, 1991, 86 ff.; krit. DHS/Klein, 52. Lfg. 2008, GG Art. 46 Rn. 50 f.; BeckOK GG/Butzer, 48. Ed. 15.8.2021, GG Art. 46 Rn. 10 f.
348 MKS/Storr GG Art. 47 Rn. 10.
349 BVerfGE 108, 251 (269 f.) = NJW 2003, 3401.

38 Die finanzielle Unabhängigkeit der Abgeordneten wird durch das Recht auf angemessene **Amtsentschädigung** (die sog. Diäten), Art. 48 Abs. 3 GG, gesichert. Die Entschädigung muss angemessen sein, dem Mandat also gerecht werden. Eine Vollalimentation, wie sie der Rechtspraxis entspricht, ist verfassungsrechtlich nicht gefordert, aber zulässig.[350] Der Bundestag entscheidet durch gesetzliche Regelung selbst über die Diäten. Gemäß § 11 AbgG sind Orientierungsgrundlage die Richter- und Beamtengehälter.[351]

39 Schließlich verfügen Abgeordnete auch noch über das Recht zur freien Benutzung aller **staatlichen Verkehrsmittel** (Art. 48 Abs. 3 S. 2 GG). Der Geltungsbereich der Vorschrift reduziert sich im Bereich des Fernverkehrs heute auf die Deutsche Bahn AG, die kraft der Eigentümerstellung des Bundes trotz privatrechtlicher Organisationsform (Art. 87e Abs. 3 S. 1 GG) „staatlich" ist (vgl. § 16 Abs. 1 S. 1 AbgG). Die Kostenerstattungsregelungen der §§ 16 f. AbgG erstrecken jedoch das Benutzungsprivileg mit einfachgesetzlicher Wirkung auf andere Transportmittel.

5.5 Da dieser Fall, was die im Folgenden wiedergegebene Äußerung betrifft, auf einer realen Begebenheit beruht, hat der Verfasser sich entschlossen, ihre Derbheit nicht abzumildern; denn auch sie gehört – mitunter – zur parlamentarischen Realität. Der Abgeordnete F der G-Fraktion wird vom Präsidenten des Bundestages S zur Ordnung gerufen. F (im Abgang) zu S: „Mit Verlaub, Herr Präsident, Sie sind ein Arschloch!"
1. Darf S gegen F vorgehen?
2. Darf die Staatsanwaltschaft Anklage gegen F erheben?
3. Ändert sich daran etwas, wenn F sein Mandat verliert?
4. Variante: Der Bundeskanzler (K) hält eine Rede im Bundestag und wird hierbei vom Oppositionsabgeordneten S ständig unterbrochen. K daraufhin zu S: „Mit Verlaub, Herr Abgeordneter, (etc)". Die Staatsanwaltschaft nimmt daraufhin Ermittlungen gegen K auf – mit welchem möglichen Ergebnis?

---

2. Die Fraktionen

40 Das Grundgesetz erwähnte die Fraktionen ursprünglich nicht; mittlerweile haben sie zumindest in Art. 53a Abs. 1 GG Eingang gefunden. Eine Definition der Fraktion findet sich jedoch weder dort noch in §§ 46 ff. AbgG, die den Fraktionen einige Rechte einräumen, sondern in § 10 Abs. 1 S. 1 GOBT. Seinem Fraktionsbegriff korrespondiert kein verfassungsrechtlich vorgefundenes Verständnis der Fraktionen, zumal das Grundgesetz ihnen ausdrücklich keine Rechte zuweist. Das Grundgesetz hindert den Bundestag und den Bundesgesetzgeber aber nicht, den Fraktionsbegriff und die Fraktionsrechte unterverfassungsrechtlich auszuformen. Diese Ausformung darf jedoch nicht in einer Verletzung der Rechte münden, die das Grundgesetz und insbesondere Art. 38 Abs. 1 S. 2 GG den Abgeordneten zuspricht.[352]

---

350 BVerfGE 76, 256 (341 f.) = NVwZ 1988, 329.
351 Näheres hierzu Badura StaatsR E Rn. 32.
352 Vgl. BVerfGE 96, 264 (278 ff.) = NJW 1998, 3037; vgl. auch Ipsen StaatsR I 273 ff. »sachgerecht«.

Als Fraktionen definiert § 10 Abs. 1 GOBT   41

- Vereinigungen von mindestens 5 % der Abgeordneten des Bundestages,
- die angehören
  - entweder derselben Partei
  - oder Parteien, die – wegen gleichgerichteter Ziele – in keinem Land miteinander im Wettbewerb stehen (wie zB CDU und CSU). Gemäß § 10 Abs. 1 S. 2 GOBT kann der Bundestag allerdings auch Zusammenschlüsse als Fraktion anerkennen, bei denen diese Vorgabe nicht erfüllt ist.

Das freie Mandat umschließt das Recht der Abgeordneten, sich zu **Fraktionen zu-**   42
sammenzuschließen. Art. 38 Abs. 1 S. 2 GG legt aber nicht nur die verfassungsrechtliche Basis für die Fraktionsbildung, sondern bildet auch – kraft Ableitung aus den Abgeordnetenrechten – einen Anknüpfungspunkt für die verfassungsmäßigen Rechte der Fraktionen selbst.[353] Ein bestimmter Fraktionsbegriff kann der Vorschrift schon deswegen nicht entnommen werden, weil sie nach ihrem Wortlaut an die Abgeordneten und nicht an Fraktionen adressiert ist. Die Interpretation des **Art. 38 Abs. 1 GG als (auch) eigenes Recht der Fraktionen** ist insbesondere für den Organstreit (Art. 93 Abs. 1 Nr. 1 GG) von Bedeutung. Für die **Parteifähigkeit im Organstreit** ist sie nicht essenziell: Dafür reicht aus, dass sie durch das Grundgesetz (ausdrücklich Art. 53a Abs. 1 GG sowie, wie dargelegt, implizit Art. 38 Abs. 1 S. 2 GG) *oder* durch die Geschäftsordnung des Bundestages (unter anderem §§ 10–12 und §§ 75 ff.) mit eigenen Rechten ausgestattet sind. (Zu beachten ist, dass Art. 93 Abs. 1 Nr. 1 GG und § 63 BVerfGG insofern nicht völlig deckungsgleich sind. Nach Maßgabe der ersten Vorschrift sind die Fraktionen „andere Beteiligte", nach Maßgabe der zweiten sind sie Teile des Organs Bundestag, dazu → § 11 Rn. 13).

Die Parteifähigkeit präjudiziert jedoch nicht die Antragsbefugnis. Sie liegt nur vor,   43
wenn die Fraktionen aber die Möglichkeit der **Verletzung verfassungsmäßiger Rechte** geltend machen können, die dann auch Gegenstand der Begründetheitsprüfung sind. Die Verletzung allein der GOBT kann die Antragsbefugnis nicht begründen, sondern allenfalls die Verletzung grundgesetzlicher Rechte spiegeln, auf die allein abzustellen ist. Insoweit sind beim Organstreit wiederum zwei Konstellationen zu unterscheiden:

- Die Fraktion hält ihre **eigenen verfassungsmäßigen Rechte** für verletzt, die sich praktisch nur aus Art. 38 Abs. 1 S. 2 GG ergeben können. Typischerweise ist hier der Bundestag Antragsgegner (Organstreit als Innerorganstreit).
- Die Fraktion kann aber auch eine Verletzung der verfassungsmäßigen Rechte des Bundestags als des „Organs, dem sie angehören" (Art. 93 Abs. 1 Nr. 1 GG), des Bundestags nämlich, gegenüber anderen Staatsorganen (wie Bundesregierung, Bundespräsident etc) rügen. Diese sog. **Prozessstandschaft** erkennt die hM nur ständigen Teilen des Bundestags zu, wozu Fraktionen aber gerechnet werden (Näheres hierzu → § 11 Rn. 18).

Fraktionen sind, rechtlich betrachtet, mit einer **Doppelnatur** versehen. Sie sind zum   44
einen „notwendige Einrichtungen des Verfassungslebens"[354] und als solche – als Teile

---

353 Vgl. BVerfGE 80, 188 (Ls. 3b, S. 219 f.) = NJW 1990, 373; vgl. BVerfGE 84, 304 (322) = NJW 1991, 2474; Dreier/Morlok GG Art. 38 Rn. 184 f.; vgl. Wolters, Der Fraktions-Status, 1996, 219 ff.
354 So BVerfGE 2, 143 (160) = NJW 1953, 537.

des Staatsorgans Bundestag – der **organisierten Staatlichkeit** eingegliedert. Dies berechtigt sie auch zu Fraktionszuschüssen (vgl. §§ 50 ff. AbgG). Kraft dieser Funktionen spricht § 46 AbgG den Fraktionen Rechtsfähigkeit und die Beteiligtenfähigkeit im gerichtlichen Verfahren zu. Auf der anderen Seite werden die Fraktionen, wo keine Funktionen der organisierten Staatlichkeit im Raum stehen, als nach den Maßstäben des bürgerlichen Rechts nicht rechtsfähige Vereine tätig.[355] *Insoweit* ist auch ihre Antragsbefugnis im Organstreit ausgeschlossen.[356]

> **5.6** Der ultrakonservative CDU-Abgeordnete Kaisertreu (K) hat sich mit seiner Fraktion überworfen und tritt aus dieser aus, aber ohne die Partei zu verlassen. Die AfD-Fraktion bietet dem K an, ihn „ins Boot zu nehmen". Zulässig?

45 Obwohl das Grundgesetz den Fraktionen kaum Aufmerksamkeit schenkt, haben sie in der Verfassungspraxis erhebliche Bedeutung. Dies liegt auch daran, dass die GOBT viele Beteiligungsrechte den Fraktionen vorbehält. Die Ausübung dieser Rechte steht, obwohl sie auf verfassungsrechtlichen Statusrechten der Abgeordneten (Art. 38 Abs. 1 S. 2 GG) fußen, nicht dem einzelnen Mandatsträger, sondern nur dem Verbund zu, den er in Gestalt der Fraktion gemeinsam mit anderen Abgeordneten bildet – oder jedenfalls einer Zahl von Abgeordneten, die zusammen der Fraktionsstärke (5% der Abgeordneten) entspricht. Verfassungsgemäß sind diese Einschränkungen nur, wo die Funktionsfähigkeit des Bundestags sie erfordert. Viele Rechte setzen Fraktionsstatus oder zumindest die Fraktionsstärke der Gesamtheit der Agierenden voraus. Insbesondere geht es um:

- §§ 75 f. GOBT (grundsätzlich alle Arten von Vorlagen: Gesetzesinitiative, Anträge, Große Anfragen, Beschlussempfehlungen),
- § 85 Abs. 1 GOBT (Änderungsanträge in dritter Lesung),
- § 42 GOBT (Ausübung des Zitierrechts),
- § 57 Abs. 2 S. 1 GOBT (Benennung der Ausschussmitglieder),
- § 6 Abs. 1 GOBT (Benennung der Mitglieder des Ältestenrats),
- § 50 Abs. 1, 4 AbgG (Recht auf Geld- und Sachleistungen aus dem Bundeshaushalt für Aufgaben, die ihnen nach dem Grundgesetz, dem AbgG und der GOBT obliegen, bestehend aus einem Grundbetrag für die Fraktion, einem Betrag für jedes Mitglied und gegebenenfalls einem Oppositionszuschlag. Die Verwendung für Parteiaufgaben ist schon deshalb unzulässig, weil damit die Chancengleichheit im Wahlkampf beeinträchtigt würde[357]).

46 Diese Konzentration von Beteiligungsrechten auf Fraktionen oder Abgeordnete in Fraktionsstärke zeigt verfassungsrechtliche Probleme, wenn – wie in fast jedem Bundestag – Abgeordnete keiner Fraktion angehören. Zu **fraktionslosen Abgeordneten** im Bundestag kann es kommen, wenn jemand als Einzelkandidat ein Wahlkreismandat erringt – ein recht unwahrscheinlicher Fall – oder ein Abgeordneter aus

---

355 So die hM, s. zB Maurer StaatsR I § 13 Rn. 108; nach aA juristische Personen sui generis, s. zB Ipsen StaatsR I Rn. 270.
356 Vgl. Kürschner JuS 1996, 306 (306 f.).
357 MKS/Müller GG GG Art. 38 Rn. 111; Dreier/Morlok GG Art. 38 Rn. 190.

seiner Fraktion austritt oder ausgeschlossen wird. Der Umfang der Rechte Fraktionsloser bestimmt sich wie derjenige anderer Abgeordneter nach Art. 38 Abs. 1 S. 2 GG. Da die fraktionslosen Abgeordneten nicht über die Privilegien verfügen können, die ihnen die Mitgliedschaft in einer Fraktion vermittelt, die Abgeordnetenrechte aber ohne sie leerzulaufen drohen, verlangt Art. 38 Abs. 1 S. 2 GG nach rechtlicher Kompensation. Die dafür unabdingbare Überrepräsentation der Fraktionslosen, die Art. 38 Abs. 1 S. 2 GG als spezieller Gleichheitssatz eigentlich untersagt, muss durch Einschränkungen an anderer Stelle ausbalanciert werden.[358] Dazu muss dem Fraktionslosen ein angemessenes Rederecht zustehen, das zwar deutlich mehr als 1/598 (oder gar 1/736) der Gesamtredezeit, aber doch deutlich weniger als das einer Fraktion insgesamt zugestandene Rederecht umfasst. Der Fraktionslose darf wenigstens einem Ausschuss angehören, im Gegenzug aber braucht ihm dort kein Stimmrecht gewährt zu werden.[359] Er hat auch ein Recht auf finanziellen Ausgleich für das Fehlen der Vergünstigungen, die ihm sonst über die Fraktion zufließen würden.[360]

3. Gruppen

Gruppen sind Vereinigungen gleichgesinnter Abgeordneter, die jedoch keine Fraktionsstärke erreichen. § 10 Abs. 4 GOBT sieht vor, dass solche Vereinigungen auf Antrag als Gruppe anerkannt werden können.   **47**

Der Umfang der Rechte, die einer Gruppe zustehen, ist eher bescheiden: Sie kann beispielsweise verlangen, in Ausschüssen vertreten zu sein. Nicht davon erfasst sind jedoch Enquête-Kommissionen (§ 56 GOBT) und Untersuchungsausschüsse. Wie die Fraktionen hat die Gruppe einen Anspruch auf finanzielle Zuwendungen, wenn auch in geringerem Maße. In gewissem, begrenztem Umfang darf sie auch Anträge stellen.[361]   **48**

4. Der Präsident des Deutschen Bundestages

Die Wahl des Bundestagspräsidenten erfolgt durch den Bundestag (Art. 40 Abs. 1 S. 1 GG; Näheres in § 2 GOBT, auch zu den Mehrheitserfordernissen). Zu seinen Befugnissen zählen insbesondere die folgenden: **49**

- Der Präsident hat das (nach privatrechtlichen Maßstäben zu beurteilende) **Hausrecht** sowie die (öffentlich-rechtliche) **Polizeigewalt** inne (Art. 40 Abs. 2 GG, § 7 Abs. 2 GOBT).
- Er eröffnet und leitet die Sitzungen des Bundestages (§ 22 ff. GOBT). Unter den Voraussetzungen des § 21 GOBT kann der Präsident auch (anstelle des Ältestenrates, § 20 Abs. 1 GOBT) die Sitzungen einberufen und die Tagesordnung festlegen.
- Er hat die innere Ordnungsgewalt in den Sitzungen inne. Dazu zählen auch Sanktionen gegenüber Abgeordneten wie Entziehung des Wortes, Saalverweis oder Ausschluss von der Sitzungsteilnahme (§§ 37 ff. GOBT).
- Der Präsident vertritt den Bundestag nach außen (etwa im interparlamentarischen Dialog, aber auch im rechtsgeschäftlichen Verkehr, § 7 Abs. 1 S. 1, Abs. 3 GOBT).

---

358 Vgl. BVerfGE 80, 188 (223 ff., 228 ff.) = NJW 1990, 373.

359 BVerfGE 80, 188 (Ls. 4b, 4c, S. 223 ff.) = NJW 1990, 373; anders die abw. Meinung des Richters Mahrenholz, s. BVerfGE 80, 188 (235 ff.) = NJW 1990, 373; dazu auch v. Münch/Mager StaatsR I Rn. 182 f.

360 BVerfGE 80, 188 (Ls. 6b, S. 231 ff.) = NJW 1990, 373.

361 Näheres bei BVerfGE 84, 304 (327 ff.) = NJW 1991, 2474; BVerfGE 96, 264 (278 ff.) = NJW 1998, 3037; Maurer StaatsR I § 13 Rn. 110.

- Der Präsident leitet die **Bundestagsverwaltung**. Er ist oberste Dienstbehörde der Bundestagsbeamten (§ 7 Abs. 4 GOBT). Er kehrt auch staatliche Zuschüsse an die Fraktionen aus.[362]

5. Die Ausschüsse

50 Ausschüsse sind der eigentliche Ort der parlamentarischen Sachdiskussion. In der GOBT ist ihre Zahl nicht festgelegt; § 54 Abs. 1 S. 1 sieht lediglich vor, dass der Bundestag ständige Ausschüsse einrichten kann. Derzeit gibt es über 20 Ausschüsse.

51 Das Grundgesetz schreibt eine Reihe von Ausschüssen allerdings *zwingend* vor:

- den **EU-Ausschuss** (Art. 45 GG);
- den Ausschuss für **auswärtige Angelegenheiten** (Art. 45a Abs. 1 GG);
- den **Verteidigungsausschuss** (Art. 45a Abs. 1 GG), der auch die Rechte eines Untersuchungsausschusses hat. Art. 44 Abs. 1 GG findet auf Fragen der Verteidigung folglich keine Anwendung (Art. 45a Abs. 2, Abs. 3 GG);
- schließlich den **Petitionsausschuss** (Art. 45c GG), der die Verwirklichung des Petitionsgrundrechts gem. Art. 17 GG auf Bundesebene sicherstellt.

52 Die parteipolitische Zusammensetzung der Ausschüsse – gleich, ob es sich um ständige oder nichtständige, eigentliche oder „uneigentliche" (dazu sogleich) handelt – unterliegt dem sog. Grundsatz der **Spiegelbildlichkeit**.[363] Die Mehrheitsverhältnisse im Bundestag müssen sich also in jedem dieser Ausschüsse so gut, wie es die Arithmetik zulässt, abbilden. Dies gebietet das Demokratieprinzip: So wie der Bundestag selbst eine verkleinerte „Projektion" des Volkes ist, projiziert er sich seinerseits auf seine Ausschüsse. „**Ebenbildlichkeit**" wäre insofern der bessere Begriff als „Spiegelbildlichkeit", die eine Größenentsprechung suggeriert, die hier ja gerade nicht vorliegt (und außerdem eine Seitenverkehrung!). Wie bei Parlamentswahlen wird das Prinzip durch eines der drei anerkannten Zuteilungsverfahren nach d'Hondt, Hare/Niemeyer oder Sainte-Laguë/Schepers gewährleistet (auch → § 2 Rn. 31; Fall 6.4).

> **Beachte:** Nicht alles, was im Grundgesetz als Ausschuss bezeichnet ist, ist auch eine Untergliederung des Bundestags. So ist der Gemeinsame Ausschuss (Art. 53a GG) kein Ausschuss des Parlaments, sondern – wie der Vermittlungsausschuss (Art. 77 Abs. 2 S. 2 GG) – ein Organ, das von Bundestag und Bundesrat gemeinsam beschickt wird.[364]

V. Vertrauensfrage und Auflösung des Bundestages

1. Vertrauensfrage (Art. 68 GG) statt Selbstauflösungsrecht

53 Der Bundestag verfügt, anders als einige Landtage, nicht über ein Selbstauflösungsrecht. Nicht einmal ein Ersuchen an den Bundespräsidenten, den Bundestag aufzulösen, darf er stellen. Sieht man von der – noch nie erfolgten – Auflösung des neugewählten Bundestags wegen faktisch gescheiterter Kanzlerwahl nach Ermessen des Bundespräsidenten (Art. 63 Abs. 4 S. 3 GG) ab, ist seine Auflösung vor Ende der Legislaturperiode (Art. 39 GG) nur infolge einer erfolglosen Vertrauensfrage (Art. 68

---

362 Zur Rückforderung vgl. BVerfG (K) NVwZ 1998, 387 f.
363 BVerfGE 84, 304 (323) = NJW 1991, 2474; BVerfGE 96, 264 (282) = NJW 1998, 3037; BVerfGE 106, 253 (262) = BeckRS 2003, 20173.
364 Trossmann JZ 1983, 7; aA MKS/Masing/Risse GG GG Art. 77 Rn. 65.

GG) möglich. Dazu muss ein Antrag des Bundeskanzlers beim Bundestag, ihm das Vertrauen auszusprechen, keine Mehrheit (seiner Mitglieder) gefunden haben; der Bundeskanzler muss daraufhin dem Bundespräsidenten die Auflösung vorgeschlagen und dieser muss dem Vorschlag binnen 21 Tagen gefolgt sein – was ihm verwehrt ist, wenn der Bundestag mit „Kanzlermehrheit" in der Zwischenzeit einen neuen Bundeskanzler gewählt hat.

2. Varianten der Vertrauensfrage

Die Vertrauensfrage (Art. 68 GG) bietet dem Bundestag den einzigen wirksamen **54** Hebel, um auf die vorzeitige Beendigung der Legislaturperiode hinzuwirken. Einem Selbstauflösungsrecht kommt dies jedoch nicht gleich, da Bundeskanzler und Bundespräsident das letzte Wort darüber haben. Bei der Vertrauensfrage wird in der Verfassungslehre zwischen „echten" und „unechten" Vertrauensfragen unterschieden.

a) „Echte" (bestandsgerichtete) Vertrauensfrage

„Echte" Vertrauensfragen entsprechen der Grundkonzeption des Art. 68 GG. Der **55** Bundeskanzler soll sie stellen können, um Gewissheit darüber zu haben, ob noch eine parlamentarische Mehrheit hinter ihm steht, oder eine wackelige Mehrheit durch den Vertrauensappell zu konsolidieren. Die echte Vertrauensfrage zielt gerade nicht auf die Auflösung des Bundestags ab. Das formell erklärte Vertrauen korrespondiert in diesem Fall auch dem materiellen Vertrauen, ebenso wie seine Versagung.

b) „Unechte" (auflösungsgerichtete) Vertrauensfrage

Von „unechten" oder auflösungsgerichteten Vertrauensfragen spricht man, wenn hin- **56** ter dem Bundeskanzler noch eine parlamentarische Mehrheit steht (materielles Vertrauen also vorliegt) und die Vertrauensfrage darauf abzielt, die Auflösung des Bundestags und durch Neuwahlen eine breitere parlamentarische Basis zu erlangen. Auch die den Kanzler unterstützenden Abgeordneten versagen ihm hier formell das Vertrauen (wofür eine Enthaltung ausreicht), weil sie ihn in seinem Ziel unterstützen.[365] Über die Zulässigkeit der „unechten" Vertrauensfrage und deren Voraussetzungen besteht keine Einigkeit. Ein Teil des Schrifttums lehnt sie als Missbrauch des Rechtsinstruments der Vertrauensfrage ab.[366] Das BVerfG erkennt sie zwar nicht voraussetzungslos an, erkennt aber den Beteiligten und insbesondere dem Bundeskanzler einen weiten und kaum gerichtlich überprüfbaren Einschätzungsspielraum zu.[367] Voraussetzung ist eine **„politische Lage der Instabilität"** trotz äußerlich vorhandener Parlamentsmehrheit. Nicht auf das Vertrauen an sich, sondern seine Stetigkeit kommt es an.[368] Da die Motivation der einzelnen Abgeordneten schwer überprüft werden kann, knüpft die verfassungsrechtliche Prüfung vor allem an dem auf die Versagung des Vertrauens folgenden Vorschlag des Bundeskanzlers zur Auflösung des Bundestags und die nachfolgende Auflösungsentscheidung des Bundespräsidenten an. Als „poli-

---

365 Zur Differenzierung zwischen echter und unechter Vertrauensfrage vgl. MKS/Epping GG Art. 68 Rn. 13; Jarass/Pieroth/Pieroth GG Art. 68 Rn. 1; Ipsen NVwZ 2005, 1147 (1148).
366 Maurer DÖV 1982, 1001 (1004 ff.); Stern StaatsR II § 30 Abs. 3 S. 5d, S. 257 f.
367 BVerfGE 114, 121 (157 ff.) = NJW 2005, 2669; krit. dazu etwa Pestalozza NJW 2005, 2817; insgesamt zur Problematik der Vertrauensfrage Winkler AöR 131 (2006), 441.
368 Nach BVerfGE 62, 1 (Ls. 6, S. 44 f.) = NJW 1983, 735, ein „ungeschriebenes sachliches Tatbestandsmerkmal des Art. 68 Abs. 1 Satz 1 GG"; s. dazu aber die abw. Meinung des Richters Rottmann BVerfGE 62, 1 (109 ff.); vgl. auch BVerfGE 114, 121 (152 ff.) = NJW 2005, 2669.

tische Leitentscheidung" des Bundeskanzlers[369] kann sein „Vorschlag" (der faktisch als Antrag aufgefasst werden muss) nur auf gravierende und offenkundige Fehler in der Einschätzung der materiellen Voraussetzungen (die letztlich wieder auf einen Missbrauch des Rechtsinstruments hinauslaufen) überprüft werden.[370]

57 Die **Einschätzung** des Vorliegens politischer Instabilität steht dem **Bundeskanzler** zu, nicht dem Bundespräsidenten. Dieser hat grundsätzlich keine Einschätzungsprärogative hinsichtlich des Vorliegens dieser Tatbestandsvoraussetzung. Denn die Feststellung wäre notwendigerweise politisch und wäre mit der „überpolitischen" Natur des Bundespräsidenten kaum zu vereinbaren. Auf Rechtsfolgenebene verbleibt dem Präsidenten gleichwohl Ermessen: Eine Pflicht zur Auflösung hat er nicht.[371] Ein – auf Evidenzfälle begrenztes – Prüfungsrecht mit Blick auf die Tatbestandsvoraussetzungen, insbesondere die materielle Instabilität, wird man dem Bundespräsidenten aber zubilligen können.[372]

3. Gesetzgebungsnotstand

58 Noch nie zur Anwendung gekommen ist Art. 81 GG: Spricht der Bundestag dem Bundeskanzler nicht das Vertrauen aus, kann dieser von einem Vorschlag an den Bundespräsidenten, den Bundestag aufzulösen, auch absehen. Ohne einen solchen Vorschlag kann es nicht zur Auflösung des Bundestags kommen. Der Bundeskanzler kann den Bundestag, der ihm nicht Folge leistet, dann gleichsam „kaltstellen", indem er beim Bundespräsidenten die Erklärung des **Gesetzgebungsnotstands** beantragt – ein Antrag, dem der Bundespräsident bei Vorliegen der verfahrensrechtlichen Voraussetzungen entsprechen muss. Dazu gehört, dass die Vertrauensfrage mit der Erklärung einer Gesetzesvorlage (Art. 76 Abs. 1 GG) als **dringlich** verbunden worden ist und der Bundestag sie trotzdem abgelehnt hat (Art. 81 Abs. 1 GG). Lehnt der Bundestag sie im Gesetzgebungsnotstand erneut oder in unannehmbarer Fassung ab oder nimmt es nicht binnen vier Wochen an, so kommt das Gesetz (und unter den Voraussetzungen von Abs. 4 auch andere Gesetze) **allein mit Zustimmung des Bundesrats** zustande (Art. 81 Abs. 2 GG).

5.7 Könnte dem Bundestag durch Verfassungsänderung ein echtes Selbstauflösungsrecht eingeräumt werden?

B. Der Bundesrat

59 Art. 79 Abs. 3 GG ordnet die **Mitwirkung der Länder bei der Gesetzgebung** (des Bundes) auf immer an. Art. 50 Abs. 1 GG legt fest, dass diese Mitwirkung durch den Bundesrat erfolgt. Die Mitwirkung der Länder an der Bundesgesetzgebung ist eine wichtige Ausprägung des föderalen Prinzips. Logisch notwendig ist diese Partizipation

---

369 BVerfGE 62, 1 (Ls. 2, S. 35, 50.) = NJW 1983, 735; BVerfGE 114, 121 (148) = NJW 2005, 2669.
370 BVerfGE 62, 1 (Ls. 3, S. 51) = NJW 1983, 735; BVerfGE 114, 121 (Ls. 4, S. 155 ff.) = NJW 2005, 2669.
371 BVerfGE 62, 1 (50 f.) = NJW 1983, 735. Vgl. v. Münch/Kunig/Kerkemeyer GG Art. 68 Rn. 24.
372 So auch Sachs/Brinktrine GG Art. 68 Rn. 18; krit. zur reduzierten Kontrolldichte MKS/Epping GG Art. 68 Rn. 30.

nicht zuletzt deshalb, weil die Länder für die Ausführung der meisten Bundesgesetze zuständig sind (Art. 83 f. GG) und hierfür grundsätzlich auch die Kosten tragen (Art. 104a Abs. 1 GG; Ausnahmen gelten für die Bundesauftragsverwaltung und Geldleistungsgesetze, Abs. 2, 3). Im Gegenzug muss ihnen ein Mitspracherecht bei der Gestaltung der von ihnen anzuwendenden Gesetze zustehen.

I. Wesen und Funktionen

Der Bundesrat wird oft mit dem Beinamen „Länderkammer" versehen – was bei näherer Betrachtung doppelt unrichtig ist. Der Bundesrat ist **keine Einrichtung der Länder**, sondern eine solche des Bundes – wiewohl er als Interessenvertretung der Länder konzipiert ist. Und es handelt sich auch nicht um eine Kammer, also einen Teil eines zusammengesetzten Bundesparlaments, sondern um das **zweite Legislativorgan** des Bundes neben dem Bundestag (ein Verfassungsorgan, das folglich auch über Geschäftsordnungsautonomie verfügt, Art. 52 Abs. 3 S. 2 GG).   60

Auf Augenhöhe mit dem Bundestag agiert der Bundesrat dennoch nicht: Nur der Bundestag vertritt das Deutsche Volk und nur er beschließt Bundesgesetze (Art. 77 Abs. 1 S. 1 GG). Der Bundesrat ist an der Gesetzgebung des Bundes – wie Art. 79 Abs. 3 GG gebietet – nur beteiligt.[373] Wie der Bundestag (dessen „Mitte") und die Bundesregierung verfügt er über das Recht zur Gesetzesinitiative (Art. 76 Abs. 1 GG). Hat er keine Initiative ergriffen (Bundesratsinitiativen sind eher selten) und entscheidet sich (bei sog. Einspruchsgesetzen, Art. 77 Abs. 2–4 GG) zudem gegen einen Einspruch, dann wirkt er am Gesetzgebungsakt überhaupt nicht erkennbar mit. Selbst bei sog. Zustimmungsgesetzen agiert er **nicht als vollwertiger Mitgesetzgeber**, da ihr Inkrafttreten nur die Zustimmung des Bundesrats konstitutiv erfordert; Gestalt wird dem Gesetz aber vorwiegend in den Verhandlungen des Bundestags gegeben. Lediglich im – noch nie eingetretenen – **Gesetzgebungsnotstand** kann der Bundesrat den dysfunktional gewordenen Bundestag zeitlich und inhaltlich begrenzt als Gesetzgeber ersetzen, Art. 81 Abs. 2, 3 GG.   61

Der **Einspruch des Bundesrats** wirkt als **suspensives Veto**, das vom Bundestag wieder überstimmt werden kann (Art. 77 Abs. 4 GG). Die **Zustimmung** dagegen wirkt konstitutiv (Art. 77 Abs. 2a GG), ihre Verweigerung somit als **obstruktives Veto**. Verfassungsändernde Gesetze bedürfen sogar der Zustimmung durch den Bundesrat mit zwei Dritteln seiner Stimmen (Art. 79 Abs. 2 GG), derzeit 46.   62

Beachte: Gesetze und sonstige rechtserhebliche Maßnahmen bedürfen der Zustimmung des Bundesrates immer nur dann, wenn das Grundgesetz dies positiv für die jeweilige Materie vorsieht bzw. anordnet.

Die Zustimmung des Bundesrats ist nicht nur für manche (Parlaments-)Gesetze erforderlich, sondern insbesondere auch für folgende – nicht auf Rechtsetzung beschränkte – Akte: 63

---

373 Daher ist die Bezeichnung „unvollkommene zweite Kammer" – die neben der Kammereigenschaft suggeriert, dass der Bundesrat wenigstens bei Zustimmungsgesetzen Mitgesetzgeber sei – dem Bundesrat nicht adäquat. Vgl. dazu Wyduckel DÖV 1989, 181 (181 ff.); ausf. zur Frage, ob es sich beim Bundesrat um eine zweite Kammer handelt, Isensee/Kirchhof StaatsR-HdB/ Herzog Bd. III § 57 Rn. 14 ff.

- gem. Art. 80 Abs. 2 aE GG zum Erlass von Rechtsverordnungen zu Gesetzen, die von den Ländern ausgeführt werden (also den weitaus meisten) oder bestimmte dort aufgeführte Sachmaterien betreffen (→ § 7 Rn. 30),
- zum Erlass allgemeiner Verwaltungsvorschriften und überstimmter Aufsichtsmaßnahmen der Bundesregierung (die insoweit als Kollegium handelt) in den Fällen der Art. 84 Abs. 2, 3 S. 2 GG, Art. 85 Abs. 2 S. 1 GG (→ § 9 Rn. 23),
- zum Bundeszwang (Art. 37 Abs. 1 GG),
- zur Feststellung des Verteidigungsfalles (Art. 115a Abs. 1 S. 1 GG).

64 Jenseits von Zustimmungserfordernissen verleiht das Grundgesetz dem Bundesrat in mehreren Bereichen **Beteiligungsrechte. So** wirkt er mit an der Willensbildung der Bundesrepublik Deutschland im Rahmen von **Sekundärrechtsakten der EU**

- durch Abgabe von **Stellungnahmen** zu Beginn des EU-Gesetzgebungsverfahrens gegenüber der Bundesregierung (die über den Rat der EU an der Gesetzgebung teilhat) über vorgesehene Sekundärrechtsakte (insbesondere Verordnungen und Richtlinien) der Union (Art. 23 Abs. 2, 4, 5 GG). Die Beteiligung des Bundesrats ist geboten, wenn er an einer entsprechenden innerstaatlichen Maßnahme mitzuwirken hätte (was bei Bundesgesetzen stets der Fall ist, Art. 77 GG) oder die Länder innerstaatlich zuständig wären (Art. 23 Abs. 4 GG). Je stärker die Unionsrechtsakte Gesetzgebungskompetenzen der Länder berühren, desto autoritativer fällt die Stellungnahme aus (Näheres → § 12 Rn. 34 ff.).
- Noch weiter geht die Beteiligung des Bundesrats, wenn der EU-Rechtsakt die „**Kernkompetenzen" der Länder**, dh im Schwerpunkt ausschließliche Gesetzgebungsbefugnisse der Länder (Art. 70 GG) in den Bereichen schulische Bildung, Kultur oder Rundfunk betrifft. In diesen Fällen besteht die Gefahr, dass durch Unionsgesetzgebung – an der die Bundesregierung über den Ministerrat, aber die Länder nicht beteiligt sind – die Landesgesetzgebung in zentralen Bereichen entweder ganz ersetzt (Verordnungen, Art. 288 Abs. 2 AEUV) oder doch inhaltlich weitgehend vorgeprägt wird (Richtlinien, Art. 288 Abs. 3 AEUV). In solchen Fällen obliegt es dem Bundesrat, einen **Vertreter der Länder** zu benennen, der dann als Vertreter Deutschlands im (Minister-)Rat der EU agiert (Art. 23 Abs. 4 GG).

65 Beteiligt ist der Bundesrat auch – nach Maßgabe von Art. 94 Abs. 1 GG an der Besetzung des BVerfG. Im Verteidigungsfall kann der von ihm mitbesetzte Gemeinsame Ausschuss (Art. 53a GG) unter den Voraussetzungen des Art. 115e GG als alleiniges Legislativorgan des Bundes agieren. Außerhalb des Verteidigungsfalls hat der Bundesrat das Recht, die Aufhebung bestimmter Notmaßnahmen zu verlangen (Art. 35 Abs. 3, 91 Abs. 2 GG).

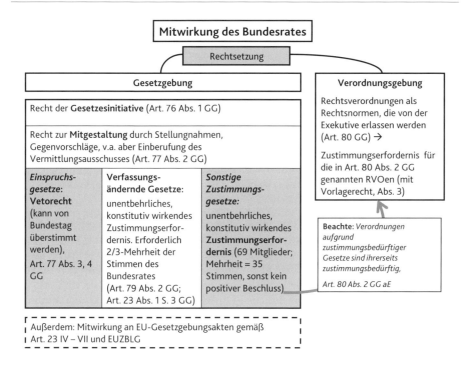

II. Strukturen und Abstimmungsregeln im Bundesrat

1. Strukturen

Wie der Bundestag verfügt der Bundesrat über einen **Präsidenten**, der jedoch nur ein **66** Jahr lang amtiert. Er führt den Vorsitz im Bundesrat und vertritt auch den Bundespräsidenten im Falle seiner Verhinderung (Art. 52 Abs. 1, 57 GG). Die Präsidentschaft im Bundesrat rotiert nach der „**Königsteiner Vereinbarung**" von 1950, die sich grundsätzlich – in absteigender Folge – an der Einwohnerzahl der Länder orientiert. Ob die Vereinbarung schon in Verfassungsgewohnheitsrecht erwachsen ist, ist umstritten.[374]

Der Bundesrat kann **Ausschüsse** bilden und hat dies in der Praxis auch getan **67** (Art. 52 Abs. 4 GG). In Angelegenheiten der **Europäischen Union** (→ § 12 Rn. 25 ff.) werden unter den Voraussetzungen der Art. 52 Abs. 3a GG und § 45b der Geschäftsordnung des Bundesrates die Befugnisse des Bundesrates auf eine **Europakammer** übertragen. Ihre Beschlüsse gelten als solche des Bundesrates selbst; es handelt sich somit bei der Europakammer nicht um einen Ausschuss im herkömmlichen Sinne.

Ebenso wie der Bundestag verfügt der Bundesrat gem. Art. 53 GG über ein Zitati- **68** onsrecht gegenüber Mitgliedern der Bundesregierung.

2. Stimmabgabe im Bundesrat

Der Bundesrat hat nicht, wie der Bundestag, „Sitze" oder „Abgeordnete". Jedes Land **69** verfügt vielmehr über mehrere Stimmen, deren Zahl sich nach der Einwohnerzahl

---

374 Dafür Ipsen StaatsR I Rn. 348; gegen rechtliche Verbindlichkeit Maurer StaatsR I § 16 Rn. 18.

richtet. Es darf so viele „Mitglieder" (die Bezeichnung Vertreter oder Repräsentanten wäre passender) in den Bundesrat entsenden, wie es Stimmen hat (Art. 51 Abs. 3 S. 1 GG), muss dies aber nicht. Sind weniger Vertreter entsandt worden, verringert sich die Stimmenzahl dadurch nicht. Das Minimum liegt bei drei Stimmen, bei mehr als zwei Millionen Einwohnern sind es vier, bei mehr als sechs Millionen Einwohnern fünf, bei mehr als sieben Millionen Einwohnern sechs Stimmen. Diese werden also **degressiv proportional** zur Einwohnerzahl **gewichtet**.

70 Die Vertreter im Bundesrat sind – anders als die Abgeordneten – nicht frei, sondern im Innenverhältnis **weisungsgebunden**. Wird eine Weisung nicht beachtet, ist die Stimmabgabe (wenn sie denn einheitlich erfolgt, dazu sogleich) gleichwohl wirksam. Die einzige Sanktionsmöglichkeit besteht darin, den Bundesratsvertreter aus dem Bundesrat abzuberufen (Art. 51 Abs. 1 S. 1 GG).

71 Die Stimmen eines Landes im Bundesrat können **nur einheitlich abgegeben** werden (Art. 51 Abs. 3 S. 2 GG). Umstritten ist, ob dieses „können" im Sinne einer rechtlichen Unmöglichkeit, anders zu handeln, zu interpretieren ist (was nahelegen würde, dass die vom Grundgesetz so nicht vorgesehene Entscheidung korrigiert werden kann und möglicherweise sogar muss) oder – wie das BVerfG und die wohl hL vertreten[375] – als Begrenzung des rechtlichen Dürfens (mit der Folge, dass die Stimmabgabe insoweit ungültig ist). Die Gegenmeinung[376] wäre jedenfalls bei fortbestehendem Dissens mit dem Problem konfrontiert, dass das Grundgesetz für die Vertretung eines Landes im Bundesrat keine Vorgaben macht und daher auch keinem Landesvertreter eine Stimmführerschaft zuerkennen kann. Zwar erkennt das Grundgesetz dem Land Verfassungsautonomie zu, doch zeitigen etwaige Entscheidungshierarchien nur auf landesverfassungsrechtlicher Ebene Wirkung und können auf das Handeln eines Bundesorgans (wie des Bundesrates) nicht durchschlagen.[377]

5.8 Der folgende Sachverhalt ist gegenüber den realen Ereignissen leicht abgewandelt worden. Der Beantwortung der Fallfrage ist die heutige Rechtslage zugrunde zu legen.

Der Bundestag verabschiedet ein „Zuwanderungsgesetz", mit dem der Zuzug beruflich qualifizierter Ausländer nach Deutschland geregelt und gefördert sowie der Zuzug im Allgemeinen besser kontrolliert und erforderlichenfalls begrenzt werden soll. Das Gesetz enthält unter anderem Regeln für die Stellung von Anträgen auf Aufenthaltstitel, die Gestaltung von Formularen, die Anfechtbarkeit von Verwaltungsakten und die aufschiebende Wirkung von Rechtsbehelfen. Der Bund hält einheitlich in allen Ländern anwendbare Regelungen in diesen Bereichen für zwingend geboten, da unterschiedliche Standards die Effizienz der Zuwanderungspolitik untergraben würden. Im Gesetz wird daher die Abweichung durch die Länder ausgeschlossen. Politisch ist das Gesetz nicht deswegen, sondern aus inhaltlichen Gründen äußerst umstritten. Dies gilt insbesondere für das mehr als 2,5 Mio. Einwohner zählende Land Brandenburg, welches von

---

375 BVerfGE 106, 310 (330 ff.) = NJW 2003, 339; MKS/Korioth GG Art. 51 Rn. 21; Sachs/Robbers GG Art. 51 Rn. 14; Jarass/Pieroth/Pieroth GG Art. 51 Rn. 6.

376 Vgl. zur aA etwa Stern StaatsR II § 27 Abs. 2 S. 2, S. 136 ff.

377 BK-GG/Schöbener, 148. Lfg. 2010, GG Art. 51 Rn. 60 mwN.

einer Koalition zwischen SPD und CDU regiert wird. Während der ihr angehörende stellvertretende Ministerpräsident Schönbohm das Gesetz ablehnt, wird es von der SPD unter Führung von Ministerpräsident Stolpe nachhaltig befürwortet. Eine Einigung gelingt nicht. Obwohl der Koalitionsvertrag für diesen Fall vorsieht, dass sich die Regierung im Bundesrat enthält, kündigt der Ministerpräsident an, dem Gesetz zustimmen zu wollen – worauf sein Stellvertreter im Gegenzug ankündigt, dass die Zustimmung nicht erteilt werde.

Im Bundesrat spielt sich bei der Abstimmung über die Zustimmung des Bundesrates die im Anhang geschilderte Szene (Auszug aus dem Plenarprotokoll der 774. Sitzung des Bundesrates am 22.3.2002) ab.

Ein halbes Jahr später reichen 180 Abgeordnete des Deutschen Bundestages beim BVerfG den Antrag auf verfassungsrechtliche Prüfung des Zuwanderungsgesetzes ein. Wird das Gericht das Gesetz für nichtig erklären?

Anhang zum Fall

Präsident Klaus Wowereit: Weitere Wortmeldungen liegen nicht vor. – Herr **Staatsminister Mertin** (Rheinland-Pfalz) gibt eine Erklärung zu Protokoll.

Wir kommen zur Abstimmung. Die Empfehlungen der Ausschüsse ersehen Sie aus Drucksache 157/1/02. Daneben liegen Landesanträge auf Anrufung des Vermittlungsausschusses in den Drucksachen 157/2 und 3/02 vor.

Da die Anrufung des Vermittlungsausschusses aus mehreren Gründen beantragt ist, frage ich zunächst, wer allgemein ein Vermittlungsverfahren wünscht. Bitte das Handzeichen! – Das ist die Mehrheit.

Dann stimmen wir über die einzelnen Anrufungsgründe ab.

Ich beginne mit dem Antrag des Saarlandes in Drucksache 157/3/02, bei dessen Annahme der Antrag von Rheinland-Pfalz erledigt ist. Wer stimmt dem saarländischen Antrag zu? – Das ist die Minderheit.

Dann bitte ich um das Handzeichen zu dem Antrag von Rheinland-Pfalz. – Das ist die Minderheit.

Die Anrufung des Vermittlungsausschusses wird *nicht* gewünscht.

Wir kommen dann zur Frage der Zustimmung. Der Ausschuss für Innere Angelegenheiten und der Wirtschaftsausschuss empfehlen, dem Gesetz nicht zuzustimmen. Die Abstimmungsfrage ist positiv zu fassen.

Rheinland-Pfalz hat gebeten, über die Frage der Zustimmung durch Aufruf der Länder abzustimmen. Ich bitte den Schriftführer, die Länder aufzurufen.

Dr. Manfred Weiß (Bayern), Schriftführer:

Baden-Württemberg	Enthaltung
Bayern	Nein
Berlin	Ja
Brandenburg	

Alwin Ziel (Brandenburg): Ja!

Jörg Schönbohm (Brandenburg): Nein!

Präsident Klaus Wowereit: Damit stelle ich fest, dass das Land Brandenburg nicht einheitlich abgestimmt hat. Ich verweise auf Artikel 51 Absatz 3 Satz 2 Grundgesetz. Danach können Stimmen eines Landes nur einheitlich abgegeben werden.

Ich frage Herrn Ministerpräsidenten Stolpe, wie das Land Brandenburg abstimmt.

Dr. h.c. Manfred Stolpe (Brandenburg): Als Ministerpräsident des Landes Brandenburg erkläre ich hiermit Ja.

(Jörg Schönbohm (Brandenburg): Sie kennen meine Auffassung, Herr Präsident!)

Präsident Klaus Wowereit: Damit stelle ich fest, dass das Land Brandenburg mit Ja abgestimmt hat.

(Peter Müller (Saarland): Das ist unmöglich! – Roland Koch (Hessen): Das geht wohl gar nicht! – Weitere Zurufe: Verfassungsbruch! – Das gibt es doch nicht!)

– Herr Ministerpräsident Stolpe hat für Brandenburg erklärt, dass er, dass das Land Brandenburg mit Ja abstimmt. Das ist nicht – –

(Roland Koch (Hessen): Herr Schönbohm hat widersprochen! Nein, das geht nicht, Herr Präsident!)

– Das ist so. Dann geht es weiter in der – –

(Peter Müller (Saarland): Selbst Sie sind an die Verfassung gebunden, Herr Präsident! – Roland Koch (Hessen): Nein, das geht nicht! – Weiterer Zuruf: Völlig unmöglich! Sie kennen die Verfassung nicht!)

Dann geht es weiter – – Dann geht es weiter in der Abstimmung.

(Peter Müller (Saarland): Nein! – Roland Koch (Hessen): Nein, Herr Präsident! Sie brechen das Recht!)

– Nein!

(Roland Koch (Hessen): Herr Präsident, nein!)

– Ich habe bei der zweiten Frage gefragt, ob Herr Ministerpräsident Stolpe für Brandenburg eine Erklärung abgibt. Das hat er gemacht. Und – –

(Peter Müller (Saarland): Auch Sie sind an das Grundgesetz gebunden, Herr Präsident! – Roland Koch (Hessen): Das geht nicht! Nein, Herr Präsident, nein! – Weitere Zurufe)

Und jetzt ist festgestellt – –

(Peter Müller (Saarland): Das Grundgesetz gilt auch für Sie!)

Es ist festgestellt – –

(Roland Koch (Hessen): Jawohl! Das ist ja unglaublich! Das ist glatter Rechtsbruch!)

Ich kann – –

(Roland Koch (Hessen): Das ist unglaublich!)

– Ja, Herr – – Bitte sehr – –

(Roland Koch (Hessen): Herr Präsident, unterbrechen Sie, damit wir das beraten! Das gibt es nicht!)

– Bitte sehr, Herr Koch, ich bitte Sie, sich auch zu mäßigen.

(Roland Koch (Hessen): Nein, ich mäßige mich nicht!)

– Ja.

(Roland Koch (Hessen): Da ist offensichtlich und gewollt das Recht gebrochen! Das geht nicht! – Weitere Zurufe: Ein vorbereiteter Rechtsbruch! – Rechtsbeugung!)

Also nochmal – –

(Roland Koch (Hessen): Wenn Herr Schönbohm eben geschwiegen hätte, mag das sein! Aber er hat gesagt: Ich nicht!)

Ich kann – –

(Roland Koch (Hessen): Es sind vier Stimmen! Sie sind unterschiedlich abgegeben, und das haben Sie zur Kenntnis zu nehmen!)

Ich kann – – Ich kann auch – –

(Peter Müller (Saarland): Unterbrechen Sie die Sitzung, dass diese Frage geklärt wird! Das geht so nicht! – Roland Koch (Hessen): Das ist ja wohl das Letzte! – Weitere Zurufe)

Ich kann auch Herrn Ministerpräsidenten Stolpe nochmal fragen, ob das Land noch Klärungsbedarf hat.

(Roland Koch (Hessen): Das Land hat keinen Klärungsbedarf! Sie manipulieren eine Entscheidung des Bundesrates! Was fällt Ihnen ein! – Zuruf: Verfassungsbrecher!)

– Nein!

(Roland Koch (Hessen): Herr Präsident, nein! – Weitere lebhafte Zurufe)

Herr Ministerpräsident Stolpe.

Dr. h.c. Manfred Stolpe (Brandenburg): Als Ministerpräsident des Landes Brandenburg erkläre ich hiermit Ja.

(Roland Koch (Hessen): So! Und was sagt Herr Schönbohm?)

Präsident Klaus Wowereit: So, dann ist das so festgestellt.

Ich bitte fortzufahren in der Abstimmung.

(Zuruf: Unerhört!)

– In der Abstimmung fortzufahren.

(Dr. Bernhard Vogel (Thüringen): Ich bitte um das Wort zur Geschäftsordnung!)

– Sie können sich anschließend, nach der Abstimmung, zur Geschäftsordnung melden. Wir sind jetzt in der Abstimmung.

Dr. Manfred Weiß (Bayern), Schriftführer:

Bremen	Enthaltung
Hamburg	Enthaltung
Hessen	Enthaltung
Mecklenburg-Vorpommern	Ja
Niedersachsen	Ja
Nordrhein-Westfalen	Ja
Rheinland-Pfalz	Ja
Saarland	Nein
Sachsen	Nein
Sachsen-Anhalt	Ja
Schleswig-Holstein	Ja
Thüringen	Nein

Präsident Klaus Wowereit: Das ist die Mehrheit.

Der Bundesrat hat dem Gesetz **zugestimmt**.

Jetzt rufe ich Herrn Ministerpräsident Vogel zur Geschäftsordnung auf.

(Roland Koch (Hessen): Eiskalter Rechtsbruch! Eiskalt! – Dr. Edmund Stoiber (Bayern): Das hat Konsequenzen!)

Antworten und Lösungen

5.1 Da sich weniger als die Hälfte der gesetzlichen Mitglieder im Saal befanden, war der Bundestag beschlussunfähig (§ 45 Abs. 1 GOBT). In diesem Fall hätte aufgrund der erfolgten Rüge die Beschlussunfähigkeit offiziell festgestellt werden müssen (Abs. 2). Das Gesetz hätte dann nicht verabschiedet werden dürfen. Gegen diese Vorgaben hat der Bundestag verstoßen. Trotzdem könnte das Gesetz verfassungsgemäß zustande gekommen sein. Das Grundgesetz kennt die Schranke der Beschlussfähigkeit nämlich nicht. Die Beschlussunfähigkeit nach Maßgabe der Geschäftsordnung ist nur dann verfassungsrechtlich relevant, wenn die Entscheidung des beschlussunfähigen Bundestags das Demokratieprinzip verletzt. Dieses bestimmt, dass eine Minderheit nicht zur Mehrheit werden darf. Das Grundgesetz bemisst Mehrheiten nur ausnahmsweise nach der Gesamtzahl der Abgeordneten; in der Regel kommt es auf das Verhältnis der für und gegen eine Vorlage abgegebenen Stimmen an. Dies ergibt sich aus Art. 42 Abs. 2 S. 1 GG und wird gestützt durch Art. 38 Abs. 1 S. 2 GG, wonach jeder Abgeordnete – also auch eine geringe Zahl unter ihnen – das gesamte Volk vertritt. Nicht zuletzt muss bei der Auslegung des Grundgesetzes der Verfassungsrealität Tribut gezollt werden – wozu gehört, dass die eigentlichen Sachentscheidungen nicht in der Schlussabstimmung, sondern bereits vorher in den Ausschüssen fallen. Zudem legen sich Fraktionen meist auf gemeinsame Positionen fest, die dann von den an der Schlussabstimmung teilnehmenden Abgeordneten transponiert werden.[378] Solange für solche

---

378 BVerfGE 44, 308 (317) = NJW 1977, 1767.

Vorgänge im konkreten Fall Raum bestanden hat, ist daher dem Demokratieprinzip genügt, wenn sich bei der Abstimmung formal eine Mehrheit für die Gesetzesvorlage ergeben hat. (Von einem Teil der Lehre wird dies jedenfalls dann bestritten, wenn im Bundestag weniger als jene fünf vom Hundert der Mitglieder anwesend sind, welche die Beschlussunfähigkeit rügen dürfen, § 45 As. 2 S. 1 GOBT.[379])

5.2 Das Budgetrecht ist die höchste Kompetenz des Bundestages, weil der Haushalt die Finanzzuweisung gegenüber allen staatlichen Institutionen regelt und so über die Finanzen deren Funktionsfähigkeit bestimmt.

5.3 Bei den Zahlungen des R an die Bundesministerin Henriette Handauf handelt es sich um eine Angelegenheit, die unmittelbar das politische Leben auf Bundesebene tangiert (Betroffenheit eines obersten Bundesorgans); daher ist das öffentliche Interesse an einer Untersuchung zu bejahen. Dieses besteht zwar auch im Falle des Landesministers Ludwig Lebemann, doch darf ein Untersuchungsausschuss des Bundes nicht tätig werden, wo die Angelegenheit ausschließlich Staatsorgane der Länder betrifft. Die Absichten der Liga für saubere Politik, die Regierungskoalition zu verlassen, sind nur dann ein tauglicher Untersuchungsgegenstand, wenn es sich dabei um Tatsachen handelt. Zumindest handelt es sich bei der Absicht um eine sog. innere Tatsache, doch wird man den Untersuchungszweck des einzusetzenden Ausschusses darauf reduzieren müssen, solchen Tatsachen nachzugehen, die sich nach außen, also in der Öffentlichkeit, bereits manifestiert haben (aA vertretbar). Die relativ weite Auslegung der Angelegenheiten von öffentlichem Interesse legt nahe, dass auch die Zahlungen der R bei der Betriebsübernahme Gegenstand des Untersuchungsausschusses sein können.

Im Ergebnis ist zumindest in einem Punkt der Untersuchungsgegenstand unzulässig. Der Bundestag hat aber, da im Übrigen ja eine Reihe zulässiger Untersuchungsgegenstände vorliegen, den Untersuchungsausschuss einzusetzen. Es entspricht jedoch nicht dem Sinn und Zweck des Art. 44 Abs. 1 GG, wenn der Ausschuss sich dann auch mit unzulässigen Fragen befassen dürfte. Insofern hat der Bundestag das Recht, durch Beschluss den Untersuchungsgegenstand auf das verfassungsrechtlich zulässige Maß zu beschränken.[380]

5.4 Maßgeblich ist die Mehrheit der abgegebenen Stimmen (Art. 42 Abs. 2 GG). Bei der sog. Abstimmungsmehrheit werden Enthaltungen nicht mitgerechnet, dh es kommt nur auf das Überwiegen der Ja- über die Nein-Stimmen an. Das Gesetz ist hier also zustande gekommen.

5.5 (1) S darf disziplinarisch gegen F vorgehen, da er als Bundestagspräsident (Art. 40 GG) die Sitzungsgewalt hat. (2) Ob die Staatsanwaltschaft dies auch darf, bestimmt sich nach Art. 46 GG. Es handelt sich um eine Äußerung im Bundestag, für die F der Indemnität (Art. 46 Abs. 1 GG) und nicht nur der Immunität unterliegt. Sie gilt nur dann nicht, wenn es sich um eine verleumderische Beleidigung handelt (§ 187 StGB). Der Typus der hier vorliegenden Beleidigung – ein abschätziges Werturteil (§ 185 StGB) – schließt die Möglichkeit einer Verleumdung per se aus. Folglich ist eine Anklage gegen F unzulässig. (3) Die Ratio des Art. 46 Abs. 1 GG, den Abgeordneten vor Folgen seiner im Bundestag getanen Äußerungen zu schützen, würde ausgehebelt, wenn er nach Verlust des Mandats die Strafverfolgung doch zu gewärtigen hätte. „Zu keiner Zeit" bedeutet demnach: auch nicht nach dem Ausscheiden aus dem Bundestag.[381] (4) Mitgliedern der Bundesregierung erkennt das Grundgesetz weder Indemnität noch Immunität zu; sie dürfen also wegen verbaler Angriffe auf die persönliche Ehre anderer strafrechtlich verfolgt werden. Wenn Minister oder der Bundeskanzler, wie meist der Fall ist, zugleich Mitglieder des Bundestages sind, stellt die wohl hM[382] darauf ab, in welcher Funktion sie die Äußerung getan haben. Dagegen spricht, dass eine klare Funktionstrennung in vielen Fällen nicht praktikabel ist.

5.6 Kaisertreu kann nur in die Fraktion der AfD eintreten, wenn er Mitglied der sie konstituierenden Partei ist – was nicht der Fall ist – oder die CDU und die AfD in keinem Bundesland miteinander konkurrieren. Auch dies ist nicht der Fall. Die Aufnahme des Kaisertreu in die Fraktion der AfD ist folglich unzulässig – es sei denn, der Bundestag erkennt einen solchen Zusammenschluss aus Mitgliedern kon-

---

379 Isensee/Kirchhof StaatsR-HdB/Zeh Bd. III § 53 Rn. 46; krit. auch Achterberg, Parlamentsrecht, 1984, 635; Stern StaatsR II § 26 II 2a, S. 49.

380 Vgl. BVerfGE 49, 70 (76 f.) = NJW 1979, 261; BVerfGE 83, 175 (179 f.) = NVwZ 1991, 466. IdS auch § 1 Abs. 3 PUAG.

381 BVerwGE 83, 1 (15 f.) = NJW 1991, 555.

382 Jarass/Pieroth/Pieroth GG Art. 46 Rn. 1 mwN.

kurrierender Parteien explizit als Fraktion an (§ 10 Abs. 1 GOBT). Verfassungsrechtlich zwingend sind diese Regelungen der GOBT allerdings nicht.

5.7 Bei der Selbstauflösung disponiert das Parlament letztlich über seine demokratische Legitimation, die ihm gem. Art. 39 GG für die gesamte Legislaturperiode übertragen worden ist. Andererseits ist das Selbstauflösungsrecht auch als Entscheidung der demokratisch gewählten Legislative zu verstehen. Dass das freie Mandat (Art. 38 Abs. 1 S. 2 GG) dem einzelnen Abgeordneten das Recht verleiht, sein Mandat trotz seiner Berufung auf vier Jahre nach freiem Willen niederzulegen, spricht dafür, dass das Demokratieprinzip der Einführung des Selbstauflösungsrechts de constitutione ferenda nicht generell entgegensteht. Ein Problem liegt allerdings darin, dass die Mehrheit der Abgeordneten mit diesem Beschluss auch über den Status derjenigen Mitglieder des Parlaments disponiert, welche die Selbstauflösung nicht wollen und ihr Amt vorzeitig verlieren. Wenn allerdings schon der Bundespräsident, der nicht direkt vom Volk gewählt worden ist, im Fall des Art. 68 GG zur Auflösung des Bundestages befugt ist, wird man dies (eine verfassungsrechtliche Regelung vorausgesetzt) dem Parlament unter Demokratiegesichtspunkten zumindest als Ultima Ratio erst recht nicht verwehren dürfen (aA ebenso vertretbar).[383]

5.8 Das BVerfG[384] hatte über diesen Fall im Jahr 2002 zu entscheiden. Der Bundesrat hatte über die Zustimmung über ein Gesetz Beschluss zu fassen. Das Gesetz ist nur zustande gekommen, wenn der Bundesrat die Zustimmung mit der hierfür erforderlichen Mehrheit von 35 Stimmen erklärt hat (Art. 77 Abs. 2a GG, Art. 78 GG). Aufgrund der knappen Mehrheitsverhältnisse ist dies nur der Fall, wenn das Stimmverhalten Brandenburgs ungeachtet des anfänglichen Dissenses als positives Votum gezählt werden kann. Andernfalls ist das Gesetz unwiderruflich gescheitert.

Nach Art. 51 Abs. 3 S. 2 GG können die Stimmen eines Landes nur einheitlich abgegeben werden. Zunächst ist zu bestimmen, ob das Land Brandenburg tatsächlich uneinheitlich abgestimmt hat oder im Ergebnis doch mit ja. Für Letzteres könnte sprechen, dass Minister Schönbohm auf die Nachfrage des Präsidenten des Bundesrates, Wowereit, nicht mehr mit nein antwortete, sondern lediglich auf seine Auffassung verwies, also möglicherweise kein offener Widerspruch mehr vorlag. Man könnte insoweit allein auf den formellen Dissens abstellen, ohne das mögliche Fortbestehen eines materiellen Dissenses zu beachten. Das BVerfG hat jedoch dem Vorsitzenden des Bundesrates bereits ein „Nachhaken" untersagt: Das Land Brandenburg habe sein Votum zum Ausdruck gebracht; eine spätere Korrektur herbeizuführen, sei nicht statthaft. Folgt man dem, ist allein das erste Votum, das einen offenen Dissens erkennen lässt, maßgeblich. (Wer dies nicht für überzeugend hält – warum sollte eine Berichtigung des Votums vor dem Ende einer Abstimmung unstatthaft sein? –, muss die zweite Stellungnahme des Ministers interpretieren: Bezugnahme auf frühere Äußerung oder Abstandnahme von ihr? Nimmt man das Letztere an, stellt sich weiter die Frage, ob ein formeller Konsens genügt oder auch ein materieller Konsens – der offenkundig nicht besteht – vonnöten ist.)

Ein einheitliches Votum kann nach alledem nur dann vorliegen, wenn das Nein des Ministers unerheblich ist. Voraussetzung dafür ist, dass der Ministerpräsident berechtigt ist, seinen Minister zu überstimmen, also gewissermaßen einen Stichentscheid behält. Diese Auffassung ist im Schrifttum auch vertreten worden.[385] Dagegen spricht jedoch, dass der Ministerpräsident nicht als Regierungschef des Landes Brandenburg (als welcher er durch die Landesverfassung möglicherweise mit Richtlinienkompetenz ausgestattet wird), sondern als „einfaches" Mitglied des Bundesrates, also eines Bundesorgans, im Bundesrat vertreten ist. Das Grundgesetz kennt keine Hierarchie zwischen den Vertretern eines Landes im Bundesrat. Der Dissens konnte also nicht durch den Stichentscheid des Ministerpräsidenten ausgeräumt werden.[386] Die Entlassung des Ministers (die in der Sitzung sogar möglich gewesen wäre) hätte keine Heilung herbeiführen können, da dies nach Auffassung des BVerfG an der Ungültigkeit des Votums nichts geändert hätte.

---

383 Gegen ein Selbstauflösungsrecht MKS/Epping GG Art. 68 Rn. 15; BK-GG/Schenke, 187. Lfg. 2017, GG Art. 68 Rn. 345 ff.; Maurer StaatsR I § 13 Rn. 59; für ein Selbstauflösungsrecht Wiefelspütz ZRP 2005, 207.

384 BVerfGE 106, 310 = NJW 2003, 339; vgl. dazu auch Dörr/Wilms ZRP 2002, 265; Schenke NJW 2002, 1318; Becker NVwZ 2002, 569.

385 Dazu insbesondere Stern StaatsR II § 27 Abs. 3 S. 2, S. 137.

386 BVerfGE 106, 310 (334 f.) = NJW 2003, 339.

Damit liegt tatsächlich ein uneinheitliches Votum des Landes Brandenburg vor. Dieses ist nach Art. 51 Abs. 3 S. 2 GG – je nach Interpretation des Verbs „können" – rechtlich unzulässig (rechtsfehlerhafte Stimmabgabe) oder rechtlich unmöglich (und damit als Nicht-Votum zu behandeln). Beide Betrachtungen führen zum gleichen Ergebnis: Die Stimmabgabe durch Brandenburg ist ungültig. Da ein positives Votum dieses Landes im konkreten Fall (Zustimmungsgesetz) für die Zustimmung durch den Bundesrat erforderlich gewesen wäre, ist die hierfür erforderliche Stimmenzahl nicht erreicht und das Gesetz somit gescheitert (Art. 78 GG).

§ 6 Gesetzgebungszuständigkeiten und Gesetzgebungsverfahren des Bundes

In der juristischen Fallbearbeitung spielt die Prüfung der Zuständigkeit für die Gesetzgebung und der dafür geltenden Verfahrensvorschriften eine herausragende Rolle. Dies gilt nicht nur für die staatsorganisationsrechtliche, sondern auch für die Grundrechtsklausur, da ein Eingriff in Grundrechte nur durch Gesetz oder aufgrund eines Gesetzes erfolgen darf, das in formeller und materieller Hinsicht verfassungsgemäß sein muss. 1

Dieser Abschnitt behandelt die Verteilung der Gesetzgebungskompetenzen zwischen Bund und Ländern sowie das Gesetzgebungsverfahren, soweit das Grundgesetz dieses regelt – was nur mit Wirkung für den Bund der Fall ist – unter Einschluss der Beteiligung der in § 5 dieses Buches besprochenen Legislativorgane. 2

A. Die Verteilung der Gesetzgebungskompetenzen zwischen Bund und Ländern

Als Gesetzgebungsorgane dürfen Bundestag und Bundesrat nur dann in Aktion treten, wenn dem Bund die Gesetzgebungskompetenz zusteht. Andernfalls wird das Gesetz vom jeweiligen Landtag (in Hamburg und Bremen Bürgerschaft, in Berlin Abgeordnetenhaus genannt), in Einzelfällen auch vom Volk in den Ländern erlassen. Wird die formelle Rechtmäßigkeit eines Gesetzes geprüft, muss die Frage der Gesetzgebungskompetenz stets am Anfang stehen. Von ihr hängt es ab, ob das jeweilige (dh für die jeweilige Körperschaft geltende) Verfahren und die jeweilige Form eingehalten worden sind. 3

Soweit das Grundgesetz die Gesetzgebungskompetenzen von Bund und Ländern abgrenzt, werden hierdurch **ausschließlich Zuständigkeitsbereiche abgesteckt**. Eingriffsbefugnisse werden – entgegen einer vereinzelt auch vom BVerfG vertretenen Ansicht[387] – nicht begründet. Auch stellen die in den „Kompetenzkatalogen" aufgelisteten Materien keine verfassungsrechtlich geschützten Güter dar, sondern Verfassungsrang hat nur die Zuweisung der Zuständigkeit zu ihrer gesetzlichen Regelung.[388] 4

> **6.1** Der Bundestag möchte „aus der Atomkraft aussteigen" und beschließt die dafür erforderlichen gesetzlichen Regelungen. Der Vorstand des Energiekonzerns GNP („German Nuclear Power") hält das Gesetz aus einer Reihe von Gründen für verfassungswidrig. Unter anderem könne das Verbot, von der in Art. 73 Abs. 1 Nr. 14 GG niedergelegten Kompetenz Gebrauch zu machen, gar nicht durch einfaches Gesetz ausgesprochen werden. Hat er Recht?

---

387 BVerfGE 53, 30 (56) = NJW 1980, 759; BVerfGE 69, 1 (23 ff.) = BeckRS 1985, 5785; s. aber die abw. Meinung der Richter Mahrenholz und Böckenförde BVerfGE 69, 1 (59 ff.); abl. auch Sachs/Degenhart GG Art. 70 Rn. 73; dazu Selk JuS 1990, 895.

388 Wie hier StaatsR I § 17 Rn. 26 f.; Stern StaatsR III/2 § 81 Abs. 5 S. 4, S. 582 ff., § 82 Abs. 4 S. 9, 682 ff.; diff. Sachs/Degenhart GG Art. 70 Rn. 70 f.; Dreier/Wittreck GG Vorbemerkungen zu Art. 70–74 Rn. 54; anders aber BVerfGE 12, 45 (50) = BeckRS 1960, 104837; BVerfGE 28, 243 (261) = NJW 1970, 1729; BVerfGE 53, 30 (56) = NJW 1980, 759; BVerfGE 69, 1 (21) = BeckRS 1985, 05785, so auch Becker DÖV 2002, 397 (398 f.).

I. Gesetzgebung: Die Kompetenzordnung

5   Das Grundgesetz weist Gesetzgebungskompetenzen **grundsätzlich den Ländern** zu. Der Bund ist nur zuständig, wenn ihm das Grundgesetz das Recht zur Gesetzgebung für eine bestimmte Materie zuweist (Art. 70 GG). Ist das nicht der Fall, liegt eine **ausschließliche Gesetzgebungszuständigkeit** der Länder für die Materie vor.

6   Diese Zuweisung an den **Bund** muss grundsätzlich **ausdrücklich** erfolgen; nur in engen Grenzen werden ungeschriebene Kompetenzen akzeptiert. Die ausdrückliche Zuweisung muss zudem für einen gegenständlich **klar umrissenen Bereich** ausgesprochen sein. „Sammel-", „Mosaik-" oder „Querschnittskompetenzen" (wie zB für die Gentechnik, bevor sie in Art. 74 Abs. 1 Nr. 26 GG verankert wurde) sind aus verfassungsrechtlicher Sicht bedenklich, weil sie als Hebel zur Aushöhlung von Länderzuständigkeiten missbraucht werden können.[389]

II. Typologie und Verteilung der Gesetzgebungskompetenzen

7   Das Grundgesetz kennt neben ausschließlichen Gesetzgebungskompetenzen der Länder iSv Art. 70 Hs. 1 GG (ein Begriff, der sich im Grundgesetz übrigens weder dort noch im gesamten VII. Abschnitt findet, sondern an der versteckten Stelle des Art. 23 Abs. 4 GG) ausschließliche Gesetzgebungskompetenzen des Bundes (Art. 71 GG) und konkurrierende Gesetzgebungskompetenzen (Art. 72 GG), bei der sowohl der Bund als auch die Länder legislatorischen Zugriff auf eine Regelungsmaterie haben. Der konkurrierende Regelungszugriff geht mit erhöhter Komplexität einher, da der Primat des Zugriffs und der normative Vorrang bestimmt werden müssen, und ist dementsprechend auch für Rechtsstreitigkeiten besonders anfällig.

8   Nicht alle Kompetenzregelungen im Grundgesetz fügen sich nahtlos in diese Typentrias. So hat die „Ingerenzgesetzgebung" des Bundes in Angelegenheiten der Behördeneinrichtung und des Verwaltungsverfahrens der Länder bei Ausführung von Bundesgesetzen (Art. 84 Abs. 1 GG und Art. 85 Abs. 1 GG; → § 9 Rn. 11 ff.) zwar Ähnlichkeit mit der konkurrierenden Gesetzgebung, entspricht ihr aber nicht.

1. Ausschließliche Bundesgesetzgebung (Art. 71 GG)

9   Wie der Name schon sagt, ist bei der ausschließlichen Gesetzgebung des Bundes nur der Bund zur Gesetzgebung befugt. Allerdings ist eine Ausnahme zugelassen: Der Bund darf den Ländern die Befugnis zur Gesetzgebung durch Bundesgesetz ausdrücklich übertragen (Art. 71 GG). In der Praxis wird hiervon nur höchst selten Gebrauch gemacht.

a) Ausdrückliche Kompetenzzuweisungen

10   Die der ausschließlichen Bundesgesetzgebung unterstehenden Sachbereiche finden sich vorwiegend im Katalog des Art. 73 GG, sind darüber hinaus aber über das ganze Grundgesetz verstreut, zB

- Art. 4 Abs. 3 S. 2 GG, Art. 21 Abs. 3 GG, Art. 26 Abs. 2 S. 2 GG, Art. 29, 38 Abs. 3 GG, Art. 41 Abs. 3 GG, Art. 45b GG;

---

389   Pelzer DÖV 1959, 51 – Atomgesetz; Hirsch/Schmidt-Didczuhn BayVBl. 1990, 289 – Gentechnikgesetz. Für die fraglichen Materien sind mittlerweile Kompetenztitel explizit im GG verankert worden.

- Art. 105 Abs. 1 GG für Zölle und Finanzmonopole, Art. 106 f. GG für die Verteilung der Steuererträge und den Finanzausgleich.

b) Ungeschriebene Kompetenzen des Bundes

Über den Wortlaut des Grundgesetzes hinaus gibt es Konstellationen, in denen der **11** Bund eine ungeschriebene ausschließliche Gesetzgebungskompetenz in Anspruch nehmen kann.

- Eine **Kompetenz aus der Natur der Sache** liegt vor, wenn ein Rechtsgebiet seiner Natur nach „als eigenste, den partikularen Gesetzgebungszuständigkeiten a priori entrückte" Angelegenheit zwingend nur vom Bund geregelt werden kann.[390] Hierfür bedarf es einer systematischen Auslegung des Grundgesetzes. Die Beispiele sind gering an Zahl, sprechen aber für sich selbst: zB Nationalfeiertag; Bannmeilen für den Sitz von Bundesorganen.[391]
- Eine **Kompetenz kraft Sachzusammenhangs** ist anzunehmen, „wenn eine dem Bund ausdrücklich zugewiesene Materie vernünftigerweise nicht geregelt werden könnte, ohne dass zugleich eine nicht ausdrücklich zugewiesene andere Materie – punktuell – mitgeregelt wird".[392] Beispiel: Kann der Bund nach Art. 73 Abs. 1 Nr. 7 GG die Telekommunikation durch Gesetz regeln, kann er zugleich auch eine gesetzliche Verpflichtung von Telekommunikationsanbietern aussprechen, Telekommunikationsverkehrsdaten zu speichern.[393]
- **Annexkompetenz:** Ob sie eine eigene Kategorie darstellt oder einen Unterfall der Kompetenz kraft Sachzusammenhangs, ist zweifelhaft. Der Unterschied zu dieser soll darin bestehen, dass eine notwendigerweise mit einer Materie verbundene Begleitmaterie „in die Tiefe" (also nicht in die Breite) mitgeregelt wird. Ein Beispiel: Wenn der Bund die Rechtsverhältnisse der Eisenbahnen des Bundes gem. Art. 73 Nr. 6a GG regeln darf, kann er zugleich die Ordnungsgewalt innerhalb dieses Bereichs mitregeln, also den Polizeieinsatz in Bahnen.[394]

2. Konkurrierende Gesetzgebung (des Bundes)

a) Grundmuster

Im Bereich der konkurrierenden Gesetzgebung sind die Länder im Grundsatz nur **12** subsidiär zuständig. Art. 72 Abs. 1 GG formuliert eine auch als **Sperrwirkung**[395] bekannte zentrale **Vorrangregel:** Die Länder sind nur zuständig, „**soweit**" (inhaltliche Dimension) und „**solange**" (zeitliche Dimension) der Bund von seiner Gesetzgebungszuständigkeit nicht Gebrauch gemacht hat.

Dieser Vorrang wird aber für einen erheblichen Teil der konkurrierenden Kompeten **13** zen (die in Art. 72 Abs. 2 GG genannten) **wieder relativiert:** Kann der Bund die Erforderlichkeit einer gesamtstaatlichen Regelung im Sinne dieser Bestimmung nicht nachweisen, so hat er im konkreten Fall schon kein Gesetzgebungsrecht, gegenüber

---

390 BVerfGE 11, 88 (99) = NJW 1960, 1291.
391 Gegenbeispiel: Keine Kompetenz aus der Natur der Sache für den Rundfunk, BVerfGE 12, 205 (242) = NJW 1961, 547; dazu auch im Überblick Sachs/Degenhart GG Art. 70 Rn. 31.
392 BVerfGE 3, 407 (421); BVerfGE 98, 265 (299 f.) = FHOeffR 50 Nr. 1674.
393 BVerfGE 125, 260 (314 f, 344 ff.).
394 Vgl. BVerfGE 97, 198 (221 ff.) = NVwZ 1998, 495.
395 BVerfG (K) NJW 2015, 44 (45 f.); jüngst BVerfG NJW 2021, 1377 (1378 f.); s. auch Sachs/Degenhart GG Art. 70 Rn. 24 ff.

dem das Recht der Länder Nachrang haben könnte. Im Gegensatz zu Art. 72 Abs. 2 GG, der lediglich auf die Tatbestandsvoraussetzungen der Anwendung von Art. 72 Abs. 1 GG einwirkt, hebt Art. 72 Abs. 3 GG für die dort aufgelisteten Gegenstände die Wirkung des Art. 72 Abs. 1 GG praktisch auf: Vorrang hat nicht das Bundesgesetz, sondern im Verhältnis von Bund und Ländern das „jeweils spätere Gesetz" (Art. 72 Abs. 3 S. 3 GG) (näher dazu → 32 ff.; → § 9 Rn. 17).

14 Wo es aber bei der Geltung des Art. 72 Abs. 1 GG bleibt – also in allen außer den in Art. 72 Abs. 3 GG genannten Materien –, sind für die Wirkung der Vorrangregel folgende Konstellationen zu unterscheiden:

(1) Der Bund macht von seiner Zuständigkeit keinen Gebrauch. Dann können die Länder die Materie regeln, müssen es aber nicht. Ihre Zuständigkeit ergibt sich wohlgemerkt aus Art. 72 GG iVm Art. 74 GG, nicht Art. 70 GG.

(2) Der Bund macht von seiner Zuständigkeit teilweise Gebrauch (und beachtet dabei, falls erforderlich, Art. 72 Abs. 2 GG). Die Regelungsbefugnis der Länder („soweit") hängt in diesem Fall davon ab, ob die Bundesregelung trotz ihrer Lückenhaftigkeit – die sich uU als „absichtsvolles Unterlassen" darstellen kann – die Materie schon abschließend erfasst oder nicht.[396]

(3) Länder haben die Materie bereits geregelt, danach macht der Bund von seiner Zuständigkeit (falls erforderlich, unter Beachtung des Art. 72 Abs. 2 GG) Gebrauch. Soweit die Regelungsgehalte übereinstimmen, hat das Bundesrecht Vorrang vor dem Landesrecht. Dieses ist nichtig (ohne dass dafür auf Art. 31 GG rekurriert werden muss).

b) Erfasste Materien

(1) Ausdrückliche Kompetenzzuweisungen

15 Das Spektrum der konkurrierenden Zuständigkeiten ist einerseits übersichtlicher, da sie, vom steuergesetzgebungsrechtlichen Sonderfall des Art. 105 Abs. 2 GG abgesehen, allesamt in Art. 74 GG aufgelistet sind. Andererseits sind diese Sachbereiche für sich genommen oft umfänglicher als die in Art. 73 GG enthaltenen und werfen in der juristischen Fallbearbeitung oftmals Auslegungs- und Abgrenzungsfragen auf. Einige dieser Materien sollen im Folgenden daher näher betrachtet werden.

16 **Art. 74 Abs. 1 Nr. 1 GG – bürgerliches Recht, Strafrecht, Gerichtsverfassung, gerichtliches Verfahren**

- Das **bürgerliche Recht** umfasst dem BVerfG zufolge die Ordnung der Individualrechtsverhältnisse nach Maßgabe des BGB und seiner Nebengesetze.[397] Für die Zuordnung und damit auch die Abgrenzung zum Öffentlichen Recht sollen die aus früheren Verfassungsordnungen überbrachten Anschauungen, nicht heutige Anschauungen maßgeblich sein (weshalb auch die Amtshaftung – jenseits von Art. 34 GG –, das Insolvenzrecht und das Haftpflichtrecht ohne Weiteres zum

---

396 Zum abschließenden Charakter einer bundesgesetzlichen Regelung vgl. BVerfGE 7, 342 (347) = NJW 1958, 1179; BVerfGE 20, 238 (248) = NJW 1967, 435; BVerfGE 49, 343 (358) = NJW 1979, 859; BVerfGE 67, 299 (324) = NJW 1985, 371; BVerfGE 138, 261 (279 ff.) = NVwZ 2015, 582; jüngst BVerfGE NJW 2021, 1377 (1386 ff.). Dazu auch Sodan/Haratsch GG Art. 72 Rn. 8 f.; Jarass NVwZ 1996, 1041 (1044 f.).

397 BVerfGE 11, 192 (199) = NJW 1960, 1659; jüngst BVerfGE NJW 2021, 1377 (1382).

bürgerlichen Recht gezählt werden).[398] Für eine Bedeutungsverschiebung durch Verfassungswandel ist damit kein Raum.

- **Strafrecht** muss weit verstanden werden, schließt das Recht der Ordnungswidrigkeiten also ein.[399] Mit diesem Befund korrespondiert, dass sich die Garantien des Art. 103 GG grundsätzlich ebenfalls auf das Recht der Ordnungswidrigkeiten erstrecken.[400]
- Unter **Gerichtsverfassung** versteht man die (insbesondere im Gerichtsverfassungsgesetz – GVG – festgeschriebene) Ordnung des Gerichtswesens,[401] wohingegen die Zuständigkeit zur Errichtung der jeweiligen von der Gerichtsverfassung vorgesehenen Gerichte dem nach Art. 92, 96 GG zuständigen Rechtsträger zufällt.
- Das **gerichtliche Verfahren** umschließt das (um die materiell-rechtliche Streitigkeit geführte) Erkenntnisverfahren ebenso wie das Vollstreckungsverfahren (in dem das im Erkenntnisverfahren erwirkte Urteil zwangsweise durchgesetzt wird). Das BVerfG rechnet beim Strafverfahren dazu nicht nur die Ermittlung, sondern auch die Prävention künftiger Taten.[402] Wo gerichtliche Verfahrenshandlungen eine Spezialmaterie wie zB Presserecht (Beschlagnahme von Druckerzeugnissen) oder Telekommunikationsrecht (Telefonüberwachung) betreffen, für die das Grundgesetz spezielle Kompetenztitel bereithält, ist die Abgrenzung gegenüber Art. 74 Abs. 1 Nr. 1 GG schwierig und muss sich vom Schwerpunkt des normativen Telos leiten lassen. Eine schematische Lösung verbietet sich, wenngleich im Schrifttum meist Art. 74 Abs. 1 Nr. 1 GG herangezogen wird.[403]

Art. 74 Abs. 1 Nr. 7 GG – öffentliche Fürsorge 17

„Öffentlich" ist nicht gleichbedeutend mit „staatlich"; auch private Fürsorgeeinrichtungen können, solange sie im öffentlichen Interesse agieren, erfasst werden.[404] Nach Auffassung des BVerfG darf Art. 74 Abs. 1 Nr. 7 GG nicht eng ausgelegt werden. Er erfasst demnach nicht nur die Sozialhilfe, sondern auch präventive Unterstützung, ja selbst Hilfe bei nicht ökonomisch bedingten Notlagen.[405] Seine Grenze findet der Kompetenztitel zum einen in Art. 74 Abs. 1 Nr. 12 Var. 2 und Nr. 19 GG (für die anders als bei Nr. 7 kein Erforderlichkeitsnachweis nach Art. 72 Abs. 2 GG geboten ist) und im Übrigen in der den Ländern über Art. 70 GG zustehenden allgemeinen Zuständigkeit für das Gesundheitswesen.

---

398 BVerfGE 11, 192 (199) = NJW 1960, 1659; BVerfGE 61, 149 (174) = NJW 1983, 25; jüngst BVerfGE NJW 2021, 1377 (1382); Jarass/Pieroth/Pieroth GG Art. 74 Rn. 4. Näher zur Vorschrift auch BeckOK GG/Seiler, 48. Ed. 15.8.2021, GG Art. 74 Rn. 2 f.

399 Sachs/Degenhart GG Art. 74 Rn. 10 f.; SHH/Sannwald GG Art. 74 Rn. 33 f.; GWC/Windthorst GG Art. 74 Rn. 7.

400 SHH/Schmahl GG Art. 103 Rn. 53; BVerfGE 38, 348 (371) = NJW 1975, 727.

401 MKS/Oeter GG Art. 74 Rn. 22; Jarass/Pieroth/Pieroth GG Art. 74 Rn. 8.

402 BVerfGE 103, 21 (30 f.) = NJW 2001, 879; BVerfGE 113, 348 (369 ff.) = NJW 2005, 2603; vgl. auch BVerfGE 48, 367 (373) = NJW 1978, 1911; SHH/Sannwald GG Art. 74 Rn. 43.

403 Vgl. etwa Sachs/Degenhart GG Art. 74 Rn. 25 ff.; vgl. auch BVerfGE 48, 367 (373) = NJW 1978, 1911.

404 Diff. SHH/Sannwald GG Art. 74 Rn. 84; Dreier/Wittreck GG Art. 74 Rn. 38.

405 BVerfGE 88, 203 (329 f.) = NJW 1993, 1751; BVerfGE 106, 62 (133 f.) = NJW 2003 41; BVerfGE 108, 186 (214) = NVwZ 2003, 1241; SHH/Sannwald GG Art. 74 Rn. 79 f., 84. Vgl. auch BVerfGE 42, 263 (281 f.) = NJW 1976, 1783; BVerfGE 22, 180 (212 f.) = NJW 1967, 1795.

18   **Art. 74 Abs. 1 Nr. 11 GG – Recht der Wirtschaft**
Alle Normen, welche das wirtschaftliche Leben und die wirtschaftliche Betätigung in den von Art. 74 Abs. 1 Nr. 11 GG aufgelisteten Bereichen regeln, sind zwar im funktionalen Sinne Recht der Wirtschaft. Damit fallen sie aber nicht zwingend in den Anwendungsbereich des Art. 74 Abs. 1 Nr. 11 GG. So

- tritt dieser als Auffangtatbestand hinter spezielle Kompetenztitel zurück, darunter Art. 74 Abs. 1 Nr. 19, 19a, 21, 24 und 28 GG;
- muss Art. 74 Abs. 1 Nr. 11 – wiederum anhand des Schwerpunktes des normativen Programms – von Art. 74 Abs. 1 Nr. 12 GG abgegrenzt werden;[406]
- sind in Art. 74 Abs. 1 Nr. 11 GG Ausnahmetatbestände eingebaut, die der Verfassungsgeber ausdrücklich der Länderzuständigkeit nach Art. 70 GG vorbehält. Auch wo spezielle Kompetenztitel mit solchen Ausnahmen versehen sind, führen sie nicht etwa zur subsidiären Anwendung des Art. 74 Abs. 1 Nr. 1 GG, sondern zur ausschließlichen Zuständigkeit der Länder zurück (→ Rn. 38).

19   **Art. 74 Abs. 1 Nr. 12 GG – Arbeitsrecht und Sozialversicherung**

- **Arbeitsrecht** ist sowohl das individuelle als auch das kollektive. Betriebsverfassung, Arbeitsschutz und Arbeitsvermittlung rechnet das Grundgesetz ausdrücklich hinzu. Art. 73 Abs. 1 Nr. 8 GG (Personen im Dienste des Bundes und bundesunmittelbarer Körperschaften des öffentlichen Rechts) hat als Sonderregelung Vorrang vor Art. 74 Abs. 1 Nr. 12 GG. Mit Blick auf Landesbeamte steht dem Bund nur eine funktionale Regelungszuständigkeit nach Art. 74 Abs. 1 Nr. 27 GG zu, die (nicht zuletzt wegen der nach Art. 74 Abs. 2 GG erforderlichen Zustimmung des Bundesrates) ebenfalls von Art. 74 Abs. 1 Nr. 12 GG abzugrenzen ist.
- **Sozialversicherungen** zeichnen sich dadurch aus, dass besondere Lasten ausgeglichen und die dafür erforderlichen Mittel durch Beiträge Betroffener oder Beteiligter aufgebracht werden und diese Funktion in organisatorischer Hinsicht Anstalten oder Körperschaften des öffentlichen Rechts überantwortet ist.[407]

> **6.2**   Der Bund und das Land L streiten sich darum, wer berechtigt ist, die Öffnungszeiten von Speisegaststätten an Sonn- und Feiertagen zu regeln. Wem steht die Befugnis zu?

20   **Art. 74 Abs. 1 Nr. 16 GG – Missbrauch wirtschaftlicher Machtstellung**
Die Vorschrift erfasst alle Fälle, in denen wirtschaftliche Macht missbraucht wird – in denen also das verfolgte Ziel, das zum Einsatz gebrachte Mittel oder die erzeugte Wirkung im Sinne der Marktordnung illegitim sind. Das Wettbewerbsrecht im Sinne des (im Gesetz gegen Wettbewerbsbeschränkungen (GWB) geregelten) Kartellrechts kann auf Art. 74 Abs. 1 Nr. 16 GG gestützt werden,[408] nicht jedoch das im UWG enthaltene Recht des unlauteren Wettbewerbs (Lauterkeitsrecht).

---

406 Vgl. zum sog. normativ-rezeptiven Ansatz bei der Auslegung von Gesetzgebungskompetenzen Sachs/Degenhart GG Art. 70 Rn. 51 f.
407 Dreier/Wittreck GG Art. 74 Rn. 61; Sachs/Degenhart GG Art. 74 Rn. 56 f.
408 SHH/Sannwald GG Art. 74 Rn. 193 f.

Art. 74 Abs. 1 Nr. 18 GG   21

Unter den zahlreichen hier aufgeführten Materien ist vor allem das **Bodenrecht** herauszugreifen. Dieses ist keineswegs gleichbedeutend mit dem Baurecht. Vielmehr umfasst Bodenrecht nur jene Normen öffentlich-rechtlicher Natur, welche die Beziehung zwischen Menschen einerseits und Grund und Boden andererseits regeln.[409] Dazu zählen unter anderem die im Baugesetzbuch (BauGB) geregelte Bauleitplanung, der (in den Bundes- und Landesbodenschutzgesetzen verankerte) Bodenschutz, die Erschließung von Bauland und der Denkmalschutz, sofern er städtebaulicher Natur ist.[410] Vom Bodenrecht abzugrenzen sind unter anderem das in den Landesbauordnungen zu findende Bauordnungsrecht sowie das Recht der Raumordnung und Landschaftsplanung. Das Recht der Erschließungsbeiträge zählt zwar funktional zum Bodenrecht, ist aber kraft verfassungsgesetzgeberischer Entscheidung vom Geltungsbereich des Art. 74 Abs. 1 Nr. 18 GG ausdrücklich ausgenommen und nach Art. 70 GG den Ländern zugewiesen.

Art. 74 Abs. 1 Nr. 19 GG – Maßnahmen gegen Krankheiten und anderes   22

Beachtlich ist, dass „gemeingefährlich" nicht am Ansteckungsrisiko anknüpft (sonst wäre die Alternative „übertragbare Krankheiten" überflüssig), sondern Krankheiten charakterisiert, die – infektiös oder nicht – eine erhebliche Bedrohung für eine Vielzahl von Menschen und Tieren darstellen.[411] Gifte sind Substanzen, die schwere gesundheitliche Schäden oder den Tod herbeiführen können.[412] Nichtraucherschutzregelungen lassen sich im Grundsatz mit dem Kampf sowohl gegen gemeingefährliche Krankheiten (Krebs, Herzinfarkt) als auch gegen Gifte (Teer, Nikotin) legitimieren.[413]

(2) Ungeschriebene Kompetenzen (des Bundes)

Auch bei den konkurrierenden Kompetenzen gibt es ungeschriebene Kompetenzzu-   23
weisungen – auf die sich fast immer der Bund stützen wird, um Regelungshoheit zu beanspruchen und das Bestehen ausschließlicher Landeszuständigkeiten (Art. 70 Abs. 1 Hs. 1 GG) zu bestreiten. Lediglich Kompetenzen kraft Natur der Sache sind, was in der Sache der konkurrierenden Zuweisung liegt, nicht vorstellbar, wohl aber Kompetenzen kraft Sachzusammenhangs oder Annexes. So verfügt der Bund zB über die Kompetenz aus Art. 74 Abs. 1 Nr. 1 GG (konkurrierend) für das Strafrecht. Wenn er den Schwangerschaftsabbruch unter Strafe stellt, kann er die Beratungserfordernisse für Schwangere selbst mitregeln.[414]

c) Die Varianten der konkurrierenden Gesetzgebung

(1) Überblick

Die konkurrierende Gesetzgebung fächert sich in drei **Subtypen** auf.   24

---

409 BVerfGE 3, 407 (424); BVerfGE 34, 139 (144) = NJW 1973, 505; Jarass/Pieroth/Pieroth GG Art. 74 Rn. 45.

410 Sachs/Degenhart GG Art. 74 Rn. 74; SHH/Sannwald GG Art. 74 Rn. 218.

411 Jarass/Pieroth/Pieroth GG Art. 74 Rn. 49; Sachs/Degenhart GG Art. 74 Rn. 84 f.; GWC/Windthorst GG Art. 74 Rn. 56a.

412 Dreier/Wittreck GG Art. 74 Rn. 90; Sachs/Degenhart GG Art. 74 Rn. 87.

413 Siekmann NJW 2006, 3382 (3383); Stettner ZG 2007, 156 (166 ff.).

414 BVerfGE 98, 265 (299 ff.) = FHOeffR 50 Nr. 1674; dazu auch Degenhart StaatsR I Rn. 184.

25 Beim **Grundtypus – „Kernkompetenzen"**[415] – verdrängt die Gesetzgebung des Bundes ratione temporis („solange") ebenso wie ratione materiae („soweit") Gesetze der Länder (Art. 72 Abs. 1 GG), und dies, ohne dass der Bund dafür die Erforderlichkeit einer gesamtstaatlichen Regelung darzulegen hat. Dies betrifft, wie der Gegenschluss aus Art. 72 Abs. 2 und Abs. 3 GG ergibt, die Art. 74 Abs. 1 Nr. 1–3, 6, 9–10, 12, 14, 16–19, 21, 23, 24 GG, ferner diejenigen in Art. 72 Abs. 3 Nr. 1, 2 und 4 GG genannten Bereiche, von denen die Länder nicht abweichen dürfen.

26 Der **zweite Subtypus** ist konkurrierende Zuständigkeit des Bundes **mit Erforderlichkeitsnachweis** nach Art. 72 Abs. 2 GG. Kann der Bund darlegen, dass aus einem der dort aufgeführten Gründe eine gesamtstaatliche Regelung erforderlich ist, ist er nur mit dieser Maßgabe gesetzgebungsbefugt. Auf dieser Grundlage findet dann auch hier Art. 72 Abs. 1 GG Anwendung. „**Erforderlichkeitskompetenzen**"[416] sind die in Art. 74 Abs. 2 GG aufgeführten: Nr. 4, 7, 11 – Recht der Wirtschaft –, 13, 15, 19a, 20 – Lebensmittelrecht –, 22 – Straßenverkehr, Straßenbau etc –, 25 – Staatshaftung – und 26 – unter anderem Gentechnik und Transplantationen). Eine **Sonderstellung hat Art. 105 Abs. 2 Var. 2 GG** inne: Hier entscheidet die bundesstaatliche Erforderlichkeit nicht über die Zuweisung einer „konkurrierenden" Materie zum Bund oder zu den Ländern, sondern ist eine Voraussetzung dafür, dass die Materie überhaupt eine solche der konkurrierenden Gesetzgebungszuständigkeit wird (und nicht nach Art. 70 Abs. 1 Hs. 1 GG den Ländern zusteht).[417]

27 Schließlich tritt – als **dritter Subtypus** – die konkurrierende Zuständigkeit des Bundes **mit Abweichungsrecht (sog. Abweichungskompetenz)**[418] der Länder nach Art. 72 Abs. 3 GG hinzu. Sie verlangt dem Bund zwar keine die Darlegung der Erforderlichkeit gesamtstaatlicher Regelung ab, aber im Gegenzug können die einzelnen Länder von der bundesstaatlichen Regelung abweichen. Der Vorrang des Bundesgesetzes weicht insoweit dem Vorrang des jeweils späteren Gesetzes (Art. 72 Abs. 3 S. 3 GG). Dies betrifft die Materien der Art. 74 Abs. 1 Nr. 28–33 GG bzw. Art. 72 Abs. 3 S. 1 Nr. 1–5 GG, ausgenommen die in den Nr. 1, 2 und 4 in Klammern angegebenen Gegenstände.

(2) Erforderlichkeit gesamtstaatlicher Regelung bei Art. 72 Abs. 2 GG

28 Im Geltungsbereich des Art. 72 Abs. 2 GG wird die konkurrierende Gesetzgebung vom Subsidiaritätsgedanken beherrscht: Der Bund muss nachweisen, dass er besser als die Länder in der Lage ist, mit seiner Gesetzgebung die dort aufgeführten Ziele zu verfolgen, weil sie eine gesamtstaatlich einheitliche Regelung erfordert.

29 Die Klausel ist justiziabel. Ihre Voraussetzungen können nach Art. 93 Abs. 1 Nr. 2a GG in einem speziellen Verfahren („**abstrakte bundesstaatliche Erforderlichkeitskontrolle**") überprüft werden. Der Überprüfbarkeit sind Grenzen gesetzt. Die jüngere Rechtsprechung des BVerfG hat sich von der Zubilligung einer weiten Einschät-

---

415 Vgl. Dreier/Wittreck GG Art. 72 Rn. 50; Voßkuhle/Wischmeyer JuS 2020, 315 (316); bisweilen auch als „Vorrangkompetenz" bezeichnet, s. etwa Morlok/Michael StaatsorganisationsR Rn. 464.

416 BVerfGE 128, 1 (34) = NVwZ 2011, 94; auch als „Bedarfskompetenzen" bezeichnet, s. etwa Morlok/Michael StaatsorganisationsR Rn. 467.

417 BeckOK GG/Kube, 48. Ed. 15.8.2021, GG Art. 105 Rn. 37; Jarass/Pieroth/Kment GG Art. 105 Rn. 36.

418 BVerfGE 128, 1 (34) = NVwZ 2011, 94

zungsprärogative gegenüber dem Bund allerdings distanziert.[419] Eine Überprüfung der Erforderlichkeit im Rahmen der abstrakten Normenkontrolle kommt ebenfalls in Betracht (Art. 93 Abs. 1 Nr. 2 GG).

Art. 72 Abs. 2 GG erlaubt dem Bund, von einer konkurrierenden Zuständigkeit 30 Gebrauch zu machen, wenn kein legislatives Tätigwerden aus wenigstens einem der folgenden drei Gründe erforderlich ist:

- Zur **Herstellung** gleichwertiger (also nicht *identischer!*) **Lebensverhältnisse im Bundesgebiet** ist der Bund laut BVerfG erst gesetzgebungsbefugt, wenn sich die Lebensverhältnisse in den Ländern in erheblicher, das bundesstaatliche Sozialgefüge beeinträchtigender Weise auseinanderentwickelt haben oder sich eine solche Entwicklung konkret abzeichnet.[420]
- Zur **Wahrung der Rechtseinheit** im gesamtstaatlichen Interesse ist eine Regelung durch den Bund erforderlich bei einer in seinem Interesse oder dem der Länder nicht hinnehmbaren Rechtszersplitterung.[421]
- **Wahrung der Wirtschaftseinheit** im gesamtstaatlichen Interesse heißt: Die bundesgesetzliche Regelung muss der Erhaltung der Funktionsfähigkeit des Wirtschaftsraumes Bundesrepublik Deutschland dienen. Ein gesamtstaatliches Interesse daran besteht erst, wenn landesrechtliche Regelungen oder die Untätigkeit von Landesgesetzgebern zu erheblichen Nachteilen für die Gesamtwirtschaft führen.[422]

Die Voraussetzungen des Art. 72 Abs. 2 GG müssen nur **zum Erlasszeitpunkt** gege- 31 ben sein (argumentum e contrario aus Abs. 4).

- Wenn die **Erforderlichkeit später entfällt**, wird das Gesetz dadurch nicht nichtig. Der Bund verliert zwar die Regelungsbefugnis an die Länder. Sie dürfen ihrerseits aber nur legislativ tätig werden, wenn der Bund zuvor ein „Freigabegesetz" erlassen hat. Dabei hat der Bund Ermessen; verweigert er aber ohne triftigen Grund die Freigabe, kann dies uU als Verletzung des Bundestreuegebots (→ § 4 Rn. 20) gewertet werden.
- Ein Gesetz ist auch nicht stets schon deswegen unter Verletzung des Art. 72 Abs. 2 GG und somit kompetenzwidrig erlassen, weil eine **Prognose**, auf welche die Einschätzung der Erforderlichkeit einer bundesgesetzlichen Regelung gestützt wurde, nicht eingetroffen ist. Dies setzt allerdings voraus, dass die Prognose transparent, methodisch einwandfrei und frei von sachfremden Erwägungen gewesen ist und auf einer rationalen Basis und vollständig erhobenem Datenmaterial beruht.[423]

d) Konkurrierende Gesetzgebung mit Abweichungsrecht der Länder (Art. 72 Abs. 3 GG)

Im Geltungsbereich des Art. 72 Abs. 3 GG sind einzelne Länder berechtigt, von 32 bundesgesetzlichen Regeln abzuweichen. An die Stelle des Vorrangs des Bundesge-

---

419 BVerfGE 106, 62 = NJW 2003 41 – Altenpflegegesetz; beachte auch BVerfGE 111, 226 (255 f.) = NJW 2004, 2803 – Juniorprofessur – für (die jetzt nicht mehr existente) Rahmengesetzgebung gem. Art. 75 Abs. 2 GG iVm Art. 72 Abs. 2 GG.

420 BVerfGE 106, 62 (144) = NJW 2003 41; dazu Sachs JuS 2003, 394.

421 BVerfGE 106, 62 (145 f.) = NJW 2003 41, am Beispiel unterschiedlicher Personenstandsregelungen.

422 BVerfGE 106, 62 (146 f.) = NJW 2003 41 – Besprechung von Brenner JuS 2003, 852; dazu auch Lechleitner JURA 2004, 749.

423 Vgl. BVerfGE 106, 62 (151 f.) = NJW 2003 41.

setzes (der Sperrwirkung) gem. Art. 72 Abs. 1 GG[424] tritt hier der **Vorrang des jeweils späteren Gesetzes** (Art. 72 Abs. 3 S. 3 GG). Die Möglichkeit zur Abweichungsgesetzgebung beschränkt sich auf die in Art. 72 Abs. 3 GG genannten Materien. Sie decken sich (mit Ausnahme von Nr. 7) im Wesentlichen mit Art. 74 Abs. 1 Nr. 28–33 GG, schließen aber manche Gegenstände vom Abweichungsrecht aus.

33 Damit zwischen Bund und Ländern nicht ein permanentes Ringen um das jeweils spätere Gesetz ausgelöst wird, führt Art. 72 Abs. 3 S. 2 eine **Karenzfrist** zulasten des Bundes ein: Jedes Bundesgesetz tritt, unabhängig davon, ob Länder bereits abgewichen sind oder nicht, frühestens sechs Monate nach der Verkündung in Kraft (eine Frist, die mit Zustimmung des Bundesrats verkürzt werden kann). In dieser Zeit können die Länder darüber befinden, ob sie eigene, vom erlassenen, aber noch nicht wirksam gewordenen Bundesrecht abweichende Regelungen treffen wollen; zugleich wird damit einem raschen Wechsel von Rechtslagen innerhalb eines Landes entgegengewirkt.[425] Der Bund kann sich nach erfolgter Abweichung zwar die Gesetzgebungshoheit durch „späteres" Bundesgesetz zurückholen, aber für dieses gilt erneut die Karenzfrist, in der Länder von ihm abweichen können. Ein Land kann mit wiederholten Abweichungsgesetzen also sicherstellen, dass die bundesgesetzliche Regelung für dieses Land nie Geltung entfaltet. Da nicht alle Länder sich für eine Abweichung entscheiden werden, hat dies zur Folge, dass die gleiche Materie in einem Land durch Bundesgesetz und in einem anderen durch Landesgesetz geregelt ist – oder gleichermaßen durch Bundes- und Landesgesetz, wenn die Abweichung nicht alle Gegenstände des Bundesgesetzes betrifft (vgl. das folgende Schaubild, das die Gefahr der Unübersichtlichkeit illustrieren soll). Ob im Einzelfall die Bundestreue einer Rückholung der Gesetzgebung entgegensteht, ist unklar.[426] Kritiker haben vor einem permanenten legislativen Tauziehen („Pingpong-Gesetzgebung") zwischen dem Bund und den abweichungswilligen Ländern gewarnt,[427] für das es derzeit jedoch in der Verfassungspraxis keine Anzeichen gibt.

34 Nach wohl hM setzt Abweichung **positive Rechtsgestaltung** durch Länder voraus. „Negativgesetzgebung", also das bloße Außerkraftsetzen der bundesrechtlichen Regelung, reicht nicht aus, da hierdurch keine andere Rechtslage herbeigeführt wird.[428] Dem ist zuzustimmen. Art. 72 Abs. 3 GG verwirklicht den „Wettbewerb" rechtlicher Konzeptionen. Auch müsste der Bund bei Anerkennung der „Negativabweichung" durch ein Land die bundesweite Geltung seines Rechts durch bestätigenden Neuerlass der bereits in Kraft befindlichen Regelung wiederherstellen – eine lebensfremde Vorstellung.

35 Eine **besondere Konstellation** der Abweichungsgesetzgebung gilt gem. Art. 84 Abs. 1 S. 2–4 GG für die Einrichtung der Verwaltungsbehörden und das von ihnen zu beachtende Verwaltungsverfahren (dazu näher → § 9 Rn. 17). Dabei handelt es sich

---

424 Mitunter wird, allerdings weniger überzeugend, Art. 72 Abs. 3 S. 3 GG als Sonderregelung nicht zu Art. 72 Abs. 1 GG, sondern Art. 31 GG verstanden, s. etwa SHH/Sannwald GG Art. 72 Rn. 117, aber auch Jarass/Pieroth/Kment GG Art. 72 Rn. 32.

425 SHH/Sannwald GG Art. 72 Rn. 116; Jarass/Pieroth/Pieroth GG Art. 72 Rn. 31; Schulze Harling, Das materielle Abweichungsrecht der Länder, 2011, 156 ff.

426 Vgl. Sachs/Degenhart GG Art. 72 Rn. 43; Stöbener JURA 2008, 327 (330).

427 Vgl. Häde JZ 2006 930 (932); O. Klein/K. Schneider DVBl 2006, 1549 (1552 f.); DHS/Korioth, 50. Lfg. 2007, GG Art. 31 Rn. 26; Schulze Harling, Das materielle Abweichungsrecht der Länder, 2011, 167.

428 Sachs/Degenhart GG Art. 72 Rn. 43; Schulze Harling, Das materielle Abweichungsrecht der Länder, 2011, 125 f.; anders SHH/Sannwald GG Art. 72 Rn. 104.

nicht um einen Fall der konkurrierenden Gesetzgebung, allerdings bei ähnlichem legislativen Schema. Zu beachten ist, dass der Bund in Ausnahmefällen und mit Zustimmung des Bundesrates die Abweichungsmöglichkeit ausschalten kann (Art. 84 Abs. 1 S. 5, 6 GG).

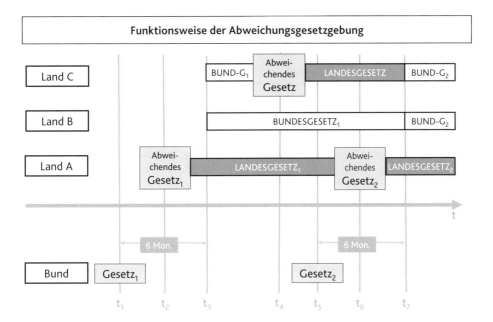

e) Übergangsvorschriften

Bei der Gesetzgebung des Bundes können Übergangsvorschriften beachtlich sein, die **36** erlassen werden mussten, weil die Art. 74 ff. GG im Zuge von Verfassungsnovellen immer wieder geändert worden sind. Unter anderem betreffen sie

- die Gesetzgebungsarten. So wurde 2006 die „Rahmengesetzgebung" abgeschafft; sie berechtigte den Bund zum Erlass eines normativen („ausfüllungsfähigen und ausfüllungsbedürftigen") Rahmens und berechtigte und verpflichtete die Länder, ihn durch eigene Gesetze auszufüllen. Übergangsrecht schafft insoweit Art. 125b Abs. 1 GG;
- die sich ändernde Zugehörigkeit von Gesetzgebungsmaterien zu den einzelnen Gesetzgebungsarten, der etwa Art. 125a Abs. 1, 3 GG Rechnung trägt;
- die Erforderlichkeits- bzw. Subsidiaritätsklausel, die 1994 novelliert und dabei strikter gefasst wurde (Art. 125a Abs. 2 GG).

> **6.3** Das Land L erlässt ein Gesetz nach einer Mustervorlage. Später erlässt der Bund nach der gleichen Vorlage ein identisches Gesetz. Findet das Landesgesetz noch Anwendung, wenn die Regelungsmaterie unter Art. 72 GG fällt?

3. Grundsatz- und Maßstäbegesetzgebung

37 Dem Grundgesetz lassen sich in einzelnen Rechtsbereichen noch andere Gesetzestypen entnehmen, die allerdings einer Verallgemeinerung nicht zugänglich sind: Die Grundsatz- und die Maßstäbegesetzgebung weisen insoweit Ähnlichkeiten mit der Rahmengesetzgebung auf, als der Bund allgemeine Regelungen erlässt. Anders als bei der Rahmengesetzgebung wird aber nicht nur der Landesgesetzgeber gebunden, sondern der Bundesgesetzgeber bindet sich auch selbst. Inwieweit damit über eine tatsächliche Bindung hinaus auch eine rechtliche Bindung erzeugt wird, ist sehr umstritten,[429] denn grundsätzlich kennt das Grundgesetz keine Hierarchie zwischen einfachen Gesetzen. Es handelt sich um folgende Gesetzgebungsformen:

- **Grundsatzgesetzgebung:** Art. 109 Abs. 3 GG (Haushaltsgrundsätzegesetz im Verhältnis zu den Haushaltsordnungen), Art. 91a Abs. 2 GG, Art. 140 GG iVm Art. 138 WRV;
- **Maßstäbegesetzgebung:** Nach nicht unbestrittener Ansicht des BVerfG[430] ist in Art. 106 und 107 GG die Notwendigkcit cincs „Maßstäbegesetzes" angelegt, das dem Finanzausgleichsgesetz vorzuschalten und diesem gegenüber vorrangig ist.

4. Ausschließliche Gesetzgebungszuständigkeiten der Länder

38 **Die ausschließliche Gesetzgebungszuständigkeit** der Länder ist gesetzesmethodisch als Auffangzuständigkeit gem. Art. 70 Abs. 1 Hs. 1 GG und damit sachlogisch nicht enumerativ angelegt. Seit der Föderalismusreform I (2006) finden sich an einigen Stellen des Art. 74 Abs. 1 GG allerdings Exklusionen („ohne", „mit Ausnahme" etc). Sie umreißen Materien, welche nicht in die konkurrierende, sondern vielmehr in die ausschließliche Gesetzgebungskompetenz der Länder fallen, gegenständlich bezeichnen, also, wenn man so will, „Art. 70-Inseln" innerhalb des Art. 72 GG. Bei diesen benannten Gegenständen ausschließlicher Landesgesetzgebungshoheit sind theoretisch sogar (sekundäre) ungeschriebene Kompetenzen kraft Sachzusammenhangs und Annexes (→ Rn. 11) denkbar. Die Abweichungszuständigkeit der Länder ist speziell im Bereich des Art. 84 Abs. 1 S. 2 GG nicht als eigenständiger Gesetzgebungstypus, sondern im Sinne einer Reaktivierung der ursprünglichen Gesetzgebungshoheit der Länder nach Art. 70 GG zu verstehen.[431]

---

429 Für eine rechtliche Bindung v. Münch/Kunig/Heintzen GG Art. 109 Rn. 52; krit. Kämmerer JuS 2003, 214 (216); Linck DÖV 2000, 325 (327 f.); aA Sachs/Siekmann GG Art. 109 Rn. 99 ff.

430 BVerfGE 101, 132 (214 ff.) = NJW 2000, 859; grds. zust. MKS/Huber GG Art. 107 Rn. 53 ff.; Degenhart ZG 2000, 79 (89); krit. Bull/Mehde DÖV 2000, 305 (309); abl. Pieroth NJW 2000, 1086 (1087); Kämmerer JuS 2003, 214.

431 Kluth/Germann, Föderalismusreformgesetz, 2007, Art. 84, 85 Rn. 36 ff.; aA Starck/Trute, Föderalismusreform, 2007, Rn. 156.

Gesetzgebungszuständigkeiten		
des Bundes		**der Länder**

Ausschließ-liche Zuständig-keit des Bundes, Art. 71 GG	Konkurrierende Zuständigkeit, Art. 72 GG	Ausschließ-liche Zuständig-keit der Länder, Art. 70 GG

Nur Bund ist zur Gesetzge-bung befugt.
 	
Ausnahme: Länder wer-den im Gesetz ausdrücklich ermächtigt.
	• Bund ist zur Gesetzgebung befugt
	  – in den in Abs. 2 enumerierten Fällen, wenn die weiteren Voraussetzungen dieser Vor-schrift (Erforderlichkeit gesamtstaatlicher Regelung) vorliegen,
	  – hinsichtlich der dort nicht genannten Kompetenznormen: ohne weitere Voraussetzungen
	
	• Länder sind (subsidiär) zur Gesetzgebung be-fugt: solange und soweit der Bund von seiner Kompetenz nicht Gebrauch gemacht hat (Art. 72 Abs. 1 GG)
	
	• „Abweichungsgesetzgebung" als Sonderfall, vorwiegend in Bereichen der ehemaligen Rahmengesetzgebung, Art. 72 Abs. 3 GG (insoweit kann Vorrang des Bundes durchbro-chen werden)
		Nur Länder sind zur Gesetzgebung befugt.
		
		(kein Zuständig-keitskatalog, aber zT explizite Exklusion von Sachbereichen in Art. 74 GG)

B. Das Gesetzgebungsverfahren im Bund

Im Folgenden wird nur das Gesetzgebungsverfahren im *Bund* betrachtet. Die Länder **39** regeln kraft ihrer Eigenstaatlichkeit das Verfahren der Landesgesetzgebung in den einzelnen Landesverfassungen. *Da Art. 77 GG wenig konsistent und unübersichtlich aufgebaut ist, sollten Bearbeiterinnen und Bearbeiter nicht darauf vertrauen, sich oh-ne Detailkenntnisse im Klausurfall allein anhand mithilfe des Normtextes orientieren zu können.*

I. Das Zustandekommen des Gesetzes: Bundestag und Bundesrat

Hat eine Gesetzesvorlage Bundestag und Bundesrat erfolgreich passiert, ist das Ge- **40** setz, wie Art. 78 GG formuliert, zustande gekommen. Zur Wirksamkeit des Geset-zes bedarf es aber noch der Ausfertigung und Verkündung, womit Publizität herge-stellt ist. Selbst in diesem Verfahrensabschnitt können Gesetze noch scheitern.

Art. 78 GG listet die zentralen Kriterien für das Zustandekommen eines Gesetzes **41** auf. Darin sind zugleich potenzielle Prüfungspunkte in der Staatsrechtsklausur ent-halten (weshalb die Vorschrift für Bearbeiter als Orientierungsmarke von großem Wert ist!). Laut Art. 78 GG kommen Gesetze zustande,

- bei **Zustimmungsgesetzen:** wenn der Bundesrat zustimmt (falls die Zustimmung erforderlich ist),

- bei **Einspruchsgesetzen** (dh Gesetzen, die der Zustimmung des Bundesrats nicht bedürfen):
  - wenn der Bundesrat den Antrag gem. Art. 77 Abs. 2 S. 1 GG (auf Einberufung des Vermittlungsausschusses) nicht stellt,
  - wenn der Bundesrat innerhalb der Frist des Art. 77 Abs. 3 GG keinen Einspruch einlegt,
  - wenn der Bundesrat einen solchermaßen (fristgerecht) eingelegten Einspruch zurücknimmt und
  - wenn der Bundestag einen (fristgerecht) eingelegten Einspruch überstimmt, dh zurückweist (Art. 77 Abs. 4 GG).

Zur Frage, inwieweit darüber hinaus Fehler im Umgang mit Gesetzesvorlagen das Zustandekommen eines Gesetzes hindern können, sogleich → Rn. 44 ff.

1. Das Einbringen der Gesetzesvorlage (Gesetzesinitiative)

42 Das Gesetzgebungsverfahren beginnt damit, dass eine Gesetzesvorlage beim Bundestag eingebracht wird. Diese **Gesetzesinitiative** (Art. 76 Abs. 1 GG) erlaubt das Grundgesetz der Bundesregierung (als Kollegialorgan, vgl. § 20 GOBReg) und dem Bundesrat, doch auch dem Bundestag selbst, aus dessen „Mitte" heraus Gesetzesvorlagen unterbreitet werden können.

a) Vorlagen aus dem Bundestag

43 Der Begriff „Mitte des Bundestages" ist im Grundgesetz nicht definiert. Ohne Art. 76 Abs. 1 GG damit authentisch zu interpretieren,[432] konkretisiert § 76 Abs. 1 GOBT die „Mitte" dahingehend, dass Vorlagen aus dem Bundestag unterzeichnet sein müssen

- von einer Fraktion (§ 10 Abs. 1 GOBT; dazu → § 45 Rn. 45 ff.)
- oder sonst von 5% der Mitglieder des Bundestags.

b) Vorlagen der Bundesregierung und des Bundesrates

44 Für Vorlagen der anderen beiden Verfassungsorgane besteht eine verfahrensrechtliche Besonderheit: Bevor der Bundestag nach den Vorschriften seiner Geschäftsordnung über die Vorlage entscheidet, muss

- im Falle einer Vorlage der Bundesregierung der Bundesrat (Art. 76 Abs. 2 GG),
- im Falle einer Vorlage des Bundesrates die Bundesregierung (Art. 76 Abs. 3 GG)

Gelegenheit zur **Stellungnahme** erhalten.

45 Ob eine Vorlage sich im Lichte des Art. 76 GG als eine solche aus dem Bundestag oder eine Vorlage der Bundesregierung darstellt, ist mitunter strittig. Denn die Bundesregierung überlässt häufig von ihr erarbeitete Gesetzentwürfe den sie tragenden Bundestagsfraktionen, die sie dann als ihre Vorlage einbringen. Wegen der unterschiedlichen Verfahrensanforderungen – Vorlagen der Bundesregierung müssen dem Bundesrat zugeleitet werden – kann die Frage nach der **Urheberschaft** in solchen Fällen nicht dahinstehen. Die Zulässigkeit dieses Vorgehens – in staatsrechtlichen Klausurfällen ein häufiges Problem – ist umstritten:

---

432 Vgl. MKS/Masing/Risse GG Art. 76 Rn. 34.

- Für einen Teil der Lehre ist die geistige Urheberschaft entscheidend. Die Vorlage ist aus dieser Sicht eine solche der Bundesregierung, mit der Folge, dass der Bundesrat nicht umgangen werden darf.[433] Die rechtlichen Konsequenzen dieses Verstoßes werden allerdings ganz unterschiedlich beurteilt: Manche deuten Art. 76 Abs. 2 S. 1 GG als bloße Ordnungsvorschrift, deren Missachtung nicht in eine Verfassungsverletzung mündet; manch andere sehen in der späteren Beteiligung des Bundesrates gem. Art. 77 GG die Heilung oder Nachholung des Verfahrenserfordernisses[434] – was allerdings zur Folge haben würde, dass das erlassene Gesetz wegen dieses Verfassungsverstoßes niemals verfassungsgerichtlich beanstandet werden könnte.

- Die hM neigt einer formalen Betrachtungsweise zu. Die Vorlage ist dann als solche des Bundestags anzusehen. Die „Umgehung" des Art. 76 Abs. 2 S. 1 GG ist dann zulässig.[435] Für diese Ansicht spricht, dass die geistige Urheberschaft nur mit Mühe erforscht werden kann. Zudem kann nicht ohne Weiteres unterstellt werden, dass das Vorgehen von Bundesregierung und Bundestag allein von dem Wunsch getragen sei, den Bundesrat zu umgehen; vor allem die besondere Fachkunde der Ministerialbürokratie kann ausschlaggebend dafür sein, die Vorbereitung von Gesetzesvorlagen auf sie zu „delegieren".

2. Behandlung der Vorlage durch den Bundestag

Die ordnungsgemäß eingebrachte Vorlage wird sodann Gegenstand der **Gesetzesberatung** im Bundestag. Diese erfolgt in mehreren Beratungsdurchgängen, die als „Lesungen" bezeichnet werden. Das nähere Verfahren ist, soweit es den Bundestag betrifft, in der Geschäftsordnung des Bundestages niedergelegt. Werden die darin festgesetzten Regeln missachtet, mündet dies nicht notwendigerweise zugleich in eine Verletzung des Grundgesetzes (*häufiger Klausurfehler!*). Solches ist nur der Fall, wenn und soweit sich Regeln der Geschäftsordnung als Konkretisierung verfassungsrechtlicher Vorgaben darstellen. Umstritten ist dies unter anderem für die formal allein in der GOBT behandelte Beschlussunfähigkeit (dazu auch → § 5, Fall 5.1), die auch bei der verfassungsrechtlichen Prüfung des ordnungsgemäßen Gesetzgebungsverfahrens Bedeutung erlangen kann.

46

---

433 Mit Unterschieden iE: Dreier/Brosius-Gersdorf GG Art. 76 Rn. 58 f.; Sachs/Mann GG Art. 76 Rn. 24 ff.; MKS/Masing/Risse GG Art. 76 Rn. 102.
434 Schürmann AöR 115 (1990), 45 (60 f.).
435 v. Münch/Kunig/Bryde GG Art. 76 Rn. 31; BK-GG/Brüning, 180. Lfg. 2016, GG Art. 76 Rn. 147 ff.; Degenhart StaatsR I Rn. 216; Nolte/Tams JURA 2000, 158 (160); vgl. auch (ausf.) Schürmann AöR 115 (1990), 45.

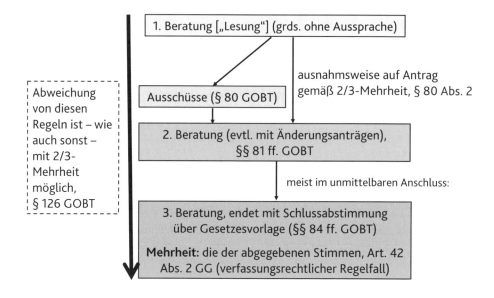

3. Das weitere Verfahren im Wechselspiel von Bundestag und Bundesrat

a) Zustimmungs- und Einspruchsgesetze

47 Vom Bundestag angenommene Vorlagen bezeichnet das Grundgesetz nicht mehr als Vorlage, sondern als „vom Bundestag beschlossenes Gesetz" (Art. 77 Abs. 3 S. 1 GG, Art. 78 GG). Damit dieses nach Ausfertigung und Verkündung in Kraft treten kann, ist die Beteiligung des Bundesrates erforderlich, der

- bei **Zustimmungsgesetzen** als Mitgesetzgeber in Erscheinung tritt. Zustimmungsgesetze (iSd Art. 77 Abs. 2, 2a GG und damit zu unterscheiden von Zustimmungsgesetzen zu völkerrechtlichen Verträgen, Art. 59 Abs. 2 GG) sind solche Gesetze, für die das Grundgesetz die Zustimmung des Bundesrates ausdrücklich anordnet;
- im Übrigen („**Einspruchsgesetze**"; das Grundgesetz bezeichnet sie als Gesetze, zu denen die Zustimmung des Bundesrates nicht erforderlich ist) nur über ein Vetorecht verfügt, das der Bundestag mit qualifizierter Mehrheit brechen kann.

48 Zustimmungsbedürftig sind Gesetze immer dann, wenn das Grundgesetz die Zustimmung des Bundesrats vorsieht. Wie an späterer Stelle (→ Rn. 54 ff.) darzulegen sein wird, kann die Feststellung des Zustimmungserfordernisses dennoch im Einzelfall Schwierigkeiten bereiten. Es ist daher nicht ausgeschlossen, dass der Bundesrat sich über die Einordnung einer gesetzlichen Regelung als Einspruchs- oder Zustimmungsgesetz irrt und daher, anstatt Einspruch einzulegen, die Zustimmung verweigert oder anstelle der Versagung der Zustimmung Einspruch einlegt. In diesem Fall kann nach den in § 140 BGB, § 47 VwVfG verankerten Grundsätzen eine **Umdeutung** erwogen werden.[436] Die Voraussetzungen der jeweils anderen Rechtshandlung müssen erfüllt und zudem anzunehmen sein, dass der Bundesrat diese bei richtiger Beurteilung der Rechtslage gewollt haben würde. Dies ist zumindest dann zweifel-

---

436 Nolte/Tams JURA 2000, 158 (162 f.); Degenhart StaatsR I Rn. 232; Sachs/Mann GG Art. 78 Rn. 3; aA DHS/Kersten, 94. Lfg. 2021, GG Art. 77 Rn. 111; Frenzel JuS 2010, 119 (122).

haft, wenn eine Zustimmungsverweigerung in einen Einspruch umgedeutet werden soll. Die wohl hM lehnt hier eine Umdeutung mit der Begründung ab, die Willenserklärungen unterschieden sich in ihrer Zielrichtung; der Bundestag könne einen Einspruch ja überstimmen.[437] Dagegen kann man einwenden, dass der Bundesrat in jedem Fall zum Ausdruck bringt, dass er das Gesetz ablehnt; der weitere Verfahrensverlauf liegt nicht mehr in seiner alleinigen Disposition. In aller Regel wird es jedoch an der Kongruenz der Verfahrensschritte und Fristen fehlen. Wer der hM folgt, wird erst recht an der Umdeutung eines Einspruchs in die Verweigerung der Zustimmung Zweifel anmelden müssen, da ersterer auch auf die „Verbesserung" des Gesetzes und nicht zwingend auf seine Verhinderung gerichtet ist.

Angesichts der Unübersichtlichkeit des Verfassungswortlauts und der hohen Komplexität des Verfahrens bietet sich eine grafische Präsentation des Verfahrensablaufs bei Einspruchs- und Zustimmungsgesetzen an. **49**

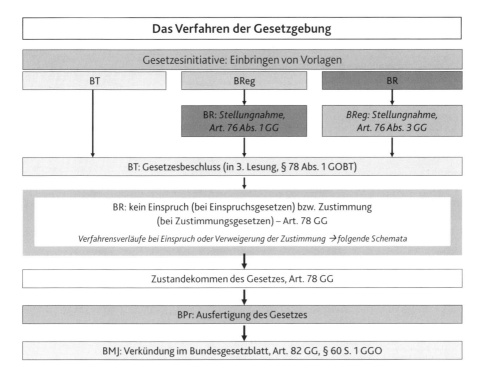

437 DHS/Kersten, 94. Lfg. 2021, GG Art. 77 Rn. 111; BeckOK GG/Dietlein, 48. Ed. 15.8.2021, GG Art. 77 Rn. 52.

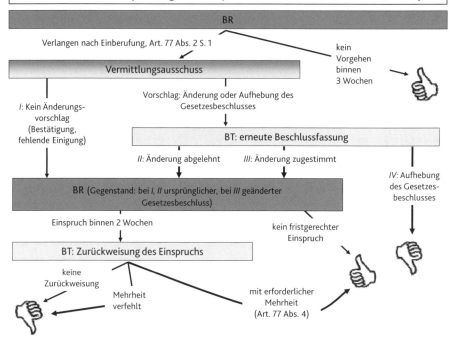

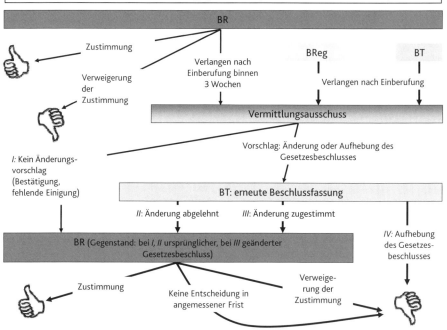

b) Vermittlungsverfahren und Vermittlungsausschuss

Bei Einspruchsgesetzen ist ein abgeschlossenes **Vermittlungsverfahren** durch einen 50 „aus Mitgliedern des Bundestages und des Bundesrates für die gemeinsame Beratung von Vorlagen gebildete(n) Ausschuss" – kurz: Vermittlungsausschuss – zwingende Voraussetzung für einen späteren Einspruch des Bundesrats. Dieser ist hier ausschließlich berechtigt, das Verfahren einzuleiten (Art. 72 Abs. 2 S. 1, Abs. 3 GG). Bei Zustimmungsgesetzen dagegen ist das Vermittlungsverfahren nur fakultativ (arg. Art. 77 Abs. 2a Hs. 1 GG: „wenn ein Verlangen nach Absatz 2 Satz 1 nicht gestellt (…) ist"). Außer dem Bundesrat können dann auch der Bundestag und die Bundesregierung die Einberufung des Vermittlungsausschusses verlangen (Art. 77 Abs. 2 S. 1, 5 GG).

Der **Vermittlungsausschuss** hat 32 Mitglieder und setzt sich aus einer „Bundes- 51 ratsbank" und einer „Bundestagsbank" aus jeweils 16 Personen zusammen.[438] Diese hybride Struktur spiegelt sich auch in seiner Stellung im Institutionengefüge: Scheinbar ein Verfassungsorgan, fehlt ihm doch die dafür typische Geschäftsordnungsautonomie.[439] Die Funktion des Vermittlungsausschusses erschöpft sich darin, einen legislatorischen Kompromissvorschlag zu erarbeiten, nicht die Funktionen eines der anderen Beteiligten im Gesetzgebungsverfahren zu übernehmen. Dies wirkt sich wie folgt aus:

- Die Vermittlung darf **nicht in eine Gesetzesinitiative umschlagen**, die nach Art. 76 Abs. 1 GG ausschließlich der Bundesregierung, dem Bundesrat und der „Mitte" des Bundestags zusteht. Vermittlungsvorschläge dürfen den gegenständlichen Rahmen des vorgängigen Gesetzgebungsverfahrens nicht überschreiten. Der Vermittlungsausschuss ist damit nicht befugt, Vorschläge zu unterbreiten, die nicht wenigstens schon Gegenstand von Änderungsvorschlägen im Bundestag oder Gegenvorschlägen anderer Initiativberechtigter gewesen sind.[440]
- Über jede vom Vermittlungsausschuss vorgeschlagene Änderung an dem bereits beschlossenen Gesetz hat der **Bundestag erneut zu beschließen** (Art. 77 Abs. 2 S. 1 GG).

Ist das Vermittlungsverfahren abgeschlossen, hängt der weitere Verfahrensverlauf 52 vom Verfahrensergebnis ab:

- Schlägt der Vermittlungsausschuss die Aufhebung des Gesetzesbeschlusses vor, und folgt der Bundestag (Art. 77 Abs. 2 S. 5 GG) diesem Vorschlag, ist das Gesetz endgültig gescheitert.
- Schlägt der Vermittlungsausschuss vor, den Gesetzesbeschluss zu ändern, und beschließt der Bundestag die Änderungen wie vorgeschlagen, muss der Bundesrat über den modifizierten Gesetzesbeschluss erneut befinden.
- Schlägt der Vermittlungsausschuss die Änderung des Gesetzesbeschlusses vor, lehnt der Bundestag aber diese Änderungen ab, befindet der Bundesrat über das ursprüngliche, also unveränderte Gesetz. Mit anderen Worten: Der Einspruchs-

---

438 Näher dazu § 1 Geschäftsordnung des Vermittlungsausschusses.
439 Möllers JURA 2010, 401 (402). Die Geschäftsordnung des Vermittlungsausschusses wurde als gemeinsame Geschäftsordnung des Bundestages und des Bundesrates verabschiedet.
440 Vgl. BVerfGE 101, 297 (309) = DStRE 1999, 940; BVerfGE 120, 56 (75 f.) = NVwZ 2008, 665.

oder Zustimmungsgegenstand ist bei gescheitertem Vermittlungsverfahren der gleiche, wie wenn ein Vermittlungsverfahren gar nicht stattgefunden hätte.[441]

> **6.4** Um die knappe Regierungsmehrheit im Bundestag auch in den Vermittlungsausschuss „hinüberzuretten", beschließt der Bundestag, der stärksten Fraktion, die auch den Bundeskanzler stellt, einen Sitz zu reservieren und die übrigen Sitze der „Bundestagsbank" im Zählverfahren nach Sainte-Laguë/Schepers zu vergeben. Die Folge ist ein Sitzverhältnis der im Bundestag vertretenen Parteien von 8:6:1:1. Wäre das Verfahren ohne Modifikation zur Anwendung gekommen, betrüge das Sitzverhältnis 7:7:1:1. Zulässig?

c) Die Zurückweisung von Einsprüchen

53   Bei Einspruchsgesetzen wirkt der Einspruch als **Veto des Bundesrates nicht destruktiv**; der Bundestag kann es überstimmen und damit den Einspruch zurückweisen.[442] Die dafür erforderlichen Mehrheiten richten sich nach der Mehrheit, mit welcher der Bundesrat den Einspruch beschlossen hat.

- Wurde der Einspruch mit einfacher (dh absoluter) Mehrheit – derzeit 35 Stimmen – beschlossen, bedarf es der Mehrheit der Mitglieder des Bundestages zu seiner Zurückweisung (Art. 77 Abs. 4 S. 1 GG, Art. 121 GG).
- Hat der Bundesrat den Einspruch mit Zweidrittelmehrheit – derzeit 46 Stimmen – beschlossen, bedarf es zur Zurückweisung durch den Bundestag
  – der Mehrheit von zwei Dritteln (der abgegebenen Stimmen), die zugleich
  – die Mehrheit der Mitglieder des Bundestages sein muss (Art. 77 Abs. 4 S. 2 GG, Art. 121 GG).

> **6.5** Der Bundesrat erhebt gegen ein Gesetz mit 55 gegen 14 Stimmen Einspruch. Der Bundestag weist den Einspruch mit 240 gegen 118 Stimmen bei 130 Enthaltungen zurück. Ist das Gesetz zustande gekommen?

II. Zustimmungsbedürftigkeit von Gesetzen

1. Zustimmungssachverhalte im Allgemeinen

54   Gesetze bedürfen immer dann und nur dann der Zustimmung durch den Bundesrat, wenn das Grundgesetz sie **ausdrücklich anordnet**.[443]

55   Zustimmungsbedürftig sind insbesondere **verfassungsändernde Gesetze**, für die es sogar einer Zweidrittelmehrheit im Bundesrat bedarf. Bei einfachen Gesetzen ist der verfassungsrechtliche Anknüpfungspunkt der Zustimmungsbedürftigkeit in den meisten Fällen

- die Regelung einer bestimmten **Sachmaterie**, wie zB

---

441 v. Münch/Kunig/Bryde GG Art. 77 Rn. 28.
442 Vgl. dazu Winterhoff JA 1998, 666 (668).
443 Zusammenstellung bei Gröpl StaatsR I Rn. 1147.

- Staatshaftung und Beamtenstatusrecht der Länder (Art. 74 Abs. 1 Nr. 25 und 27, Abs. 2 GG),
- bestimmte Regelungen in den Bereichen Bahnwesen, Post und Telekommunikation, wie zB Art. 87e Abs. 5 GG, Art. 87f Abs. 1 GG,
- Asylgesetzgebung (Art. 16a Abs. 2, 3 GG),
- Steuer- und Finanzgesetzgebung (zB Art. 106 Abs. 3–6 GG, Art. 107 Abs. 1 GG),
- die Ersetzung eines **Verwaltungsmodus** für eine Materie in einen anderen, der mit einer stärkeren Belastung der Länder einhergeht (Beispiele: Art. 87c GG – von Landeseigen- zu Bundesauftragsverwaltung; Art. 87d Abs. 2 GG – von Bundeseigen- zu Bundesauftragsverwaltung), oder
- die gesetzliche Wahrnehmung von **Ingerenzrechten** durch den Bund bei Ausführung von Bundesgesetzen durch die Länder (Vorgaben für die Einrichtung der Behörden, Art. 85 Abs. 1 Hs. 2 GG; Vorgaben für das Verwaltungsverfahren, Art. 84 Abs. 1 S. 5, 6 GG und Art. 85 Abs. 1 Hs. 2 GG; Bundesgesetz über Einzelweisungen, Art. 84 Abs. 5 GG; Entziehung der Verwaltungshoheit durch Schaffung eigener Mittel- und Unterbehörden des Bundes, Art. 87 Abs. 3 S. 2 GG).

> **6.6** Wie erklären sich die sachbezogenen Zustimmungsvorgaben? Inwieweit sind sie problematisch?

2. Zustimmungsbedürftigkeit der „legislativen Einheit" und ihrer Änderungen

Der Bundesgesetzgeber wird es vielfach für sinnvoll erachten, materiell-rechtliche **56** Regelungen und Vorgaben für die Einrichtung der Behörden oder das Verwaltungsverfahren, welche nach Art. 84 Abs. 1 GG oder Art. 85 Abs. 1 GG der Zustimmung durch den Bundesrat bedürfen, im gleichen Gesetz festzuschreiben. Im Lichte des Zustimmungserfordernisses muss das Gesetz dann als **legislative Einheit** betrachtet werden, der Einschluss einzelner zustimmungsbedürftiger Vorschriften macht es also insgesamt zustimmungsbedürftig.[444] (Dem Bundesgesetzgeber bleibt unbenommen, das Gesetz in legislative Einheiten aufzuspalten, von denen dann nur ein Teil der Zustimmung bedarf – sofern die Rechte des Bundesrates dadurch nicht willkürlich beschnitten werden.[445]) Die Gegenauffassung[446] beschränkt die Wirkung der Zustimmungsverweigerung auf diejenigen Vorschriften, welche die Zustimmungsbedürftigkeit auslösen, und lässt das Gesetz, falls den verbleibenden Vorschriften dann noch Sinn und Konsistenz beigemessen werden kann, im Übrigen zustande kommen. Selbst wenn aber verhindert werden könnte, dass Zweck und Ziel des Gesetzes entstellt werden, wäre die Koppelung eines Einspruchs- und Zustimmungsverfahrens mit Blick auf das gleiche Gesetz unpraktikabel – was gegen die letztgenannte Ansicht spricht.

Die Frage nach der Zustimmungsbedürftigkeit stellt sich – wenn der hM gefolgt wird **57** – erneut, wenn ein Gesetz, dessen Vorschriften, für sich betrachtet, nicht durchweg zustimmungsbedürftig wären, geändert wird. Das **Änderungsgesetz** wird dann nicht schon deswegen für zustimmungsbedürftig erachtet, weil auch das geänderte Gesetz

---

444 BVerfGE 8, 274 = NJW 1959, 475; v. Münch/Kunig/Broß GG Art. 84 Rn. 34; DHS/Kersten, 94. Lfg. 2021, GG Art. 77 Rn. 94 ff.

445 HW/Wolff GG Art. 78 Rn. 6.

446 Maurer StaatsR I § 17 Rn. 72 f.; krit. auch Sachs/Mann GG Art. 77 Rn. 15.

der Zustimmung bedurfte. Vielmehr wird für diesen Fall die Einheitsbetrachtung durchbrochen. Für zustimmungsbedürftig gilt das Änderungsgesetz also nur,

- wenn es neue, für sich genommen die Zustimmungsbedürftigkeit auslösende Vorschriften enthält,
- wenn ältere Vorschriften, die ursprünglich die Zustimmungsbedürftigkeit auslösten, geändert werden,[447]
- und wenn zwar keiner dieser beiden Fälle vorliegt, die Änderungen aber zu einer „Systemverschiebung" führen, die sich als neuerlicher Einbruch in die Domäne der Länder auswirkt.[448]

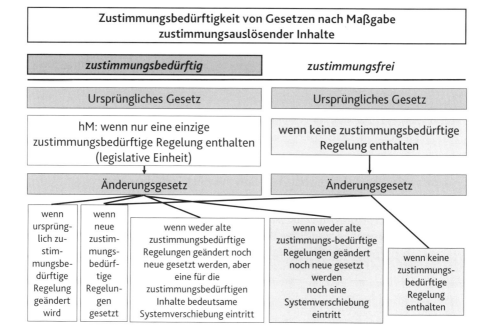

III. Das Wirksamwerden des Gesetzes: Ausfertigung, Verkündung, Inkrafttreten

58 Hat die Vorlage Bundestag und Bundesrat passiert, ist das Gesetz zustande gekommen (Art. 78 GG), aber noch nicht rechtswirksam. Hierzu bedarf es der Ausfertigung und Verkündung sowie gegebenenfalls einer Regelung des Inkrafttretens.

1. Ausfertigung (Art. 82 Abs. 1 GG) und „Prüfungsrecht" des Bundespräsidenten

a) Die Ausfertigung als „staatsnotarieller Akt"

59 Begriff: Unter Ausfertigung versteht man die Unterschrift des **Bundespräsidenten** unter das fertige (Art. 78 GG) Gesetz. Sie schließt das Gesetzgebungsverfahren ab und bestätigt die Verfassungsmäßigkeit des Gesetzes. Im Bundesgesetzblatt wird das

---

447 BVerfGE 48, 127 (180 f.) = NJW 1978, 1245.

448 So BVerfGE 37, 363; aA Sondervotum v. Schlabrendorff, Geiger und Rinck in BVerfGE 37, 363 (401 ff.); Achterberg DÖV 1975, 158.

Gesetz mit dem Datum der Ausfertigung zitiert („Gesetz vom …"). Die Ausfertigung bedarf, wie fast alle Anordnungen und Verfügungen des Bundespräsidenten (allgemein in Art. 58 GG geregelt), der **Gegenzeichnung** des Bundeskanzlers oder des zuständigen Bundesministers (Art. 82 Abs. 1 S. 1 GG; zur Gegenzeichnung allgemein → § 8 Rn. 8).

b) Das „Prüfungsrecht" (Ausfertigungsverweigerungsrecht, Vetorecht) des Bundespräsidenten

Die große Bedeutung des sog. Prüfungsrechts für die juristische Fallbearbeitung einschließlich Referendarklausur steht in keinem Verhältnis zur Verfassungspraxis. Die eingespielte Bezeichnung „Prüfungsrecht" bildet nicht hinreichend ab, worum gerungen und gestritten wird. Eine bloße Prüfung der Gesetze, die er ausfertigt, ist dem Bundespräsidenten unbenommen; kein Präsident wird Rechtsakte, die er mit seiner Unterschrift besiegelt, einfach „durchwinken". Streitig ist nicht das schlichte Recht zur (juristischen) Überprüfung, sondern, welche Rechtsfolgen aus einer solchen Prüfung abgeleitet werden können: Muss der Bundespräsident es dabei bewenden lassen, die Gesetzgebungsorgane auf seine rechtlichen Bedenken hinzuweisen, oder darf er die Ausfertigung des Gesetzes verweigern? Das **Prüfungsrecht** lässt sich – bei Gesetzen – insoweit als **Ausfertigungsverweigerungsrecht** bezeichnen. Wenn und soweit es anzuerkennen ist, wächst dem Bundespräsidenten praktisch ein **Vetorecht** zu. Dieses Veto kann der Bundestag – denn das Gesetzgebungsverfahren ist ja abgeschlossen – nicht mehr überstimmen; er müsste, um das Gesetz noch in Geltung zu bringen, gegen den Bundespräsidenten im Wege des Organstreits vor dem BVerfG Rechtsschutz suchen.

60

Obwohl Bundespräsidenten vereinzelt die Ausfertigung von Gesetzen verweigert haben, ist es zur Anrufung des BVerfG (aus Respekt vor dem höchsten Staatsamt) in solchen Konstellationen noch nie gekommen, wohingegen die Erfolgsaussichten eines gegen den Bundespräsidenten geführten **Organstreits** im Klausurfall zu prüfen sind. Mit seiner Ausfertigungsverweigerung verletzt der Bundespräsident möglicherweise das Recht des Bundestags, Gesetze zu beschließen (Art. 77 Abs. 1 S. 1 GG). Begründet ist dessen Antrag, gegen den Bundespräsidenten, wenn er diesem Recht kein Prüfungsrecht im Sinne eines Ausfertigungsverweigerungsrechts entgegenhalten kann. Dazu ist zu untersuchen,

61

- wie der Bundespräsident die Verweigerung der Ausfertigung begründet (formelle und/oder materielle Verfassungswidrigkeit des Gesetzes oder auch politische Einwände),
- ob dem Bundespräsidenten ein Ausfertigungsverweigerungsrecht im geltend gemachten Umfang allgemein zusteht,
- ob das Ausfertigungsverweigerungsrecht in seinen so umrissenen Grenzen zu Recht in Anspruch genommen worden ist (insbesondere, ob das Gesetz also wirklich, wie seitens des Bundespräsidenten behauptet, formell und/oder materiell verfassungswidrig ist).

> Für Einzelheiten, vor allem die für und gegen ein Ausfertigungsverweigerungsrecht aus formellen, materiellen oder bloß politischen Gründen streitenden Gesichtspunkte, sei auf die Betrachtung der „Prüfungsrechte (Vetorechte) des Bundespräsidenten" in → § 8 Rn. 12 ff. dieses Lehrbuchs verwiesen.

2. Verkündung im Bundesgesetzblatt (Art. 82 Abs. 1 GG)

62 Es besteht ein grundgesetzliches Publizitätserfordernis: Das Gesetz muss veröffentlicht werden. Die Verkündung liegt im Verantwortungsbereich des Bundesministers der Justiz (§ 60 GGO). Erst sie führt zur rechtlichen Existenz des Gesetzes. Ist das Gesetz verkündet, unterliegt es grundsätzlich der Überprüfung durch das BVerfG, auch wenn oder soweit es noch nicht in Kraft getreten ist.

3. Inkrafttreten (Art. 82 Abs. 2 GG)

63 In der Regel wird der Tag des Inkrafttretens im Gesetz selbst bestimmt. Andernfalls – was in der Praxis aber so gut wie nicht vorkommt – bestimmt das Grundgesetz, dass das Gesetz mit dem 14. Tag nach Ablauf des Ausgabetags des einschlägigen Bundesgesetzblattes in Kraft tritt. Zustimmungsgesetze zu völkerrechtlichen Vereinbarungen finden sich im zweiten Teil des Bundesgesetzblatts (BGBl. II), die übrigen Gesetze in seinem ersten Teil (BGBl. I).

Antworten und Lösungen

6.1 Die gesetzlichen Regelungen zum Ausstieg aus der Atomkraft sind verfassungswidrig, wenn Art. 73 Abs. 1 Nr. 14 GG die friedliche Nutzung der Kernenergie zum verfassungsrechtlich geschützten Gut erhebt. Dies wird von Einigen vertreten. Da das Grundgesetz dem Bund ausdrücklich eine Kompetenz zur Gesetzgebung in diesem Bereich vorsehe, sei die friedliche Nutzung der Atomkraft verfassungsrechtlich festgeschrieben, daher bedürfe die Abstandnahme hiervon einer Verfassungsänderung.[449] Diese Auffassung überzeugt nicht. Der Katalog des Art. 73 Abs. 1 GG weist dem Bund Befugnisse zur Gesetzgebung zu, nicht aber auch die Pflicht, von diesen Befugnissen Gebrauch zu machen. Umso weniger kann die Vorschrift den Bund daran hindern, eine Rechtspraxis nach erfolgtem „Gebrauchmachen" wieder zu beenden. Ein zweites Gegenargument folgt aus der Funktion der Kompetenzkataloge des Grundgesetzes: Sie sollen Befugnisse von Bund und Ländern voneinander abgrenzen, nicht aber die in den „Katalogen" aufgelisteten Materien zu verfassungsrechtlich geschützten Gütern erheben. Der „Ausstieg" aus der Atomkraft kann daher durch einfaches Gesetz beschlossen werden.[450] (Inwieweit dieses verfassungsgemäß ist, ist damit noch nicht präjudiziert; insbesondere Art. 14 Abs. 1 S. 1 GG könnte entgegenstehen.)

6.2 Für die Befugnis zur Regelung der Öffnungszeiten für Speisegaststätten an Sonn- und Feiertagen kommen mehrere verfassungsrechtliche Anknüpfungen in Betracht. Ist das Recht der Gaststätten einschlägig, sind nach Art. 70 GG iVm Art. 74 Abs. 1 Nr. 11 GG (Ausnahmetatbestand) die Länder ausschließlich regelungsbefugt, ebenso, wenn es sich um eine Materie des Ladenschlusses handelt. Steht der Feiertagsschutz (vgl. Art. 140 GG iVm Art. 139 WRV) im Mittelpunkt, so sind (mit Einschränkungen für den Nationalfeiertag) nach Art. 70 GG ebenfalls die Länder regelungsbefugt. Eine (konkurrierende) Zuständigkeit des Bundes ergibt sich hingegen, wenn das Arbeitsrecht (Art. 74 Abs. 1 Nr. 12 GG) sedes materiae ist – oder wenn keine der genannten Anknüpfungstatbestände passt. In diesem Fall könnte als Auffangtatbestand das Recht der Wirtschaft (Art. 74 Abs. 1 Nr. 11 GG) eingreifen, für das der Bund allerdings anders als beim Arbeitsrecht die Erforderlichkeit einer bundesgesetzlichen Regelung zu belegen hat (Art. 72 Abs. 2 GG).

Gegen eine arbeitsrechtliche Anknüpfung spricht bereits, dass der Betrieb von Gaststätten nicht zwangsläufig mit der Beschäftigung von Arbeitnehmern verbunden ist und das Öffnen an Feiertagen

---

449 Nach BVerfGE 53, 30 (56) = NJW 1980, 759 folgt aus der grundsätzlichen Anerkennung und Billigung eines in den Kompetenzvorschriften der Verfassung behandelten Gegenstandes, dass dessen Verfassungsmäßigkeit nicht aufgrund anderer Verfassungsbestimmungen grds. infrage gestellt werden könne. Aufgrund der Kompetenzzuweisung sei vielmehr »zur Grundsatzentscheidung für oder gegen die friedliche Nutzung der Kernenergie allein der Gesetzgeber berufen«. Vgl. auch Wagner NJW 1989, 1825 (1829 ff.); Bleckmann DÖV 1986, 129 (130).

450 Di Fabio, Der Ausstieg aus der wirtschaftlichen Nutzung der Atomenergie, 1999, 76 ff.; Ossenbühl AöR 124 (1999), 1 (4); Stuer/Loges NVwZ 2000, 9 (10).

auch nicht notwendigerweise eine Verpflichtung des einzelnen Arbeitnehmers mit sich bringt, an diesen Tagen zu arbeiten. Auch Ladenschluss will als Anknüpfungspunkt nicht passen, da nicht Öffnungszeiten von Ladengeschäften (Einzelhandel), sondern von Bewirtungsbetrieben geregelt werden. Spezielle Ziele des Sonn- und Feiertagsschutzes werden mit dem Gesetz nicht geregelt. Ist demnach das Recht der Gaststätten einschlägig, scheint die Streitfrage entschieden: Art. 70 GG iVm Art. 74 Abs. 1 Nr. 11 GG weisen den Ländern die Gesetzgebungsbefugnis zu. Doch muss Berücksichtigung finden, dass das Gaststättenrecht bis zur Föderalismusreform 2006 in den Bereich der konkurrierenden Gesetzgebungskompetenzen fiel (Art. 74 Abs. 1 Nr. 11 GG aF). Solange und soweit die Länder keine eigenen Gaststättengesetze erlassen haben, ordnet Art. 125a Abs. 1 S. 1 GG die Fortgeltung des Gaststättengesetzes (GastG) des Bundes an, welche das Recht des Bundes zur Fortschreibung der gesetzlichen Regelungen einschließt. Mit der Festschreibung von Öffnungszeiten würde der Bund den Ländern, die keine eigenen Gesetze erlassen haben, aber entziehen, was ihnen bislang zusteht: die Regelung der Sperrzeiten für Gaststätten, wenn auch nur auf der Basis einer in § 18 GastG ausgesprochenen Verordnungsermächtigung. Damit würde der Bund also, obwohl ihm die Änderung des Grundgesetzes die Zuständigkeit für das Gaststättenrecht genommen hat, in diesem Bereich zusätzliche Kompetenzen an sich ziehen. Ein solches Ergebnis widerspricht dem Sinn und Zweck der in Art. 125a Abs. 1 S. 1 GG inzident verankerten Fortschreibungskompetenz, die dem Bund nicht mehr erlauben kann, als das Gesetz an geänderte Umstände anzupassen.[451]

Die Antwort muss also differenziert ausfallen: An sich steht den Ländern die Gesetzgebungsbefugnis zu. Die nach Art. 125a Abs. 1 S. 1 GG dem Bund mit Blick auf Länder ohne eigene Gaststättengesetze verbleibende Gesetzgebungskompetenz schließt Regelungen wie die hier anvisierte nicht ein. Länder ohne Gaststättengesetze, für welche das GastG des Bundes fortgilt, können sie entweder auf der Basis der fortbestehenden Ermächtigung durch Verordnung treffen; sie können aber auch – und zwar jederzeit – das GastG des Bundes durch eigene gesetzliche Regelungen ablösen (Art. 125a Abs. 1 S. 2 GG).

6.3 Der Fall legt auf den ersten Blick die Anwendung des Art. 31 GG („Bundesrecht bricht Landesrecht") nahe. Diese Norm wird von der hM (→ § 4 Rn. 16 ff.) so ausgelegt, dass nur im Widerspruch zum Bundesrecht stehendes Landesrecht unwirksam ist[452] – was bei Inhaltsgleichheit nicht der Fall zu sein scheint. Allerdings findet sich in Art. 72 Abs. 1 GG eine spezielle Kollisionsnorm, die nach der hier vertretenen Ansicht Vorrang gegenüber Art. 31 GG genießt. Danach verlieren die Länder das Recht zur Gesetzgebung, sobald der Bund von seiner Gesetzgebungszuständigkeit (die in manchen Fällen nur nach Maßgabe des Art. 72 Abs. 2 GG besteht) Gebrauch gemacht hat. Das Landesgesetz ist dann schon deshalb verfassungswidrig und nichtig, weil dem Land die Gesetzgebungshoheit nicht (mehr) zustand. Dieses Ergebnis ist auch sachgerecht, da sich auch bei Inhaltsgleichheit von Bundes- und Landesgesetzen Unterschiede bei der Ausführungszuständigkeit (hier Art. 30 GG, dort Art. 83, 84 GG) ergeben, ferner beim Verwaltungsrechtsweg, der bei auf Landesgesetzen beruhenden Rechtsakten beim Oberverwaltungsgericht endet, sonst beim Bundesverwaltungsgericht (§ 137 VwGO). Der Bund hat also ein sachlich begründbares Interesse, seine eigene Regelung an die Stelle eines inhaltsgleichen Landesgesetzes zu rücken.

6.4 Die Vereinbarkeit dieses Verfahrens mit dem Demokratieprinzip ist zweifelhaft. Dieses fordert, dass das Votum des Volkes sich in allen parlamentarischen Gremien entsprechend abbilden muss. Ausschüsse sind ein „verkleinertes" Parlament. Das Parlament darf also nicht über die Mehrheitsverhältnisse des Ausschusses disponieren, sondern muss ein Verfahren finden, das die optimale spiegelbildliche Abbildung des Bundestages erlaubt. Dafür stehen alternativ die Verfahren nach d'Hondt, Hare/Niemeyer und Sainte-Laguë/Schepers zur Verfügung. Nach allen diesen Verfahren käme es hier zu einem Sitzverhältnis 7:7:1:1. Für die Vereinbarkeit mit dem Demokratieprinzip könnte jedoch der Mehrheitsgrundsatz angeführt werden: Die Regierungsmehrheit müsse sich, so der Gedanke, auch in der Ausschussmehrheit abbilden; gewährleistet kein Verfahren dies, muss eben das Verfahren modifiziert werden. Dem lässt sich wiederum entgegenhalten, dass die Funktion des Vermittlungsausschusses nicht in der Beschlussfassung, sondern im Ausgleich besteht und deswegen die Bedeutung der Übertragung der (hauchdünnen) Mehrheit fragwürdig ist. Hinzu kommt, dass eine parteipolitisch geprägte Mehrheit sich

---

451 Vgl. Jarass/Pieroth/Jarass GG Art. 125a Rn. 7a mwN.
452 Degenhart StaatsR I Rn. 200; Dreier/Dreier GG Art. 31 Rn. 36 ff.

nur für die Bundestagsbank des Vermittlungsausschusses, also die Hälfte seiner Mitglieder, feststellen lässt; die andere Hälfte ist von den Regierungen der Länder besetzt und verfügt damit nur über eine diffuse parteipolitische Zuordnung. Die Besetzung des Vermittlungsausschusses verletzt nach alledem den Grundsatz der Spiegelbildlichkeit bzw. Ebenbildlichkeit und damit das Mehrheitsprinzip als Ausprägung des verfassungsrechtlichen Demokratieprinzips.[453]

6.5 Der Bundesrat hat den Einspruch mit klarer Zweidrittelmehrheit erhoben. Das Gesetz kommt gem. Art. 77 Abs. 4 S. 2 GG nur dann zustande (Art. 78 GG), wenn der Bundestag den Einspruch mit Zweidrittelmehrheit zurückgewiesen hat. Dies ist zwar mit Blick auf die abgegebenen Stimmen der Fall, doch muss die Zweidrittelmehrheit außerdem die Mehrheit der Mitglieder des Bundestages umschließen. Dies sind (regelmäßig) 300 Abgeordnete; jedoch haben nur 240 für die Zurückweisung des Einspruchs gestimmt. Damit ist der Einspruch nicht überstimmt worden. Das Gesetz ist gescheitert.

6.6 Die Zustimmungsbedürftigkeit von Gesetzen erklärt sich daraus, dass die Länder unmittelbar oder mittelbar vom Inhalt der Gesetze betroffen sind. Dies gilt für verfassungsändernde Gesetze, weil die Regeln des Grundgesetzes entweder unmittelbar in den Ländern oder jedenfalls für die Länder gelten. Von Eingriffen in die Verwaltungshoheit und finanzverfassungsrechtlichen Regelungen sind die Länder unmittelbar betroffen. Asylgesetzgebung zB bürdet ihnen Ausführungslasten auf. In manchen anderen Fällen ist die Betroffenheit der Länder weniger offensichtlich. Hier handelt es sich vielfach um Kompensationsregelungen für das „Hochzonen" einer Gesetzgebungsbefugnis von den Ländern auf den Bund oder für den Verlust alter Beteiligungsrechte. Dies ist der Fall bei der Staatshaftung (Art. 74 Abs. 1 Nr. 25, Abs. 2 GG), beim Beamtenrecht der Länder (Art. 74 Abs. 1 Nr. 27, Abs. 2 GG), aber auch bei den Gesetzgebungskompetenzen bezüglich des Postwesens und der Telekommunikation (Art. 87e Abs. 5 S. 1 GG, Art. 87f Abs. 1 GG).

---

453 Vgl. Kämmerer NJW 2003, 1166 (1168); ähnlich BVerfGE 112, 118 (140 ff.) = NJW 2005, 203.

§ 7 Die Bundesregierung

A. Die Bundesregierung und ihre Aufgaben

Die rechtlichen Grundlagen des Handelns der Bundesregierung finden sich außer in **1** Art. 62–69 GG unter anderem im Bundesministergesetz.[454] Als **Verfassungsorgan** (→ Vor § 5 Rn. 1 ff.) verfügt die Bundesregierung über Geschäftsordnungsautonomie. Dass die Geschäftsordnung der Bundesregierung der Genehmigung des Bundespräsidenten bedarf (Art. 65 S. 4 GG), korrespondiert mit seinem formellen Einsetzungs- und Abberufungsrecht für Mitglieder der Bundesregierung. Genehmigungsermessen steht dem Bundespräsidenten nicht zu, wohl aber, wie bei Gesetzen auch, ein sog. Prüfungsrecht, also die Befugnis, aus Rechtsgründen (Verfassungswidrigkeit) eine Rechtshandlung zu verweigern[455] (→ Rn. 323 ff.).

Die Bundesregierung steht an der **Spitze der Exekutive des Bundes**, sie leitet also die **2** Bundesverwaltung (zu dieser → § 9 Rn. 5 ff.). Kraft ihrer Staatsleitungskompetenz nach innen wie außen wird sie auch im System der Staatsgewalten, aber innerhalb der zweiten Gewalt, auch unter einem eigenen Begriff geführt: **Gubernative**. Die spezifischen Leitungsaufgaben der Bundesregierung sind im GG nur unvollständig kodifiziert. Manches wird als selbstverständlich vorausgesetzt (etwa das Informationsrecht der Bundesregierung gegenüber der Öffentlichkeit). Geschriebene Regeln über die Staatsleitung finden sich ausgerechnet für den Verteidigungsfall, etwa den Einsatz der Streitkräfte (Art. 115a ff. GG). Anerkannt ist, dass die Exekutive und insbesondere die Gubernative über einen **Kernbereich exekutiver Eigenverantwortung** verfügen, einen „auch von parlamentarischen Untersuchungsausschüssen grundsätzlich nicht ausforschbaren Initiativ-, Beratungs- und Handlungsbereich",[456] welcher der parlamentarischen Kontrolle nicht zugänglich ist, dessen Umfang und Grenzen aber umstritten sind (→ § 5 Rn. 22).

Eine wichtige Befugnis der Bundesregierung ist die **Außenrepräsentation** der Bun- **3** desrepublik Deutschland – als Gesamtstaat, also unter Einschluss der Länder.[457] Die Organzuständigkeit der Bundesregierung ist insoweit, da Art. 32 Abs. 1 GG nur die Verbandskompetenz des Bundes festschreibt und Art. 59 Abs. 1 S. 1 GG dem Bundespräsidenten in formaler Hinsicht die völkerrechtliche Vertretung zuweist, nicht ausdrücklich festgeschrieben, sondern muss aus dem Kontext des Grundgesetzes abgeleitet werden.

Obschon wesensgemäß ein Exekutivorgan, verfügt die Bundesregierung – wie viele **4** Behörden des Bundes und der Länder – auch über **Rechtsetzungsbefugnisse**, allerdings muss sie (damit den Erfordernissen der Gewaltenteilung genügt wird) durch Parlamentsgesetz hierzu ermächtigt werden: Unter den Voraussetzungen des Art. 80 GG darf die Bundesregierung oder dürfen Mitglieder der Bundesregierung **(Rechts-) Verordnungen**, also untergesetzliche Rechtsnormen, erlassen (näher → § 7 Rn. 22 ff.).

---

454 BGBl. 1971 I 1166.
455 Dreier/Hermes GG Art. 65 Rn. 48; Isensee/Kirchhof StaatsR-HdB/Detterbeck Bd. III § 66 Rn. 56.
456 BVerfGE 67, 100 (139) = NJW 1984, 2271 vgl. aus jüngerer Zeit BVerfGE 147, 50 (138) = BVerfG NVwZ 2018, 51.
457 Vgl. BVerfGE 92, 203 (230 ff.) = NVwZ 1996, 1093.

> **7.1** In den Bundesländern A, B und C treibt eine gefährliche Sekte ihr Un-
> wesen. Die Bundesregierung warnt deshalb in großformatigen Zeitungs-
> anzeigen vor dieser Sekte. Sektenchef Guru G., der vor seiner „Erleuchtung"
> Jura studiert hatte, ist der Auffassung, dies stehe der Bundesregierung
> nicht zu.[458]

B. Konstituierung der Bundesregierung

5 Zunächst erfolgt die Wahl des **Bundeskanzlers**. Die **Bundesminister** werden nicht
durch den Bundestag gewählt, bedürfen auch nicht seiner Bestätigung (weder individuell noch kollektiv; anders regeln dies manche Landesverfassungen). Vielmehr gibt
der Bundeskanzler einen Vorschlag gegenüber dem Bundespräsidenten für die Besetzung der Ämter der Bundesminister ab, und der Bundespräsident ernennt die Vorge-
schlagenen (Art. 64 Abs. 1 GG). Die Mitglieder der Bundesregierung dürfen kein anderes besoldetes Amt und keinen Beruf ausüben (Art. 66 GG).

I. Wahl des Bundeskanzlers

1. Ordentliches Wahlverfahren (Art. 63 GG)

6 Man kann Art. 63 GG als das „ordentliche Wahlverfahren" bezeichnen. Es kommt
stets zur Anwendung, wenn das Amt des bisherigen Bundeskanzlers anders als durch
konstruktives Misstrauensvotum (Art. 67 GG) endigt (Art. 69 Abs. 2 GG), also nicht
nur nach der Konstituierung eines **neuen Bundestags**, sondern auch **innerhalb einer
Legislaturperiode**, wenn der bisherige Bundeskanzler zurücktritt oder stirbt.

7 Die Wahl des Bundeskanzlers erfolgt durch den Bundestag (Art. 63 Abs. 1, 2 GG),
der mit der Mehrheit seiner Mitglieder (**„Kanzlermehrheit"**; Art. 63 Abs. 2 GG,
Art. 121 GG) entscheidet. Das Vorschlagsrecht liegt zunächst allein beim **Bundespräsidenten** (Art. 63 Abs. 1 GG). Eine „Kanzlerkandidatur" im Rechtssinne gibt es zu
diesem Zeitpunkt nicht, ebenso wenig wie ein Recht der stärksten Fraktion (oder gar
Partei), den Bundeskanzler zu stellen. Nichtsdestoweniger ist die Auswahlprärogative des Präsidenten durch Festlegungen der Parteien auf „Spitzenkandidaturen" und
nicht zuletzt vorgängige Koalitionsverhandlungen begrenzt. Das Grundgesetz verfügt, dass eine Aussprache nicht stattfindet, und unterstellt damit, dass eine politische
Einigung im Vorfeld der Kanzlerwahl gesucht wird. Nähme der Bundespräsident
darauf keine Rücksicht, würde er das Scheitern seines Kandidaten riskieren und sich
selbst politisch beschädigen, zumal es im folgenden Wahlgang kein Vorschlagsmonopol des Bundespräsidenten mehr gibt. Allenfalls dann, wenn die Mehrheiten sehr dif-
fus sind und sich die Parteien auf die Person des künftigen Kanzlers nicht einigen
können, verfügt der Bundespräsident über ein echtes politisches Ermessen.

8 Eine **Frist** für die Unterbreitung des Vorschlags setzt das Grundgesetz dem Bundespräsidenten **nicht**; er kann also das Ende der Koalitionsverhandlungen abwarten. Im
Lichte des Demokratieprinzips, welches die Konstituierung einer Regierung durch
den neuen Bundestag und deren Verantwortlichkeit dem Parlament gegenüber gebie-

---

458 Zur Lösung vgl. BVerwG NJW 1991, 1770; BVerfGE 105, 279 (301 ff.) = NJW 2002, 2626.

tet, kann der Vorschlag jedoch auch nicht beliebig hinausgezögert werden, umso mehr, als es dem Bundestag verwehrt ist, von sich aus die Kanzlerwahl einzuleiten. Bis zur Wahl des neuen Bundeskanzlers bleibt der alte, vom ehemaligen Bundestag legitimierte Bundeskanzler grundsätzlich geschäftsführend im Amt, desgleichen die Bundesminister (Art. 69 Abs. 3 GG).

In mehr als 70 Jahren Grundgesetz ist der Bundeskanzler stets nach Art. 63 Abs. 1 GG im ersten Wahlgang gewählt worden. Verfehlt der Vorgeschlagene die Mehrheit der Bundestags-Mitglieder (Art. 63 Abs. 2 GG), **entfällt das Vorschlagsmonopol** des Bundespräsidenten. Es läuft eine Frist von 14 Tagen, während derer der Bundestag von sich aus mit der erforderlichen „Kanzlermehrheit" einen Bundeskanzler wählen kann (Art. 63 Abs. 3 GG). Hierbei können auch mehrere Kandidaten gegeneinander antreten. Im Rechtssinne handelt es sich nicht um einen zweiten Wahlgang, da eine Wahl während dieser 14 Tage beliebig oft unternommen werden kann.

Führt sie nicht zum Erfolg oder wird gar nicht erst angesetzt, schreibt das Grundgesetz einen unverzüglichen neuen („dritten") Wahlgang vor, in dem gewählt ist, wer die **„meisten Stimmen"** erhält, also mehr als – soweit vorhanden – andere Kandidaten, aber nicht notwendigerweise die Mehrheit der Mitglieder. Ist diese erreicht, muss der Bundespräsident den Gewählten stets ernennen (Art. 63 Abs. 2 S. 2, Abs. 4 S. 2 GG). Hat der im „unverzüglichen neuen" Wahlgang Gewählte sie hingegen verfehlt, kann der **Bundespräsident nach politischem Ermessen** binnen sieben Tagen eine Entscheidung treffen: Er kann den Gewählten ernennen oder den Bundestag – der keine stabile Regierung zustandezubringen verspricht – (wieder) auflösen.[459] Die Ernennung des Bundeskanzlers ohne echte Parlamentsmehrheit kann durchaus Sinn ergeben, wenn Aussicht auf eine künftige Mehrheit – oder ein Regieren mit wechselnden Mehrheiten – besteht. Auch ein ohne Mehrheit der Bundestagsmitglieder ins Amt gelangter Bundeskanzler kann nur mit der Mehrheit der Mitglieder des Bundestags aus dem Amt entfernt werden (Art. 67 GG).

9

10

> **7.2** K kandidiert für das Amt des Bundeskanzlers. Von den 200 anwesenden Abgeordneten stimmen 130 für und 70 gegen sie. (Variante: Alle 598 Abgeordneten sind anwesend. Von diesen stimmen 250 für K, 200 gegen K, 148 enthalten sich.) Ist K gewählt?

---

459 MKS/Schröder GG Art. 63 Rn. 37, 40.

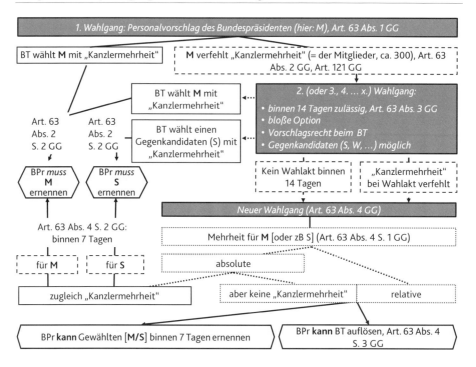

2. Konstruktives Misstrauensvotum (Art. 67 GG)

11 Auch durch **konstruktives Misstrauensvotum** (Art. 67 Abs. 1 S. 1 GG) kann jemand zum Bundeskanzler werden – auch hier nur mit der Mehrheit der Mitglieder des Bundestags. Ein Vorschlagsrecht des Bundespräsidenten gibt es hier nicht, da der Bundestag selbst den Bundeskanzler auswechselt. Das Attribut „konstruktiv" bringt zum Ausdruck, dass der Sturz des bisherigen Kanzlers nur möglich ist, wenn zugleich ein neuer gewählt wird. Es wird also

– ein **Nachfolger** durch den Bundestag mit der Mehrheit seiner Mitglieder gewählt und
– *zugleich* das Ersuchen des Bundestags an den Bundespräsidenten gestellt, den Bundeskanzler zu **entlassen**.

Entfällt auf den Misstrauensantrag keine Mitgliedermehrheit, ist er gescheitert und der bisherige Bundeskanzler bleibt im Amt. Andernfalls hat der Bundespräsident die Pflicht (Art. 67 Abs. 1 S. 2 GG), den alten Bundeskanzler zu entlassen und den neuen zu ernennen. So wird gewährleistet, dass es keine kanzlerfreie Zeit gibt. Seit Inkrafttreten des Grundgesetzes sind dem Bundestag nur zweimal (1972 und 1982) Misstrauensanträge unterbreitet worden; lediglich der zweite war erfolgreich.

II. Ernennung der Bundesminister

12 Die Bundesminister werden ernannt

- durch den Bundespräsidenten
- auf Vorschlag des Bundeskanzlers (Art. 64 Abs. 1 GG).

Über den Bundeskanzler und die Bundesminister hinaus gibt es keine weitere Mitglieder der Bundesregierung (Art. 62 GG). Mit dem Vorschlagsrecht des Bundeskanzlers wird dokumentiert, dass die politische Verantwortung für die Auswahl der Bundesminister auch bei diesem liegt (wobei seine Auswahlprärogative durch **Koalitionsvereinbarungen** meist zumindest faktisch beschränkt ist). Der Bundespräsident darf die Ernennung von Bundesministern also nicht aus politischen Gründen verweigern, sondern nur aus rechtlichen.[460]

Legitimationskette der Bundesregierung

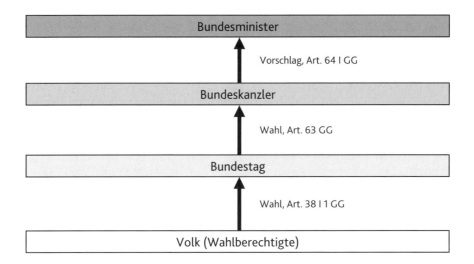

> 7.3 Die Bundeskanzlerin schlägt dem Bundespräsidenten die Ernennung des Abgeordneten Hippokrates Spitaler (HS) zum neuen Bundesminister für Gesundheit vor. Der Präsident lehnt die Ernennung des HS mit der Begründung ab, zuverlässigen Informationen zufolge rauche HS drei Päckchen Zigaretten am Tag und konsumiere mindestens eine Flasche Absinth. Das Bild, das HS in der Öffentlichkeit vermittle, sei für das Amt des Bundesgesundheitsministers verheerend und schädige es auf lange Sicht. Die Bundeskanzlerin möchte HS, den sie für einen großen politischen Strategen hält, trotzdem ernennen lassen und fragt, was sie tun kann.

Zur Anzahl und Bezeichnung der Ministerien: 13

• Das Grundgesetz schreibt keine bestimmte Anzahl von Ministerien vor. Auch insoweit hat der Bundeskanzler eine politische Einschätzungs- und Organisationsprärogative. Auch Minister „ohne Portefeuille", also ohne bestimmten Geschäftsbereich, sind zulässig.

---

460 Maurer StaatsR I § 14 Rn. 20 ff.; Zippelius/Würtenberger StaatsR § 42 Rn. 32.

- Auch bei der Gliederung der Ministerialstruktur und der Bezeichnung der Ministerien ist der Bundeskanzler grundsätzlich frei (Art. 64 Abs. 1 S. 5 GG, Art. 65 S. 1 GG). Nur drei Minister sieht das Grundgesetz ausdrücklich vor: den Bundesminister für Verteidigung (Art. 65a GG), den Bundesjustizminister (Art. 96 Abs. 2 S. 4 GG) und den Bundesminister der Finanzen (Art. 108 Abs. 3 S. 2 GG, Art. 112 S. 1 GG, Art. 114 Abs. 1 GG).

Die Freiheit des Bundeskanzlers besteht insoweit allerdings nur in der Theorie. In der Praxis waren alle Nachkriegsregierungen Koalitionsregierungen, in denen der Spielraum des Bundeskanzlers bei der Festlegung der Ministerialstruktur und der personellen Besetzung der Ministerien durch **Koalitionsvereinbarungen** und innerparteiliche Vereinbarungen stark beengt war. Art. 21 Abs. 1 GG lässt solche Beschränkungen, die stets nur im Innenverhältnis wirksam sind, grundsätzlich zu.[461]

III. Staatssekretäre und parlamentarische Staatssekretäre

14 Anders als in einzelnen Bundesländern (zB Bayern) sind **Staatssekretäre** (worunter im Bund auch die als „Staatsminister" bezeichneten Amtsträger zählen) keine Mitglieder der Regierung (Gegenschluss aus Art. 62 GG). Sie sind „politische Beamte", die einem Minister unterstehen. Ihre Aufgabe liegt vor allem in der Verwaltungsleitung. Anders als sonstige Beamte können sie jederzeit in den einstweiligen Ruhestand versetzt werden.[462]

15 Auch die **parlamentarischen Staatssekretäre** sind einem bestimmten Ministerium zugewiesen. Sie sind ebenfalls keine Mitglieder der Bundesregierung, im Gegensatz zu den Staatssekretären aber auch keine Beamte. Es handelt sich vielmehr um Mitglieder des Bundestages: Abgeordnete, die den Mitgliedern der Bundesregierung „beigegeben werden" und in einem „öffentlich-rechtlichen Amtsverhältnis" stehen (§ 1 Gesetz über die Rechtsverhältnisse der Parlamentarischen Staatssekretäre – ParlStG). Das Amt wurde Ende der sechziger Jahre eingeführt, um einen Transmissionsriemen zwischen der Bundesregierung, dem Bundestag und der Öffentlichkeit zu schaffen.[463]

C. Die Funktionsverteilung innerhalb der Bundesregierung

16 Die Aufteilung der Funktionen in der Bundesregierung ist durch Art. 65 GG geregelt. Darin sind **mehrere Prinzipien** gekoppelt, die zueinander in praktische Konkordanz gebracht werden müssen. Geltung können diese Prinzipien *nur innerhalb der Bundesregierung* beanspruchen. Dass der Bundeskanzler die „Richtlinien der deutschen Politik" bestimmt, ist zumindest aus juristischer Sicht unzutreffend. Die Richtlinienkompetenz wird begrenzt durch die verfassungsrechtlichen Organbefugnisse anderer Akteure und kann sich schon deswegen nicht auf die Bundespolitik insgesamt beziehen. Vielmehr ist sie auf die Gubernative und die ihr untergeordnete

---

461 Vgl. nur BK-GG/Schenke, 195. Lfg. 2018, GG Art. 65 Rn. 149 f.
462 Vgl. § 54 Abs. 1 Nr. 1 BBG.
463 Maurer StaatsR I § 14 Rn. 11 ff.; krit. zum Amt der parlamentarischen Staatssekretäre v. Münch/ Mager StaatsR I Rn. 354.

Exekutive des Bundes beschränkt. Sie wirkt also nicht zulasten anderer Verfassungs-organe.[464]

1. Das „Kanzlerprinzip"

Das Grundgesetz weist dem Bundeskanzler eine starke Position zu, die zum Schlag-wort von der „Kanzlerdemokratie"[465] Anlass gegeben hat. Ausdruck dieser Stellung ist die dem Bundeskanzler nach Art. 65 S. 1 GG zustehende **Richtlinienkompetenz**, er bestimmt die Maßstäbe und Grundlagen der Politik. Diese Richtlinienkompetenz wird durch das Ressortprinzip (sogleich → Rn. 19) begrenzt. **17**

Eine weitere Kanzlerzuständigkeit, welche neben die Richtlinienkompetenz tritt, ist gem. Art. 65 S. 4 GG die Befugnis zur **Geschäftsleitung** für die gesamte Bundes-regierung. Sie darf nicht verwechselt werden mit der Kompetenz zum Erlass der **Ge-schäftsordnung**: Diese liegt beim gesamten Kabinett, also der Bundesregierung als Gesamtorgan.[466] **18**

2. Das „Ressortprinzip"

Laut Art. 65 S. 2 GG führen die Minister ihre Geschäftsbereiche selbstständig und in eigener Verantwortung, das allerdings „innerhalb" der „Richtlinien" des Bundes-kanzlers wirkt und die Ressortverantwortung insofern überwölbt. Kanzler- und Res-sortprinzip stehen also in einem nur sehr **begrenzt juridifizierbaren Spannungsfeld**. Allgemein lässt sich sagen, dass die Ressortführung sich zwar in allgemeine Richt-linien des Kanzlers einzuordnen hat, der Kanzler aber kein Recht hat, ressortspezifi-sche Fragen an sich zu ziehen – also etwa eine Ressortangelegenheit zur „Chefsache" zu erklären. Das Ressortprinzip gilt explizit auch dort, wo das Grundgesetz einem Bundesminister ausdrücklich eine Befugnis zuweist (wie in Art. 65a GG oder Art. 112 GG), ebenso bei Rechtsverordnungen (Art. 80 Abs. 1 GG), wenn ein be-stimmter Bundesminister zu ihrem Erlass ermächtigt wird (→ Rn. 30). **19**

3. Das „Kollegialprinzip"

Entscheidungsbefugnisse können auch – nach dem „Kollegialprinzip" – dem gesam-ten Kabinett zugewiesen sein. Es gilt **20**
- nach Art. 65 S. 3 GG für die Klärung von Meinungsverschiedenheiten zwischen den Bundesministern (notabene: nicht zwischen Kanzler und Ministern, Art. 65 S. 3 GG); es gibt hier also – rein rechtlich betrachtet – auch kein „Machtwort" des Bundeskanzlers;
- für den Erlass der Geschäftsordnung der Bundesregierung (Art. 65 S. 4 GG)
- und überall dort, wo das Grundgesetz nach seinem Wortlaut eine Befugnis der „Bundesregierung" zuweist (wie zB in Art. 76 Abs. 1 GG, Art. 80 Abs. 1 GG, Art. 84, 85, 93 Abs. 1 Nr. 2 GG).

---

464 MKS/Schröder GG Art. 65 Rn. 9, 12 ff.; BerlKomm GG/Busse, 3. Lfg. 2019, GG Art. 65 Rn. 8; BeckOK GG/Epping, 48. Ed. 15.8.2021, GG Art. 65 Rn. 4 ff.; v. Münch/Kunig/Mager/Holzner GG Art. 65 Rn. 28; Sodan/Leisner GG Art. 65 Rn. 2; für das Problem der Bindung anderer Ver-fassungsorgane diff. BK-GG/Schenke, 195. Lfg. 2018, GG Art. 65 Rn. 122 ff., 127 ff. (Bindung nicht des Bundestags, aber des Bundespräsidenten): vermittelnd HW/Küster GG Art. 65 Rn. 2.

465 Hierzu etwa Schenke JZ 2015, 1009 ff.

466 BeckOK GG/Epping, 48. Ed. 15.8.2021, GG Art. 65 Rn. 16 ff.

21 Umstritten ist, ob nur die einzelnen Bundesminister oder auch das Kabinett als Ganzes, also „die Bundesregierung", an die Richtlinienkompetenz des Kanzlers gebunden sind. Für Letzteres spricht, dass sich gerade dort, wo die Bundesregierung als Organ mit Rechten ausgestattet ist, die organbezogene Leitungskompetenz des Bundeskanzlers entfalten muss.[467] Die rechtspraktische Bedeutung der Frage ist allerdings gering.

D. Rechtsverordnungen

I. Grundlagen

22 Rechtsverordnungen – von der Exekutive kraft gesetzlicher Ermächtigung erlassene Rechtsnormen – prägen den Rechtsalltag in vielen Bereichen und sind auch für die juristische Fallbearbeitung bedeutsam. Das Grundgesetz regelt den Erlass von Rechtsverordnungen in Art. 80 GG lediglich mit Wirkung für den Bund. In manchen Konstellationen ist die Zustimmung des Bundesrates, also eine Beteiligung der Legislative (Art. 80 Abs. 2 GG), vorgesehen. Die – veraltete – Bezeichnung „Rechtsverordnung" dient der klaren Abgrenzung zu den nur als Verwaltungsbinnenrecht wirkenden Verwaltungsvorschriften (vgl. etwa Art. 84 Abs. 2 GG), die unter der Weimarer Verfassung, als Letztere von Teilen des Schrifttums auch als „Verwaltungsverordnungen" bezeichnet wurden, noch nicht so ausgeprägt war.[468] In der Rechtspraxis werden Rechtsverordnungen – wohl auch deshalb – immer nur unter der Bezeichnung „Verordnung" erlassen.

23 Mit **EU-Verordnungen** (Art. 288 Abs. 2 AEUV) – auch sie abstrakt-generelle Vorschriften – dürfen (Rechts-)Verordnungen trotz Namensgleichheit unter keinen Umständen verwechselt werden! Während sich die Qualifikation einer Norm als Rechtsverordnung daraus ergibt, dass sie aufgrund einer Ermächtigung bzw. Delegation von einem staatlichen Exekutivorgan erlassen worden ist, knüpft die Bezeichnung „Verordnung" im EU-Recht an Adressatenkreis und Wirkungsweise (unmittelbare Wirkung ohne Transformationserfordernis) abstrakt-genereller EU-Rechtsakte an. Es gibt Verordnungen in Form sog. Gesetzgebungsakte (Art. 289 Abs. 1, 2 AEUV), die funktional deutschen Parlamentsgesetzen gleichen, aber auch abgeleitete Verordnungen, die auf der Basis einer im Gesetzgebungsakt ausgesprochenen Ermächtigung erlassen werden (Art. 290, 291 Abs. 2 AEUV). Die „delegierte Verordnung" (vgl. Art. 290 Abs. 3 AEUV) ist dabei das funktionale Gegenstück der deutschen (Rechts-)verordnung (vgl. auch → § 12 Rn. 34).

24 Rechtsverordnungen können die Bundesregierung, einen Bundesminister oder die Landesregierungen ermächtigen. Rechtsverordnungen, die von Letzteren erlassen werden, sind **Landesrecht**,[469] auch wenn sie auf einer bundesgesetzlichen Ermächtigung fußen. Zu unterscheiden sind sie von Rechtsverordnungen, die auch ihre Ermächtigung in Landesgesetzen finden. Diese landesrechtlichen Verordnungen und ihre gesetzlichen Ermächtigungen dürfen nicht an Art. 80 GG, sondern allein an einschlägigen Bestimmungen der jeweiligen Landesverfassung gemessen werden.

25 Auf landesrechtlicher Ebene kann die Abgrenzung der Rechtsverordnung zu anderen untergesetzlichen Rechtsetzungsakten mitunter Probleme aufwerfen. Dies gilt vor allem mit Blick auf die ihnen strukturell ähnlichen **Satzungen** – Rechtsnormen, die

---

467 Sodan/Leisner Art. 65 Rn. 5; Hesse Grundzüge VerfassungsR Rn. 642; dagegen BeckOK GG/ Epping GG, 48. Ed. 25.8.2021, GG Art. 65 Rn. 4; so auch MKS/Schröder GG Art. 65 Rn. 25.
468 Vgl. hierzu Anschütz, Die Verfassung des Deutschen Reiches vom 11. August 1919, Kommentar, 14. Aufl. 1933, Art. 77, S. 408 ff.
469 BVerfGE 18, 407 (418) = NJW 1965, 1371.

von einer Selbstverwaltungskörperschaft (wie Kommunen oder berufsständischen Kammern) mit einer konsequenterweise auf sie auch begrenzter Wirkung erlassen werden. Auch die Unterscheidung von (abstrakt-generellen) **allgemeinen Verwaltungsvorschriften** ist nicht immer einfach. Anders als Rechtsverordnungen haben Verwaltungsvorschriften keine Außenwirkung, sondern gelten nur verwaltungsintern.[470] Drittens bedarf es der Abgrenzung von Verwaltungsakten in Gestalt von **Allgemeinverfügungen** (§ 35 S. 2 VwVfG). Anders als Rechtsverordnungen kommt ihnen keine generelle, sondern individuelle Geltung zu.

Im Rahmen des Art. 80 GG ist zu differenzieren zwischen   26

- der **Verfassungsmäßigkeit der gesetzlichen Ermächtigung** für den Verordnungserlass (Art. 80 Abs. 1 S. 2 GG) und
- der **Verfassungsmäßigkeit der Rechtsverordnung selbst**. Sie setzt voraus, dass die Verordnung
  - mit der gesetzlichen Ermächtigung im Einklang steht bzw. ihr überhaupt eine gesetzliche Ermächtigung zugrunde liegt,[471] und
  - sie auch im Übrigen den Vorgaben des Grundgesetzes entspricht. Wegen der Normenhierarchie schlägt dabei die Verfassungswidrigkeit des zugrunde liegenden Gesetzes auf die Verordnung selbst durch.

Rechtsverordnungen des Bundes werden nicht durch den Bundespräsidenten, sondern durch die erlassende Regierungsstelle ausgefertigt (Art. 82 Abs. 1 S. 2 GG), aber wie Gesetze im Bundesgesetzblatt verkündet.   27

II. Verfassungsmäßigkeit der Verordnungsermächtigung

Sowohl das zum Verordnungserlass ermächtigende Gesetz kann, insbesondere was die Verordnungsermächtigung selbst betrifft, unter verfassungsrechtlichen Mängeln leiden als auch die Verordnung selbst – sei es, weil bereits die Ermächtigung verfassungswidrig ist, sei es, weil die Verordnung von der Ermächtigung nicht gedeckt ist oder sie sonstige Fehler aufweist.   28

Eine spezifische Anforderung an das **ermächtigende Gesetz** ist die gesetzliche **Bestimmtheit** der Ermächtigung. Das Gesetz muss, wie Art. 80 Abs. 1 S. 2 GG festhält, Inhalt, Zweck und Ausmaß der Ermächtigung bestimmen. Ob dies der Fall ist, kann anhand einer Trias nebeneinander anwendbarer „Formeln" abgelesen werden.[472] Eine gesetzliche Verordnungsermächtigung, die ihren Anforderungen nicht genügt, ist verfassungswidrig – und eine Verordnung im Falle ihres Erlasses, der dann die erforderliche gültige Ermächtigung fehlt, auch.   29

---

470 Vgl. statt vieler Fehling/Kastner/Störmer/Schwarz, Verwaltungsrecht, 5. Aufl. 2021, VwVfG § 35 Rn. 113.

471 Vgl. BVerfGE 101, 1 (30) = NJW 1999, 3253.

472 BVerfGE 2, 307 (338) = NJW 1953, 1177; BVerfGE 23, 62 (72) = BeckRS 1968, 30701835, „Selbstentscheidungsformel"; BVerfGE 5, 71 (77) = NJW 1956, 1065; BVerfGE 18, 52 (62) = BeckRS 1964, 30421875; BVerfGE 58, 257 (277) = NJW 1982, 921; BVerfGE 78, 249 (272) = NJW 1988, 2529, „Programmformel"; BVerfGE 1, 14 (60) = NJW 1951, 877; BVerfGE 42, 191 (299) = BeckRS 1976, 00704 „Vorhersehbarkeitsformel"; vgl. dazu auch im Überblick v. Münch/Kunig/Wallrabenstein GG Art. 80 Rn. 41 f.

- Der Gesetzgeber muss angeben, welche Fragen er in welchen Grenzen und mit welchem Ziel durch die Rechtsverordnung geregelt wissen will („Selbstentscheidungsformel").
- Der Gesetzgeber muss verdeutlichen, welches normative Programm durch die Rechtsverordnung erreicht werden soll („Programmformel").
- Der Gesetzgeber muss verdeutlichen, in welchen Fällen und wie (mit Auswirkungen für den Bürger) von der Ermächtigung Gebrauch gemacht werden soll („Vorhersehbarkeitsformel").

III. Verfassungsmäßigkeit der Rechtsverordnung

1. Formelle Anforderungen an die Rechtsverordnung selbst

30
- **Zitiergebot:** Die Rechtsgrundlage (gesetzliche Ermächtigung) der Rechtsverordnung muss – um den Zusammenhang mit der Ermächtigung zu verdeutlichen und die normative Kontrolle der Verordnung zu erleichtern[473] – am Anfang genannt sein (Art. 80 Abs. 1 S. 3 GG).
- Die im ermächtigenden Gesetz festgelegte **Zuständigkeit** für den Erlass der Rechtsverordnung muss beachtet worden sein: Zuständig ist vielfach die Bundesregierung (als Gremium), doch kann, wenn es im Gesetz so verfügt ist, einem Bundesminister oder den Landesregierungen die Zuständigkeit zugewiesen sein. Ist ein Bundesminister zur Verordnungsgebung ermächtigt, darf nicht, auch nicht auf Grundlage eines Erst-recht-Schlusses, die Bundesregierung als Verordnungsgeber an seine Stelle treten. Dem Bundeskanzler darf keine Verordnungsermächtigung erteilt werden. Ermächtigt das Gesetz die Landesregierungen, darf an ihrer Stelle das Landesparlament auch ein Gesetz anstelle der Verordnung erlassen (Art. 80 Abs. 4 GG).
- Das **Verfahren** muss eingehalten worden sein. Evidente Verfahrensfehler führen zur Nichtigkeit.[474] Auch wenn Art. 80 GG hierzu keine expliziten Verfahrensvorgaben trifft, können aus dem Funktionszusammenhang und der Gesamtschau der Verfassung doch einige Grundsätze abgeleitet werden:
  - Ist die Regierung ermächtigt, darf ein **Umlaufverfahren** stattfinden. Als ermächtigtes Organ muss sie – so das BVerfG – allerdings in einer Weise tätig geworden sein, die es erlaubt, ihr als Kollegium den Verordnungsbeschluss zuzurechnen. Dies erfordert zwar nicht, dass alle ihre Mitglieder mitwirken oder gar zustimmen. Eine Mehrheit unter ihnen muss jedoch den Beschluss befürwortet haben, und allen muss zumindest Gelegenheit, am Erlass der Rechtsverordnung mitzuwirken, gegeben worden sein.[475]
  - Der Ermächtigte kann unter den Voraussetzungen des Art. 80 Abs. 1 S. 4 GG eine **Subdelegation** vornehmen.
  - Die Länder können statt der Verordnung auch ein Gesetz erlassen („**verordnungsvertretendes Gesetz**"), Art. 80 Abs. 4 GG. Dies gilt auch für den Fall der Subdelegation.[476]
  - In einer Reihe von Fällen bedarf die Verordnung zur Gültigkeit der **Zustimmung des Bundesrates** (Art. 80 Abs. 2 GG, Art. 109 Abs. 4 GG – beachte hier

---

473 Vgl. BVerfGE 101, 1 (41 f.) = NJW 1999, 3253.
474 Vgl. BVerfGE 91, 148 (169 ff.) = NJW 1995, 1537.
475 BVerfGE 91, 148 (165 f.) = NJW 1995, 1537.
476 Vgl. etwa Sodan/Haratsch/Schmahl GG Art. 80 Rn. 34; Rauber VerwArch 2021, 205 ff.

S. 4!). Die wichtigsten Fälle sind in Art. 80 Abs. 2 GG am Ende genannt. Danach sind zustimmungsbedürftig:

- Rechtsverordnungen aufgrund von Gesetzen, die selbst zustimmungsbedürftig waren (Art. 80 Abs. 2 Var. 2 GG). Streitig ist, ob es (wie in → Rn. 320 ausgeführt) ausreicht, dass die Zustimmungsbedürftigkeit aus einer einzigen Vorschrift des Gesetzes herrührt (so insbesondere das BVerfG), oder ob es erforderlich ist, dass die Ermächtigungsnorm als solche eine Materie betrifft, für die das Grundgesetz Zustimmung anordnet (so ein Teil der Lehre)[477];
- Rechtsverordnungen aufgrund von Bundesgesetzen, die von den Ländern ausgeführt werden (im Auftrag des Bundes oder als eigene Angelegenheit), Art. 80 Abs. 2 Var. 3 GG. Dies trifft auf die Mehrzahl der Bundesgesetze zu;
- sog. Verkehrsverordnungen in den in Art. 80 Abs. 2 Var. 1 GG genannten Sachbereichen (Materien wie Telekommunikation und Eisenbahn, für deren Ausführung grundsätzlich der Bund zuständig ist).
- Das Erfordernis der Zustimmung des Bundesrates zur Rechtsverordnung kann aber durch Gesetz ausgeschlossen werden („vorbehaltlich anderweitiger bundesgesetzlicher Regelung"). Damit die Rechte des Bundesrates nicht nachträglich verkürzt werden, bedarf das die Zustimmung ausschließende Gesetz allerdings selbst der Zustimmung durch den Bundesrat.[478]
- Gesetze ordnen gelegentlich auch an, dass der **Bundestag** einer Verordnung zuzustimmen hat. Das BVerfG hat dies unter der Voraussetzung gebilligt, dass Art. 80 Abs. 1 S. 2 GG für die untergesetzliche Norm Beachtung findet – die durch die Zustimmung ihren Charakter als Verordnung nicht verliert.[479] Auch das Erfordernis einer Zustimmung des Bundesrates kann auf diese Weise nicht abgelöst werden.

2. Materielle Anforderungen an die Rechtsverordnung

- Die Rechtsverordnung muss im Einklang mit der gesetzlichen Ermächtigung stehen; sie darf die Vorgaben nur konkretisieren und ergänzen, aber keine neuen Maßstäbe setzen. Andernfalls ist sie nichtig. **31**
- Steht die gesetzliche Ermächtigung in formeller oder materieller Hinsicht im Widerspruch zum Grundgesetz, schlägt die Verfassungswidrigkeit der höherrangigen Norm auf die Verordnung durch.
- Die Rechtsverordnung muss den Bestimmungen des Grundgesetzes auch im Übrigen entsprechen.

3. Änderung von Rechtsverordnungen

Im Normalfall werden Rechtsverordnungen durch das Organ, das sie erlassen hat, **32** und nach dem für ihren Erlass in Art. 80 GG vorgegebenen Verfahren geändert. Doch sind auch hiervon abweichende Änderungsmodi denkbar: Da die Legislative eine Befugnis lediglich delegiert hat, kann sie sich diese vom Verordnungsgeber in Gänze oder Teilen zurückholen.

---

477 Für eine Einheitslehre BVerfGE 24, 184 (194 ff.) = NJW 1969, 33; v. Münch/Kunig/Wallrabenstein GG Art. 80 Rn. 64; BeckOK GG/Uhle, 48. Ed. 15.8.2021, GG Art. 80 Rn. 40b; Für eine Trennungslehre SHH/Sannwald GG Art. 80 Rn. 108; Ossenbühl AöR 99 (1974), 369 (435).

478 BVerfGE 28, 66 (77) = BeckRS 9998, 109739.

479 Dazu BVerfGE 8, 274 (322 ff.) = NJW 1959, 475; MKS/Brenner GG Art. 80 Rn. 96; krit. BeckOK GG/Uhle, 48. Ed. 15.8.2021, GG Art. 80 Rn. 46 ff.

- So kann eine Rechtsverordnung durch Parlamentsgesetz (aber nicht durch einen bloßen Parlamentsbeschluss, der einer Selbstermächtigung gleichkäme[480]) geändert werden. Das Normsetzungsverfahren selbst richtet sich hier zwar nach Art. 76 ff. GG. Die geänderte Vorschrift aber behält den Rang einer Verordnungsnorm bei; dies gebieten die Grundsätze der Normenklarheit und der Formenstrenge.[481]
- Die auf diese Weise geänderten Bestimmungen unterliegen kraft ihres Verordnungsrangs der Änderungsbefugnis der Exekutive.
- Dies hat Bedeutung für den Rechtsschutz: So ist zB die Überprüfung solcher Vorschriften im Wege der konkreten Normenkontrolle (Art. 100 Abs. 1 GG) unzulässig, da diese dem Richter nur die Vorlage von Parlamentsgesetzen gestattet.[482]

> **7.4** In Hamburg kommt eine autofahrerfreundliche Regierungskoalition an die Macht. In die Hamburgische Verfassung wird ein Artikel eingefügt, wonach die zulässige Höchstgeschwindigkeit auf den Straßen Hamburgs 65 km/h beträgt. Der zuständige Senator betont, damit werde nur die „mobile Faktizität normativ petrifiziert". Ist die Verfassungsbestimmung gültig? (Hinweis: § 3 Abs. 3 Nr. 1 StVO bestimmt, dass die zulässige Höchstgeschwindigkeit innerhalb geschlossener Ortschaften auch unter günstigsten Umständen 50 km/h beträgt; Ausnahmen können nicht generell, sondern nur „auf bestimmten Straßen" verfügt werden, § 45 Abs. 8 S. 1 StVO, Zeichen 274.)

E. Das Ende der Bundesregierung

33   Das Amt der **Bundesregierung endigt** stets dann, wenn das Amt des Bundeskanzlers endet, sich also erledigt (vgl. Art. 69 Abs. 2 GG). Da die Bundesminister ihre Legitimation vom Bundeskanzler beziehen, ist der Bestand ihres Amtes stets **akzessorisch** zu demjenigen des Bundeskanzlers. Art. 69 Abs. 3 GG statuiert eine Pflicht des (bereits entlassenen) Bundeskanzlers, auf Ersuchen des Bundespräsidenten die Geschäfte bis zur Ernennung des Nachfolgers „geschäftsführend" weiterzuführen. Damit wird einer Vakanz des wichtigsten Staatsamtes vorgebeugt. Auch Bundesminister können in dieser Weise verpflichtet werden.

34   „In jedem Fall" endet das Amt des Bundeskanzlers, wenn ein **neuer Bundestag** zusammentritt (Art. 69 Abs. 2 Hs. 1 GG), also am Ende der Wahlperiode – die regulär nach vier Jahren (Art. 39 GG) oder vorzeitig bei Auflösung des Bundestags im Falle des Art. 68 GG eintreten kann (→ § 5 Rn. 53).[483] Darüber hinaus gibt es weitere, „irreguläre" Fälle:

- **Rücktritt** des Bundeskanzlers (dh Entlassung des Bundeskanzlers auf dessen Ersuchen durch den Bundespräsidenten) oder dessen Tod;

---

480 BVerfGE 114, 196 (239) = JuS 2006, 175; SHH/Sannwald GG Art. 80 Rn. 18.
481 Vgl. BVerfGE 114, 196 (235 ff.) = JuS 2006, 175; dazu Külpmann NJW 2002, 3436; für eine Aufspaltung in Teile mit Gesetzes- und Teile mit Verordnungsrang hingegen Dreier/Bauer GG Art. 80 Rn. 51; KSB/Müller-Terpitz, 46. Lfg. 2015, BVerfGG § 80 Rn. 79 ff.
482 Zu den Einzelheiten vgl. die Fallstudie von Hushahn JA 2007, 276 ff.
483 Kämmerer NVwZ 2014, 29 (30 f.).

• Abwahl des Bundeskanzlers im Zuge eines **konstruktiven Misstrauensvotums** (Art. 67 GG; → Rn. 11).

Antworten und Lösungen

7.1 Die Befugnis der Bundesregierung zur Warnung vor Jugendsekten lässt sich dem Wortlaut des Grundgesetzes nicht ohne Weiteres entnehmen. Die Warnung ist aber zulässig, wenn es sich um eine Befugnis handelt, die aus der Funktion der Bundesregierung als oberster Staatsleitung (Gubernative) entspringt.[484] Im vorliegenden Fall war die Gefahr bundesweit verbreitet, weswegen die Verbandskompetenz beim Bund und nicht bei den Ländern lag. Die Warnung vor akuten Gefahren ist auch keine Sache des Bundestages, sondern gebietet rasches, kurzfristiges Agieren, ein Erfordernis, dem nur die Staatsleitung gerecht werden kann. Die Zuständigkeit der Bundesregierung ist daher gegeben. *(Eine andere Frage ist die nach der inhaltlichen bzw. materiellen Rechtmäßigkeit der Warnung; auf diese war hier jedoch nicht einzugehen.)*[485]

7.2 Dass K selbst kandidiert, zeigt an, dass es sich bereits um den zweiten Wahlgang handeln muss, der stattfindet, wenn der vom Bundespräsident Vorgeschlagene (vgl. Art. 63 Abs. 1 GG) die erforderliche Mehrheit verfehlt. Art. 63 Abs. 2 S. 1 GG ordnet auch für diesen Wahlgang die Wahl des Bundeskanzlers mit Mitgliedermehrheit an (sog. Kanzlermehrheit). Trotz der, relativ gesehen, breiten Zustimmung hat sich nur rund ein Drittel der Abgeordneten an der Wahl beteiligt. Damit ist Art. 63 Abs. 2 S. 1 GG nicht genügt. Auch in der Fallvariante ist K nicht gewählt, denn die Anzahl der Ja-Stimmen liegt unter dem Soll von (normalerweise) 300.

7.3 Gemäß Art. 64 Abs. 1 GG ernennt der Bundespräsident die Bundesminister, aber auf Vorschlag der Bundeskanzlerin. Deren Vorschlagskompetenz ist verletzt, wenn dem Bundespräsidenten ein Prüfungsrecht entweder gar nicht oder zumindest nicht im Umfang der vorgenommenen Prüfung zusteht. Der Wortlaut des Art. 64 Abs. 1 GG gibt keine Anhaltspunkte. Der Passus, wonach die Bundesminister auf Vorschlag des Bundeskanzlers ernannt werden, deutet eher auf eine unüberprüfbare Einschätzungsprärogative der Kanzlerin hin. Auch Art. 58 GG weist die politische Verantwortlichkeit der Bundeskanzlerin zu, indem er Rechtshandlungen des Bundespräsidenten für gegenzeichnungspflichtig erklärt. Damit beschränkt sich dessen Prüfungsrecht auf Ministerernennungen, die mit der Verfassung (oder auch mit dem einfachen Recht) aus formellen (also verfahrensbezogenen) oder (häufiger) materiellen Gründen unvereinbar sind. Hierauf beruft sich der Präsident jedoch im vorliegenden Fall nicht, sondern er macht Bedenken gegen die politische Eignung des HS geltend. Ein politisches Prüfungsrecht steht ihm jedoch auch bei Art. 64 Abs. 1 GG – ebenso wie bei Art. 82 Abs. 1 GG – nicht zu. Der Bundespräsident muss HS also ernennen. Wenn nötig, kann die Bundeskanzlerin ihn durch Anrufung des BVerfG (Organstreit, im äußersten Fall auch Präsidentenanklage) dazu zwingen.

7.4 Dieser Fall verdeutlicht die föderale Normenhierarchie: Selbst Landesverfassungsrecht muss gegenüber kompetenzgemäß erlassenem Bundesrecht gleich welchen Ranges zurücktreten. Dies folgt nach hier vertretener Auffassung, da die Verordnung im Bereich einer dem Bund zugewiesenen Gesetzgebungsmaterie erlassen worden ist, aus Art. 72 Abs. 1 GG iVm Art. 80 GG, doch würde sich auch bei Anwendung des Art. 31 GG nichts anderes ergeben. Der neue Artikel der Hamburgischen Verfassung steht mit §§ 3 Abs. 3 Nr. 1, 45 Abs. 8 S. 1 StVO im Widerspruch, die grundsätzlich 50 km/h zur Höchstgeschwindigkeit bestimmen. Die StVO ist eine Rechtsverordnung gem. Art. 80 GG, die ihre Ermächtigung im Straßenverkehrsgesetz (StVG) findet. Der Erlass des StVG war gem. Art. 72, 74 Abs. 1 Nr. 22 GG Angelegenheit des Bundes. Es ist davon auszugehen, dass der Erlass des Gesetzes ordnungsgemäß, nicht zuletzt unter Beachtung des Art. 72 Abs. 2 GG, erfolgte und auch beim Erlass der StVO die Voraussetzungen des Art. 80 GG Beachtung gefunden haben. Damit muss der neue Artikel der Hamburgischen Verfassung den §§ 3 Abs. 3 Nr. 1, 45 Abs. 8 S. 1 StVO weichen. Er ist mangels einer Befugnis des Landes Hamburg zur Gesetzgebung, welche die Verfassungsgesetzgebung einschließt, nichtig. (Nach aA Nichtigkeit nach Art. 31 GG wegen inhaltlichen Widerspruchs zu kompetenzgemäß erlassenem Bundesrecht.)

---

484 Vgl. BVerfGE 105, 252 (268 ff.) = NJW 2002, 2621; BVerfGE 105, 279 (306) = NJW 2002, 2626; s. zur Informationstätigkeit der Bundesregierung auch Gusy NJW 2000, 977; Degenhart StaatsR I Rn. 320 ff.

485 Zur Frage der materiellen Rechtmäßigkeit vgl. Lege DVBl 1999, 569.

§ 8 Der Bundespräsident

A. Funktion und Aufgaben

1 Der Bundespräsident ist **Staatsoberhaupt** der Bundesrepublik Deutschland. Innerhalb der verfassungsrechtlichen Ordnung ist ihm eine neutrale, integrative Stellung zugewiesen; er ist gleichsam moralische Instanz. Dieser distanzierten Stellung ungeachtet verbietet das Grundgesetz dem Bundespräsidenten nicht grundsätzlich, einen politischen Standpunkt einzunehmen, und schreibt ihm nicht vor, seine Äußerungen, falls mehrdeutig oder missverständlich, zu erläutern.[486] Auch wenn der Bundespräsident keiner der Staatsgewalten eindeutig zugeordnet ist (mitunter wird er auch als „Vierte Gewalt" bezeichnet),[487] übt er doch, auch soweit er in der Öffentlichkeit nur Stellung nimmt, Staatsgewalt aus und unterliegt insoweit ähnlichen Bindungen wie andere Staatsorgane auch. Zu respektieren hat er beispielsweise die Chancengleichheit der Parteien (Art. 21 GG), die im Vorfeld der Wahl aufgrund deren besonderer Autorität bereits durch die öffentliche Rede des Bundespräsidenten verletzt sein kann.[488]

2 Der Bundespräsident darf ebenso wenig wie die Mitglieder der Bundesregierung (Art. 66 GG) ein anderes besoldetes Amt oder einen Beruf ausüben (Art. 55 Abs. 2 GG).

1. Aufgaben des Bundespräsidenten

3 Der Bundespräsident repräsentiert Deutschland – gesellschaftlich (durch Reden, aber auch Verleihung von Orden oder Übernahme von Schirmherrschaften) und im Rechtsverkehr. Für die internationalen Beziehungen hält Art. 59 Abs. 1 S. 1 GG dies ausdrücklich fest und weist ihm in S. 2 die Befugnis zum Abschluss völkerrechtlicher Verträge – die sog. **Ratifikation** – zu. Die Befugnis, den Vertrag inhaltlich auszuhandeln, hat der Bundespräsident nicht: Sie steht der Bundesregierung zu.[489] Dass diese in der Praxis mitunter rechtsgestaltende Akte wie die Kündigung völkerrechtlicher Verträge selbst und ohne Beteiligung des Bundespräsidenten vornimmt, ist mit Art. 59 Abs. 1 S. 1 GG allerdings kaum zu vereinbaren.[490]

4 In vielen Fällen kommen den Bundespräsidenten **„staatsnotarielle" Aufgaben** zu: Seine Mitwirkung ist erforderlich, um den Rechtsakten bzw. dem Rechtswillen anderer Wirkung zu verleihen. Bei allen Aufgaben dieser Art, allen voran die Ausfertigung von Gesetzen, stellt sich die – klausurbedeutsame – Frage, ob der Bundespräsident seine Mitwirkung verweigern darf, wenn die Bezugsakte unter formellen und/oder materiellen Rechtsfehlern leiden (**„Prüfungsrecht"**; dazu → Rn. 12 ff.). Neben der schon angesprochenen Ratifikation völkerrechtlicher Verträge, die ihre Bindung für Deutschland nach außen wie innen herbeiführt, lassen sich den „staatsnotariellen" Aufgaben unter anderem zurechnen:

- die Ausfertigung von Gesetzen (Art. 82 Abs. 1 GG);
- die Ernennung und Entlassung von Amtsträgern (Bundeskanzler, Art. 63 GG; Bundesminister, Art. 64 Abs. 1 GG; Bundesrichter, Bundesbeamte, Offiziere, Unteroffiziere, oft delegiert, Art. 60 Abs. 1 GG);

---

486 BVerfGE 136, 323 = NVwZ 2014, 1156, s. hierzu auch SHH/Butzer GG Art. 54 Rn. 22 ff.
487 v. Münch/Kunig/Hemmerich, 3. Aufl. 1995, GG Art. 54 Rn. 2.
488 Vgl. BVerfGE 136, 323 = NVwZ 2014, 1156; BVerfGE 134, 141 = NVwZ 2013, 1468.
489 Will StaatsR I § 8 Rn. 20; HW/Domgörgen GG Art. 59 Rn. 3.
490 So zB Sachs/Streinz GG Art. 59 Rn. 10.

- die Erklärung des Gesetzgebungsnotstands (Art. 81 GG);
- die ihm nach Art. 115a Abs. 3 ff. GG zustehenden Befugnisse.

Entscheidungen, die der Bundespräsident nach **eigenem (politischen) Ermessen** tref- 5 fen darf, weist ihm das Grundgesetz nur punktuell zu. Dazu gehört die Entscheidung über die Auflösung des Bundestags bei Art. 63 Abs. 4 GG (→ Rn. 246), bei schwierigen Machtverhältnissen auch die Auswahl des Kanzlerkandidaten nach Art. 63 Abs. 1 GG. Bei der Auflösung des Bundestags in den Fällen des Art. 68 GG hat der Bundespräsident der Tatbestandseinschätzung des Bundeskanzlers (zur politischen Instabilität, → § 5 Rn. 56 f.) zwar primär grundsätzlich zu folgen, sein Ermessen auf der Rechtsfolgenseite bleibt jedoch bestehen. Zu den ureigenen Befugnissen des Bundespräsidenten gehört – wie bei den meisten Staatsoberhäuptern – das Recht der **Begnadigung** (Art. 60 Abs. 2 GG). Es wird allerdings nur „für den Bund" ausgeübt, was voraussetzt, dass das gesamte Strafverfahren (was nur sehr selten der Fall ist) vor Bundesgerichten geführt worden ist.[491] Nach wohl hM sind Begnadigungsentscheidungen „justizfreie Hoheitsakte", gegen die kein Rechtsschutz gem. Art. 19 Abs. 4 GG eröffnet ist.[492] Auch Gnade (also eine unverdiente Befreiung von Folgen strafrechtlicher Verurteilung) darf im Rechtsstaat aber nicht in Willkür verkehrt werden; daher sollten jedenfalls offensichtliche Verletzungen des Willkürverbots (Art. 3 Abs. 1 GG) gerichtlich überprüfbar sein.[493]

Zu den ungeschriebenen verfassungsrechtlichen Befugnissen des Bundespräsidenten 6 wird auch die (Mit-)Entscheidung über **Staatssymbole** gerechnet, soweit im Grundgesetz darüber nichts bestimmt ist (Art. 22 Abs. 2 GG für die Bundesflagge). So geht die aktuelle (ebenso wie die frühere) Fassung der Bundeshymne auf einen Schriftwechsel zwischen Bundeskanzler und Bundespräsident zurück.[494]

Umstritten ist, ob dem Bundespräsidenten über diese Befugnisse hinaus eine allge- 7 meine „Reservefunktion" attestiert werden darf, ob er also aktiv werden kann, wenn die Funktionsweise anderer Staatsorgane beeinträchtigt wird. Wohl scheinen Art. 63 Abs. 4 S. 3 GG und Art. 68 Abs. 1 S. 1 Hs. 2 GG, also Fälle, in denen der Bundespräsident ausnahmsweise autonom staatsleitende Entscheidungen trifft, in diese Richtung zu weisen. Eine allgemeine Reservefunktion des Präsidenten ist im Grundgesetz aber nicht angelegt; er ist – anders als dies mitunter für den als „Ersatzkaiser"[495] mit großer Machtfülle ausgestatteten Weimarer Reichspräsidenten angenommen wurde – nicht „Hüter der Verfassung".[496]

2. Gegenzeichnung

Akte des Bundespräsidenten bedürfen „zu ihrer Gültigkeit" der Gegenzeichnung. 8 Damit wird nach verbreiteter Ansicht die Übernahme der politischen Verantwortung

---

491 Sachs/Nierhaus/Brinktrine GG Art. 60 Rn. 14; Jarass/Pieroth/Jarass GG Art. 60 Rn. 3.
492 BVerfGE 25, 352 (361 f.) = NJW 1969, 1895; vgl. dazu auch SHH/Butzer GG Art. 60 Rn. 46 ff.; krit. v. Münch/Kunig/v. Arnauld GG Art. 60 Rn. 17.
493 Zum Meinungsstand Dreier/Heun GG Art. 60 Rn. 30.
494 Grundlage ist ein Briefwechsel aus dem Jahre 1991 zwischen dem damaligen Bundespräsidenten und dem Bundeskanzler; Näheres hierzu bei Badura StaatsR D Rn. 31.
495 Gusy, Die Weimarer Reichsverfassung, 1997, 65 mwN; v. Lewinski JuS 2009, 505 (506). Vgl. auch BerlKomm GG/Waldhoff/Grefrath, 27. Lfg. 2009, GG Art. 54 Rn. 39.
496 MKS/Fink GG Art. 54 Rn. 8 ff.; v. Münch/Mager StaatsR I Rn. 281 f.; Sachs/Nierhaus/Brinktrine GG Art. 54 Rn. 5; vgl. auch DHS/Herzog, 54. Lfg. 2009, GG Art. 54 Rn. 101.

durch die Bundesregierung dokumentiert und Einheitlichkeit der Staatsleitung gewährleistet.[497] Die Aktualität dieser (an Art. 50 S. 2 WRV, der dies so bestimmte, ausgerichteten) Deutung wird zunehmend angezweifelt;[498] auch ist der Begriff „Verantwortung" ausgesprochen vage. Dessen ungeachtet ist Art. 58 GG eine bindende verfassungsrechtliche Vorgabe. Unterbleibt die Gegenzeichnung, können Anordnungen und Verfügungen des Bundespräsidenten grundsätzlich keine Wirkung entfalten.

9   Die Gegenzeichnung erfolgt durch den **Bundeskanzler** oder den zuständigen **Bundesminister**. Allgemein sieht Art. 58 GG sie für **Anordnungen und Verfügungen** (also Einzelakte mit rechtlicher Wirkung) vor. Art. 82 Abs. 1 GG stellt klar, dass dies auch für die Ausfertigung von Gesetzen gilt. Nicht erforderlich ist eine Gegenzeichnung,

- wo Handlungen des Bundespräsidenten mangels Rechtsfolge nicht als Anordnungen und Verfügungen qualifiziert werden können (Reden, politische Äußerungen)[499], sowie
- bei Anordnungen und Verfügungen, die aus rechtslogischen Gründen nicht gegenzeichnungsfähig sind, weil sie sich auf das zur Gegenzeichnung berufene Organ selbst beziehen (Art. 58 S. 2 GG): Ernennung und Entlassung des Bundeskanzlers, Auflösung des Bundestags im Falle des Art. 63 Abs. 4 S. 3 GG sowie Ersuchen gegenüber dem Bundeskanzler um Weiterführung der Amtsgeschäfte (Art. 69 Abs. 3 GG).

Reichspräsident	Bundespräsident
• Vom Volk gewählt	• Von der Bundesversammlung gewählt
• Abberufung durch Volk oder StGH möglich	• Abberufung nur durch BVerfG möglich (Präsidentenanklage)
• Beliebig viele Amtszeiten („Ersatzkaiser")	• Maximal zwei aufeinander folgende Amtszeiten
• Oberbefehl über Wehrmacht	• Repräsentationsaufgaben
• Reichsexekution	• Völkerrechtliche Vertretung
• Diktaturkompetenz, Notverordnungsrecht („Hüter der Verfassung")	• „Statsnotarielle" Funktionen
• Völkerrechtliche Vertretung	• Begnadigungsrecht
• „Statsnotarielle" Funktionen	• „Legalitätsreserve"
• Begnadigungsrecht	

---

497 Vgl. v. Münch/Kunig/v. Arnauld GG Art. 58 Rn. 3 ff.; GWC/v. Coelln GG Art. 58 Rn. 1.
498 Herzog FS Gebhard Müller, 1970, 117 (127 ff.); vgl. auch Sachs/Nierhaus/Brinktrine GG Art. 58 Rn. 5 f. mwN.
499 Umfangreich SHH/Butzer GG Art. 58 Rn. 20 ff. mwN.

B. Wahl des Bundespräsidenten

Der Bundespräsident wird auf fünf Jahre gewählt. Nur eine Wiederwahl ist möglich   **10**
(Art. 54 Abs. 2 GG). Die Kandidaten müssen mindestens 40 Jahre alt sein (Art. 50
Abs. 1 S. 2 GG). Wahlgremium ist die **Bundesversammlung**. Es handelt sich um ein
Verfassungsorgan, das ausschließlich zu diesem Zweck zusammentritt. Dieses besteht
* aus den Mitgliedern des Bundestages
* sowie einer gleich großen Anzahl von Mitgliedern, die von den Volksvertretungen
  der Länder gewählt werden. Einzelheiten hat der Bundesgesetzgeber (Art. 54
  Abs. 7 GG) in §§ 2 ff. des Gesetzes über die Wahl des Bundespräsidenten durch
  die Bundesversammlung (BPräsWahlG) niedergelegt.[500] Danach richtet sich die
  Repräsentation eines Landes in der Bundesversammlung nach seiner Einwohnerzahl (ohne Ausländer, § 2 Abs. 1 BPräsWahlG). In der Praxis werden oft auch
  Nichtpolitiker in die Bundesversammlung berufen.

Für die Wahl erkennt § 9 Abs. 1 BPräsWahlG – im Lichte des Art. 54 Abs. 1 S. 2 GG   **11**
verfassungsrechtlich bedenklich – nur Mitgliedern der Bundesversammlung ein Vorschlagsrecht zu. Anders als bei der Wahl des Bundeskanzlers kann es konkurrierende
Wahlvorschläge geben. Die Wahl erfolgt mit der Mehrheit der Mitglieder der Bundesversammlung. Sind drei oder mehr Wahlgänge erforderlich, genügt von da an die
(relative) Mehrheit der Stimmen (Art. 54 Abs. 4 GG). Bei den letzten Bundesver-
sammlungen setzte die Mehrheit den Verzicht auf eine Präsentation der Kandidaten
und eine Aussprache durch, was das BVerfG aus verschiedenen Gründen für verfassungsrechtlich statthaft erachtete. Die Rechte der Mitglieder der Bundesversammlung
seien im Wesentlichen darauf beschränkt, den Bundespräsidenten zu wählen, und
denjenigen der Bundestagsabgeordneten (Recht der Rede und Gegenrede) nicht ver-
gleichbar; überdies rechtfertige die Würde des Amtes, von einer Aussprache Abstand
zu nehmen.[501] Zumindest das zweite Argument verdient Zustimmung.

> **8.1**   Widerspricht die Altersgrenze von 40 Jahren (Art. 54 Abs. 1 S. 2 GG)
> nicht Art. 33 Abs. 2 GG und Art. 38 GG?

---

500 Gesetz über die Wahl des Bundespräsidenten durch die Bundesversammlung v. 25.4.1959 (BGBl.
  1959 I 230), zuletzt geändert durch Gesetz v. 12.7.2007 (BGBl. 2007 I 1326). Vgl. dazu Burkic-
  zak JuS 2004, 278 ff.
501 BVerfGE 136, 277 (309 ff.) = NVwZ 2014, 1149; krit. dazu etwa Hillgruber JA 2014, 950.

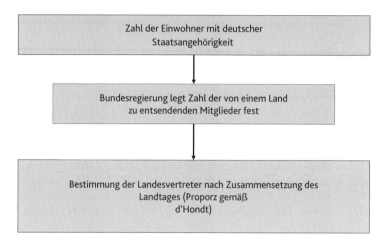

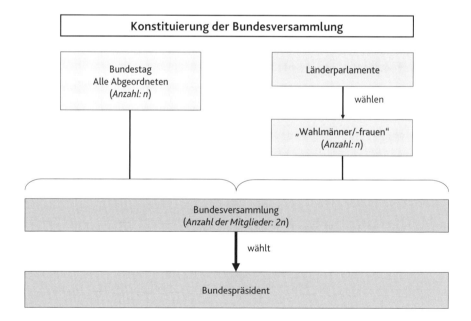

C. „Prüfungsrechte" des Bundespräsidenten

1. Grundlagen und Spektrum möglicher „Prüfungsrechte"

Überall dort, wo dem Bundespräsidenten die Aufgabe zufällt, wie ein „Staatsnotar" **12** rechtserhebliches Handeln anderer durch Rechtsakt zu besiegeln und ihm gegebenenfalls dadurch erst Wirksamkeit zu verleihen, ist damit die Frage nach dem Bestehen und der Reichweite eines „Prüfungsrechts" des Bundespräsidenten und gegebenenfalls seiner Reichweite verbunden. Der gängige Begriff „Prüfungsrecht" trifft den Kern der Sache insofern nicht, als nicht das Recht zur juristischen Prüfung in Rede steht, sondern das Recht, bei Feststellung von Rechtsfehlern seinen „**notariellen**" **Akt zu verweigern.** Da dieser unabdingbar ist, um dem Akt Rechtswirkungen zu verleihen, geht es faktisch um **Vetorechte** des Bundespräsidenten.[502]

Den wichtigsten Anwendungsbereich für „Prüfungsrechte" bildet die **Gesetzgebung**, **13** wo diese Rechte sich als mögliches Ausfertigungsverweigerungsrecht manifestieren. Da bei Gesetzen zwischen formellen und materiellen Verfassungsverstößen unterschieden werden kann, lässt sich auch das Prüfungsrecht insoweit in ein formelles und ein materielles aufteilen (→ Rn. 15). Im Zusammenhang mit anderen Rechtshandlungen, wie Ernennungen von Personen zu Trägern öffentlicher Ämter, ist diese Unterscheidung wenig ergiebig (zumal über die Berechtigung zum Vorschlag oder Antrag – als formellem Gesichtspunkt – selten Zweifel herrschen dürften).

Im Gegensatz zum klaren Stand der Auffassungen zum Ausfertigungsverweigerungs- **14** recht des Bundespräsidenten lässt sich für sein „Prüfungsrecht" bei Ernennungen von **Amtsträgern** (vgl. Art. 60 GG) kaum ein Meinungsbild zeichnen,[503] zumal es in der Praxis kaum eine Rolle spielt. Zur Beantwortung der Frage nach seinem Bestehen und Umfang bietet sich eine Anlehnung an die Argumente an, die jeweils für oder gegen ein (materielles) „Prüfungsrecht" im Zusammenhang mit der Ausfertigung von Gesetzen sprechen.

2. Insbesondere die Verweigerung der Ausfertigung von Gesetzen

Das „Prüfungsrecht" des Bundespräsidenten gegenüber Gesetzen ist ein „Klassiker" **15** unter den Klausurfällen (der in → Fall 1 im Anhang nochmals variiert wird). Es umschließt die Frage, ob der Bundespräsident die Ausfertigung eines Gesetzes verweigern darf und wenn ja, aus welchen Gründen. Unterschieden wird zwischen

- einem **formellen Prüfungsrecht** (Verweigerung der Ausfertigung wegen fehlender Zuständigkeit des Bundes oder Missachtung des verfassungsrechtlich gebotenen Verfahrens bzw. der Form). Dieses Recht wird dem Bundespräsidenten allgemein zugestanden;
- dem **materiellen Prüfungsrecht** (Verweigerung der Ausfertigung wegen Verfassungswidrigkeit aus inhaltlichen Gründen). Seine Existenz und Grenzen sind streitig. Während Teile des Schrifttums ein materielles Prüfungsrecht allgemein ablehnen und andere es dem Bundespräsidenten allgemein zugestehen,[504] will die hM es

---

502 Vgl. Jarass/Pieroth/Kment GG Art. 82 Rn. 3.
503 Vgl. MKS/Fink GG Art. 60 Rn. 15 ff.
504 Für umfassendes Prüfungsrecht zB Stern StaatsR II § 30 Abs. 3 S. 4a, § 231 ff.; gegen ein materielles Prüfungsrecht hingegen insbesondere Friauf FS Carstens, Bd. 2, 1984, 545 ff.

auf Fälle beschränkt wissen, in denen die Verfassungswidrigkeit aus materiellen Gründen **evident** ist, sich also dem Präsidenten geradezu aufdrängt („offenkundig und zweifelsfrei").[505] (Ob für die Evidenz auf einen „durchschnittlichen" Bundespräsidenten abgestellt werden muss oder besondere Rechtskunde des Amtsinhabers Berücksichtigung finden darf, ist wiederum umstritten.[506]);

- und schließlich dem **politischen Prüfungsrecht** (Verweigerung der Ausfertigung unabhängig von der Verfassungsmäßigkeit des Gesetzes aus Gründen politischer Inopportunität), welches dem Bundespräsidenten kraft seiner überparteilichen Stellung im Verfassungsgefüge (→ Rn. 1) unstreitig nicht zusteht.

16 Nicht nur die Feststellung von Evidenzfällen begegnet Schwierigkeiten, sondern auch die Unterscheidung zwischen Regeln „formellen" und „materiellen" Charakters ist von begrenzter Tragfähigkeit.[507] Es handelt sich um eine fallmethodische Differenzierung, die im Verfassungskontext so nicht angelegt ist. Gesetze, die einer Vorgabe des Grundgesetzes zuwiderlaufen, sind ungeachtet ihrer Zuordnung zu den Kategorien „formell" und „materiell" verfassungswidrig. Wer der Unterscheidung gleichwohl Bedeutung zuerkennt, könnte zumindest an der unterschiedlichen Behandlung beider Kategorien Zweifel hegen. Denn auch die Feststellung von Verstößen gegen Kompetenz- und Verfahrensvorschriften kann anspruchsvolle verfassungsrechtliche Analysen erfordern. Ihre „Evidenz" kann nicht einfach unterstellt werden.

17 Der hohe **klausurtechnische Rang des Prüfungsrechts** des Bundespräsidenten steht in diametralem Gegensatz zu seiner verfassungspraktischen Bedeutung. Nicht nur haben die bisherigen Bundespräsidenten von ihrem Prüfungsrecht nur sehr behutsam Gebrauch gemacht;[508] in keinem dieser Fälle hat die Weigerung, ein Gesetz auszufertigen – auch soweit sie mit der Verletzung materiell-rechtlicher Normen begründet wurde –, zur Austragung einer verfassungsgerichtlichen Streitigkeit vor dem BVerfG geführt. Zum Schluss auf eine verfassungsrechtliche Anerkennung eines präsidialen Prüfungsrechts von einem bestimmten Umfang berechtigt dieser Befund allerdings nicht unbedingt (zumal im Einzelfall die Berechtigung des Bundespräsidenten, die Ausfertigung zu verweigern, umstritten sein musste); er bezeugt vielmehr die dem Staatsoberhaupt gezollte politische Rücksicht.

18 Die folgende Grafik fasst die wichtigsten Argumente zusammen, die zur Stütze der unterschiedlichen Positionen vorgebracht werden. Dabei fällt auf, dass einzelne Argumente sowohl von den Befürwortern als auch von den Gegnern des materiellen Prüfungsrechts herangezogen werden; hierzu zählen

- Art. 82 Abs. 1 GG: Während die Anhänger des materiellen Prüfungsrechts den Passus „nach den Vorschriften dieses Grundgesetzes" betonen (was die materiell-

---

505 Degenhart StaatsR I Rn. 813; SHH/Sannwald GG Art. 82 Rn. 16; ähnlich Isensee/Kirchhof StaatsR-HdB/Nettesheim Bd. III § 62 Rn. 37; vgl. auch Sachs/Mann GG Art. 82 Rn. 8 ff. mwN; Kunig JURA 1994, 217 (220 f.). Dies scheint sich auch in der Verfassungspraxis durchzusetzen; vgl. die Begründung des Bundespräsidenten Köhler für die Verweigerung der Ausfertigung des Gesetzes zur Neuregelung der Flugsicherung im Oktober 2006 (BT-Drs. 16/3262).

506 Dafür Isensee/Kirchhof StaatsR-HdB/Nettesheim Bd. III § 62 Rn. 39, der sich zugleich skeptisch hinsichtlich des Offenkundigkeitskriteriums zeigt.

507 Linke DÖV 2009, 434 (440 ff.), zugleich zum Stand der Diskussion.

508 Vgl. Badura StaatsR E Rn. 85.

rechtlichen Vorgaben einschließt), deuten die Gegner die Vorgabe kraft der Worte „zustande gekommen" verfahrensrechtlich;[509]

- die Rolle des **„Hüters der Verfassung"**. Der Weimarer Staatsrechtler *Carl Schmitt* prägte diesen Begriff für den Reichspräsidenten,[510] der indes mit größerer Machtfülle als der Bundespräsident ausgestattet war (→ Übersicht nach Rn. 9).[511] Versuche, den Amtseid in diesem Sinne zu interpretieren, müssen auf Vorbehalte stoßen, da sich aus dem Eid konkrete Rechte und Pflichten nicht ableiten lassen: Er wirkt, wie auch gern formuliert wird, „promissorisch, nicht – wie der Eid im Gerichtsprozess – assertorisch". Der Eid ist lediglich als feierliche Selbstverpflichtung auf die Rechte und Pflichten des Amtes zu verstehen, begründet aber selbst keine solche.[512] Die Funktion des „Verfassungshüters" liegt heute vornehmlich beim BVerfG, sodass dieser Gesichtspunkt eher auf eine restriktive Handhabung des Prüfungsrechts weist.[513]

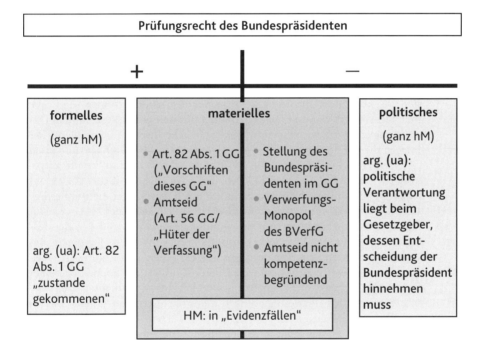

---

509 Diff. DHS/Butzer, 73. Lfg. 2014, GG Art. 82 Rn. 44 f.

510 C. Schmitt, Der Hüter der Verfassung, 1931; vgl. auch E.R. Huber, Deutsche Verfassungsgeschichte, 6. Bd. 1981, 307 ff.

511 Hierzu auch v. Lewinski JuS 2009, 505 (506).

512 BeckOK GG/Pieper, 48. Ed. 15.8.2021, GG Art. 56 Rn. 1 ff.

513 Zippelius/Würtenberger StaatsR § 45 Rn. 77 ff.

8.2 Der Bundestag beschließt ein neues Einwanderungsgesetz. Der Bundespräsident verweigert seine Ausfertigung mit folgender Begründung: Erstens sei der Entwurf entgegen Art. 76 Abs. 2 S. 1 GG nicht dem Bundesrat zugeleitet worden. Zweitens habe er nach eingehender juristischer Prüfung schwere Zweifel an der Vereinbarkeit des Gesetzes mit Art. 6 Abs. 1 GG. Drittens sei ein Einwanderungsgesetz „überflüssig und hirnrissig". Durfte der Bundespräsident die Ausfertigung verweigern? Wie kann ihn der Bundestag gegebenenfalls zur Ausfertigung zwingen?

8.3 Der Bundespräsident befindet sich in einem armen afrikanischen Staat auf Staatsbesuch. In seiner Begrüßungsansprache kritisiert er die Bundesregierung, weil sie diesem Staat aus ideologischen Gründen die erforderliche Hilfe versage. Hat er seine Befugnisse überschritten?

8.4 Kurz vor der Bundestagswahl führt die Bundespräsidentin mit Schülern ein Gespräch. Dabei äußert sie sich zu Protesten gegen ein Asylbewerberheim, die von der rechtsgerichteten Deutschen Stahlpartei (DSP) unterstützt werden, wie folgt: „Bei uns gibt es Leute, die Randpositionen vertreten, und das darf man auch laut sagen dürfen. Mir als älterer Deutscher sind manche dieser Positionen enorm peinlich, aber Irrtümer kann eine freie Gesellschaft nicht verbieten, sondern nur im Diskurs bekämpfen. Dafür brauchen wir zwar manchmal auch staatliche Instanzen, vor allem aber Bürger, die auf die Straße gehen, die den Spinnern ihre Grenzen aufweisen und die sagen ›bis hierher und nicht weiter‹. Und dazu sind Sie alle aufgefordert." Die DSP sieht sich durch diese Aussage in ihrem Recht auf Chancengleichheit verletzt und zieht vor das BVerfG. Hat die Bundespräsidentin ihre verfassungsrechtlichen Befugnisse überschritten?

8.5 Der Bundespräsident liegt mit der Bundestagsmehrheit und der Bundesregierung wegen der Entwicklungspolitik weiter im Streit. Bei einem Besuch beschließt er, dem Kanzler „eins auszuwischen", und ratifiziert einen multilateralen Vertrag, in dem sich Deutschland zur Verdoppelung seines Entwicklungshilfe-Anteils am Bruttosozialprodukt verpflichtet. Der Vertrag war von der Bundesregierung mit ausgearbeitet und unterschrieben worden, jedoch hatte nach dem Regierungswechsel die Nachfolgerregierung beschlossen, das Abkommen nicht zu ratifizieren. Ist der Vertrag für Deutschland bindend geworden, und wonach bestimmt sich dies?

8.6 Nach dem Vorschlag des Bundeskanzlers sollen X und Y zu BGH-Richtern ernannt werden. Der Bundespräsident verweigert deren Ernennungen mit der Begründung
   a) X, die birmanisch-nepalesischer Herkunft sei, sei zwar eine gute Juristin, er habe aber begründete Zweifel an der deutschen Staatsangehörigkeit der X;
   b) auch Y sei ein guter Jurist, doch er sei in der SM-Szene gesehen worden, was seine Autorität als Richter untergrabe.
   Handelt der Bundespräsident rechtmäßig?

Antworten und Lösungen

8.1 Die Altersgrenze für den Bundespräsidenten widerspricht Art. 33 Abs. 2 GG und Art. 38 GG nicht. Art. 38 GG ist auf den Bundespräsidenten schon inhaltlich nicht anwendbar: Im Verhältnis zu Art. 33 Abs. 2 GG ist Art. 54 Abs. 1 S. 2 GG eine Spezialbestimmung mit Verfassungsrang.

8.2 Der Bundespräsident durfte die Ausfertigung verweigern, wenn Art. 82 Abs. 1 GG ihm ein Prüfungsrecht zuweist und er von diesem Prüfungsrecht ordnungsgemäß Gebrauch gemacht hat. Hinsichtlich der fehlenden Zuleitung an den Bundesrat beruft sich der Präsident auf einen Verfahrensfehler, er nimmt insoweit also ein formelles Prüfungsrecht wahr. Dieses steht ihm nach ganz hM zu. Mit seiner Behauptung, das Gesetz sei mit Art. 6 Abs. 1 GG unvereinbar, beruft sich der Bundespräsident hingegen auf ein materielles Prüfungsrecht. Ob ihm ein solches zusteht, ist umstritten. Nach einer vermittelnden Auffassung ist ihm ein materielles Prüfungsrecht jedenfalls in Evidenzfällen, dh wenn die Verfassungswidrigkeit augenfällig ist, zuzubilligen. Der Fall enthält keine Angaben darüber, ob die gerügten Rechtsfehler tatsächlich bestanden. Im Fall des Art. 76 Abs. 2 S. 1 GG müsste eine mögliche Heilung in Erwägung gezogen, bei Art. 6 Abs. 1 GG außerdem eine Evidenzprüfung vorgenommen werden. Das dritte Argument des Bundespräsidenten, das Gesetz sei „überflüssig und hirnrissig", ist ein rein politisches. Über ein politisches Prüfungsrecht verfügt der Bundespräsident jedoch nicht; insoweit jedenfalls hat er seine Prüfungsbefugnis also überschritten. Dies schadet jedoch nicht, wenn er wenigstens einen der anderen Rechtsfehler (bei materiellen zumindest bei Evidenz) zutreffend gerügt hat, da unter ihnen jeder für sich zur Verfassungswidrigkeit des Gesetzes führen würde.

Der Bundestag kann den Bundespräsidenten gegebenenfalls durch einen Organstreit faktisch zur Ausfertigung des Gesetzes zwingen. Er ist erfolgreich, wenn die vom Präsidenten gerügten Rechtsfehler nicht vorlagen.

8.3 Der Bundespräsident hat seine verfassungsrechtlichen Befugnisse nur dann überschritten, wenn ihm das Grundgesetz Kritik an der Regierung verbietet. Gemäß Art. 59 Abs. 1 S. 1 GG vertritt er den Bund völkerrechtlich. Die Bestimmung lässt offen, ob der Präsident dabei an die Position der Bundesregierung gebunden ist oder eigene politische Stellungnahmen abgeben darf. Zwar ergibt sich aus dem Kontext der Art. 54 ff. GG, dass der Bundespräsident vorwiegend repräsentative und „staatsnotarielle" Funktionen wahrnimmt. Bestimmte Äußerungsverbote folgen daraus jedoch nicht; als gewähltem Amtsträger kann es ihm nicht verwehrt sein, sich politisch zu äußern, auch wenn er damit vielleicht Anstoß erregt. Der Bundespräsident hat also, auch wenn er politisch unklug gehandelt haben mag, seine verfassungsrechtlichen Befugnisse nicht überschritten.[514]

8.4 Die Bundespräsidentin übt bei ihren Amtshandlungen – auch wenn sie sich nur politisch positioniert – Staatsgewalt iSv Art. 20 Abs. 2 GG aus und ist insoweit an die Grundrechte und im Übrigen an Recht und Gesetz gebunden (Art. 1 Abs. 3 GG, Art. 20 Abs. 3 GG). Während das Grundgesetz sie einerseits nicht grundsätzlich verpflichtet, eine neutrale, überparteiliche Stellung einzunehmen, darf sie andererseits nicht in einer Weise Partei ergreifen, dass die Chancengleichheit der Parteien (Art. 21 Abs. 1 GG, Art. 38 Abs. 1 GG) verletzt wird. Ob dies der Fall ist, bestimmt sich nach dem Abstand zum Wahltermin, nach der vom Gemeinwohl getragenen Sachgerechtigkeit des Werturteils und nach den bestehenden Chancen der von ihm Betroffenen zur Erwiderung. Der nahende Wahltermin gebot der Bundespräsidentin Zurückhaltung; ein völliges Verbot, im Wahlkampf vertretene Positionen zu kritisieren, würde jedoch dem Amt nicht gerecht. Während die Bundesregierung sich als Organ der Wahlwerbung ganz enthalten muss, können sich Mitglieder als Parteifunktionäre am Wahlkampf intensiv beteiligen. Ein solcher „Kleiderwechsel" ist dem Bundespräsidenten kaum möglich. Was die Sachgerechtigkeit der Äußerungen betrifft, die aufgrund der äußeren Umstände als gegen die DSP gerichtet verstanden werden mussten, kann sich die Bundespräsidentin im Grundsatz auf die im Grundgesetz an verschiedenen Stellen angelegte „wehrhafte Demokratie" und den verfassungsrechtlich legitimen Kampf gegen die Befürwortung von Gewalt- und Willkürherrschaft stützen. Im Wesentlichen ist ihr Appell auch nur darauf gerichtet, sich mit der insoweit bedenklichen Position der DSP argumentativ auseinanderzusetzen und dabei von den Grundrechten aus Art. 5 Abs. 1 S. 1 GG und Art. 8 Abs. 1 GG Gebrauch zu machen. Ob dies auch die Verwendung der Invektive „Spinner" rechtfertigt, ist eine Frage der Abwägung von Ziel und Mittel: Das BVerfG hat diese Zuspitzung im Lichte der gebotenen Warnung

---

514 Vgl. v. Münch/Kunig/Starski GG Art. 59 Rn. 17; MKS/Kempen GG Art. 59 Rn. 11.

vor Gefahren für die freiheitliche demokratische Grundordnung (→ § 2 Rn. 72 f.) – noch – akzeptiert.[515] Mangels näherer Angaben im Sachverhalt ist auch anzunehmen, dass die DSP vor der Wahl ausreichend Zeit hatte, ihrerseits zu den Äußerungen der Bundespräsidentin Position zu ergreifen.

8.5 Ob der Vertrag bindend geworden ist, richtet sich nicht nach dem Grundgesetz, sondern nach den Regeln des Wiener Übereinkommens über das Recht der Verträge (WVRK), das für völkerrechtliche Verträge gleichsam das Pendant zum Allgemeinen Teil des BGB und dem Allgemeinen Schuldrecht bildet. Seine Regeln setzen grundsätzlich nur voraus, dass auf völkerrechtlicher Ebene die für den Vertragsschluss erforderlichen korrespondierenden Willenserklärungen vorliegen. Grundsätzlich bedeutet dies, dass Deutschland an den Vertrag gebunden ist, sobald der Bundespräsident den entsprechenden Ratifikationsakt vorgenommen und damit die Willenserklärung für die Bundesrepublik Deutschland abgegeben hat. Hiervon besteht allerdings eine Ausnahme: Ist offensichtlich, dass das staatliche Organ in Verletzung seiner verfassungsrechtlichen Pflichten gehandelt hat, tritt eine Bindung nicht ein. Nach Art. 7 Abs. 2 lit. a WVRK gilt der Bundespräsident als Staatsoberhaupt kraft Amtes, ohne eine Vollmacht vorlegen zu müssen, als vertragsschlussbefugt. Ob der fehlende Ratifikationsbefehl des Parlaments Deutschland von der Bindung an den Vertrag befreit, beantwortet sich nach Art. 46 WVRK: Die Verletzung muss offenkundig gewesen sein und eine innerstaatliche Rechtsvorschrift von grundlegender Bedeutung betreffen. Die Offenkundigkeit bestimmt sich nach der Sicht des Vertragspartners. Da dieser das innerstaatliche Vertragsschlussverfahren nicht detailliert zu kennen braucht, wird man eine Freizeichnung Deutschlands hier wohl ablehnen müssen (aA durchaus vertretbar).

8.6 Die Nichternennung von X und Y ist an Art. 60 Abs. 1 GG zu messen; danach ernennt der Bundespräsident die Bundesrichter und ist uU auch dazu verpflichtet. Der Umfang seiner Prüfungsbefugnisse entspricht im Wesentlichen denen bei Art. 64 Abs. 1 GG (→ Klausurfall 1 im Anhang), wenn auch mit dem formalen Unterschied, dass Art. 95 Abs. 2 GG eine Parlamentsbeteiligung (über den Richterwahlausschuss) vorsieht und insoweit die Personalauswahl der Gubernative und der Legislative gemeinsam zuweist. Im Ergebnis wird man mit Blick auf seine Pflicht, als „Staatsnotar" rechtmäßige Akte zu dokumentieren, dem Bundespräsidenten auch bei Art. 64 Abs. 1 GG ein formelles und materielles Prüfungsrecht zusprechen, kraft dessen er in Fällen evidenter Rechtswidrigkeit die Ernennung von Amtsträgern verweigern kann. Im Falle der X beruft sich der Bundespräsident auf einen (materiellen) Rechtsfehler, da X bei Fehlen der deutschen Staatsangehörigkeit keinen Zugang zum Richteramt hat (Art. 33 Abs. 2 GG, vor allem aber § 9 Abs. 1 Nr. 1 DRiG). Insoweit geht seine Pflicht zu rechtmäßigem Verhalten der politischen Verantwortlichkeit des Bundeskanzlers vor. Anderes gilt möglicherweise für Y: Grundsätzlich kann auch das private Gebaren einer Person Auswirkungen auf die Eignung (Art. 33 Abs. 2 GG; vgl. auch § 9 Abs. 1 Nr. 4 DRiG) zum Richteramt haben. Der Sachverhalt gibt nicht eindeutig zu erkennen, welche Qualität die Verstrickung des Y in die SM-Szene hat. Sollte sich daraus kein rechtliches Ernennungshindernis ergeben, hat der Bundespräsident im Ergebnis hier ein politisches Prüfungsrecht geltend gemacht. Dieses steht ihm angesichts der Auswahlprärogative der oben genannten Organe aber nicht zu. Der Bundespräsident musste Y dann ernennen.

---

[515] BVerfGE 136, 323 = NVwZ 2014, 1156; BVerfGE 134, 141 = NVwZ 2013, 1468; Gröpl/Zembruski JA 2016, 268 ff.

§ 9 Die Ausführung von Bundesgesetzen und die Grundlagen der Verwaltungsorganisation

A. Die Ausführung von Bundesgesetzen

I. Grundlagen der Kompetenzverteilung

Mit dem Erlass gesetzlicher Vorschriften über eine bestimmte Sachmaterie hat es im Bundesstaat nicht sein Bewenden. Das Grundgesetz muss auch festlegen, wer zur Ausführung, also der Umsetzung der in den Gesetzen verkörperten normativen Befehle durch konkrete Anwendung zuständig ist. Verwaltung ist, so gesehen, grundsätzlich gesetzesakzessorisch.[516] Die einschlägigen Vorschriften sind, was die **Bundesgesetzgebung** betrifft, Art. 83 ff. GG. Die Ausführung von Landesgesetzen regelt das Grundgesetz mit Rücksicht auf die Eigenstaatlichkeit der Länder nicht. Aus Art. 30 GG folgt, dass sie eine innere Angelegenheit der Länder ist. Zuständig ist also die Landesverwaltung und, was die Regelung der Verwaltungsstrukturen und die Festlegung der Verfahrensgrundsätze betrifft, gegebenenfalls der Landesgesetzgeber.

Ein Synonym für Ausführung ist **Exekution**. Die Gesamtheit der für die Ausführung zuständigen Organe ist dementsprechend die **Exekutive**. Sie setzt sich aus Gubernative und Verwaltung zusammen. Der **Begriff der Verwaltung** ist allerdings mehrdeutig: Er bezeichnet sowohl die Verwaltung im organisatorischen Sinne (die – für den Bund – unter B. behandelt wird) als auch ihre – ausführende – Tätigkeit, die Gegenstand des vorliegenden Abschnitts A. ist.[517]

Im Grundsatz folgt die **Verteilung der Verwaltungskompetenzen** im deutschen Bundesstaat dem gleichen Muster wie die der Gesetzgebungskompetenzen: Zuständig sind die Länder, soweit dem Bund nicht ausdrücklich eine Zuständigkeit eingeräumt ist (Art. 83 GG). In rechtstatsächlicher Hinsicht besteht jedoch ein Unterschied: Der Kompetenzschwerpunkt im Verwaltungsbereich liegt auch in der Praxis bei den Ländern. Beide Verwaltungssphären sind organisatorisch und funktional getrennt. **Mischverwaltung**, also die gemeinsame Wahrnehmung von Verwaltungsaufgaben durch Bund und Länder, lässt das Grundgesetz im Prinzip nicht zu;[518] sie kann aber von Verfassung wegen ausdrücklich vorgesehen oder zumindest gestattet werden (zB Art. 91a, 91b, 91c, 91e GG – im letzten Fall sogar unter Einbeziehung der Kommunen). Vereinzelt wird auch eine Zuständigkeit des Bundes aus der Natur der Sache oder kraft Sachzusammenhangs mit dem Ausführungsmodus konstruiert oder eine sonstige ungeschriebene Kompetenz angenommen.[519]

Insgesamt folgen die Verwaltungskompetenzen im Grundgesetz dem Grundsatz: „Die Gesetzgebungskompetenz des Bundes ist die äußerste Grenze seiner Verwal-

---

516 Vgl. nur Badura StaatsR G Rn. 28.
517 Vgl. dazu Maurer, Allgemeines Verwaltungsrecht, 20. Aufl. 2020, § 1 Rn. 1 ff.
518 BVerfGE 32, 145 (156) = BeckRS 1971, 103625; BVerfGE 108, 169 (181 f.) = NVwZ 2003, 1497; vgl. auch BeckOK GG/Hellermann, 48. Ed. 15.8.2021, GG Art. 30 Rn. 24.
519 Im letztgenannten Sinne DHS/F. Kirchhof, 93. Lfg. 2020, GG Art. 85 Rn. 27.

tungskompetenz".[520] Anders ausgedrückt: Die Verwaltungskompetenz des Bundes in einer Materie ist immer kleiner als oder gleich groß wie seine Gesetzgebungskompetenz für diese Materie. Oder wieder anders: Der Bund kann niemals die Verwaltungskompetenz in einer Materie haben, wenn er insoweit nicht auch über die Gesetzgebungskompetenz verfügt.[521]

II. Ausführung von Bundesgesetzen durch den Bund und Organisation der Bundesverwaltung

1. Sachbereiche bundeseigener Verwaltung

5 Die **Ausführung von Bundesgesetzen durch den Bund** ist nur in wenigen Fällen vorgesehen:

- Auswärtiger Dienst (Art. 87 Abs. 1 S. 1 GG);
- Bundesfinanzverwaltung (Art. 87 Abs. 1 S. 1 GG);
- Bundeswasserstraßenverwaltung (Art. 87 Abs. 1 S. 1 GG, Art. 89 Abs. 2 GG);
- Bundeswehrverwaltung (Art. 87b GG);
- Luftverkehrsverwaltung (Art. 87d Abs. 1 GG);
- Eisenbahnverkehrsverwaltung (Art. 87e Abs. 1 GG). Der Betrieb von Eisenbahnen ist dagegen keine Verwaltungsaufgabe, sondern gem. Art. 87e Abs. 3 S. 1 GG eine wirtschaftliche Dienstleistung;
- Hoheitsverwaltung in Bereichen Post und Telekommunikation (Art. 87f Abs. 2 S. 2 GG). Post- und Telekommunikationsdienste sind jedoch privatwirtschaftliche Dienstleistungen, nicht Verwaltungsaufgabe (Art. 87f Abs. 2 S. 1 GG);
- Bundesbank (Art. 88 S. 1 GG). In der Praxis hat der Bund von der Kompetenz in S. 2 Gebrauch gemacht und einen Großteil der Befugnisse der Bundesbank auf die Europäische Zentralbank – genauer gesagt auf das Europäische System der Zentralbanken (ESZB) – übertragen;[522]
- Bundesautobahnverwaltung (Art. 90 Abs. 2 GG).

2. Organisation der Bundesverwaltung

6 Das Grundgesetz ordnet mitunter „bundeseigene Verwaltung", mitunter „Bundesverwaltung" an. Der – engere – Begriff der bundeseigenen Verwaltung bezeichnet dabei die Ausführung durch unselbstständige Behörden. Im Rahmen der „Bundesverwaltung" ist dem Bund jedoch auch die Möglichkeit eröffnet, organisatorisch verselbstständigte Verwaltungsträger – „man spricht auch von „mittelbarer" Bundesverwaltung – mit den Ausführungszuständigkeiten zu betrauen. Solche Träger listet Art. 87 Abs. 3 S. 1 GG auf: Bundesunmittelbare Körperschaften und Anstalten des öffentlichen Rechts gehören dazu, über den Wortlaut hinaus auch Stiftungen des öffentlichen Rechts und sogar privatrechtlich organisierte Verwaltungsträger. Art. 90 Abs. 2 S. 2 GG eröffnet diese Option für die Verwaltung der Bundesautobahnen sogar explizit, doch kommen privatrechtliche (und dann per Beleihung mit Hoheitsauf-

---

520 So BVerfGE 12, 205 (229) = NJW 1961, 547; BVerfGE 78, 374 (386) = LSK 1989, 270210; BVerwGE 87, 181 (184) = NJW 1991, 2435.

521 Näheres vgl. BVerfGE 12, 205 (229) = NJW 1961, 547 – Deutschland-Fernsehen.

522 Theoretisch ist sogar die volle Übertragung der Bundesbankbefugnisse auf die EZB von Verfassung wegen erlaubt, was die Abschaffung der Bundesbank zur Folge hätte; vgl. v. Münch/Kunig/Kämmerer GG Art. 88 Rn. 4.

gaben zu versehende) Verwaltungsträger auch bei der Flugsicherung iSv Art. 87d Abs. 1 GG zum Einsatz.[523]

Art. 86 S. 1, 2 GG weist grundsätzlich der Bundesregierung die Befugnis zu, **Behörden** einzurichten (sofern das Gesetz nicht einer anderen Stelle dieses Recht einräumt) und für die Bundesverwaltung allgemeine Verwaltungsvorschriften zu erlassen. Zur Einrichtung von Behörden kann in diesen Fällen ein **Organisationsakt** der Bundesregierung ausreichen.[524] Wann dies der Fall ist, beantwortet Art. 86 S. 1 GG allerdings nicht. Durch organisatorische und gegebenenfalls auch grundrechtliche Gesetzesvorbehalte (dazu sogleich) kann die Befugnis der Bundesregierung beschränkt bzw. gesteuert werden. Praktisch kommt ein bloßer Organisationsakt nur bei Einrichtung von Behörden innerhalb der bundeseigenen Verwaltung (unmittelbare Bundesverwaltung) in Betracht, vor allem bei der Errichtung von Bundesministerien. Nach abweichender Ansicht gebietet das Rechtsstaatsprinzip, dass grundlegende Organisationsfragen durch Gesetz gelöst werden.[525]

7

Die Einrichtung von Behörden hat kraft oder aufgrund **Gesetzes** zu erfolgen,

8

- wenn der Bundestag diese Kompetenz an sich zieht, oder wenn er sie schon früher an sich gezogen hat und jetzt eine Änderung der Vorgaben erfolgen soll (Vorrang des Gesetzes),
- wo das Grundgesetz den Erlass eines Gesetzes ausdrücklich vorsieht (wie in den Fällen der Art. 87 Abs. 1 S. 2 GG, Art. 87 Abs. 3 GG, Art. 87e Abs. 1 S. 1, Abs. 5 GG, Art. 87f Abs. 3 GG),
- sowie in Konstellationen, bei denen Grundrechte in besonderer Weise betroffen sind oder die Einrichtung der Behörde aus demokratisch-rechtsstaatlicher Sicht zu den „grundsätzlichen Fragen, die den Bürger unmittelbar betreffen", gehört.[526] Für die Übertragung von Verwaltungsaufgaben auf privatrechtlich organisierte Träger (die man auch zur mittelbaren Bundesverwaltung rechnen kann) bedarf es – möglicherweise nach beiden Maßgaben – stets einer gesetzlichen Grundlage.[527]

III. Ausführung von Bundesgesetzen durch die Länder

1. Landeseigenverwaltung und Bundesauftragsverwaltung

Wo die Länder zur Ausführung der Bundesgesetze berufen sind, sieht das Grundgesetz dafür zwei Formen vor:

9

- die **Landeseigenverwaltung** (Art. 83, 84 GG) als Regelfall und
- die **Bundesauftragsverwaltung** (Art. 85 GG), wo das Grundgesetz dies ausdrücklich vorsieht oder zulässt. Die Bezeichnung „Bundesauftragsverwaltung" ist insofern irreführend, als es sich nicht um Verwaltung durch den Bund, sondern um solche durch die Länder handelt, und ein förmlicher „Auftrag" des Bundes auch

---

523 DFS Deutsche Flugsicherung GmbH als beliehene Kapitalgesellschaft in Eigentümerstellung des Bundes.
524 Schneider AöR 83 (1958), 1 (18 f.); DHS/Ibler, 52. Lfg. 2008, GG Art. 86 Rn. 155.
525 Vgl. DHS/Ibler, 52. Lfg. 2008, GG Art. 86 Rn. 155.
526 Allg. zu Begründungsansätzen Ohler AöR 131 (2006), 336 (341 ff.); Burmeister, Herkunft, Inhalt und Stellung des institutionellen Gesetzesvorbehalts, 1991, 31 ff.; BVerfGE 40, 237 (248 f.) = NJW 1976, 34.
527 DHS/F. Kirchhof, 93. Lfg. 2020, GG Art. 83 Rn. 36.

keineswegs erteilt, sondern vom Grundgesetz fingiert wird. Wichtige Fälle der Bundesauftragsverwaltung sind Art. 87c (Kernenergie, optional) und Art. 90 Abs. 3 GG (Verwaltung der Bundesautobahnen und Fernverkehrsstraßen des Bundes, mit Opting-out-Klausel in Art. 90 Abs. 3 GG).

10 Da sowohl Landeseigen- als auch Bundesauftragsverwaltung in **Landeshoheit** erfolgen, ist es konsequent, wenn die zur Ausführung bestellten Länder in beiden Fällen den organisatorischen und verfahrensrechtlichen Rahmen ihrer Ausführungstätigkeit **grundsätzlich selbst regeln**. Art. 84 Abs. 1 S. 1 GG bekräftigt diese Prärogative für die Landeseigenverwaltung mit Blick auf die Einrichtung der Behörden und das Verwaltungsverfahren, Art. 85 Abs. 1 Hs. 1 GG für die Bundesauftragsverwaltung mit Blick auf die Einrichtung der Behörden. Das Verwaltungsverfahren findet dort keine ausdrückliche Erwähnung, was Teile des Schrifttums mit einem Redaktionsversehen erklären wollen.[528] Näher liegt indes die Annahme, dass sie, wo sie gleichsam als „Auftragnehmer" des Bundes fungieren, von vornherein kein Recht haben, die Regularien zu fixieren.[529] Der Meinungsstreit wirkt sich auf die Voraussetzungen aus, unter denen der Bund seine Ingerenz wahrnehmen, also das Verwaltungsverfahren selbst regeln kann. Nach der ersten Ansicht würde dies ebenso wie die Regelung der Einrichtung der Behörden die Zustimmung des Bundesrats erfordern, während sie nach der zweiten entbehrlich wäre, weil den Ländern durch bundesgesetzliche Regelung kein Recht entzogen würde.

2. „Ingerenzrechte" des Bundes

11 Der Bund kann sich in die Ausführung der Gesetze, die er selbst erlassen hat, durch die Länder auf unterschiedlichen Wegen einschalten: indem er über die Ausführungsmodalitäten wie Behördenzuständigkeit und Verfahrensvorschriften entscheidet, die Länder und ihre Behörden bis hin zur Weisungserteilung beaufsichtigt oder sich gar mit eigenen Behörden an der Ausführung beteiligt. Je intensiver diese **Ingerenz** ausfällt, desto höhere materiell- und auch verfahrensrechtliche Hürden stellt das Grundgesetz dafür auf. Mitunter wird den Ländern durch das Erfordernis einer Zustimmung des Bundesrates ein gewisser Schutz zuteil. Wenn das von den Ländern auszuführende Bundesgesetz Maßgaben für die Ausführung enthält, welche für sich genommen die Zustimmung des Bundestags erfordern, wird dadurch das gesamte Gesetz unter Einschluss seiner materiellrechtlichen Regeln zustimmungsbedürftig (→ § 6 Rn. 56).

a) Regelung der Ausführungsmodalitäten

(1) Einrichtung der Landesbehörden

12 Unter **Einrichtung** der (Landes-)Behörden versteht das Grundgesetz die *Er*richtung und Strukturierung von Behörden[530] sowie die Zuweisung von Aufgaben an bestehende Behörden.[531] Nach Auffassung des BVerfG fällt die rein **quantitative Vermehrung** bestehender Aufgaben einer Behörde nicht unter den Begriff der Einrichtung

---

528 Sachs/Winkler GG Art. 85 Rn. 12.
529 Vgl. DHS/F. Kirchhof, 93. Lfg. 2020, GG Art. 85 Rn. 45; in diese Richtung auch BVerfGE 26, 338 (385) = NJW 1970, 29.
530 DHS/F. Kirchhof, 93. Lfg. 2020, GG Art. 84 Rn. 57.
531 BVerfGE 75, 108 (150) = NJW 1987, 3115.

einer Behörde.[532] In der Praxis dürfte eine sachgerechte Abgrenzung zwischen „neuen Aufgaben" und der „quantitativen Vermehrung" einer bereits zugewiesenen Aufgabe nicht immer leichtfallen.

Die **Länder** verfügen als **Träger der Verwaltungshoheit** zwar über das Recht, die 13
Einrichtung ihrer Behörden selbst zu regeln (Art. 84 Abs. 1 S. 1 GG, Art. 85 Abs. 1
Hs. 1 GG). Dieses ist jedoch nicht exklusiv: Der Bund darf, wo die Länder seine Gesetze ausführen, den Ländern für die Einrichtung der Behörden Vorgaben machen.
Nach Art. 84 Abs. 1 S. 2, 5 GG ist hierfür ein Bundesgesetz erforderlich. Allerdings
können einzelne Länder sich der Wirkung dieses Bundesgesetzes durch abweichende
Regelungen wieder entziehen. Die Abweichungsgesetzgebung ist, obwohl Art. 84
Abs. 1 GG nicht dem Baumuster der konkurrierenden Gesetzgebungszuständigkeiten entspricht, an Art. 72 Abs. 3 GG angelehnt, einschließlich des Vorrangs des jeweils späteren Gesetzes, auf den Art. 84 Abs. 1 S. 4 GG ausdrücklich verweist. Der
Bund kann durch lex posterior, dessen Inkrafttreten grundsätzlich einer Karenzfrist
von mindestens sechs Monaten unterliegt, versuchen seine Regelungshoheit für die
Behördeneinrichtung zurückzuholen.

Die „pendelnde Zuständigkeit" mit Ausnahmenstaffelung gem. Art. 84 Abs. 1 S. 1–4 14
GG wurde 2006 durch die Föderalismusreform eingeführt und ist im Grundgesetz in
dieser Form einmalig. Inwieweit die unbestimmten Rechtsbegriffe des neu gefassten
Art. 84 Abs. 1 GG Anlass für verfassungsrechtliche Streitigkeiten geben, wird abzuwarten sein, da der Bund in der Vergangenheit seine Zuständigkeit für das Verwaltungsverfahren nicht ausgeschöpft hat. Deutungsoffen ist insbesondere der Begriff
„Ausnahmefälle", über dessen quantitative oder qualitative Interpretation Streit besteht.[533] Insbesondere muss geklärt werden, ob dem Topos neben dem außerdem zu
belegenden Bedürfnis nach bundeseinheitlicher Regelung noch eigene normative Bedeutung zukommt. Man wird dies wohl verneinen müssen, da ein „besonderes" Bedürfnis stets ein außerordentliches darstellt.[534] Ob hinsichtlich dieses Bedürfnisses auf
die Kriterien des Art. 72 Abs. 2 GG (dazu → § 6 Rn. 28 ff.) zurückgegriffen werden
muss, hat der verfassungsändernde Gesetzgeber offengelassen. Da insoweit keine
Verweisung vorgenommen wurde, wird man den Rekurs auf Art. 72 Abs. 2 GG zwar
für zulässig erachten, doch ein besonderes Bedürfnis für eine bundesgesetzliche Regelung auch unter anderen als den dort genannten Gesichtspunkten einräumen müssen.[535]

Bei **Bundesauftragsverwaltung** ist kein Abweichungsrecht der Länder vorgesehen. 15
Der Bund kann die Einrichtung der Behörden auch hier selbst regeln, benötigt dafür
aber stets die Zustimmung des Bundesrats (Art. 85 Abs. 1 S. 1 Hs. 2 GG).

Art. 84 Abs. 1 S. 7 GG und Art. 85 Abs. 1 S. 2 GG schließen die Zuweisung von 16
Aufgaben an **Gemeinden und Gemeindeverbände** (darunter vor allem die Landkreise) durch Bundesgesetz nunmehr aus. Dies gilt auch, soweit sie genuin staatliche

---

532 BVerfGE 75, 108 (150 f.) = NJW 1987, 3115.

533 Vgl. Sachs/Winkler GG Art. 84 Rn. 20; Kluth/Germann, Föderalismusreformgesetz, 2007, GG
Art. 84, 85 Rn. 76.

534 Ähnlich Sachs/Winkler GG Art. 84 Rn. 21, der lediglich auf eine »erhöhte Begründungslast«
hinweist.

535 Skeptisch gegenüber der Praktikabilität der Vorgabe Nierhaus/Rademacher LKV 2006, 385
(393).

Aufgaben wahrnehmen, für welche die Garantie der kommunalen Selbstverwaltung (Art. 28 Abs. 2 GG) nicht gilt, da es sich nicht um solche des örtlichen Wirkungskreises handelt.[536] Für älteres Recht, das solche Zuweisungen formuliert, findet sich in Art. 125a Abs. 1 GG eine Übergangsvorschrift, die den Ländern ein Ersetzungsrecht zuerkennt.

(2) Verwaltungsverfahren

17 **Verwaltungsverfahren** umfasst jede Tätigkeit der Verwaltungsbehörden, also Handlungsformen, Willensbildung, Mitwirkung etc.[537] Werden Gesetze in Landeseigenverwaltung ausgeführt, gilt ebenso wie für die Einrichtung der Behörden, dass der Bund auch das Verwaltungsverfahren bundesgesetzlich regeln und die Länder davon wieder abweichen dürfen (Art. 84 Abs. 1 S. 1–4 GG). Es kommt jedoch eine Besonderheit hinzu: Der Bund kann, anstatt sich dem „Tauziehen" um das jeweils spätere Gesetz auszuliefern, das Abweichungsrecht der Länder für das Verwaltungsverfahren ausschließen; dann jedoch bedarf das verfahrensregelnde Gesetz der Zustimmung des Bundesrats (Art. 84 Abs. 1 S. 5, 6 GG).

18 Nimmt man – wie oben dargelegt – an, dass die Auslassung des Verwaltungsverfahrens im Normtext des Art. 85 Abs. 1 S. 1 GG kein Redaktionsversehen ist, dann muss aus der Bestimmung e contrario erstens geschlossen werden, dass die Regelung des Verwaltungsverfahrens nicht Angelegenheit der Länder „bleibt", sondern vielmehr dem **Bund zusteht**. Damit geht eine zweite Folgerung einher: Der Zustimmung des Bundesrats bedürfen solche Bundesgesetze nicht, weil sie nur für Regelungen der Behördeneinrichtung angeordnet ist.[538]

19 Wo die Verwaltungsverfahrensgesetze Anwendung finden, wirkt sich der umrissene Meinungsstreit kaum aus. Zwar verfügt § 1 Abs. 1 Nr. 2 des Verwaltungsverfahrensgesetzes des Bundes (BVwVfG), dass dieses und nicht die Verwaltungsverfahrensgesetze der Länder gelten, wo Bundesgesetze in Bundesauftragsverwaltung ausgeführt werden, doch unterscheiden sich die nach einer Musterregelung aufeinander abgestimmten Verwaltungsverfahrensgesetze kaum voneinander. Bedeutung entfaltet die Kompetenzfrage für Verwaltungsverfahren, die – wie beispielsweise im Atomrecht – ganz oder teilweise abweichend vom nur subsidiär geltenden VwVfG des Bundes (§ 1 Abs. 1 Hs. 2 aE) geregelt sind.

> **9.1** Wie könnte eine bundesgesetzliche Regelung der Behördeneinrichtung formuliert sein?

---

536 HM; vgl. BVerwG NJW 1983, 610 (611) mwN.
537 Vgl. BVerfGE 55, 274 (Ls. 7) = NJW 1981, 329. Näheres BerlKomm GG/Groß, 20. Lfg. 2007, GG Art. 84 Rn. 23 ff.
538 BVerfGE 126, 77 (100 ff.) = JuS 2010, 939 (mAnm Sachs).

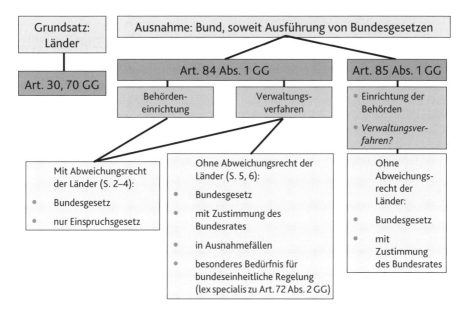

b) Aufsichtsrechte des Bundes

(1) Übersicht

Jenseits der normativen Ingerenz stehen dem Bund vielfältige **Aufsichtsrechte** über die Landesverwaltung zu, die sich im Bereich der Bundesauftragsverwaltung auf die Rechtmäßigkeit und Zweckmäßigkeit des behördlichen Handelns erstrecken (Fachaufsicht, Art. 85 Abs. 4 S. 1 GG) und bei Landeseigenverwaltung auf seine Rechtmäßigkeit beschränken (Rechtsaufsicht, Art. 84 Abs. 3 S. 1 GG).   **20**

Im Rahmen und nach Maßgabe dieser Aufsichtsrechte darf der Bund im Geltungsbereich der **Landeseigenverwaltung Beauftragte** zu den Landesbehörden entsenden, bei nachgeordneten Behörden allerdings nur mit Zustimmung des Bundesrates (Art. 84 Abs. 3 S. 2 GG). Bei Bundesauftragsverwaltung können Beauftragte ohne weitere Voraussetzungen zu allen Behörden entsandt werden (Art. 85 Abs. 4 S. 2 Hs. 2 GG). Der Bund darf durch **Einzelweisungen** auf das einzelne Verwaltungsverfahren einwirken und durch **allgemeine Weisungen** eine einheitliche Verwaltungspraxis herstellen. Die Zulässigkeit allgemeiner Weisungen im Anwendungsbereich des Art. 85 GG ist nicht unumstritten;[539] für sie streiten aber die Wortlautunterschiede zwischen Art. 84 Abs. 5 GG und Art. 85 Abs. 3 GG sowie allgemein die dem Bund bei Auftragsverwaltung eröffnete starke Ingerenz. Weisungen, also verbindliche Anordnungen für das Verwaltungshandeln, dürfen im Geltungsbereich der Bundesauftragsverwaltung allen Landesbehörden erteilt werden, nachgeordneten allerdings nur bei Dringlichkeit (Art. 85 Abs. 3 GG). Bei Landeseigenverwaltung liegt die Hürde höher: Hier stehen Weisungen unter dem Vorbehalt eines zustimmungsbedürftigen   **21**

---

539 Vgl. HW/Wolff GG Art. 85 Rn. 8 mwN.

Bundesgesetzes und sind nur ausnahmsweise zulässig (Art. 84 Abs. 5 GG). (Zur Frage, ob sich Länder – bei Bundesauftragsverwaltung – gegen rechtswidrige Weisungen gerichtlich zur Wehr setzen können, → Rn. 24 f.)

(2) Die Mängelrüge bei Landeseigenverwaltung

22 Eine Besonderheit auch verfahrensrechtlicher Art stellt die **Mängelrüge** bei Ausführung von Bundesgesetzen in Landeseigenverwaltung (Art. 84 Abs. 4 GG) dar. Mutmaßliche Rechtsverletzungen („Mängel") des Landes bei der Ausführung des Bundesgesetzes (wozu auch die Nichtbeachtung von Aufsichtsmaßnahmen des Bundes zählt) darf der Bund rügen. Werden die Mängel nicht beseitigt, muss der Bundesrat darüber beschließen, ob das Land Bundesrecht verletzt hat (Art. 84 Abs. 4 GG). Gegen die Entscheidung des Bundesrats ist die Anrufung des BVerfG möglich. Das in § 13 Nr. 7 BVerfGG ausdrücklich dem Bund-Länder-Streit (Art. 93 Abs. 1 Nr. 3 GG) zugeordnete Verfahren[540] weist gegenüber der Normalausprägung dieser Verfahrensart Besonderheiten auf, denn der Antrag richtet sich formal nicht gegen die Rechtsverletzung durch eine Körperschaft, sondern gegen den Beschluss eines Bundesorgans: des Bundesrats. Geht das Land nicht binnen Monatsfrist dagegen vor oder bestätigt der Bundesrat dem Land die Rechtmäßigkeit seines Handelns, kann der Bund seinerseits im Bund-Länder-Streit vor dem BVerfG gegen das Land vorgehen.[541] Der Beschluss des Bundesrats ist dann nicht selbst Verfahrensgegenstand, wird aber inzident überprüft. Der Bund könnte auch zu seinem schärfsten Schwert, dem Bundeszwang (Art. 37 GG), greifen und das Land dann im Wege des Bund-Länder-Streits wiederum gegen diese Zwangsmaßnahmen zu Felde ziehen. Dieser Antrag dürfte, weil Bundeszwang nur die Ultima Ratio sein kann,[542] eine hohe Erfolgschance haben.

23 Bei **Bundesauftragsverwaltung** kann der Bund außerdem in der Weise auf die Länder einwirken, dass er die einheitliche Ausbildung der Beamten und Angestellten regelt (Art. 85 Abs. 2 S. 2 GG), dass er das Einvernehmen mit der Bestellung der Leiter der Mittelbehörden gegebenenfalls erklären muss (Art. 85 Abs. 2 S. 3 GG) und dass er Berichte anfordert und sich Akten von den Ländern vorlegen lässt (Art. 85 Abs. 4 S. 2 Hs. 1 GG).

---

540 Zur Notwendigkeit der eigenen Rechtsverletzung des Antragstellers BVerfGE 109, 1 (5) mwN = NVwZ 2004, 468.

541 Vgl. etwa Sachs/Winkler GG Art. 84 Rn. 48 ff.

542 MKS/Sommermann GG Art. 20 Rn. 39; v. Münch/Mager StaatsR I Rn. 485.

Ingerenzrechte des Bundes gegenüber den Ländern im Bereich der Ausführung von Bundesgesetzen				
Übernahme der Ausführungs-zuständigkeit Art. 87 Abs. 3 GG • Oberbehörden, mittelbare Bundesverwal-tung: Gesetz • Mittel- und Unterbehör-den: bei Dring-lichkeit und wenn neue Aufgabe; Gesetz mit Zustimmung von BR und Mehrheit der BT-Mitglieder *Folge: Auch BVwVfG gilt*	Regelung des Verwal-tungsverfahrens der zuständigen Landesbehörden Art. 84 Abs. 1 S. 1 GG, Art. 84 Abs. 1 S. 5, 6 GG, Art. 85 Abs. 1 Hs. 2 GG • durch Bundesgesetz ohne weitere Qualifikation (dann aber Abweichungs-recht der Länder) • bei bes. Bedürfnis, bei Auftragsverwaltung allgemein: mit Zustimmung des BR *Folge: Verwaltungsverfahren der Länder folgt insoweit Vorgaben des Bundes (bei Art. 85: BVwVfG)*	Regelung der Einrichtung der Landes-behörden Art. 84 Abs. 1 S. 2 Hs. 1 GG, Art. 85 Abs. 1 S. 1 Hs. 2 GG • Eigenverwal-tung: durch Bundesgesetz mit Abwei-chungsmög-lichkeit • Auftragsver-waltung: mit Zustimmung des BR	Allgemeine Verwal-tungsvor-schriften Art. 84 Abs. 2, 85 Abs. 2 S. 1 GG mit Zustim-mung des BR **Ausbildungs-regelungen** Art. 85 Abs. 2 S. 2 GG **Einverneh-men mit Ernennung der Behör-denleitung** Art. 85 Abs. 2 S. 3 GG	Aufsichtsrechte Art. 84 Abs. 3, 4, 5 GG, Art. 85 Abs. 3, 4 GG Rechtsaufsicht, bei Auftrags-verwaltung Fachaufsicht (1) Entsendung von Beauftragten • Eigenverwaltung: zu obersten Landesbehörden, zu nachgeord-neten nur mit Zustimmung des BR • Auftragsverwaltung: ohne weiteres zu allen Behörden (2) Weisungen • Eigenverwaltung: für bes. Fälle gem. Bundesgesetz • Auftragsverwaltung: an oberste Landesbehörden, bei Dringlichkeit an untergeordnete Behörden (3) Berichtspflicht, Aktenvorlage (bei Auftragsverwaltung)

(3) Die verfassungsgerichtliche Überprüfung von Weisungen bei Bundesauftragsver-waltung

Nicht nur kann ein Land Befugnisse des Bundes verletzen, indem es zulässige Auf- **24** sichtsmaßnahmen des Bundes missachtet, sondern der Bund kann, wenn er seine Aufsichtsrechte überschreitet, ebenfalls rechtswidrig handeln. Streitig ist insbesonde-re die verfassungsrechtliche Beurteilung **rechtswidrig erteilter Weisungen**.

• Nach hM[543] ist eine Verletzung der Länder in ihren Rechten (dh Rechten zur Aus-führung von Bundesgesetzen) nur möglich, wenn eine Weisungsbefugnis dem Bund per se nicht eingeräumt war (zB bei der Ausführung von Landesgesetzen) oder die erteilte Weisung nach ihren Modalitäten (zB was die angewiesene Stelle betrifft) nicht zulässig war.

• Ist die Weisung hingegen inhaltlich rechtswidrig, weil der materielle Rahmen des Weisungsrechts überschritten worden ist, hält die weitaus hM eine Verletzung der Länder in verfassungsmäßigen Rechten für ausgeschlossen. Diese Einschätzung beruht auf dessen Unterscheidung zwischen Wahrnehmungs- und Sachkompe-tenz:[544]

– Die **Kompetenz zur Wahrnehmung** einer Verwaltungsaufgabe (dh ihrer for-malen Ausführung) liegt nach Ansicht des Gerichts bei den Ländern und wird durch eine Weisung auch bei Rechtswidrigkeit nicht betroffen.

---

543 BVerfGE 81, 310 (332) = NVwZ 1990, 955; BVerfGE 104, 249 (266 ff.) = JuS 2002, 1019; SHH/ Henneke GG Art. 85 Rn. 11; Jarass/Pieroth/Pieroth GG Art. 85 Rn. 7.

544 BVerfGE 81, 310 (332) = NVwZ 1990, 955; BVerfGE 104, 249 (266 ff.) = JuS 2002, 1019; Ipsen StaatsR I Rn. 643; SHH/Henneke GG Art. 85 Rn. 1.

– Die **Sachkompetenz** liegt grundsätzlich ebenso bei den Ländern, der Bund zieht sie laut BVerfG aber durch Erteilung einer Weisung an sich. Da die Sachkompetenz dann den Ländern entzogen sei, könnten sie in ihr ebenfalls nicht betroffen sein.

25 Dieser Position kann, auch wenn sie sich weitgehend durchgesetzt hat, ein gewisser Rabulismus nicht abgesprochen werden. Auch rechtswidrige Weisungen berühren Hoheitsbefugnisse der Länder, wenn die erteilten Vorgaben nicht Gegenstand einer rechtmäßigen Weisung hätten sein können; dann hätte eine autonome Sachentscheidung der Länder in ihrer Eigenschaft als Träger der Verwaltungshoheit getroffen werden können.[545] Überdies werden zu rechtswidrigem Handeln gezwungene Länder Anfechtungs- und womöglich Schadensersatzklagen ausgesetzt, die ihre Rechtsstellung beeinträchtigen.

> 9.2 Der Bundesminister für Reaktorsicherheit, Strahlenschutz, Atomausstieg und erneuerbare Energien hat im Wahlkampf versprochen, das 1997 in Betrieb genommene Kernkraftwerk Oberstrahlfurt im Bundesland N stillzulegen. Das Kraftwerk funktioniert ordnungsgemäß, besondere Gefahren gehen von ihm nicht aus. Da die zuständige Landesministerin L nicht zur Stilllegung bereit ist, weil sie dafür keine Rechtsgrundlage sieht, weist der Bundesminister B sie an, „das Betonmonster sofort dichtzumachen". L leistet der Weisung Folge, will jedoch dagegen das BVerfG anrufen, zumal es zu Stromausfällen in der Region kommt. Mit Erfolg?

3. Ausführungszuständigkeiten für Umsetzung von Unionsrecht

26 Die Ausführungsregeln des VIII. GG-Abschnitts beziehen sich nach ihrem Wortlaut nur auf Bundesgesetze. Da die EU-Mitgliedstaaten grundsätzlich auch dafür zuständig sind, Unionsrecht auszuführen (Art. 291 Abs. 1 AEUV), muss geklärt werden, welche Regeln insoweit für Ausführungskompetenzen im Bundesstaat gelten. Hat die EU eine Richtlinie (Art. 288 Abs. 3 AEUV; → § 12 Rn. 34) erlassen, die zunächst durch nationales Gesetz umgesetzt wird, ergeben sich keine Besonderheiten: Die Zuständigkeit für die Gesetzgebung folgt aus Art. 70 ff. GG und die Ausführungszuständigkeit entweder aus Art. 30 GG oder Art. 83 GG, je nachdem, ob der Bund oder die Länder tätig geworden sind. Intrikater ist die Rechtslage bei Erlass einer EU-Verordnung (Art. 288 Abs. 2 AEUV; → § 12 Rn. 34), die unmittelbar in den Mitgliedstaaten gilt, also weder dem Bund noch einem Land einen Gesetzgebungsakt abverlangt. Die hM will in solchen Fällen Art. 83 ff. GG analog anwenden, wenn die Gesetzgebungszuständigkeit für die Materie, welche die EU-Verordnung regelt, nach dem Grundgesetz dem Bund zusteht, andernfalls Art. 30 GG.[546] Dies kann insoweit nicht ganz überzeugen, als die Zuständigkeiten nach Art. 83 ff. GG nicht daran anknüpfen, wer für den Erlass des Gesetzes zuständig war, sondern ob das auszuführende Gesetz (kompetenzgemäß) vom Bund erlassen worden ist. Ist die Gesetzgebungszuständigkeit aber eine konkurrierende (Art. 72 GG), besteht auch die

---

545 Krit. auch Sachs/Sachs GG Art. 86 Rn. 41. Für Nichtigkeit der Weisung bei besonders schwerwiegenden Fehlern BerlKomm GG/Groß, 21. Lfg. 2007, GG Art. 85 Rn. 23.
546 Vgl. SHH/Henneke GG Art. 83 Rn. 4 f.

Möglichkeit, dass die Länder legislativ tätig werden und dann Art. 30 GG einschlägig ist und eben nicht Art. 83 ff. GG. Die pauschale analoge Anwendung des Art. 83 ff. GG auf EU-Verordnungen, die der Bund als Gesetz erlassen haben *könnte*, trägt dem nicht genügend Rechnung und verschafft dem Bund Ingerenzrechte (aus Art. 84, 85 GG), die er bei einem Gesetzgebungsakt so umfassend nicht erlangt hätte.[547]

4. Errichtung von Bundesbehörden

Die äußerste Form der Bundes-Ingerenz ist die Errichtung **eigener Behörden** für bundesgesetzlich geregelte Sachbereiche, die an sich der Verwaltungskompetenz der Länder unterliegen. Der Bund wirkt damit nicht mehr nur auf die Ausführung seiner Gesetze durch die Länder ein, sondern zieht sie in gewissem Umfang sogar an sich. Solche Möglichkeiten eröffnet Art. 87 Abs. 3 GG. **27**

Nach Art. 87 Abs. 3 S. 1 GG kann der Bund selbstständige **Bundesoberbehörden** **28** und Organe der **mittelbaren Bundesverwaltung** – also Körperschaften, Anstalten und Stiftungen des öffentlichen Rechts – bilden. Voraussetzungen hierfür sind, dass ihm die Gesetzgebungskompetenz (nach Art. 71 GG oder Art. 72 GG) zusteht und die Bildung der Behörde durch Bundesgesetz erfolgt (wobei Einzelheiten einer Verordnung überlassen sein dürfen). Als ungeschriebene Voraussetzung wird man die „Zentralität" der zu erfüllenden Aufgabe verlangen müssen, damit der Bund nicht den Ländern nach Belieben Verwaltungsbefugnisse entziehen kann.[548]

Gemäß Art. 87 Abs. 3 S. 2 GG können darüber hinaus bundeseigene **Mittel- und** **29** **Unterbehörden** errichtet werden, allerdings unter strengen Voraussetzungen: Dem Bund muss auch hier die Gesetzgebungskompetenz zustehen; dringender Bedarf muss vorliegen,[549] die zu erfüllende Aufgabe neu sein. Das Bundesgesetz bedarf der Mehrheit der Mitglieder des Bundestags (Art. 121 GG) und der Zustimmung des Bundesrates. Anders als der häufig angewandte Art. 87 Abs. 3 S. 1 GG ist Art. 87 Abs. 3 S. 2 GG in der Geschichte des GG nie aktiviert worden. Wenn überhaupt, hat die Vorschrift klausurakademische Bedeutung, weil sie ein Zustimmungserfordernis verkörpert.

> 9.3 Was sind die rechtspraktischen Folgen der Bundes- oder Landeszuständigkeit für die Ausführung von Bundesgesetzen? Welche Probleme ergeben sich in der Klausurpraxis?
>
> 9.4 Angesichts einer erheblich gestiegenen Zahl von BSE-Fällen („Rinderwahn") bemüht sich der Bund um mehr Verbraucherschutz beim Handel mit Rindfleisch. Zu diesem Zweck wird ein Gesetz entworfen, das die Einrichtung eines Bundesrindfleischüberwachungsamtes mit Sitz in Greifswald vorsieht. Nach dem gleichen Gesetz sollen, ebenfalls als Bundesbehörden, Landes- und Kreisrindfleischüberwachungsbehörden gegründet werden. Der Bundestag beschließt mit großer Mehrheit über die Gesetzes-

---

547 Krit. insofern MKS/Trute GG GG Art. 83 Rn. 66.
548 Britz DVBl 1998, 1167 (1173); Dreier/Hermes GG Art. 87 Rn. 87; Kämmerer/Rawert npoR 2019, 273 (277).
549 Dieser dürfte inhaltlich dem »besonderen Bedürfnis nach bundeseinheitlicher Regelung« in Art. 84 Abs. 1 S. 5 GG korrespondieren. Dazu → Vor § 5 Rn. 2 sowie SHH/Henneke GG Art. 84 Rn. 11; Jarass/Pieroth/Pieroth GG Art. 84 Rn. 11.

vorlage, die sodann dem Bundesrat zugeleitet wird. Nachdem dieser sich im Laufe von vier Wochen nicht zu dem Gesetz geäußert hat, wird es ausgefertigt und verkündet. Einige Zeit später erhält der Landwirt L vom Rindfleischüberwachungsamt Delmenhorst einen Bescheid, der ihm aufträgt, seine 17 Holsteinkühe zur BSE-Untersuchung zu schicken. L sieht dies überhaupt nicht ein: Seine Kühe seien kerngesund und immer nur mit leckerem Sojaschrot gefüttert worden. Außerdem ist L der Meinung, das Delmenhorster Amt könne ihm überhaupt keine wirksamen Bescheide schicken, da es an den verfassungsmäßigen Voraussetzungen für die Gründung dieses Amtes fehle. Hat L Recht?

B. Exkurs: Das Recht des öffentlichen Dienstes (Art. 33 GG)

30 Zur Verwaltung als Organisation gehören die bei der Verwaltung Beschäftigten. Man spricht auch von **öffentlichem Dienst**; dieser gliedert sich in Beamte, Angestellte und Arbeiter. Die Rechtsbeziehungen der Beamten zum Dienstherrn sind öffentlich-rechtlich, die der anderen Kategorien privatrechtlich geregelt. Die Kernbestimmung des Art. 33 GG – sie wird hier hinsichtlich ihrer staatsorganisationsrechtlichen Aspekte besprochen – gilt nicht nur für den Bund, sondern auch für die Länder.

I. Beamtenrechtlicher Funktionsvorbehalt (Art. 33 Abs. 4 GG)

31 Diese Bestimmung besagt, dass die Ausübung hoheitsrechtlicher Befugnisse im Regelfall den Beamten vorbehalten bleiben muss. Gemeint sind die **Statusbeamten**, die in einem *öffentlich-rechtlichen* Dienst- und Treueverhältnis stehen und auch Berufsbeamte genannt werden. Dem Berufsbeamtentum ist damit ein Mindest-Einsatzbereich zur Sicherung der Kontinuität hoheitlicher Funktionen garantiert. Er begrenzt nicht nur den Einsatz privatrechtlicher Angestellter des Staates, sondern setzt auch der Beleihung, also der Hoheitsausübung durch entsprechend ermächtigte Privatrechtssubjekte (mit oder ohne Trägerschaft des Bundes), eine Schranke.[550] Insofern ist Art. 33 Abs. 4 GG auch ein Parameter bei der Verwaltungsorganisation.

32 Zu beachten ist, dass Art. 33 Abs. 4 GG eine **objektiv-rechtliche** Organisationsnorm ist und subjektive Rechte nicht gewährt.[551] In der Praxis wird die Bestimmung nicht selten missachtet, wo zur Wahrnehmung hoheitsrechtlicher Befugnisse im Schwerpunkt Angestellte herangezogen werden.

33 Die Auslegung des Begriffs der **hoheitsrechtlichen Befugnisse** ist höchst umstritten.[552] Jedenfalls erfasst er nach seinem Wortsinn nur spezifisch staatliche Befugnisse, nicht privatrechtliche Akte. Nach einer Auffassung umschließt der Begriff nur „hoheitliche" Eingriffsakte (Befehl und Zwang), nach aA jedwedes typisch staatliche Handeln, also auch zB die „Leistungsverwaltung" (zu der insbesondere die Subventionen zählen).[553]
  - Es muss sich um **ständige Aufgaben**, nicht um einmalige Handlungen handeln.

---

550 Dreier/Brosius-Gersdorf GG Art. 33 Rn. 148 ff.; MKS/Jachmann-Michel/Kaiser GG Art. 33 Rn. 38.
551 StRspr, vgl. zB BVerfGE 6, 376 (385) = NJW 1957, 1025.
552 Vgl. im Überblick v. Münch/Kunig/Bickenbach GG Art. 33 Rn. 104 ff.
553 Für eine weite Auslegung DHS/Badura, 88. Lfg. 2019, GG Art. 33 Rn. 56; für eine enge Auslegung: Di Fabio JZ 1999, 585 (591).

- Art. 33 Abs. 4 GG stellt nur einen **Regelsatz** auf. Die Bestimmung ist – in abstrakter Betrachtung – nur dann verletzt, wenn eine bestimmte Aufgabe vorwiegend Angestellten des Staates überantwortet wird, die Übertragung an Beamte also zum *Ausnahmefall* wird. Wann dies der Fall ist, und ob hierfür quantitative und/oder qualitative Betrachtungsmaßstäbe gelten, ist umstritten. Das BVerfG hat sich zu Recht für eine gewichtete Berücksichtigung beider Maßstäbe ausgesprochen. Werden zB Private in die Organisation des Strafvollzugs – einer besonders eingriffsintensiven – Tätigkeit einbezogen, ist für die Beachtung des Art. 33 Abs. 4 GG weniger die Beamtenquote unter den Bediensteten entscheidend, sondern dass Schlüsselfunktionen im Zusammenhang mit dem Freiheitsentzug im Wesentlichen von Statusbeamten wahrgenommen werden.[554]
- Art. 33 Abs. 4 GG ordnet *nicht* an,
  - dass der Staat sich einer bestimmten, bislang hoheitsrechlichen Befugnis nicht entäußern darf. Er setzt damit jedenfalls keine unmittelbare Privatisierungsschranke.[555] Begrenzt werden hingegen möglicherweise Gegenstand und Umfang der Beleihung, also der Übertragung hoheitsrechlicher Befugnisse auf Private;
  - dass ein *einzelner* Beamter vorwiegend hoheitsrechtliche Befugnisse auszuüben hat. Die Bestimmung verbietet nicht, dem einzelnen Beamten (in den durch Art. 33 Abs. 5 GG gesetzten Grenzen) ganz oder vorwiegend andere Befugnisse zuzuweisen.

II. Die hergebrachten Grundsätze des Berufsbeamtentums (Art. 33 Abs. 5 GG)

Die von Art. 33 Abs. 5 GG geschützten und in Verfassungsrang erhobenen herge- **34** brachten Grundsätze des Berufsbeamtentums bilden einen **Kernbestand von Strukturprinzipien**, die allgemein oder auch überwiegend und während eines längeren, Traditionen bildenden Zeitraums – zumindest schon unter der Weimarer Reichsverfassung – als verbindlich anerkannt und gewahrt worden sind.[556] Art. 33 Abs. 5 GG wirkt vor allem objektiv-rechtlich, schließt aber auch subjektive Rechte der Beamten ein, deren Verletzung auch mit der Verfassungsbeschwerde (Art. 93 Abs. 1 Nr. 4a GG bezieht Art. 33 GG ein) gerügt werden kann.[557] Beispiele für hergebrachte Grundsätze sind: Pflichten des Staates wie Alimentation (angemessener Lebensunterhalt, Ruhegehalt), Fürsorge (Förderung entsprechend Eignung und Leistung), Schutz, amtsangemessene Beschäftigung, Laufbahngrundsatz, grundsätzlich Lebenszeitprinzip etc.

Umstritten ist, wie der Begriff der Berücksichtigung zu verstehen ist. Einer Auffas- **35** sung zufolge soll „Berücksichtigung" bedeuten, dass die Grundsätze eben nicht unbedingt beachtet zu werden brauchen.[558] Das BVerfG entschied sich für einen Kompromissweg: Es hebt bestimmte Grundsätze als so wichtig heraus, dass sie „zu

---

554 BVerfGE 130, 76 (114 f.) = NJW 2012, 1563; ähnlich MKS/Jachmann-Michel/Kaiser GG Art. 33 Rn. 37; Kämmerer in Stober/Olschok (Hrsg.), Handbuch des Sicherheitsrechts 2004, D II Rn. 23 f.

555 Dreier/Brosius-Gersdorf GG Art. 33 Rn. 151; aA Krölls NVwZ 1999, 233 (234 f.); Haug NVwZ 1999, 816 (816 f.).

556 BVerfGE 46, 97 (117) = NJW 1978, 533; BVerfGE 58, 68 (76 f.) = NJW 1981, 1998; vgl. auch MKS/Jachmann-Michel/Kaiser GG Art. 33 Rn. 43; HW/Domgörgen GG Art. 33 Rn. 18; GWC/ Gröpl GG Art. 33 Rn. 56.

557 BVerfGE 9, 268 (286) = NJW 1959, 1171; BVerfGE 15, 167 (195) = NJW 1963, 1196 (Ls.).

558 Vgl. Dreier/Brosius-Gersdorf GG Art. 33 Rn. 174 ff.

beachten" sind, hält damit aber an der Differenzierung zwischen Berücksichtigung und Beachtung fest.[559]

> **9.5** Die Bundesregierung plant, den Bundesbeamten Weihnachtsgeld und Urlaubsgeld zu kürzen; außerdem sollen sie wie andere Arbeitnehmer auch in die Rentenversicherung einzuzahlen. Verfassungsrechtlich bedenklich oder nicht?

36 Die praktischen Implikationen des Art. 33 Abs. 5 GG sind begrenzt. Nach Ansicht des BVerfG gebietet Art. 33 Abs. 5 GG keine strikte Parallelität der Besoldungs- und der Versorgungsentwicklung bei Beamten.[560] Durch die Föderalismusreform wurde in die Vorschrift nunmehr eine „Fortentwicklungs-Klausel" eingefügt. Zu beachten ist jedoch, dass darin nicht die Fortentwicklung der „hergebrachten Grundsätze" als solcher, sondern unter ihrer Berücksichtigung nur diejenige des Rechts des öffentlichen Dienstes vorgeschrieben ist. An den verfassungsrechtlichen Grundkoordinaten wird die Neufassung des Art. 33 Abs. 5 GG daher nichts ändern.[561]

Antworten und Lösungen

9.1 Die Regelung der Behördeneinrichtung kann in verschiedener Weise angeordnet sein. So kann das Gesetz beispielsweise formulieren „Die Ausführung dieses Gesetzes erfolgt durch die Bauordnungsbehörden" oder „Für die Ausführung dieses Gesetzes sind die unteren Verwaltungsbehörden zuständig". Normalerweise wird den Ländern nicht aufgegeben, bestimmte Verwaltungsebenen (zB „Mittel- und Unterbehörden") zu kreieren.

9.2 Statthaftes Verfahren ist ein Bund-Länder-Streit nach Art. 93 Abs. 1 Nr. 3 GG, §§ 13 Nr. 7, 68 ff. BVerfGG, in welchem das Land N für das C agiert, vertreten durch seine Regierung, als Antragsteller und der Bund, vertreten durch die Bundesregierung, als Antragsgegner agiert. Der Antrag ist begründet, wenn das Land durch die Weisung des B in Rechten aus Art. 83, 85 GG verletzt ist. Eine solche Rechtsverletzung kann daraus resultieren, dass schon dem Grunde nach keine Weisungen erteilt werden dürfen, dass der Urheber nicht berechtigt ist, sie zu erteilen, oder die Weisung an den falschen Adressaten gegangen ist, sie könnte aber auch Folge der Rechtswidrigkeit des durch Weisung erwirkten Handelns des Landes sein.

Zur grundsätzlichen Weisungsbefugnis: Die Aufsicht über die Erzeugung und Nutzung der Kernenergie (Gegenstand des Art. 73 Abs. 1 Nr. 14 GG) ist gem. Art. 87c GG eine Materie der fakultativen Bundesauftragsverwaltung. Voraussetzung dafür ist der Erlass eines Gesetzes mit Zustimmung des Bundesrates, durch das die Materie in Bundesauftragsverwaltung überführt wird. Da mit § 24 des Atomgesetzes (AtG) von dieser Ermächtigung Gebrauch gemacht worden ist, wird die Atomenergieaufsicht in Bundesauftragsverwaltung (Art. 85 GG) geführt, die eine grundsätzliche Weisungsbefugnis der obersten Bundesbehörden gegenüber obersten Landesbehörden einschließt.

Adressat und Empfänger: Oberste Behörde ist eine solche, der keine andere Behörde mehr übergeordnet ist.[562] Dies trifft auf die Bundesministerien (Ressortkompetenz, Art. 65 S. 2 GG) und sehr wahr-

559 BVerfGE 8, 1 (16) = NJW 1958, 1228; BVerfGE 44, 249 (263) = NJW 1977, 1869; BVerfGE 62, 374 (383) = NJW 1984, 915; BVerfGE 99, 300 (314) = NJW 1999, 1013; so auch DHS/Badura, 88. Lfg. 2019, GG Art. 33 Rn. 73.
560 BVerfGE 114, 258 (293 f.) = JuS 2006, 361; dazu auch Hufen JuS 2006, 361 (362 f.).
561 So auch BVerfGE 119, 247 (272 f.) = NVwZ 2007, 1396 (mit abw. Votum Gerhardt 290 f.) und Pechstein ZBR 2006, 285 (286).
562 Vgl. nur DHS/F. Kirchhof, 93. Lfg. 2020, GG Art. 85 Rn. 64; Dreier/Hermes GG Art. 85 Rn. 46 f.

scheinlich auch auf die Landesministerien und deren Vertreter B und L zu. B darf die Weisung also erteilen, und L ist ihre richtige Adressatin.

Rechtswidrigkeit aufgrund des Weisungsgegenstands? B weist L offenkundig zu rechtswidrigem Handeln an, da die Voraussetzungen des § 17 AtG für einen Widerruf der atomrechtlichen Erlaubnisse gegenüber dem Betreiber des Kraftwerks Oberstrahlfurt offenkundig nicht erfüllt sind: Es handelt sich um eine rein politisch motivierte Entscheidung. Setzt das Land sie um, können Schadensersatzansprüche des Kraftwerkbetreibers gegen das Land (nach § 839 Abs. 1 S. 1 BGB iVm Art. 34 S. 1 GG) die Folge sein. Auch wenn dieses den Bund in Regress nehmen kann, wird doch wenigstens eine „Vermögensgefährdung" ausgelöst. Nichtsdestoweniger sieht die hM das Land nicht in seinen Rechten verletzt: Die Sachkompetenz, also die Befugnis, den Inhalt einer rechtserheblichen Maßnahme zu bestimmen, gehe kraft der Weisung auf den Bund selbst über; das Land könne in etwas, das es nicht mehr habe, nicht verletzt sein. Die Wahrnehmungskompetenz, also das Recht, im eigenen Namen zu handeln, sei ebenso wenig verletzt, da sie dem Land durch eine Weisung nicht genommen werde.[563] Der Antrag des Landes N ist also unbegründet.

9.3 Eine wesentliche Folge der Ausführungszuständigkeit ist die Anwendung der Regeln über das Verwaltungsverfahren, also die Frage, ob sich dieses nach dem Verwaltungsverfahrensgesetz des Bundes oder den Verwaltungsverfahrensgesetzen der Länder bestimmt (vgl. hierzu insbesondere Art. 84 Abs. 1 GG). Gleiches gilt gegebenenfalls für die Verwaltungszustellungs- und Verwaltungsvollstreckungsgesetze. Da diese weitgehend, aber nicht völlig identisch sind, ist in der Klausur auf Unterschiede zu achten und vor allem immer das richtige Gesetz zu nennen.

9.4 Das Rindfleischüberwachungsamt Delmenhorst agiert als Kreisrindfleischüberwachungsbehörde. Ihre Einrichtung als Bundesbehörde ist verfassungsgemäß, wenn die Voraussetzungen des Art. 87 Abs. 3 S. 2 GG vorliegen. Die Gesetzgebung steht dem Bund nach Art. 74 Abs. 1 Nr. 19 GG ohne Erforderlichkeitsprüfung nach Art. 72 Abs. 2 GG zu. (Dessen Maßstäben muss das Gesetz nur genügen, wenn man stattdessen auf Art. 74 Abs. 1 Nr. 20 GG abstellt.) Angesichts der akuten Gefahrenlage (bzw. des Gefahrenanscheins) – eine neue Bedrohung zeichnet sich ab – ist das Vorliegen einer neuen Aufgabe zu bejahen. Dringender Bedarf nach einer eigenen Behördenstruktur lässt sich mit den Besonderheiten der BSE-Seuche und den Notwendigkeiten einer bundesweiten Überprüfung in einem vernetzten System begründen. Damit ist der Bund befugt, auch Mittel- und Unterbehörden einzurichten. Hierfür bedarf es jedoch der Zustimmung des Bundesrats im Verfahren nach Art. 77 Abs. 2a GG. Eine solche Zustimmung liegt aber nicht vor; vielmehr hat der Bundesrat zu dem Gesetz überhaupt kein Votum abgegeben. Damit fehlt dem Rindfleischüberwachungsamt Delmenhorst die verfassungsrechtliche Grundlage. (Wirksame Bescheide kann es gleichwohl erlassen, schon weil ein rechtswidriger Verwaltungsakt grundsätzlich gültig, nur anfechtbar ist, §§ 43 ff. VwVfG.)

Zur Verfassungsmäßigkeit der Einrichtung des Bundesrindfleischüberwachungsamts in Greifswald: Grundlage ist insoweit Art. 87 Abs. 3 S. 1 GG, der keine weiteren materiellen Hürden vorsieht und auch nicht die Zustimmung des Bundesrates erfordert. Insoweit ist das Gesetz ein Einspruchsgesetz. Da der Bundesrat nicht fristgerecht Einspruch erhoben hat, ist das Gesetz, was die Einrichtung des Bundesrindfleischüberwachungsamtes betrifft, verfassungsgemäß zustande gekommen. Es ist also in diesem Punkt nicht grundgesetzwidrig.

9.5 Maßstab für die Zulässigkeit dieser Eingriffe ist Art. 33 Abs. 5 GG. Entscheidend ist, ob die genannten Ansprüche bzw. staatlichen Leistungen selbst Gegenstand hergebrachter Grundsätze des Berufsbeamtentums sind (das wird man verneinen müssen[564]) oder ob ihre Kürzung wegen des Gewichts des Eingriffs der staatlichen Fürsorgepflicht für seine Beamten widerspricht. Letzteres hängt vom Umfang der Kürzungen bzw. Umschichtungen ab. Da der Staat zur Alimentation auch der Ruhebeamten verpflichtet ist, dürfen jedenfalls diese nicht darauf verwiesen werden, sich ihren hauptsächlichen Lebensunterhalt durch Drittleistungen zu beschaffen.

---

563 DHS/F. Kirchhof, 93. Lfg. 2020, GG Art. 85 Rn. 64. In puncto Wahrnehmungskompetenz ist die Weisung vom Selbsteintritt zu unterscheiden, bei dem die höhere Behörde oder Körperschaft der untergeordneten nicht deren Handeln inhaltlich vorgibt, sondern an deren Stelle selbst und im eigenen Namen Entscheidungen trifft. Das Grundgesetz kennt den Selbsteintritt im Verhältnis zwischen Körperschaften – anders als das EU-Recht – nicht.

564 DHS/Badura, 88. Lfg. 2019, GG Art. 33 Rn. 65.

§ 10 Grundzüge der Finanzbeziehungen im Bundesstaat ("Finanzverfassungsrecht")

A. Grundlagen

1 Die Bestimmungen des Grundgesetzes über die Finanzierung der staatlichen Aufgaben im Bereich der Gesetzgebung, Verwaltung und Rechtsprechung werden auch unter der Bezeichnung „Finanzverfassungsrecht" zusammengefasst. Da solche Aufgaben auf Bund, Ländern und Gemeinden aufgeteilt sind, muss das Grundgesetz die rechtlichen Voraussetzungen für die angemessene Finanzausstattung aller dieser Körperschaften vorsehen und flankierend dazu Regeln für deren Haushaltsführung aufstellen. Der X. Teil des Grundgesetzes, in dem sich diese Vorschriften finden, staffelt sie in stringenter Weise. Nacheinander sind dort geregelt:

- die **Kostentragung**, also die Frage, wer für die durch die Wahrnehmung der einer bestimmten Körperschaft zugewiesenen staatlichen Aufgabe verursachten Kosten aufkommt. Als Grundsatz gilt, dass die Kostenlast sich nach der Aufgabenwahrnehmung bestimmt (Art. 104a Abs. 1 GG). Da diese Kosten wiederum durch Einkünfte des Staates gedeckt sein müssen, behandelt das Grundgesetz als nächstes
- die **Gesetzgebungskompetenzen** für die Festlegung der **Steuern** als der wichtigsten Einkünfte des Staates (Art. 105 GG). Die Bestimmung enthält hierfür spezifische Kompetenzkataloge. Die Befugnis, die Erhebung einer Steuer gesetzlich zu regeln, muss unterschieden werden von
- der **Ertragshoheit** für die nach diesen Vorschriften erhobenen **Steuern**, die Frage also, welcher föderalen Ebene wie viel von den Erträgen welcher Steuer zufließt. Dies bestimmt Art. 106 GG. Sodann bedarf es
- der **Aufteilung** der den Ländern zustehenden **Steuererträge** auf die einzelnen Länder. Die verfassungsrechtlichen Grundlagen für dieses auch als **primärer Finanzausgleich** bezeichnete Prozedere finden sich in Art. 107 Abs. 1 GG.
- Auch wenn alle Steuererträge auf den Bund und die einzelnen Länder verteilt worden sind, wird in der Regel noch nicht der Finanzbedarf aller Länder gedeckt sein. Daher sieht das Grundgesetz als nächstes einen **finanziellen Ausgleich** zwischen finanzstarken und finanzschwachen Ländern (**sekundärer Finanzausgleich**, Art. 107 Abs. 2 1–4 GG). Reicht auch dieser nicht aus,
- gewährt der Bund im Rahmen des sekundären Finanzausgleichs denjenigen Ländern **Ergänzungszuweisungen**, die auch dann noch finanziell bedürftig sind (Art. 107 Abs. 2 S. 5 GG).

2 Ferner finden sich in Art. 108 ff. GG Vorgaben über die Finanzverwaltung (Art. 108 GG) sowie zur Haushaltswirtschaft im Bund und teilweise auch in den Ländern (Art. 109 ff. GG). Diese schließen auch normative Begrenzungen der Staatsverschuldung ein (**„Schuldenbremsen"**).

3 Der häufig verwendete Begriff der „Finanzverfassung" ist insoweit missverständlich, als er zu suggerieren scheint, die Finanzbeziehungen würden innerhalb des Verfassungsganzen einen autonomen Kreis von Regeln bilden – was nicht der Fall ist. „Finanzverfassungsrecht" sollte insoweit nicht als „Recht der Finanzverfassung" verstanden werden, sondern als **„finanzenbezogenes Verfassungsrecht"**.

B. Staatsausgaben

I. Verteilung der Ausgabenlasten: Grundsatz

Grundsätzlich tragen Bund und Länder **gesondert die Ausgaben**, die sich aus der 4 Wahrnehmung ihrer Aufgaben ergeben (Art. 104a Abs. 1 GG): Die Ausgabenhoheit ist akzessorisch zur Aufgabenhoheit. So wie bereits Mischverwaltung – grundsätzlich – verboten ist (→ § 9 Rn. 3), soll es – grundsätzlich – auch **keine Mischfinanzierung** geben.[565] Die Länder müssen also nicht nur selbst für die Ausführung von Bundesgesetzen finanziell aufkommen, sie müssen es auch allein und jeweils für sich tun. Deshalb dürfen sie im Gegenzug über den Bundesrat an der Entstehung dieser Gesetze mitwirken. Übermäßige finanzielle Belastungen aus einzelnen Aufgabenbereichen (etwa im Sozialbereich) werden dadurch abgefedert, dass das Grundgesetz den Ländern auch vom Aufkommen der Bundessteuern einen Anteil verheißt (insbesondere Art. 106 Abs. 3 GG) und der Bund einzelnen unter ihnen notfalls über Ergänzungszuweisungen unter die Arme greifen muss.

Der oben umrissene Grundsatz wird bestätigt 5

- für **Verwaltungsausgaben** (Art. 104a Abs. 5 GG). Dabei handelt es sich um die Kosten der Unterhaltung des Verwaltungsapparats. Sie sind zu unterscheiden von Zweckausgaben (wie nach § 104a Abs. 1 GG), die aus der Erfüllung einer Verwaltungsaufgabe resultieren;[566]
- für die **Haftung für Verletzung überstaatlicher Verpflichtungen**, insbesondere im Rahmen der „supranationalen" EU (Art. 104a Abs. 6 S. 1 GG). Hierunter fallen zB Verurteilungen zu Schadensersatzleistungen durch den EGMR (Art. 41 EMRK), die Verurteilung zu Geldleistungen (Pauschalbeträge, Zwangsgelder) wegen fehlerhafter Umsetzung von Unionsrecht durch den EuGH (Art. 260 AEUV), die Rückforderung von Beiträgen aus den von der Union verwalteten Fonds (zB Strukturfonds, Regionalfonds).

Nicht von Art. 104a Abs. 6 S. 1 GG erfasst werden Geldbußen wegen eines übermä- 6 ßigen Defizits iSd Art. 126 Abs. 11 Spiegelstrich 4 AEUV, für die Art. 109 Abs. 5 GG eine Sonderregelung enthält. Auch für sog. Finanzkorrekturen der EU existieren mit Art. 104a Abs. 6 S. 2–4 GG eine lex specialis (→ Rn. 8).

II. Verteilung der Ausgabenlasten: Die Ausnahmen

Für eine Reihe von Fällen bestimmt das Grundgesetz allerdings, dass – abweichend 7 von Art. 104a Abs. 1 GG – die mit der Aufgabenerfüllung einhergehenden Ausgaben durch die Länder vom Bund übernommen werden müssen oder können. Dabei wird teils angeordnet, dass der Bund die Ausgaben trägt oder tragen kann, teils handelt es sich um sekundäre Kostenübernahme:

- Bei **Bundesauftragsverwaltung** (Art. 85 GG) hat der Bund als (fingierter) Auftraggeber auch die Ausgaben zu tragen (Art. 104a Abs. 2 GG). Davon ausgenommen bleiben reine Verwaltungsausgaben, die, wie oben erwähnt, stets das jeweilige Land zu tragen hat (Art. 104a Abs. 5 GG).

---

565 Vgl. BVerfGE 26, 338 (390 f.) = NJW 1970, 29 (Ls.); BeckOK GG/Kube, 48. Ed. 15.8.2021, GG Art. 104a Rn. 18 f.
566 Vgl. Sachs/Siekmann GG Art. 104a Rn. 47.

- In Bundesgesetzen über **Geldleistungen**, die von den Ländern ausgeführt werden, kann bestimmt werden, dass der Bund bis zu 100% dieser Geldleistungen übernimmt (Art. 104a Abs. 3 S. 1 GG). Dies kann eine Umkehrung des in Art. 104a Abs. 2 GG verankerten Grundsatzes nach sich ziehen: Danach folgt, wie erwähnt, dass der Bund die Ausgaben trägt, wenn Bundesauftragsverwaltung vorliegt. Nach Art. 104a Abs. 3 S. 2 GG hingegen bewirkt die Übernahme von wenigstens 50% der Ausgaben, dass das Gesetz in Bundesauftragsverwaltung geführt wird – und zwar ohne dass der Bund, wie nach Art. 104a Abs. 2 GG, sämtliche Ausgaben trägt. Der Begriff der Geldleistung ist wörtlich zu nehmen. Sachleistungen und Belastungsverschonungen werden hiervon nicht umfasst.[567]

- Damit der Bund nicht ohne Weiteres den Ländern finanzielle Lasten aufbürden und mit diesem Hebel zudem die mit der Bundesauftragsverwaltung verbundenen Ingerenzrechte aktivieren kann, sieht Art. 104a Abs. 4 GG vor, dass derlei Geldleistungsgesetze der **Zustimmung des Bundesrats** bedürfen, „wenn daraus entstandene Ausgaben von den Ländern zu tragen sind". Dies ist auch dann der Fall, wenn die Länder auch nur einen Teil der Ausgaben übernehmen. Lediglich bei voller Ausgabentragung durch den Bund entfällt das Zustimmungserfordernis. Der Anwendungsbereich des Abs. 4 geht insoweit über denjenigen des Abs. 3 hinaus, als dem Zustimmungserfordernis nicht nur Gesetze über Geldleistungen, sondern auch solche über geldwerte Sachleistungen oder vergleichbare Dienstleistungen unterliegen.[568]

- **Gemeinschaftsaufgaben und Kooperationsbereiche** von Bund und Ländern, welche das Verbot der Mischverwaltung durchbrechen, sieht das Grundgesetz in Art. 91a ff. GG vor. Die Ausgaben- bzw. Kostentragung ist dabei sehr unterschiedlich geregelt:
  - Gemeinschaftsaufgabe Verbesserung der regionalen Wirtschaftsstruktur: Der Bund trägt die Hälfte der Ausgaben in jedem Land (Art. 91a Abs. 1 Nr. 1, Abs. 3 S. 1 GG).
  - Gemeinschaftsaufgabe Verbesserung der Agrarstruktur und des Küstenschutzes: Der Bund trägt mindestens die Hälfte der Ausgaben, die Beteiligung der Länder ist einheitlich festzusetzen (Art. 91a Abs. 1 Nr. 2, Abs. 3 S. 2 GG).
  - Zusammenwirken bei Wissenschafts- und Forschungsförderung (Art. 91b GG), Zusammenwirken bei informationstechnischen Systemen (Art. 91c GG): Die Kostentragung wird durch Vereinbarung bestimmt (Art. 91b Abs. 3 GG, Art. 91c Abs. 2 S. 4 GG).
  - Zusammenwirken bei der Grundsicherung für Arbeitsuchende: Hier übernimmt der Bund sogar die Ausgaben von Kommunen, soweit sie an seiner Stelle Aufgaben allein wahrnehmen (Art. 91e Abs. 2 S. 2 GG).

- Eine **fakultative Lastentragung** des Bundes gestattet Art. 104b GG dem Bund: Ländern können bei Naturkatastrophen und unter relativ engen Voraussetzungen (wirtschaftliche Ungleichgewichte) für bedeutende Investitionen Finanzhilfen gewährt werden.

---

567 Sachs/Siekmann GG Art. 104a Rn. 28; v. Münch/Kunig/Heintzen GG Art. 104a Rn. 48.
568 Vgl. Sachs/Siekmann GG Art. 104a Rn. 36; SHH/Henneke GG Art. 104a Rn. 45.

III. Haftungskonstellationen

Im weiteren Sinne lassen sich auch diejenigen Bestimmungen des Grundgesetz, welche Haftungslasten auf die föderalen Ebenen aufteilen, zu den Ausnahmen zu Art. 104a Abs. 1 GG rechnen, wenngleich sie nicht die mit der Wahrnehmung einer Aufgabe verbundenen Ausgaben, sondern finanzielle Belastungen betreffen, die aus der Verletzung einer hier überstaatlich begründeten Pflicht – und damit letztlich einer Aufgabe – durch einen oder mehrere bundesstaatliche Akteure resultieren. **8**

- Bei **länderübergreifenden Finanzkorrekturen** (dh durch die Europäische Union veranlasste Kostenanlastung gegenüber den Mitgliedstaaten[569]) gilt eine Solidarhaftung nach dem in Art. 104a Abs. 6 S. 2, 3 GG niedergelegten Schlüssel.
- Bund und Länder haften solidarisch, wenn auch unter Berücksichtigung des Verursachungsbeitrags bzw. der innerstaatlichen Zuständigkeits- und Aufgabenverteilung,
  - für von der EU gegen Deutschland angeordnete **Sanktionsmaßnahmen finanzieller Art** im Rahmen eines Verfahrens wegen eines übermäßigen öffentlichen Defizits (Art. 126 Abs. 11 Spiegelstrich 4 AEUV (ehemals Art. 104 EG)). Art. 109 Abs. 5 GG gibt vor, dass der Bund im Innenverhältnis pauschal 65% der Lasten trägt und von dem auf die Länder entfallenden Rest die Ländergesamtheit 35%. Bislang sind solche Sanktionen noch gegen keinen EU-Mitgliedstaat verhängt worden;
  - für aus der Verletzung **anderer supranationaler oder völkerrechtlicher Verpflichtungen** resultierende finanzielle Lasten (Art. 104a Abs. 6 S. 1 GG). Zur ersten Kategorie zählen unter anderem Pauschalbeträge und Zwangsgelder, die der EuGH auf Antrag der Europäischen Kommission gegen Mitgliedstaaten verhängen kann, die trotz Verurteilung im Vertragsverletzungsverfahren ihre Pflicht, das Unionsrecht zu beachten, weiter beharrlich verletzen (Art. 260 AEUV). Zur zweiten Kategorie sind unter anderem Entschädigungszahlungen zu rechnen, zu denen der im Wege der Individualbeschwerde angerufene EGMR Deutschland verurteilt (Art. 41 EMRK). In der Rechtspraxis kommen sie, anders als Sanktionen für übermäßige Defizite, durchaus vor. In diesen Fällen werden die Kosten im Binnenverhältnis ausschließlich den Verursachern angelastet.

C. Staatseinnahmen

I. Abgabenarten

Der Staat finanziert sich in erster Linie durch von Rechtsunterworfenen, also auf seinem Territorium ansässigen oder agierenden natürlichen und juristischen Personen, erhobene Abgaben. Obwohl Eingriffsmaßnahmen, haben Abgaben grundsätzlich keine eigentumsbeschränkende Wirkung (es sei denn, sie wirken „erdrosselnd").[570] Sie müssen jedoch gegebenenfalls weiteren verfassungsrechtlichen Anforderungen genügen, insbesondere auf kompetenzgemäß erlassenen gesetzlichen Regelungen beruhen. Sofern es sich nicht um Steuern handelt, müssen sie auch ungeschriebenen abgaberechtlichen Prinzipien Rechnung tragen, die teilweise auch Verfassungsrang genießen. **9**

---

569 Vgl. BeckOK GG/Kube, 48. Ed. 15.8.2021, GG Art. 104a Rn. 18 f.
570 Zur grundlegenden Einordnung vgl. DHS/Papier/Shirvani, 83. Lfg. 2018, GG Art. 14 Rn. 282 f.

1. Steuer

10 Der Staat des Grundgesetzes ist als „**Steuerstaat**" angelegt,[571] das heißt: Aus Steuern bezieht er seine zentralen Einkünfte. Dementsprechend befasst sich das Grundgesetz näher auch nur mit der Steuer. Nichtsteuerliche Abgaben – die es auch schon bei Erlass des Grundgesetzes gab – werden dadurch aber nicht ausgeschlossen. **Definiert wird die Steuer** im Grundgesetz nicht. Nach hM knüpft das Grundgesetz an ein vorkonstitutionelles, durch § 3 AO perpetuiertes Begriffsverständnis an.[572] Danach sind Steuern auch im verfassungsrechtlichen Sinne Geldleistungen, die nicht eine Gegenleistung für eine besondere Leistung darstellen und von einem öffentlich-rechtlichen Gemeinwesen zur Erzielung von Einnahmen auferlegt werden; die Erzielung von Einnahmen kann (wie bei sog. Lenkungssteuern, vor allem im Umweltbereich) Nebenzweck sein.

Die Steuer zieht ihre sachliche Rechtfertigung also aus dem Finanzbedarf des Staates. Sie fließt in den allgemeinen Staatshaushalt, dient also grundsätzlich keinem besonderen Zweck. So ist zB bei der Kfz-Steuer die Unterhaltung eines Kraftfahrzeugs nur Anknüpfungstatbestand. Eine Verpflichtung des Staates, die Erträge für Ausbau und Unterhaltung von Straßen zu verwenden, besteht aber nicht.

2. Wichtige nichtsteuerliche Abgaben

11 Einen Numerus clausus der nichtsteuerlichen Abgaben gibt es nicht. Zulässig ist, was dem Prinzip des „Steuerstaats", wonach sich der Staat grundsätzlich über Steuern finanzieren soll, und anderen Verfassungsnormen nicht zuwiderläuft. Zu unterscheiden sind

- **Vorzugslasten**, die im strengen Sinne als Gegenleistung staatlicher Leistungen anfallen (**Gebühren, Beiträge**);
- **Sonderabgaben**, deren Funktion nicht in der Finanzierung des Staates besteht, sondern die der Staat bei Mitgliedern einer homogenen Gruppe erhebt, um sie wiederum gruppennützig zu verwenden;
- und (hier nicht behandelte) Abgaben, die keinen eigentlichen Finanzierungszweck besitzen, sondern verhaltenssteuernd wirken.

12 Eine allgemeine Gesetzgebungskompetenz für nichtsteuerliche Abgaben sieht das Grundgesetz nicht vor; vielmehr ist grundsätzlich an den **Sachzusammenhang mit deren Zweck** anzuknüpfen (zB Art. 72 GG iVm Art. 74 Abs. 1 Nr. 20, 22 oder 28 GG – oder Art. 70 GG).

a) Gebühren

13 Unter Gebühren versteht man Geldleistungen, die aus Anlass individuell zurechenbarer öffentlicher Leistungen auferlegt werden und dazu bestimmt sind, in Anknüpfung an diese Leistung deren Kosten ganz oder teilweise zu decken. Die Ratio der Gebühr liegt in dem durch die Leistung gewährten rechtlichen oder tatsächlichen Vorteil. Es reicht per definitionem allerdings schon die Kostenverursachung durch Einzelne; ein Vorteil muss ihnen nicht unbedingt erwachsen sein. Man unterscheidet insoweit

---

571 Vgl. BVerfGE 78, 249 (266) = NJW 1988, 2529; DHS/Seiler, 74. Lfg. 2015, GG Art. 105 Rn. 41 ff.; grdl. zu dem Begriff auch Isensee/Kirchhof StaatsR-HdB/Vogel Bd. II § 30 Rn. 51 ff., 69 ff.

572 DHS/Seiler, 74. Lfg. 2015, GG Art. 105 Rn. 36; SHH/Henneke GG Art. 105 Rn. 10 f.

- **Verwaltungsgebühren** (die für eine Verwaltungshandlung – zB Ausstellung eines Reisepasses – erhoben werden);
- **Benutzungsgebühren** (die für die tatsächliche Benutzung einer öffentlichen Einrichtung – zB Kindergarten, Straße – erhoben werden);
- **Verleihungsgebühren** (welche die Verleihung eines rechtlichen Vorteils kompensieren, zB bestimmte Lizenzgebühren; diese Kategorie ist nicht ganz unumstritten).[573]

Gebühren – zumindest Verwaltungs- und Benutzungsgebühren[574] – müssen insbesondere den folgenden **Prinzipien** entsprechen: **14**

- in Bezug auf das Verhältnis von Aufwand und Gegenleistung dem **Kostendeckungsprinzip**: Die Gebührenerträge dürfen nicht höher sein, als zur Deckung des Verwaltungsaufwands erforderlich ist, es darf keine Überkompensation stattfinden. Das Kostendeckungsprinzip wird jedoch nur als einfachrechtliches, nicht als verfassungsrechtliches Prinzip angesehen;[575]
- in Bezug auf das Verhältnis von Leistung und Gegenleistung dem **Äquivalenzprinzip**. Dieses ist eine Ausprägung des Verhältnismäßigkeitsgrundsatzes und besagt, dass kein grobes Missverhältnis zwischen der Gebühr und der von der öffentlichen Gewalt erbrachten Leistung bestehen darf.[576]

b) Beiträge

Hierbei handelt es sich um Abgaben zur vollen oder partiellen Deckung der Kosten   **15** einer öffentlichen Einrichtung, die von denjenigen erhoben werden, denen die Einrichtung einen besonderen Vorteil gewährt. **Beiträge** unterscheiden sich von Gebühren darin, dass die Leistung nicht tatsächlich in Anspruch genommen werden muss, sondern dem Berechtigten **lediglich bereitgestellt** wird. Wichtige Beispiele sind Erschließungsbeiträge und Fremdenverkehrsabgaben. Ob es sich bei „Rundfunkgebühren" in der bis 2012 geltenden Form um Gebühren oder Beiträge gehandelt hat, ließ das BVerfG offen.[577] Die ab 2013 erhobene Rundfunkabgabe nach dem Rundfunkstaatsvertrag ist als Beitrag ausgestaltet, nicht zuletzt wegen der strukturellen Nähe zur Steuer ist sie aber auf verfassungsrechtliche Bedenken gestoßen[578] – die sich das BVerfG jedoch nicht zueigen machte.[579] Auch für Beiträge gelten das Kostendeckungs- und das Äquivalenzprinzip.[580]

c) Sonderabgaben

Von der Steuer, aber auch von Gebühren und Beiträgen unterscheidet sich die **Son-**   **16** **derabgabe** durch ihre „gruppennützige" Verwendungsbezogenheit, von Gebühren

---

573 Im Grundsatz billigend: BVerfGE 72, 330 (433 f.) = NJW 1986, 2629; Kämmerer NVwZ 2002, 161 (163); Schumacher NJW 2000, 3096 (3098 f.); abl. etwa Sachs/Siekmann Vorbemerkungen zu Abschnitt X, GG Art. 104a Rn. 99 .

574 Zu spezifischen Maßstäben bei Verleihungsgebühren vgl. BVerwGE 115, 125 = NVwZ 2002, 858 (Entgelt für TK-Lizenzen).

575 So etwa BVerwGE 13, 214 (217) = NJW 1962, 1583; allg. zum Kostendeckungsprinzip Sachs/Siekmann Vorbemerkungen zu Abschnitt X, GG Art. 104a Rn. 108.

576 Vgl. BVerfGE 97, 332 = NJW 1998, 2128 – Kindergartengebühr; BVerfGE 108, 1 (18 ff.) = NVwZ 2003, 715 – Rückmeldegebühr.

577 Ua in BVerfG NJW 2000, 649, s. hierzu auch Waldhoff AfP 2011, 1 (1 f.).

578 Korioth/Koemm DStR 2013, 833; aA BVerwG NVwZ 2016, 1081; BayVerfGH NJW 2014, 3215; A. Schneider NVwZ 2013, 19.

579 BVerfGE 149, 222.

580 BVerwG NVwZ 2016, 1081 (1084).

und Beiträgen zusätzlich darin, dass der hoheitlich auferlegten Geldleistungspflicht keine unmittelbare hoheitliche Gegenleistung gegenübersteht. Wegen der Ähnlichkeit mit der Steuer sowie der Gefahr der Lastenkumulation mit dieser hat das BVerfG die Sonderabgabe nur unter **strengen materiellen Voraussetzungen** zugelassen.[581] Sind sie nicht erfüllt, kann dies in eine Grundrechtsverletzung münden. Diese Voraussetzungen sind:

- Bestehen einer homogenen, von der Allgemeinheit abgrenzbaren Gruppe;
- spezifische Sachnähe zwischen Zweck der Abgabeerhebung und der Gruppe;
- gruppennützige Verwendung der Abgabe, dh sachgerechte Verknüpfung zwischen der dadurch bewirkten Belastung und der mit ihr finanzierten Leistungen;
- zeitliche Beschränkung.

Sonderabgaben, die das BVerfG für verfassungskonform erachtet hat, sind zB: Abwasserabgabe, Filmförderungsabgabe, Insolvenzsicherungsabgabe, Altenpflegeumlage.[582]

II. Steuergesetzgebungskompetenzen

17 Zwischen der Kompetenz zur Regelung der rechtlichen Grundlagen für die Steuererhebung (Art. 105 GG) und der Steuerertragsaufteilung (Art. 106 GG) ist zu unterscheiden. Die Gesetzgebungskompetenzen verteilen sich wie folgt:

1. Ausschließliche Gesetzgebungskompetenz des Bundes (Art. 105 Abs. 1 GG)

18 Für die Gesetzgebung über Zölle und Finanzmonopole ist der Bund nach dem Grundgesetz ausschließlich zuständig. Da erstere in die Zuständigkeit der EU übergegangen sind und Finanzmonopole praktisch nicht mehr bestehen, ist diese Kompetenz praktisch bedeutungslos geworden.

2. Konkurrierende Gesetzgebung (Art. 105 Abs. 2 GG)

19 Für alle übrigen Steuern (mit Ausnahme des Art. 105 Abs. 2a GG) ist die Gesetzgebungszuständigkeit eine konkurrierende, wenn

- dem Bund das Steueraufkommen zumindest teilweise zusteht (hier muss also auf Art. 106 Abs. 1 und Abs. 3 GG vorgegriffen werden)
- und die Voraussetzungen des Art. 72 Abs. 2 GG (bundesstaatliche Erforderlichkeit → § 6 Rn. 28 ff.) vorliegen.

3. Ausschließliche Gesetzgebungsbefugnis der Länder (Art. 105 Abs. 2a GG)

20 Sie erstreckt sich auf die örtlichen Verbrauch- und Aufwandsteuern, solange und soweit sie nicht bundesrechtlich geregelten Steuern gleichartig sind. In beiden Fällen wird die Einkommensverwendung für den persönlichen Lebensbedarf und insoweit besondere wirtschaftliche Leistungsfähigkeit besteuert.

---

581 S. ua BVerfGE 55, 274 (304 ff.) = NJW 1981, 329; BVerfGE 108, 186 (217 f.) = NVwZ 2003, 1241; BVerfGE 123, 132 (142) = NVwZ 2009, 1030; mwN BeckOK GG/Kube, 48. Ed. 15.8.2021, GG Art. 105 Rn. 16 ff.
582 Verfassungsgemäß: Filmförderungsabgabe, BVerwGE 45, 1; BaFin-Finanzierungsabgabe, BVerfGE 124, 135; verfassungswidrig: Kohlepfennig, BVerfGE 91, 186 = NJW 1995, 381; Feuerwehrabgabe, BVerfGE 92, 91 = NJW 1995, 1733.

- **Verbrauchsteuern** sind solche, deren Belastung an den Verbrauch von konsumierbaren Gütern anknüpfen.[583] In der Regel ist dabei der Steuerschuldner nicht identisch mit dem Träger der finanziellen Lasten (Beispiele sind – als solche indirekten Steuern – die Bier- und die Schaumweinsteuer).
- **Aufwandsteuern** belasten – als direkte oder indirekte Steuern – die Aufwendungen für das Halten oder den Gebrauch von Gütern (ein Beispiel ist die Kraftfahrzeugsteuer).[584]
- **Örtlich** sind Steuern, die an örtliche Gegebenheiten anknüpfen „und wegen der Begrenzung ihrer unmittelbaren Wirkungen im Gemeindegebiet nicht zu einem die Wirtschaftseinheit berührenden Steuergefälle führen können."[585] Eine typische örtliche Aufwandsteuer ist beispielsweise die Hundesteuer.

D. Verteilung der Einnahmen

I. Die Steuerertragshoheit im Bundesstaat

Die Bestimmungen über die Verteilung der Steuererträge auf Bund und Länder (Art. 106 GG) sind detailliert und komplex und sollen hier nur in Umrissen dargestellt werden. Zur Komplexität trägt bei, dass hier neben Bund und Ländern auch die **Gemeinden** in Erscheinung treten, obwohl sie nicht als dritte föderale Ebene gelten. Das Vorhandensein einer eigenen Steuerquelle, die finanzielle Autonomie verheißt, ist aber, wie auch Art. 28 Abs. 2 S. 3 GG deutlich macht, essenzieller Bestandteil kommunaler Selbstverwaltung.[586]   **21**

Es gibt Steuern mit   **22**

- vollständiger Ertragshoheit des Bundes (Art. 106 Abs. 1 GG; wichtige Fälle sind die Kraftfahrzeugsteuer, Kapitalverkehrsteuer, die Versicherungsteuer und ein Auffangtatbestand für die Verbrauchsteuern);
- vollständiger Ertragshoheit der Länder (Art. 106 Abs. 2 GG; wichtige Fälle sind die Erbschaftsteuer und die meisten Verkehrsteuern);
- vollständiger Ertragshoheit der Gemeinden und gegebenenfalls Gemeindeverbände (Art. 106 Abs. 4 GG; Grundsteuer, Gewerbesteuer – insoweit auch Festsetzung der Hebesätze auf kommunaler Ebene);
- gemeinsamer Ertragshoheit von Bund und Ländern (Gemeinschaftsteuern des Art. 106 Abs. 3 S. 1, 2 GG). Sie betrifft bedeutsame Steuern:
  - Die Erträge aus der Einkommensteuer und der Körperschaftsteuer stehen Bund und Ländern jeweils hälftig zu. Zu beachten ist, dass die Länder nach Art. 106 Abs. 7 S. 1 GG verpflichtet sind, von ihrem Anteil einen Teil an die Gemeinden abzuzweigen (obligatorischer Gemeindefinanzausgleich[587]). Für die Einkommensteuer besteht eine spezielle Regelung in Gestalt von Art. 106 Abs. 5 GG;

---

583 Vgl. BVerfGE 98, 106 (123) = NJW 1998, 2341; s. auch BeckOK GG/Kube, 48. Ed. 15.8.2021, GG Art. 105 Rn. 47; Sachs/Siekmann GG Art. 105 Rn. 37.
584 SHH/Henneke GG Art. 105 Rn. 54 f.; Sachs/Siekmann GG Art. 105 Rn. 38; BeckOK GG/Kube, 48. Ed. 15.8.2021, GG Art. 105 Rn. 48.
585 BVerfGE 40, 56 (61) = NJW 1976, 31; s. auch Sachs/Siekmann GG Art. 105 Rn. 42 ff.; v. Münch/Kunig/Heintzen GG Art. 105 Rn. 63.
586 Vgl. Sachs/Siekmann GG Art. 105 Rn. 48; SHH/Henneke GG Art. 105 Rn. 66.
587 Vgl. v. Münch/Kunig/Heintzen GG Art. 106 Rn. 59; SHH/Henneke GG Art. 106 Rn. 137.

– Für die Umsatzsteuer bestehen in Art. 106 Abs. 3 S. 1, 3–6, Abs. 4, Abs. 5a GG sehr flexible Regelungen. Abs. 5a garantiert den Gemeinden von Bundesrechts wegen einen Anteil am Aufkommen dieser Steuer.

II. Steuerertragsaufteilung und Finanzausgleich

23 Nachdem ermittelt worden ist, was von den Steuererträgen auf den Bund und was auf die Länder entfällt, muss noch bestimmt werden, wie viel jedes einzelne Land vom Länderanteil erhält. Man spricht von der **horizontalen Steuerertragsaufteilung** oder auch vom **primären Finanzausgleich**.[588] Die Verteilung der Erträge wird nicht etwa auf der Basis einer Vereinbarung der Länder vorgenommen, sondern richtet sich nach einem zustimmungsbedürftigen Bundesgesetz (Art. 107 Abs. 1 GG). Einzelheiten können hier nicht behandelt werden.

24 Gleichsam als Korrektiv der sich aus der Steuerertragsaufteilung ergebenden Lage dient der **sekundäre Finanzausgleich**, mit welchem die dann noch unterschiedliche Finanzkraft der Länder ausgeglichen wird, diesmal durch direkte Finanzleistungen der föderalen Glieder (Art. 107 Abs. 2 GG). Der frühere horizontale Finanzausgleich zwischen den Ländern ist einem System der Zu- und Abschläge bei der Verteilung des Steueraufkommens gewichen (Art. 107 Abs. 2 S. 2, 3 GG). Weiterhin eröffnet ist die Möglichkeit von Finanzzuweisungen an auch dann noch finanzschwache Länder durch den Bund (Ergänzungszuweisungen), Art. 107 Abs. 2 S. 5, 6 GG.

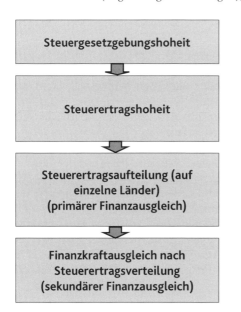

Steuergesetzgebungshoheit	• Bund (ausschließlich): Art. 105 Abs. 1 GG • konkurrierend: Art. 105 Abs. 2 GG • Länder: Art. 105 Abs. 2a GG
Steuerertragshoheit	• Bund: Art. 106 Abs. 1 GG • Länder: Art. 106 Abs. 2 GG • Gemeinden: Art. 106 Abs. 6 GG • gemeinschaftlich: Art. 106 Abs. 3–5a, (Abs. 7) GG
Steuerertragsaufteilung (auf einzelne Länder) (primärer Finanzausgleich)	Art. 107 Abs. 1 GG • Landessteuern, Länderanteil an ESt und KSt: grds. nach örtlichem Aufkommen • USt: grds. nach Einwohnerzahl
Finanzkraftausgleich nach Steuerertragsverteilung (sekundärer Finanzausgleich)	• Zuschläge und Abschläge bei Länderanteilen: Art. 107 Abs. 2 S. 1–4 GG • vertikal (Bund an Länder) = Ergänzungszuweisungen: Art. 107 Abs. 2 S. 5, 6 GG

E. Haushaltsrecht

25 Nach Art. 109 Abs. 1 GG sind Bund und Länder – ihrem Wesen als Staaten entsprechend – in ihrer Haushaltswirtschaft selbstständig und voneinander unabhängig. Ge-

---

588 Ausf. hierzu BeckOK GG/Kube, 48. Ed. 15.8.2021, GG Art. 107 Rn. 1 ff.

rade wegen dieser **Haushaltsautonomie** bedarf es einer Disziplinierung durch Bindung beider Seiten an tragende Prinzipien und Regeln. Soweit diese nicht schon im Grundgesetz selbst verankert sind, ermächtigt Art. 109 Abs. 4 GG den Bund, in einem zustimmungsbedürftigen Gesetz – dem **Haushaltsgrundsätzegesetz** (HGrG) – gemeinsam geltende Grundsätze aufzustellen, die für beide Seiten verbindlich sind. Umgesetzt werden diese sodann durch (weitgehend identische) **Haushaltsordnungen** (es handelt sich wiederum um Gesetze) des Bundes und der einzelnen Länder (BHO/LHO). Diese sind nicht zu verwechseln mit dem **Haushaltsgesetz** (für den Bund nach Art. 110 GG). Bei diesem handelt es sich um ein Gesetz eigener Art, das sich darin erschöpft, den jeweiligen **Haushaltsplan** parlamentarisch-rechtsverbindlich festzustellen. Für den Haushaltsplan gilt das Prinzip der **Vollständigkeit** (Art. 110 GG), das heißt, es sind alle Einnahmen und Ausgaben darin abzubilden. Schattenhaushalte sind unstatthaft.[589] Die Wirtschaftlichkeit und Ordnungsmäßigkeit der Haushalts- und Wirtschaftsführung des Bundes wird durch den – unabhängigen – Bundesrechnungshof geprüft (Art. 114 Abs. 2 GG).

Das Grundgesetz macht der Haushaltswirtschaft unter anderem folgende Vorgaben, die von den Prinzipien der Wirtschaftlichkeit und Sparsamkeit geprägt sind: **26**

- Beachtung des gesamtwirtschaftlichen Gleichgewichts, Art. 109 Abs. 2 Hs. 2 GG (→ § 3 Rn. 40);
- Beachtung europarechtlicher Defizitregeln (Art. 126 AEUV iVm Art. 109 Abs. 2 Hs. 1 AEUV);
- Erfordernis der Zustimmung des Bundesministers der Finanzen zu über- und außerplanmäßigen Ausgaben (Art. 112 GG);
- Erfordernis der Zustimmung der Bundesregierung für sog. finanzwirksame Gesetze, die Mehrausgaben oder Mindereinnahmen generieren (Art. 113 GG);
- Rechnungsprüfung durch den Bundesrechnungshof (Art. 114 GG);
- Grundsätzliches Verbot der Nettokreditaufnahme bzw. der strukturellen (also konjunkturunabhängiger) Neuverschuldung des Staates ("Schuldenbremse") für Bund und Länder, wenn auch mit einigen Ausnahmen, die besonders dem Bund zugutekommen (Art. 109 Abs. 3 GG, für den Bund ist zusätzlich Art. 115 Abs. 2 GG beachtlich).

---

589 BVerfGE 70, 324 (357) = LSK 1986, 140143; Sachs/Siekmann GG Art. 110 Rn. 48; MKS/Hillgruber/Drüen GG Art. 110 Rn. 33.

§ 11 Rechtsprechung, Gerichtsorganisation und Verfassungsgerichtsbarkeit

1 Die Gerichtsbarkeit ist Gegenstand der Art. 92–104 GG, unter denen sich sowohl Organisations- als auch Statusregeln finden. Die Art. 101 ff. GG können als „Justizgrundrechte" nicht mehr im engeren Sinne zum Staatsorganisationsrecht gerechnet werden. Das Deutsche Richtergesetz (DRiG) regelt die Rechtsstellung der Richter (vgl. Art. 98 Abs. 1 GG) auf einfachgesetzlicher Ebene. Kernbestimmung ist Art. 92 GG. Danach ist die rechtsprechende Gewalt (Judikative oder Jurisdiktion) *ausschließlich* den Richtern anvertraut. **Rechtsprechung** ist zu verstehen als Herstellung verbindlicher Entscheidungen in Rechtsstreitigkeiten durch unabhängige Instanzen (Richter, auch Schiedsgerichte) auf Antrag.[590]

A. Die Gerichtsorganisation

2 Auch der Aufbau der Gerichtsorganisation unterliegt dem föderalen Prinzip. Dabei existieren keine parallelen Instanzenzüge von Bund und Ländern (wie etwa in den USA); vielmehr sind Bundesgerichte die im Grundgesetz erwähnten oder zugelassenen Obergerichte, alle anderen Gerichte sind Landesgerichte.

3 **Bundesgerichte** sind

- das **BVerfG** (Art. 94 GG)
  - Es ist zugleich oberstes Bundes- bzw. Verfassungsorgan.
  - Das BVerfG gehört zu keinem Instanzenzug. Es ist **kein „Superrevisionsgericht"**[591]. Vielmehr überprüft es nur (in einem gewissen Rahmen) die Beachtung des Grundgesetzes als Bundesverfassung.[592] Insbesondere wo Individualrechtspositionen in Rede stehen, ist ihm also nicht schlechthin die Korrektur falscher Gerichtsentscheidungen anvertraut. Vielmehr kann sie nur bei Verletzung „spezifischen Verfassungsrechts" oder – präziser ausgedrückt – einer „spezifischen Verletzung" von Grundrechten[593] erfolgen. Eine solche liegt jedenfalls dann vor, wenn ein Instanzgericht bei seiner Entscheidung die Bedeutung und Tragweite von Grundrechten verkannt hat. Die Missachtung einfachen Gesetzesrechts reicht also nicht aus, auch wenn ein von einer gesetzlichen Ermächtigung nicht gedeckter Eingriff streng genommen immer auch Art. 2 Abs. 1 GG verletzt.

---

590 Vgl. dazu Maurer StaatsR I § 19 Rn. 3 ff.

591 StRspr, vgl. dazu etwa BVerfGE 7, 198 (207) = NJW 1958, 257; BVerfGE 18, 85 (92) = NJW 1964, 1715; BVerfGE 28, 151 (160) = BeckRS 2016, 40259; BVerfGE 42, 163 (169) = NJW 1976, 1680; BVerfGE 99, 185 (195 f.) = NJW 1999, 1322; vgl. dazu auch Sachs/Detterbeck GG Art. 93 Rn. 17; Hillgruber/Goos VerfassungsProzR Rn. 2; Alleweldt, Bundesverfassungsgericht und Fachgerichtsbarkeit, 2006, 258 ff.

592 BVerfGE 7, 198 (207) = NJW 1958, 257.

593 StRspr, erstmalig BVerfGE 1, 418 (420) = NJW 1953, 177; zur Formulierung einer spezifischen Verletzung von Grundrechten vgl. BVerfG (K) NJW-RR 2007, 1048 (1050); BVerfG (K) NVwZ 2009, 1489 (1493); dazu auch Rennert NJW 1991, 12; Berkemann DVBl 1966, 1030.

- Überdies wird das BVerfG nur tätig, soweit ein **außerordentlicher Rechtsbehelf** seine Zuständigkeit eröffnet. Art. 19 Abs. 4 GG schließt die Anrufung des BVerfG *nicht* ein, sondern gebietet nur, dass der Einzelne sich bei Rechtsverletzungen durch die öffentliche Gewalt vor irgendeinem staatlichen Gericht wehren kann. Ob im Falle der Verletzung verfassungsmäßiger Rechte der Weg zum BVerfG eröffnet sein muss, bestimmt sich nicht nach Art. 19 Abs. 4 GG, sondern nach dem allgemeinen Rechtsstaatsprinzip (**Justizgewährleistungsgrundsatz**) und muss differenziert nach Staatsorganen auf der einen und Grundrechtsträgern auf der anderen Seite beurteilt werden (vgl. auch → § 3 Rn. 12).[594]

> **11.1** Nachdem sich die Bundesregierung über eine Reihe für sie ungünstiger Urteile des BVerfG geärgert hat, erarbeitet sie eine Gesetzesvorlage, nach der das BVerfG abgeschafft werden soll (Änderung des Art. 92 GG, Streichung der Art. 93, 94, 100 GG etc). Der Bundesrat hegt verfassungsrechtliche Bedenken. Mit Recht?

4

- die im Grundgesetz vorgesehenen **Bundesgerichte**:
  - obligatorisch die obersten Fachgerichte (Art. 95 Abs. 1 GG), nämlich
    - Bundesgerichtshof (BGH – Sitz in Karlsruhe, mit einer Dienststelle in Leipzig),
    - Bundesverwaltungsgericht (BVerwG – Sitz in Leipzig),
    - Bundesfinanzhof (BFH – Sitz in München),
    - Bundesarbeitsgericht (BAG – Sitz in Erfurt),
    - Bundessozialgericht (BSG – Sitz in Kassel);
  - fakultativ als Instanzgerichte:
    - ein Bundesgericht für Angelegenheiten des gewerblichen Rechtsschutzes, Art. 96 Abs. 1 GG (zum Teil durch Einrichtung des Bundespatentgerichts umgesetzt);
    - Wehrstrafgerichte, Art. 96 Abs. 2 GG (bisher nicht umgesetzt);
    - Bundesgerichte zur Entscheidung über (beamtenrechtliche) Bundesdisziplinar- und Beschwerdeverfahren, Art. 96 Abs. 4 GG (zum Teil umgesetzt, etwa in Gestalt der Wehrdienstgerichte[595]).

5

Alle anderen (Instanz-)Gerichte sind Landesgerichte. Einen Fall der „Organleihe" begründet Art. 96 Abs. 5 GG allerdings für Staatsschutzdelikte. Die agierenden Gerichte fungieren insoweit als Bundesgerichte, damit der Generalbundesanwalt als Bundesorgan zu ihnen Zugang erhält.[596]

---

594 Vgl. BVerfGE 74, 220 (226) = NJW 1987, 1191; BVerfGE 94, 166 (213 f.) = NVwZ 1996, 678; für Einbeziehung der Verfassungsbeschwerde in Art. 19 Abs. 4 GG MKS/Huber GG Art. 19 Rn. 449; DHS/Schmidt-Aßmann, 92. Lfg. 2020, GG Art. 19 Abs. 4 Rn. 16.

595 Sachs/Detterbeck GG Art. 96 Rn. 16; Giesen NJW 1988, 1709 (1710).

596 Dreier/Schulze-Fielitz GG Art. 96 Rn. 34 f.; Sachs/Detterbeck GG Art. 96 Rn. 18 f.; Maunz/Dürig/Jachmann-Michel, 86. Lfg. 2019, GG Art. 96 Rn. 55 ff.

B. Die Rechtsstellung der Richter

I. Unabhängigkeit

6 Gerichte bzw. Richter sind **sachlich unabhängig** (Art. 97 Abs. 1 GG)

- insbesondere gegenüber der Exekutive: Sie darf weder auf die Entscheidungen noch auf die vorbereitenden Handlungen Einfluss nehmen. Weisungen sind verboten,[597] ebenso für Sanktionen wegen missliebiger Gerichtsurteile;
- gegenüber der Legislative;
- gegenüber der Judikative selbst: Die Rechtsprechung der Obergerichte hat keinen Befehlscharakter für Gerichte niedrigerer Instanzen; allerdings besteht kein Schutz gegen die Aufhebung von Entscheidungen durch die nächsthöhere Instanz.

7 Die sachliche Unabhängigkeit wird durch die **persönliche Unabhängigkeit** der Richter ergänzt. Grundsätzlich verboten sind die Versetzung und Amtsenthebung (sie sind nur ausnahmsweise statthaft gem. Art. 97 Abs. 2 GG; vgl. auch Art. 98 Abs. 2 GG).

> **11.2** Steht die Weisungsunterworfenheit von (General-)Staatsanwälten eigentlich mit dem Grundgesetz in Einklang?

II. Bestimmung der Richter

8 Die Richter der **obersten Bundesgerichte** (Art. 95 Abs. 1 GG) werden durch den zuständigen Bundesminister gemeinsam mit einem **Richterwahlausschuss** unter paritätischer Beteiligung der Länder (Landesminister) bestimmt (Art. 95 Abs. 2 GG).

9 Für die Richter des **BVerfG** sieht das Grundgesetz Folgendes vor:

- **Wahlgremien:** Die Richter werden je zur Hälfte durch den Bundestag und den Bundesrat gewählt (Art. 94 Abs. 1 GG). Für den Bundestag konkretisiert § 6 BVerfGG diese Vorgabe in der Weise, dass ein **Richterwahlausschuss**, der aus zwölf Personen besteht, die Wahl vornimmt. Die im Schrifttum geäußerten Zweifel, ob diese mittelbare Wahl der Richter den Vorgaben des Grundgesetzes entspricht,[598] das nun einmal fordert, dass die Richter „vom Bundestag" gewählt werden, teilt das BVerfG selbst durchaus nicht.[599]
- Anforderungen an die Kandidaten (§ 3 BVerfGG):
  - Das BVerfG muss aus Bundesrichtern und anderen Mitgliedern bestehen. Den Schlüssel gibt das Grundgesetz nicht vor, sondern überlässt dies dem Gesetzgeber. § 2 Abs. 3 BVerfGG schreibt vor, dass jedem der beiden Senate mindestens drei (bisherige) Bundesrichter angehören müssen. Die übrigen Senatsmitglieder sind in aller Regel Hochschullehrer.
  - Die Richter müssen mindestens 40 Jahre alt sein,
  - und sie müssen die Befähigung zum Richteramt (im Grundsatz also die Zweite juristische Staatsprüfung) vorweisen.

---

597 Vgl. BVerfGE 56, 87 (127) = BeckRS 1981, 01874; BVerfGE 101, 397 (405) = NJW 2000, 1709; dazu auch Dreier/Schulze-Fielitz GG Art. 97 Rn. 25.

598 Preuß ZRP 1988, 389 (390); UCD BVerfGG/Ruppert BVerfGG § 6 Rn. 23 ff. mwN; aA KSB/Klein, 13. Lfg. 1993, BVerfGG § 6 Rn. 4.

599 BVerfGE 131, 230 (234 ff.) = NVwZ 2012, 967.

- Die Amtszeit der Verfassungsrichter beträgt nach § 4 BVerfGG zwölf Jahre, eine Wiederwahl ist nicht möglich. Die Altersgrenze liegt bei 68 Jahren.

> **11.3** Ein Bundesverfassungsrichter musste einige Monate über das Ende seiner Amtszeit am Gericht bleiben, weil sich die Parteien im Bundestag nicht auf einen Nachfolger verständigen konnten (zum Bleiben zwingt ihn § 4 Abs. 4 BVerfGG). Ist dieses Prozedere verfassungsrechtlich unangreifbar?[600]

C. Zentrale Zuständigkeiten des BVerfG mit staatsorganisationsrechtlichem Bezug

Alle verfassungsprozessualen Rechtsbehelfe auf Bundesebene wurzeln im Grundgesetz (die meisten in Art. 93); prozessuale Einzelheiten finden sich im **Bundesverfassungsgerichtsgesetz** (BVerfGG). Relaisnorm ist § 13 BVerfGG; es folgen die besonderen Verfahrensbestimmungen für die einzelnen Verfahrensarten. Im Folgenden werden unter anderem die Zulässigkeitsvoraussetzungen der vier wichtigsten Verfahrensarten (Organstreit, Abstrakte Normenkontrolle, Bund-Länder-Streit, Konkrete Normenkontrolle) in ihren Grundzügen dargestellt. Vorangestellt sei die Bemerkung, dass im Schrifttum nicht immer einheitliche Bezeichnungen für die einzelnen Prüfungspunkte verwendet werden.   10

I. Organstreit (Art. 93 Abs. 1 Nr. 1 GG, §§ 13 Nr. 5, 63 ff. BVerfGG)

Ausgangsfall: Der Bundeskanzler schlägt der Bundespräsidentin im Zusammenhang mit der Bildung einer neuen Bundesregierung die Ernennung des Karikaturisten K zum „Minister für besondere Aufgaben im Bereich der Völkerverständigung" vor. Die Bundespräsidentin weigert sich, diesem Vorschlag zu entsprechen. Einen Geschäftsbereich dieses vagen Zuschnitts habe es noch nie gegeben. K sei überdies zum Minister ungeeignet; er habe bisher nur als Witzzeichner gearbeitet und sei politisch nicht hervorgetreten.

Der Bundeskanzler möchte auf gerichtlichem Wege klären lassen, ob die Bundespräsidentin verpflichtet ist, K zu ernennen.

Der Organstreit (oder die Organstreitigkeit) ist ein **kontradiktorisches Verfahren,**   11
dh zwei Parteien streiten gegeneinander.

1. Zulässigkeitsvoraussetzungen

a) Antragsberechtigung (Beteiligtenfähigkeit; Parteifähigkeit), § 63 BVerfGG

Der Antragsteller muss sein   12

- ein oberstes Bundesorgan (Art. 93 Abs. 1 Nr. 1 GG), konkretisiert in § 63 BVerfGG:
  - Bundespräsident,
  - Bundestag,

---

600 Vgl. dazu Wilms/Jäger JuS 1988, 268 (271); allg. zur Verzögerung der Richterwahl am BVerfG vgl. Rüthers NJW 1996, 1867; Sangmeister NJW 1996, 2561.

- Bundesrat,
- Bundesregierung;
- oder ein mit eigenen Rechten ausgestatteter Teil von Bundestag, Bundesrat oder Bundesregierung (zB Minister, Abgeordnete, aber zB auch Untersuchungsausschüsse), § 63 BVerfGG;
- oder ein anderer durch das Grundgesetz oder die GOBT mit eigenen Rechten ausgestatteter Beteiligter (Art. 93 Abs. 1 Nr. 1 GG); praktisch betrifft dies nur die politischen Parteien (Art. 21 GG).

13 **Problemfelder**

- *Fraktionen* des Bundestags sind durch das Grundgesetz (Art. 53a GG, indirekt auch Art. 38 Abs. 1 S. 2 GG), besonders jedoch durch die GOBT (§ 10 GOBT, §§ 75 ff. GOBT) mit eigenen Rechten ausgestattet. Das Gleiche gilt mit Blick auf § 10 Abs. 4 GOBT für Gruppen von Abgeordneten.[601] Zugleich werden sie – im Gegensatz zu einzelnen Abgeordneten – wegen ihrer Dauerhaftigkeit als Organteile des Bundestags nach § 63 BVerfGG betrachtet.[602]
- Auch *Ausschüsse* des Bundestags sind im Organstreit antragsberechtigt (wegen §§ 54 ff. GOBT).[603]
- *Untersuchungsausschüsse* können ihre Antragsberechtigung bereits aus dem Grundgesetz (Art. 44 GG) ableiten.[604] Das Gleiche gilt für die qualifizierte Minderheit, welche nach Art. 44 Abs. 1 S. 1 GG berechtigt ist, die Einsetzung eines Untersuchungsausschusses zu verlangen (insbesondere im Verhältnis zum Bundestag, wenn dieser den Untersuchungsausschuss nicht einsetzt oder den Untersuchungsgegenstand begrenzt).[605]
- *Politische Parteien* sind Verfassungsorganen durch Art. 21 GG funktional angenähert. Nach hM können sie die ihnen als „Akteuren des Verfassungslebens" zustehenden Rechte per Organstreit geltend machen.[606] Insoweit werden sie als „sonstige Beteiligte" iSv Art. 93 Abs. 1 Nr. 1 GG angesehen. Zu beachten ist die Wortlautdivergenz zwischen dieser Vorschrift und § 64 BVerfGG, welcher die „sonstigen Beteiligten" nicht nennt. Selbst wenn es sich bei dieser Lücke nicht um ein Redaktionsversehen handeln sollte, bleibt doch die Verfassungsnorm (auslegungs-)bestimmend.[607] § 63 BVerfGG ist im Lichte des Grundgesetz extensiv auszulegen. Beachte jedoch: Des Rekurses auf die Verfassungsbeschwerde (Art. 93 Abs. 1 Nr. 4a GG) bedarf es, wenn die Zulässigkeit des Organstreits daran scheitern muss, dass die Partei nicht in ihren Funktionen nach Art. 21 GG, sondern lediglich als Verein betroffen ist,[608] oder wenn sie durch Maßnahmen beschwert wird, deren Urheber kein Beteiligter iSv Art. 93 Abs. 1 Nr. 1 GG, § 63 BVerfGG ist (etwa eine Rundfunkanstalt).
- *Einzelne Abgeordnete* sind bereits durch das GG (Art. 38 ff. GG) und darüber hinaus durch die GOBT mit zahlreichen Rechten ausgestattet und zugleich „Teile des Organs Bundestag" gem. § 63 BVerfGG, sind also ohne weiteres beteiligungsfähig.

b) Antragsgegner, § 63 BVerfGG

14 Er muss dem gleichen Kreis entstammen.

---

601 BVerfGE 84, 304 (318) = NJW 1991, 2474; Schlaich/Korioth BVerfG Rn. 88; eing. Jekewitz DöV 1984, 192.

602 BVerfGE 2, 143 (160); 84, 304 (318).

603 SKB/Bethge, 37. Lfg. 2012, BVerfGG § 63 Rn. 46; zur Fraktion im Ausschuss vgl. Benda/Klein/Klein VerfassungsProzR Rn. 1041.

604 Sachs/Detterbeck GG Art. 93 Rn. 46; Hillgruber/Goos VerfassungsProzR Rn. 463.

605 BVerfGE 67, 100 (124) = NJW 1984, 2271; Benda/Klein/Klein VerfassungsProzR Rn. 1041.

606 Vgl. hierzu BVerfGE 4, 27 (30 f.) = NJW 1955, 17; BVerfGE 66, 107 (115) = BeckRS 1984, 03710; BVerfGE 82, 322 (335) = NJW 1990, 3001; krit.: Ipsen StaatsR I Rn. 886; Maurer StaatsR I § 11 Rn. 23 ff.

607 BK-GG/Stern, 44. Lfg. 1982, GG Art. 93 Rn. 78 ff.

608 SKB/Bethge, 37. Lfg. 2012, BVerfGG § 63 Rn. 61.

Problemfelder   15

- Anträge von Abgeordneten, aber auch von Parteien können daran scheitern, dass sie sich nicht gegen die Maßnahme eines der in § 63 BVerfGG genannten Organe wenden (Beispiel: Abgeordneter sieht seine Rechte aus Art. 47 GG durch die Beschlagnahme amtlicher Dokumente verletzt; Partei wehrt sich gegen Modus der Zuteilung von Sendezeiten durch eine Rundfunkanstalt). In solchen Fällen muss gleichwohl verfassungsgerichtlicher Rechtsschutz eröffnet sein, sodass gegebenenfalls die *Verfassungsbeschwerde als „Auffangverfahren"* in Betracht zu ziehen ist, obwohl sie der Rüge einer Verletzung von Individualgrundrechten und nicht der Befugnisse von Staatsorganen dient.[609]
- Gegen den Erlass von Gesetzen (oder sein Unterlassen) gerichtete Anträge sind wegen Art. 77 Abs. 1 S. 1 GG gegen den Deutschen Bundestag zu richten, nicht auch gegen den Bundesrat.
- Der Organstreit ist, wie § 63 BVerfGG verdeutlicht, auch als *„Innerorganstreit"* zulässig, also in Gestalt eines gegen den Bundestag als Gesamtorgan gerichteten Antrags eines Abgeordneten, einer Fraktion, einer qualifizierten Minderheit (Art. 44 Abs. 1 S. 1 GG), einer „Fraktion im Untersuchungsausschuss" (→ Rn. 9, → § 5 Rn. 25) etc.

c) Streitgegenstand (Antragsgegenstand), § 64 Abs. 1 BVerfGG

Der Antrag muss sich gegen eine rechtserhebliche Handlung oder ein rechtserhebliches Unterlassen des Antragsgegners richten.   16

> **Hinweis: Gesetze** können grundsätzlich sowohl im Wege des Organstreits als auch mit der Normenkontrolle angegriffen werden, die sich jedoch bei Verfahrensgegenstand und Beteiligten (und im Prüfungsaufbau) signifikant unterscheiden. Ob insoweit ein Organstreit und/oder eine abstrakte Normenkontrolle zu erheben ist, bestimmt sich nach dem Rechtsschutzinteresse der Beteiligten im Einzelfall – und vor allem nach der (stets sorgfältig zu beachtenden) Fallfrage. Vielfach kommen beide Verfahren nebeneinander bzw. alternativ zueinander in Betracht.

d) Antragsbefugnis, § 64 Abs. 1 BVerfGG

Laut Gesetz muss der Antragsteller die Verletzung oder unmittelbare Gefährdung   17 eigener verfassungsmäßiger Rechte durch die streitgegenständliche Handlung geltend machen; aus seinen Ausführungen muss sich die Möglichkeit einer solchen Rechtsverletzung oder -gefährdung ergeben. „Streitigkeiten" iSv Art. 93 Abs. 1 Nr. 1 GG wird damit gedeutet als: Streit um eine Rechtsverletzung. Im Lichte des Verfassungswortlauts ist dies nicht unproblematisch, entspricht aber dem Telos verfassungsgerichtlicher Kontrolle.[610] Für das Vorliegen der Handlungsbefugnis gem. § 64 Abs. 1 BVerfGG bedarf es also:

- eigener Rechte,
- Verankerung dieser Rechte im Grundgesetz und
- Möglichkeit der Verletzung der Rechte.

> **Beachte:**   18
>
> (1) § 64 Abs. 1, 2 BVerfGG heben die prozessualen Erfordernisse (Geltendmachung, Bezeichnung der Bestimmung) hervor. Im Klausurfall ist diese Prüfung meist entbehrlich, da bei den üblichen knappen Sachverhalten das Vorliegen einer den Anforderungen genügenden Antragsschrift unterstellt werden kann. Liegt noch kein Antrag vor, ist knapp auf die formalen Vorgaben hinzuweisen. Im Kern aber ist hier eine (kursorische) materiell-rechtliche Vorprüfung vorzunehmen.

---

609 BVerfGE 108, 251 (251 ff.) = NJW 2003, 3401 – Abgeordnete; BVerfGE 7, 99 (104) = NJW 1957, 1513; BVerfGE 14, 121 (134) = NJW 1962, 1493; BVerfGE 69, 257 (268) = NJW 1985, 2521, politische Parteien; krit. MKS/Streinz GG Art. 21 Rn. 147.

610 BVerfGE 2, 143 (157) = NJW 1953, 537; dazu auch Klein AöR 108 (1983), 561 (565 f.).

(2) Die geltend gemachten bzw. zu machenden Rechte müssen **dem Antragsteller durch das Grundgesetz selbst zugewiesen** sein. Die Verletzung der GOBT begründet keine Antragsbefugnis, es sei denn, im Verstoß gegen ihre Regeln liegt zugleich eine Verletzung des Grundgesetz.

(3) Das geltend gemachte Recht muss ein **Recht des Antragstellers** sein. Eine Verletzung objektiven Verfassungsrechts, wie zB des Art. 20a GG[611], genügt nicht. (Im Zuge der Begründetheit des Organstreits darf – anders als bei der Normenkontrolle, die eine verfassungsrechtliche Prüfung unter allen Gesichtspunkten gestattet – folglich auch nur die Verletzung dieser Organrechte überprüft werden, auch dann, wenn Streitgegenstand ein Gesetz ist.)

(4) Die Verletzung des Rechts muss **möglich**, darf also nicht offenkundig ausgeschlossen sein. Die Möglichkeitskontrolle bezieht sich ebenso auf die Existenz einer Rechtsposition wie auf die Frage ihrer Verletzung. Die Rechtsverletzung ist ausgeschlossen, soweit der Antragsteller Rechte anführt, die offenkundig weder ihm, noch dem Organ, welchem er angehört, zustehen.

(5) Eine **Prozessstandschaft** ist nach Maßgabe von § 64 Abs. 1 BVerfG beim Organstreit ausnahmsweise zulässig („oder das Organ, dem er angehört"). Darunter ist die Geltendmachung eines fremden Rechts im eigenen Namen zu verstehen (dazu sogleich „Problemfeld Prozessstandschaft").

- Die Prozessstandschaft ist nur als gesetzliche nach § 64 Abs. 1 BVerfGG zulässig. Eine gewillkürte, also verabredete Prozessstandschaft gibt es nicht.
- Die Formulierung des § 64 Abs. 1 BVerfGG würde, wörtlich genommen, dazu führen, dass jedwede Untergliederung des Bundestages, die auch nur aus der Geschäftsordnung eigene Rechte ableiten könnte, sich uU auch gegen den Willen der Bundestagsmehrheit zur Verteidigung der Rechte des Parlaments aufschwingen könnte. Die Formel muss daher auf **ständig vorhandene Untergliederungen** beschränkt werden, auch wenn die Kontrollfunktion des Parlaments durch die Ausdehnung der Aktivlegitimation gestärkt werden mag.[612]
  – Untersuchungsausschüsse haben kein Recht zur Prozessstandschaft. Auch einzelnen Abgeordneten wird dieses Recht aufgrund der Nichtständigkeit ihres Mandats abgesprochen.[613] Dogmatisch überzeugend begründen lässt sich der Unterschied, den das BVerfG zwischen den Abgeordneten und den ebenfalls volatilen Fraktionen macht, aber nicht.[614]
  – Allgemein statthaft ist Prozessstandschaft von Fraktionen, die ihrem Wesen nach als ständige Untergliederungen des Bundestags angesehen werden, obwohl die einzelne Fraktion der Diskontinuität unterliegt.[615] Dies soll auch für die „Fraktion im Untersuchungsausschuss" gelten, die wie die „Mutterfraktion" Rechte *des* Bundestags in Prozessstandschaft geltend machen darf[616] – obwohl der Untersuchungsausschuss selbst ein nichtständiges Gremium ist. Ob sie „Fraktion im Untersuchungsausschuss" auch in Prozessstandschaft *für* den Untersuchungsausschuss Rechtsschutz ergreifen darf, ist unklar. Dafür ließe sich geltend machen, dass sie Abbild einer Fraktion als einer ständigen Untergliederung des Bundestags ist, dagegen allerdings, dass der Untersuchungsausschuss selbst nur als nichtständiges Gremium existiert und damit auch alle seine eigenen Untergliederungen.

(6) Anstelle der Verletzung lässt § 64 Abs. 1 BVerfGG eine „unmittelbare Gefährdung" ausreichen. Eigenständige dogmatische Bedeutung hat dieser Passus nicht erlangt, zeigt aber an, dass die Schwelle der möglichen Rechtsverletzung niedrig angelegt werden muss.

---

611 Vgl. dazu anstelle vieler Gröpl StaatsR I Rn. 778.

612 Schlaich/Korioth BVerfG Rn. 94 f.

613 BVerfGE 2, 143 (165) = NJW 1953, 537; UCD BVerfGG/Umbach BVerfGG §§ 63, 64 Rn. 4 ff.; vor § 63 Rn. 17 ff.

614 Zum Meinungsstand Sachs/Detterbeck GG Art. 93 Rn. 49.

615 BVerfGE 1, 352 (359) = NJW 1952, 969; BVerfGE 2, 347 (365 f.) = NJW 1953, 1177; BVerfGE 45, 1 (28) = NJW 1977, 1387; BVerfGE 67, 100 (124) = LMRR 1984, 42; BVerfGE 121, 135 (151) = NJW 2008, 2018; vgl. auch UCD BVerfGG/Umbach BVerfGG §§ 63, 64 Rn. 82 ff.; Benda/Klein/Klein VerfassungsProzR Rn. 1052 ff.

616 BVerfGE 124, 78 (107) = NVwZ 2009,1353.

e) Form: §§ 64 Abs. 2, 23 Abs. 1 BVerfGG

f) Frist: 6 Monate, § 64 Abs. 3 BVerfGG

Zum Ausgangsfall

In Betracht kommt eine gerichtliche Überprüfung vor dem BVerfG im Rahmen eines Organstreits (Art. 93 Abs. 1 Nr. 1 GG, §§ 13 Nr. 5, 63 ff. BVerfGG).

I. Antragsberechtigung

Der Bundeskanzler muss antragsberechtigt sein iSd Art. 93 Abs. 1 Nr. 1 GG, § 63 BVerfGG. Er ist ein mit eigenen Rechten ausgestatteter Teil des in § 63 BVerfGG genannten Organs Bundesregierung (Art. 62 GG). Überdies ist er durch das Grundgesetz mit eigenen Rechten ausgestattet (Art. 64 f. GG). Die Antragsberechtigung des Bundeskanzlers ist damit gegeben.

II. Antragsgegner

Der Bundespräsident wird in § 63 BVerfGG ausdrücklich als möglicher Antragsgegner genannt.

III. Streitgegenstand (Antragsgegenstand)

Gemäß § 64 Abs. 1 BVerfGG kann Streitgegenstand nur eine rechtserhebliche Maßnahme oder ein rechtserhebliches Unterlassen des Antragsgegners sein. Hier hat es die Bundespräsidentin unterlassen, K zu ernennen. Dies ist ein rechtserhebliches Unterlassen. Ein zulässiger Streitgegenstand liegt damit vor.

IV. Antragsbefugnis

Nach § 64 Abs. 1 BVerfGG muss der Antragsteller geltend machen, durch eine Maßnahme oder Unterlassung des Antragsgegners in ihm durch das Grundgesetz übertragenen eigenen Rechten verletzt oder unmittelbar gefährdet zu sein. Dies ist dann der Fall, wenn nach dem Vorbringen des Antragstellers eine Verletzung oder unmittelbare Gefährdung seiner verfassungsmäßigen Rechte und Pflichten möglich ist. Der Bundeskanzler verfügt nach Art. 64 Abs. 1 GG über das Recht zur Bestimmung der Kabinettmitglieder. Es ist nicht auszuschließen, dass die politisch motivierte Weigerung der Bundespräsidentin, K zu ernennen, den Bundeskanzler in diesem Recht verletzt. Der Bundeskanzler ist folglich antragsbefugt.

V. Ordnungsgemäßer Antrag

Gemäß der §§ 64 Abs. 3, 23 Abs. 1, 2 BVerfGG hat der Bundeskanzler den Antrag schriftlich und mit Begründung einzureichen. Nach § 64 Abs. 2 BVerfGG muss im Antrag die Bestimmung des Grundgesetz bezeichnet werden, gegen die der Bundespräsident verstoßen haben soll, hier also Art. 64 Abs. 1 GG.

VI. Frist

Der Antrag ist innerhalb von sechs Monaten nach Kenntnis des Bundeskanzlers von der Weigerung der Bundespräsidentin zu stellen (§ 64 Abs. 3 BVerfGG).

VII. Ergebnis

Der Antrag ist zulässig.

2. Zur Begründetheit

• Beim Organstreit ist der Antrag begründet, wenn der Antragsgegner in einem ihm durch das Grundgesetz übertragenen Rechte *verletzt ist*. Angesichts des kontradiktorischen Verfahrenscharakters kommt – trotz des Wortlautes des § 67 S. 1, 2 BVerfGG – kein weiter gefasster Prüfungsrahmen in Betracht. Aus der Vorschrift lässt sich ableiten, dass die Begründetheit einen Rechtsverstoß erfordert: Anders als für die Zulässigkeit genügt insoweit eine im Vorfeld liegende bloße Gefährdung des Rechts nicht.[617]   **19**

---

617 S. zur Begründetheit SKB/Bethge, 38. Lfg. 2012, BVerfGG § 67 Rn. 4 ff.

● Einer *Unterscheidung zwischen formeller und materieller Verfassungsmäßigkeit* bedarf es beim Organstreit (wie auch beim Bund-Länder-Streit) *nicht*. Wer an ihr trotzdem festhalten will, hat stets zu prüfen, ob einer Zuständigkeitsverteilung, einem Verfahrens- oder Formerfordernis zugleich subjektive Rechte des Antragstellers korrespondieren.

II. Abstrakte Normenkontrolle (Art. 93 Abs. 1 Nr. 2 GG, §§ 13 Nr. 6, 76 ff. BVerfGG)

Ausgangsfall: Der Bundestag beschließt mehrere Gesetze zur effektiven Bekämpfung der Umweltverschmutzung, nachdem Appelle an die Eigenverantwortung von Bürgern und Industrie erfolglos geblieben sind. Unter ihnen befindet sich auch ein „Gesetz über die Reinhaltung der Wälder" (WReinG). Das Gesetz sieht unter anderem eine Einteilung der Wälder in Zonen nach bestimmten Kriterien und dort insbesondere Rauchverbote von gestaffelter Intensität vor. Außerdem wird zur regelmäßigen Untersuchung des Zustandes der Wälder eine Bundeswaldschutzbehörde eingerichtet. Das weitere Gesetzgebungsverfahren verläuft turbulent. Der Bundesrat verweigert dem WReinG mit knapper Mehrheit seine Zustimmung. Der Bundestag überstimmt daraufhin den Bundesrat mit einer Mehrheit von zwei Dritteln seiner Mitglieder. Das Gesetz tritt nach Ausfertigung und Verkündung in Kraft. Die Regierung des Landes L hält es wegen förmlicher und sachlicher Unvereinbarkeit mit dem Grundgesetz für nichtig und beantragt eine entsprechende Feststellung beim BVerfG. Das WReinG sei ein Gesetz, das ohne die Zustimmung des Bundesrats nicht hätte verabschiedet werden dürfen. Auch verstoße das Gesetz gegen Grundrechte der Waldbesucher. – Ist der Antrag zulässig?

1. Zulässigkeitsvoraussetzungen

20 Die abstrakte Normenkontrolle ist kein kontradiktorisches Verfahren, denn ein Antragsgegner ist nicht vorgesehen. Mit dem Attribut „abstrakt" wird sie von der konkreten Normenkontrolle nach Art. 100 GG abgegrenzt, die ein laufendes Gerichtsverfahren, dessen Ausgang von der Gültigkeit der Norm abhängt, zum konkreten Anlass hat. Die abstrakte Normenkontrolle ist an keinen Anlass gebunden. Sie stellt zudem eine Variante **prinzipaler Normenkontrolle** dar, weil allein die Gültigkeit der Norm überprüft wird.

21 Der Gegensatzbegriff ist derjenige der **inzidenten Normenkontrolle**: Die Gültigkeit der Norm wird hier nur als Vorfrage für die Entscheidung über eine Rechtsstreitigkeit untersucht, die auf der Anwendung der Norm beruht. Inzidentkontrollen sind eine Angelegenheit der Instanzgerichte, erstrecken sich allerdings nicht auf die Gültigkeit von Parlamentsgesetzen: Diese Prüfung ist beim BVerfG monopolisiert (vgl. Art. 100 Abs. 1 GG). Hat also ein Gericht Zweifel an der Verfassungskonformität eines Gesetzes, ist erforderlichenfalls eine konkrete Normenkontrolle beim BVerfG zu beantragen. Auch bei dieser handelt es sich, da das BVerfG über die Gültigkeit der Vorschrift entscheidet, um eine prinzipale Normenkontrolle.

22 Der Anlasslosigkeit der abstrakten Normenkontrolle entsprechend lässt Art. 93 Abs. 1 Nr. 2 GG beim Antragsteller „Meinungsverschiedenheiten" oder „Zweifel" genügen. Daher sieht sich das BVerfG auch dann noch zur Entscheidung befugt, wenn der Antragsteller seinen Antrag zurückzieht, sofern ein öffentliches Interesse an der Fortführung des Verfahrens besteht.[618]

---

618 StRspr: BVerfGE 1, 396 (414) = NJW 1952, 970; BVerfGE 8, 183 (184) = NJW 1958, 2011; BVerfGE 25, 308 (309) und zuletzt BVerfGE 106, 210 (213) = BeckRS 2002, 24785; krit. UCD BVerfGG/Graßhof BVerfGG § 76 Rn. 13.

a) Antragsberechtigung (Art. 93 Abs. 1 Nr. 2 GG, § 76 Abs. 1 BVerfGG)

- Bundesregierung   23
- Landesregierung
- ein Viertel der Mitglieder des Bundestags

Problemfelder   24

- *Nicht* antragsberechtigt sind Bundestag und Bundesrat.
- *Fraktionen* als solche sind, auch wenn sie ein Viertel der Bundestagsmitglieder umfassen, *nicht antragsberechtigt.* Das Mitgliederviertel muss als Einheit auftreten und identische Ziele verfolgen.[619] Der im Namen der Fraktion unterbreitete Normenkontrollantrag kann nicht ohne Weiteres zu einem Antrag aller ihrer Mitglieder umgedeutet werden, schon weil ihm möglicherweise nur ein Mehrheitsvotum, aber kein einstimmiges Votum der Fraktion oder nur ein solches ihrer Gremien zugrunde liegt.[620] Gibt dagegen ein Sachverhalt vor, dass noch kein Antrag gestellt worden ist und die Fraktion solches erwägt, sollte jedenfalls auf die Möglichkeit hingewiesen werden, mit einem Viertel der in der Fraktion zusammengeschlossenen Mitglieder des Bundestages einen Antrag zu stellen.
- Der nach Verfahrensbeginn eingetretene Verlust des Abgeordneten- oder Fraktionsstatus lässt die Antragsberechtigung grundsätzlich nicht entfallen. Die Normenkontrolle wäre ineffizient, wenn Diskontinuität die Einstellung des Verfahrens erzwingen würde.

b) Antragsgegenstand (Antragsinhalt, Prüfungsgegenstand), § 76 Abs. 1 BVerfGG

Zur Normenkontrolle vorgelegt werden kann   25

- Landesrecht (zur Überprüfung am Grundgesetz oder sonstigem Bundesrecht);
- Bundesrecht (zur Überprüfung am Grundgesetz).

Problemfelder   26

- Die Bezeichnung „Streitgegenstand" passt nicht, da das Verfahren kein kontradiktorisches ist.
- Rechtsverordnungen des Bundes sind tauglicher Gegenstand der abstrakten Normenkontrolle; das BVerfG überprüft sowohl die Verletzung des Art. 80 GG durch Überschreitung des Rahmens der gesetzlichen Ermächtigung als auch sonstige Verstöße gegen das Grundgesetz. Soweit Instanzgerichte befugt sind, Rechtsverordnungen inzident zu überprüfen (die Verfassungswidrigkeit der Rechtsverordnung ist hier nur eine Vorfrage für die Sachentscheidung zu einem anderen Streitgegenstand), steht dies der prinzipalen Normenkontrolle nicht entgegen.
- Für Verordnungen und Beschlüsse (Art. 288 Abs. 2, 4 AEUV), die als EU-Gesetzgebungsakte unmittelbar anwendbar sind und in ihrer Wirkung einem nationalen Parlamentsgesetz gleichen, behält sich das BVerfG eine Prüfung (im Wege der abstrakten oder konkreten Normenkontrolle oder der Verfassungsbeschwerde) zwar vor. Es übt diese latente Kontrollkompetenz in Grundrechtsangelegenheiten aber nicht aus, solange die EU in der Gesamtschau einen Grundrechtsschutz gewährleistet, welcher demjenigen des Grundgesetzes im Wesentlichen gleichwertig ist.[621] Ein potenziell weiterer Prüfungsrahmen nimmt das BVerfG (ohne dass es sich insoweit auf Einzelheiten festgelegt hat) in Bezug auf „ausbrechende Rechtsakte" in Anspruch, die ohne ausreichende Kompetenzgrundlage erlassen werden.[622]
- Der Terminus „Recht" in § 76 Abs. 1 BVerfGG lässt darauf schließen, dass die betroffene Norm bereits in Kraft getreten und noch in Kraft sein muss. Allgemein reicht aber die *Verkündung* im Bundesgesetzblatt aus, selbst wenn die Norm noch nicht in Kraft getreten ist.[623]

---

619 BVerfGE 68, 346 (350) = BeckRS 1984, 108153.
620 Vgl. auch SKB/Rozek, 38. Lfg. 2012, BVerfGG § 76 Rn. 11; Schlaich/Korioth BVerfG Rn. 125.
621 BVerfGE 73, 339 (387) = NJW 1987, 577 – »Solange II-Rechtsprechung«.
622 BVerfGE 73, 339 (387) = NJW 1987, 577 – »Solange II-Rechtsprechung«; Möller NVwZ 2010, 225 (226).
623 Vgl. hierzu BVerfGE 1, 396 (400) = NJW 1952, 970; MKS/Voßkuhle GG Art. 93 Rn. 122; SKB/Rozek, 38. Lfg. 2012, BVerfGG § 76 Rn. 16.

- Eine Ausnahme gilt für *Zustimmungsgesetze zu völkerrechtlichen Verträgen* (vgl. Art. 59 Abs. 2 GG). Sie können bereits nach ihrem Zustandekommen (Art. 78 GG; → § 6 Rn. 41) der Normenkontrolle unterworfen werden. So soll verhindert werden, dass Deutschland – da das ausgefertigte Gesetz dem Bundespräsidenten zugleich den Ratifikationsbefehl erteilt – in das Dilemma gerät, völkerrechtliche Pflichten nur um den Preis einer GG-Verletzung einhalten zu können.[624]
- *Außer Kraft getretene Normen* können noch Gegenstand der abstrakten Normenkontrolle sein, solange sie tatsächlich noch Rechtswirkungen entfalten.[625]
- *Legislatives Unterlassen* kann mit der abstrakten Normenkontrolle jedenfalls dann gerügt werden, wenn eine verfassungsrechtliche Pflicht zur Gesetzgebung bestand. In aller Regel wird es sich um die unterlassene Anpassung bestehender Bestimmungen an verfassungsrechtliche Standards handeln, sodass hier eine positive Norm zur Prüfung steht.[626] Im Schrifttum wird legislatives Unterlassen für einen tauglichen Normenkontrollgegenstand erachtet, wenn es im Zusammenhang mit einer bereits erlassenen positiven Norm steht.[627]
- *Vorkonstitutionelle*, also vor Inkrafttreten des Grundgesetz erlassene *Normen*, können mit der abstrakten Normenkontrolle überprüft werden, unabhängig davon, ob sie der Gesetzgeber später in seinen Willen aufgenommen hat oder nicht.[628] Lediglich der konkreten Normenkontrolle (Art. 100 Abs. 1 GG) sind sie unmittelbar grundsätzlich nicht zugänglich (dazu → Rn. 44).
- Zur Überprüfung der Voraussetzungen des Art. 72 Abs. 2 GG stellt das Grundgesetz neben der abstrakten Normenkontrolle im engeren Sinne (ein Bundesgesetz, das der bundesstaatlichen Erforderlichkeit nicht genügt, ist kompetenzwidrig erlassen) eine Variante in Gestalt der *abstrakten bundesstaatlichen Erforderlichkeitskontrolle* (Art. 93 Abs. 1 Nr. 2a GG, §§ 13 Nr. 6a, 76 ff. BVerfGG) zur Verfügung. Da sich die prozessualen Voraussetzungen beider Verfahren nicht wesentlich unterscheiden – anstelle des Bundestags sind allerdings die Volksvertretungen der Länder antragsberechtigt –, die Erforderlichkeitskontrolle aber auf eine einzige Rechtsfrage beschränkt ist, spielt sie in der Rechtswirklichkeit bislang eine untergeordnete Rolle. In der Klausur ist auf Art. 93 Abs. 1 Nr. 2a GG, falls erforderlich, dennoch einzugehen. – Beachte für Übergangskonstellationen auch Art. 93 Abs. 2 GG.

c) Statthaftigkeit des Antrags (Antragsgrund) bzw. objektives Klarstellungsinteresse, § 76 Abs. 1 BVerfGG

27 Ein antragsberechtigtes Organ muss die vorgelegte Norm

- nach § 76 Abs. 1 BVerfGG für *nichtig* halten (Nr. 1)
- oder – in der Praxis seltener – für *gültig*, nachdem sie von Gerichten, Verwaltungsbehörden, etc nicht angewendet worden ist (Nr. 2).

28 Das Grundgesetz formuliert es allerdings anders: „Meinungsverschiedenheiten" oder „Zweifel" müssen bestehen. Das BVerfG hat in § 76 Abs. 1 BVerfGG gleichwohl noch eine zulässige Konkretisierung dieser Vorgabe gesehen.[629] (Nach aA ist die Einengung der Voraussetzungen nach § 76 Abs. 1 Nr. 1 BVerfGG ganz oder zumindest teilweise verfassungswidrig).[630] Erforderlich sind entweder sachliche Differenzen oder erschütterte Gewissheit über die Gültigkeit der Norm. Damit sind bloß abstrakte

---

624 Vgl. hierzu BVerfGE 1, 396 (414) = NJW 1952, 970; Hillgruber/Goos VerfassungsProzR Rn. 660.
625 BVerfGE 5, 25 (28) = NJW 1956, 1025; BVerfGE 20, 56 (94) = NJW 1966, 1499; BVerfGE 79, 311 (326 ff.) = NJW 1989, 2457; BVerfGE 97, 198 (213 f.) = NVwZ 1998, 495; BVerfGE 100, 249 (257) = NVwZ 1999, 977; BVerfG NJW 2004, 2213.
626 ZB die vom BVerfG mehrfach gerügte Nichtanpassung des BGB an Art. 6 Abs. 5 GG.
627 Vgl. Roth NVwZ 1998 563; allg. Möstl DÖV 1998, 1029 ff.
628 BVerfGE 24, 174 (179 f.) = NJW 1968, 2187; Schlaich/Korioth BVerfG Rn. 129.
629 BVerfGE 96, 133 (137) = NJW 1998, 589; Hillgruber/Goos VerfassungsProzR Rn. 668.
630 MKS/Voßkuhle GG Art. 93 Rn. 123; Schlaich/Korioth BVerfG Rn. 130 mwN; Dreier/Wieland GG Art. 93 Rn. 59.

oder akademische Erkenntnisinteressen ausgeschlossen; ein gewisser Praxisbezug ist mit anderen Worten notwendig. Der Antragsteller muss sich folglich zumindest auf ein „objektives Klarstellungsinteresse" berufen können.[631]

Problemfelder

29

- Nicht in allen Fällen kann das BVerfG trotz Verfassungsverstoßes auf Nichtigkeit erkennen, da dann das Gesetz keine Anwendung mehr finden kann, obwohl ein Regelungsbedarf besteht. Dementsprechend wird man auch bei der Zulässigkeit für ausreichend erachten müssen, dass der Antragsteller die Norm *für rechtswidrig* hält.[632]
- *Rechtsverordnungen des Bundes*, die der gesetzlichen Ermächtigung nicht entsprechen, verstoßen nicht nur gegen höherrangiges Gesetzesrecht, sondern sind nach herrschender Ansicht auch mit Art. 80 GG unvereinbar. Die Vereinbarkeit mit ihrer Ermächtigungsnorm kann also durch das BVerfG überprüft werden.[633] – Verordnungen der Länder sind jedoch vielfach im Wege der abstrakten Normenkontrolle von den Oberverwaltungsgerichten zu überprüfen (§ 47 VwGO).

Zum Ausgangsfall

In Betracht kommt eine abstrakte Normenkontrolle vor dem BVerfG gem. Art. 93 Abs. 1 Nr. 2 GG, §§ 13 Nr. 6, 76 BVerfGG.

I. Antragsberechtigung (Art. 93 Abs. 1 Nr. 2 GG, § 76 BVerfGG)

Antragsberechtigt sind nach Art. 93 Abs. 1 Nr. 2 GG iVm § 76 BVerfGG unter anderem Landesregierungen, also auch die Regierung des Landes L.

II. Antragsgegenstand (§ 76 Nr. 1 BVerfGG)

Das WReinG ist ein Bundesgesetz und unterliegt daher grundsätzlich der abstrakten Normenkontrolle. Allerdings ist es noch nicht in Kraft getreten. Es reicht jedoch aus, wenn das zur Überprüfung gestellte Gesetz ausgefertigt und verkündet ist. In diesem Stadium ist die Tätigkeit aller am Gesetzgebungsverfahren Beteiligten beendet und das Inkrafttreten nur noch eine Frage des Zeitablaufs. Da das WReinG bereits ausgefertigt und verkündet worden ist, kann es der abstrakten Normenkontrolle unterworfen werden.

III. Statthaftigkeit (Antragsgrund), § 76 Abs. 1 BVerfGG

Der Antrag ist statthaft, wenn die Unvereinbarkeit der betreffenden Norm mit dem Grundgesetz oder sonstigem Bundesrecht geltend gemacht wird. Die Landesregierung von L macht geltend, das „Gesetz über die Reinhaltung der Wälder" verstoße gegen Normen des Grundgesetzes (Grundrechte und Kompetenzvorschriften). Das objektive Klarstellungsinteresse an einer Überprüfung liegt, da das Fehlen einer Bundeskompetenz beanstandet wird, wegen der Mitwirkung des Landes im Bundesrat sowie angesichts der Pflicht der Länder, Bundesgesetze auszuführen (Art. 83, 84 GG), vor. Der Antrag ist damit statthaft.

IV. Ordnungsgemäßer Antrag

Die Landesregierung von L hat den Antrag gem. § 23 Abs. 1 BVerfGG schriftlich zu stellen und mit einer Begründung zu versehen. Eine Frist ist nicht zu beachten.

V. Ergebnis

Der Antrag ist zulässig.

---

631 Vgl. BVerfGE 96, 133 (138) = NJW 1998, 589; SKB/Rozek, 38. Lfg. 2012, BVerfGG § 76 Rn. 58 ff. mwN; Hillgruber/Goos VerfassungsProzR Rn. 662 ff.; BVerfGE 12, 205 (221) = NJW 1961, 547.

632 SKB/Rozek, 38. Lfg. 2012, BVerfGG § 76 Rn. 48.

633 Vgl. nur BVerfGE 106, 1 (12) = JuS 2003, 917; dazu auch UCD BVerfGG/Graßhof BVerfGG § 76 Rn. 36 f.

2. Zur Begründetheit

30 • Die abstrakte Normenkontrolle ist begründet, soweit die Norm mit dem Grundgesetz (bei Landesrecht: mit Bundesrecht) unvereinbar ist *(Diese Formel unterliegt nach Maßgabe des Antragsgegenstands und des Prüfungsmaßstabs Variationen.).*
 • Üblich ist eine in die Untersuchung zunächst der formellen Verfassungsmäßigkeit (bzw. Rechtmäßigkeit) (Zuständigkeits-, Verfahrens- und Formvorschriften), sodann der materiellen Verfassungsmäßigkeit (Rechtmäßigkeit) gegliederte Prüfung.
 • Das BVerfG erklärt die Vorschrift grundsätzlich für nichtig (§ 78 BVerfGG). Kann der Mangel durch den Gesetzgeber behoben werden und/oder hätte der Wegfall einer gesetzlichen Regelung eine noch verfassungsfernere Lage zur Folge, begnügt es sich damit, die streitgegenständliche Vorschrift für verfassungswidrig zu erklären. Dabei wird vielfach eine befristete sowie nach Maßgabe des Gerichts eingeschränkte bzw. modifizierte Fortgeltung angeordnet.[634]
 • Der Entscheidung des BVerfG kommt, worauf am Ende der Prüfung hingewiesen werden sollte, Gesetzeskraft nach Maßgabe des § 31 Abs. 2 S. 1 BVerfGG zu.

III. Bund-Länder-Streit (Art. 93 Abs. 1 Nr. 3 GG, §§ 13 Nr. 7, 68 ff. BVerfGG)

31 Auch der Bund-Länder-Streit (auch als Bund-Länder-Streitigkeit bekannt) ist ein kontradiktorisches Verfahren. Vom Organstreit unterscheidet er sich nur darin, dass nicht Organe derselben Körperschaft (Bund) miteinander streiten, sondern unterschiedliche Körperschaften (Bund gegen Länder oder Länder gegen Bund). Die verfahrensrechtlichen Prämissen gleichen jedoch denen des Organstreits, was in der Verweisung des § 69 BVerfGG auf die hierfür geltenden Regeln zum Ausdruck kommt.

Ausgangsfall: Die Bundesregierung findet die bestehenden Regelungen der Schulferien (unterschiedliche Zeiträume nach Maßgabe von Landesrecht) wirtschaftsfeindlich. Deshalb weist der Bundeskanzler die Länderregierungen an, die Ferien auf bestimmte und von ihm vorgegebene Zeiträume festzusetzen. Die Regierung des Landes L hält dieses Vorgehen für verfassungswidrig, weil die Regelung der Schulferien Angelegenheit der Länder sei und der Bund daher diesbezügliche Weisungen nicht erteilen dürfe. Kann sie eine Überprüfung der Weisung vor dem BVerfG erreichen?

1. Zulässigkeitsvoraussetzungen

a) Antragsberechtigung (Antragsteller), § 68 BVerfGG

32 • Bund,
 • Land (oder mehrere Länder),

jeweils vertreten durch ihre Regierungen.[635]

33 **Problemfelder**
 • Die Regierungen handeln nach herrschender Ansicht nicht in Prozessstandschaft für die Länder, sondern vertreten sie gegenüber der jeweils anderen Körperschaft, also „nach außen".[636]
 • Streitigkeiten zwischen mehreren Ländern fallen nicht unter Art. 93 Abs. 1 Nr. 3, sondern unter Nr. 4 Var. 2.

---

634 BVerfGE 91, 186 (207) = NJW 1995, 381; SKB/Bethge, 38. Lfg. 2012, BVerfGG § 78 Rn. 66.
635 SKB/Bethge, 38. Lfg. 2012; BVerfGG § 68 Rn. 4 f.; 21. Lfg. 2002, BVerfGG § 69 Rn. 80 ff.; Schlaich/Korioth BVerfG Rn. 104a.
636 Vgl. nur Sachs/Detterbeck GG Art. 93 Rn. 64.

b) Antragsgegner, § 68 BVerfGG

* Bund bei Antrag des Landes,   34
* Land/Länder bei Antrag des Bundes, jeweils vertreten durch ihre Regierungen.

c) Antragsgegenstand und -inhalt (Streitgegenstand)

Hier gelten die gleichen Anforderungen wie beim Organstreit (§ 69 iVm §§ 64 Abs. 1,   35
2 BVerfGG).

d) Antragsbefugnis

Da § 64 Abs. 1 BVerfGG entsprechend gilt, kann auf die Ausführungen hierzu ver-   36
wiesen werden. Trotz des Wortlauts des Art. 93 Abs. 1 Nr. 3 GG, der insoweit Nr. 2
entspricht („Meinungsverschiedenheiten"), bedarf es einer *Streitigkeit*, wobei die
Möglichkeit der Verletzung eigener (bundesstaatlicher) Rechte zu belegen ist.

Problemfelder   37

* Es müssen Rechte der Körperschaft selbst, nicht der Regierung, geltend gemacht werden.
* In der Verletzung von Beteiligungsrechten des *Bundesrates* liegt grundsätzlich *nicht* zugleich eine
  Verletzung von Länderrechten, schon weil der Bundesrat ein Bundesorgan ist.[637]
* Beim Mängelrügeverfahren als Sonderform der Bund-Länder-Streitigkeit ist deren Gegenstand
  gem. Art. 84 Abs. 2 S. 2 GG ein Beschluss des Bundesrats. Für die Fristberechnung ist an diesen
  anzuknüpfen (näher zur Mängelrüge → § 9 Rn. 22).

e) Form, § 69 BVerfGG iVm § 64 Abs. 2 BVerfGG, § 23 Abs. 1, 2 BVerfGG

f) Frist, § 69 BVerfGG iVm § 64 Abs. 3 BVerfGG

Zum Ausgangsfall

Für Bund-Länder-Streitigkeiten ist das BVerfG gem. Art. 93 Abs. 1 Nr. 3 GG, § 13 Nr. 7 BVerfGG,
§ 68 BVerfGG zuständig.

I. Antragsteller (Antragsberechtigung) und Antragsgegner

Das Land L, vertreten durch die Landesregierung, ist gem. § 68 BVerfGG antragsberechtigt. Als Antragsgegner kommt der Bund in Betracht, vertreten durch die Bundesregierung.

II. Streitgegenstand (Antragsgegenstand), §§ 69, 64 BVerfGG

Streitgegenstand im Rahmen der Bund-Länder-Streitigkeit kann allein eine rechtserhebliche Maßnahme sein, die gegenseitige, grundgesetzliche Rechte und Pflichten von Bund und Ländern betrifft.
Die Weisung der Bundesregierung betrifft das Verhältnis von Bund und Ländern im Einzelfall und ist
auch auf die Befolgung durch das Land L gerichtet. Damit kommt ihr Rechtserheblichkeit zu, kraft
derer sie zulässiger Verfahrensgegenstand ist.

III. Antragsbefugnis

Die Landesregierung von L ist antragsbefugt, wenn sie die Möglichkeit einer Verletzung eigener
grundgesetzlicher Rechte durch die Weisung geltend machen kann. Für die Regelung der Schulferien
besteht eine ausschließliche Gesetzgebungszuständigkeit der Länder gem. Art. 70 GG. Durch die
Weisung will nun der Bund diese Ausübung dieser Kompetenz materiell an sich binden. Darin könnte ein Verstoß gegen die Rechte des Landes aus Art. 30, 70 GG liegen. Die Antragsbefugnis der Landesregierung ist damit gegeben.

IV. Form und Frist

Der Antrag der Landesregierung von L muss gem. § 69 BVerfGG iVm § 64 Abs. 2, 23 Abs. 1, 2
BVerfGG, § 69 BVerfGG iVm § 64 Abs. 3 BVerfGG form- und fristgerecht, dh binnen sechs Monaten
ab ihrer Kenntnis von der Weisung, gestellt werden.

V. Ergebnis

Ein Antrag ist zulässig.

---

637 SKB/Bethge, 39. Lfg. 2012, BVerfGG § 69 Rn. 93.

2. Zur Begründetheit

38 • Beim Bund-Länder-Streit ist der Antrag begründet, wenn der Antragsgegner in einem ihm durch das Grundgesetz übertragenen Rechte verletzt ist.

• Die Unterscheidung zwischen formeller und materieller Rechtmäßigkeit ist auch beim Bund-Länder-Streit entbehrlich.

IV. Konkrete Normenkontrolle (Art. 100 Abs. 1 und 2 GG, § 13 Nr. 11 BVerfGG, §§ 80 ff. BVerfGG)

Ausgangsfall: Wendy Bürger-McKing (W) ist Inhaberin einer Imbissbude im Bundesland L. Eines Tages erhält sie einen Bescheid von der zuständigen Behörde, der ihr für jeden Einwegteller, auf dem sie ihre Waren verkauft, eine „Umweltsteuer" iHv 75 Cent auferlegt. Darüber ist W sehr bestürzt. Als sie den ersten Abgabenbescheid erhält, ruft W das Finanzgericht an. Ihre Klage begründet W damit, dass sie den Betrag nicht zu zahlen brauche, weil die Gesetzesgrundlage für den Abgabenbescheid, das „Einwegtellergesetz" des Landes L (LEinTG), selbst verfassungswidrig sei. Eine andere gesetzliche Grundlage für den Abgabenbescheid gebe es (was den Tatsachen entspricht) nicht. Das Finanzgericht ist von der Richtigkeit dieser Ausführungen überzeugt. Was kann es tun?

1. Konstellationen

39 Art. 100 GG weist dem BVerfG mehrere Zuständigkeiten zu, die nicht sämtlich als Varianten der konkreten Normenkontrolle anzusehen sind, denen aber gemein ist, dass es sich um **Richtervorlagen** handelt: Der Anrufung des BVerfG liegt eine konkrete, vor einem Instanzgericht ausgetragene und noch anhängige Rechtsstreitigkeit zugrunde. Folgende Spielarten existieren:

• Überprüfung eines Bundesgesetzes am GG (Art. 100 Abs. 1 S. 1 Var. 1 GG),
• Überprüfung eines Landesgesetzes am GG (Art. 100 Abs. 1 S. 2 Var. 1 GG),
• Überprüfung eines Landesgesetzes an Bundesrecht (nach aA: an einem förmlichen Bundesgesetz) (Art. 100 Abs. 1 S. 2 Var. 2 GG)
  sowie
• Feststellung des Bestehens einer allgemeinen Regel des Völkerrechts (Art. 100 Abs. 2 GG iVm Art. 25 GG) und
• Überprüfung der Vereinbarkeit eines Bundes- oder Landesgesetzes mit einer festgestellten oder festzustellenden allgemeinen Regel des Völkerrechts (Art. 100 Abs. 1 GG analog iVm Art. 100 Abs. 2 GG, Art. 25 GG).

40 Keine Zuständigkeit des BVerfG besteht für die Überprüfung von Landesrecht an Landesverfassungen; für solche Normenkontrollen sind die Landesverfassungsgerichte zuständig (Art. 100 Abs. 1 S. 1 Var. 2 GG).

41 Die folgenden Anmerkungen beschränken sich auf die Normenkontrolle im engeren Sinne des Art. 100 Abs. 1 GG.

2. Zulässigkeitsvoraussetzungen

a) Vorlageberechtigung: Gericht

42 **Problemfelder**

• Zu den *Gerichten* iSd Art. 100 Abs. 1 GG zählen auch *Landesverfassungsgerichte*. Im Falle beabsichtigter Abweichung von einer Entscheidung des BVerfG besteht eine Vorlagepflicht nach Art. 100 Abs. 3 GG, ohne dass sich insoweit der Prüfungsmaßstab änderte.

- Gerichte iSd Art. 100 Abs. 1 GG sind *staatliche Gerichte*. Dafür ist nach hM erforderlich, dass der Staat bei der Berufung der Richter mitwirkt; folglich kann auch ein von einer Körperschaft des öffentlichen Rechts getragenes besonderes Gericht (zB Standesgericht) vorlageberechtigt sein.[638]
- Private Schiedsgerichte sind nicht vorlagefähig.[639]

b) Vorlagegegenstand

Nur formelle Gesetze (Parlamentsgesetze) können Gegenstand einer Richtervorlage **43** sein.

Problemfelder **44**
- *EU-Verordnungen* (Art. 288 Abs. 2 AEUV): Das BVerfG behält sich bei diesen wegen ihrer unmittelbaren Geltung im nationalen Rechtsraum gesetzesähnlichen Bestimmungen zwar eine strukturelle Prüfungskompetenz vor (die vom EuGH bestritten wird), übt sie aber, solange auf Unionsebene ein dem Grundgesetz gleichwertiger Grundrechtsschutz besteht, nicht aus.[640] (Gleiches gilt für die abstrakte Normenkontrolle.)
- *Vorkonstitutionelle Gesetze*: Sie können und müssen vom Instanzgericht selbst verworfen werden, es sei denn, der Bundes- oder Landesgesetzgeber hat sie (durch Änderung, Bezugnahme, Neuverkündung oder Ähnliches) „in seinen Willen aufgenommen".[641] Ein solcher Bestätigungswille kann mittlerweile für fast alle vor 1949 erlassenen Gesetze angenommen werden, die heute noch in Kraft sind.
- „Landesrecht" iSv Art. 100 Abs. 1 S. 2 Var. 1 GG ist im systematischen Zusammenhang der Norm als „Landesgesetze" zu lesen.[642]
- *Prüfungsmaßstab für Landesrecht* ist wegen Art. 31 GG sämtliches Bundesrecht, also selbst Rechtsverordnungen. Die aA stellt auf den Wortlaut des Art. 100 Abs. 1 S. 2 GG ab und nimmt ausschließlich förmliche Gesetze zum Maßstab der Prüfung.[643]

c) Entscheidungserheblichkeit der Gültigkeit der vorgelegten Norm (Art. 100 Abs. 1 GG, § 80 Abs. 2 BVerfGG)

Es muss in dem ausgesetzten Gerichtsverfahren auf die (Un-)Gültigkeit der Norm **45** *ankommen*. Das vorlegende Gericht müsste im Ausgangsfall für den Fall der Gültigkeit der vorgelegten Norm zu einem anderen Ergebnis kommen als im Falle seiner Ungültigkeit.[644] Untersucht werden

- bei Bundesgesetzen: Verstöße gegen das GG (Art. 100 Abs. 1 S. 1 GG),
- bei Landesgesetzen: Verstöße gegen das GG oder Unvereinbarkeit mit einem einfachen Bundesgesetz oder – über den Wortlaut der Norm hinaus (→ Rn. 39) – untergesetzlichem Bundesrecht (Art. 100 Abs. 1 S. 2 GG).

---

638 Vgl. BVerfGE 7, 1 (5) = NJW 1957, 1273; BVerfGE 18, 241 (253) = NJW 1965, 343; BVerfGE 48, 300 (315 f.) = NJW 1978, 1795; aA Häberle DÖV 1965, 369; nicht vorlageberechtigt sind jedenfalls kirchliche Gerichte: Schlaich/Korioth BVerfG Rn. 140 m. Fn. 174.
639 Benda/Klein/Klein VerfassungsProzR Rn. 797.
640 BVerfGE 73, 339 (387) = NJW 1987, 577 – »Solange II-Rechtsprechung«; BVerfGE 89, 155 (174 f.) = NJW 1993, 3047 – »Maastricht«; BVerfGE 102, 147 (164) = NJW 2000, 3124 – »Bananenmarktverordnung«.
641 BVerfGE 6, 55 (65) = NJW 1957, 417; vgl. auch MKS/Sieckmann/Kessal-Wulf GG Art. 100 Rn. 25 ff.
642 Vgl. BVerfGE 1, 184 (190) = NJW 1952, 497.
643 Nachw. bei SKB/Müller-Terpitz, 46. Lfg. 2015, BVerfGG § 80 Rn. 157 ff.
644 Vgl. hierzu BVerfGE 35, 303 (306) = BeckRS 1973, 104812; BVerfGE 65, 265 (277 ff.) = BeckRS 1983, 107411; BVerfGE 65, 308 (314 f.) = BeckRS 1983, 2246.

46 **Problemfelder**

- Die Entscheidungserheblichkeit ist zu verneinen, wenn Raum für eine *verfassungskonforme Auslegung* besteht.[645]
- Das BVerfG machte mitunter eine *Ausnahme* vom Erfordernis der Entscheidungserheblichkeit, wenn die Vorlagefrage von allgemeiner und grundsätzlicher Bedeutung für das Gemeinwohl war, sodass die Entscheidung dringlich erschien.[646]
- Das BVerfG nimmt nur eine *Evidenzkontrolle* vor. Die Rechtsauffassung des vorlegenden Gerichts zur Entscheidungserheblichkeit ist maßgeblich, sofern sie „nicht offensichtlich unhaltbar ist".[647]
- Besteht Entscheidungserheblichkeit, ist das Gericht vorlage*pflichtig*. Darauf ist bei der Klausurlösung kurz hinzuweisen.
- *Mehrfachvorlagen:* Ist bereits eine die gleiche Norm betreffende konkrete Normenkontrolle eines Gerichts beim BVerfG anhängig, lässt dies die Vorlagepflicht eines anderen Gerichts nicht entfallen, aber dieses kann das Verfahren (analog § 148 ZPO) bis zur Entscheidung des BVerfG aussetzen, ohne sogleich vorlegen zu müssen.[648]

d) Vorlage- und Aussetzungsbeschluss (§ 80 Abs. 2 S. 1 BVerfGG)

47 Das Gericht muss

- einen **Vorlagebeschluss** fassen, der nach einer Ansicht stets zugleich Aussetzungswirkung hat; nach aA muss über die Aussetzung des Verfahrens ausdrücklich befunden werden;[649]
- den Beschluss nach § 80 Abs. 2 S. 1 BVerfGG begründen. Dies schließt die Begründung ein, „inwieweit von der Gültigkeit der Rechtsvorschrift die Entscheidung des Gerichts abhängig ist". Erforderlich sind insoweit
  - eine Darstellung des für die rechtliche Beurteilung wesentlichen Sachverhalts,[650]
  - die Darlegung der **Überzeugung des Gerichts** von der Ungültigkeit der Norm, und
  - die Nennung der Bestimmung, gegen welche die vorgelegte Norm nach Ansicht des Gerichts verstößt.

48 **Problemfelder**

- *Zweifel* des Gerichts an der Verfassungswidrigkeit reichen nach stRspr *nicht aus*; das Gericht muss davon nach seiner Darlegung überzeugt sein.[651]
- Der Klausursachverhalt wird in aller Regel keinen Vorlagebeschluss enthalten. Insoweit genügt es grundsätzlich, auf die Begründungserfordernisse hinzuweisen und, wenn der Sachverhalt kein anderes Ergebnis nahelegt, ihn so zu deuten, dass den Erfordernissen genügt worden ist. Ist im Klausurtext lediglich von „Bedenken" oder „Zweifeln" des vorlegenden Gerichts die Rede, spricht dies jedoch dafür, dass die erforderliche Begründung nicht beigebracht worden ist oder werden kann.

---

645 Vgl. BVerfGE 76, 100 (105) = NJW 1988, 405.
646 Vgl. BVerfGE 47, 146 (151 ff., 157 ff.) = NJW 1978, 1151.
647 BVerfGE 46, 268 (283) = NJW 1978, 1367; BVerfGE 48, 1 (17) = NJW 1978, 1575; BVerfGE 48, 29 (35) = BeckRS 1978, 00644; BVerfGE 48, 210 (220 f.) = NJW 1978, 2143; BVerfGE 50, 108 (112) = NJW 1979, 757; BVerfGE 69, 150 (159) = BeckRS 1985, 30712925; BVerfGE 70, 173 (179).
648 Vgl. OLG Oldenburg NJW 1978, 2160; dazu auch Pestalozza JuS 1981, 649.
649 Für eine gleichzeitige Aussetzungswirkung sprechen sich aus UCD BVerfGG/Dollinger BVerfGG § 80 Rn. 83; Benda/Klein/Klein VerfassungsProzR Rn. 890 ff.; aA Bettermann ZZP 72 (1959), 32.
650 Vgl. etwa BVerfGE 65, 265 (277) = BeckRS 1983, 107411.
651 Vgl. etwa BVerfGE 1, 184 (188 f.) = NJW 1952, 497; BVerfGE 7, 29 (35) = NJW 1957, 1355; BVerfGE 16, 82 (88 f.) = NJW 1963, 1347; BVerfGE 86, 52 (57) = NJW 1992, 2411.

Zum Ausgangsfall

Das BVerfG ist für Vorlagen im Wege der konkreten Normenkontrolle nach Art. 100 Abs. 1 GG, §§ 13 Nr. 11, 80 ff. BVerfGG zuständig.

I. Vorlageberechtigung

Das Finanzgericht ist als staatliches Gericht zur Vorlage berechtigt.

II. Vorlagegegenstand

Nur formelle, nachkonstitutionelle Bundes- oder Landesgesetze sind vorlagefähig. Dies trifft auf das LEinTG zu.

III. Entscheidungserheblichkeit der Norm

Die vorgelegten Normen des LEinTG müssen für die Entscheidung im Ausgangsverfahren erheblich sein. Das ist der Fall, wenn das Finanzgericht für den Fall, dass das Gesetz mit Bundesrecht unvereinbar und daher nicht anwendbar wäre, anders entscheiden würde, als wenn das Gesetz rechtmäßig und daher anwendbar wäre.

Als Gesetzesgrundlage des Abgabenbescheids kommt allein das LEinTG in Betracht. Daraus folgt, dass das Finanzgericht der Klage der W stattgeben wird, wenn das Gesetz sich als bundesrechtswidrig erweist; umgekehrt weist es die Klage der W ab, wenn das Gesetz mit Bundesrecht im Einklang und damit rechtmäßige Grundlage für den Abgabenbescheid ist. Das LEinTG ist also entscheidungserheblich.

IV. Vorlage- und Aussetzungsbeschluss

Das vorlegende Finanzgericht muss einen Beschluss über die Vorlage fassen und das Ausgangsverfahren bis zur Entscheidung des BVerfG über die Verfassungsmäßigkeit des LEinTG aussetzen.

V. Begründung

Die Vorlage des BVerfG ist gem. § 80 Abs. 2 S. 1 BVerfGG zu begründen. Insbesondere muss das Finanzgericht darlegen, warum es von der Ungültigkeit der vorgelegten Norm überzeugt ist und gegen welche Bestimmungen es verstößt. Das Gericht könnte sich insoweit insbesondere auf einen Verstoß gegen die Steuergesetzgebungskompetenzen (Art. 105 Abs. 2a GG) und gegen den allgemeinen Gleichheitssatz bzw. das Äquivalenzprinzip für Abgaben (Art. 3 Abs. 1 GG) und Art. 12 Abs. 1 GG berufen.

Ergebnis: Die konkrete Normenkontrolle ist zulässig.

3. Begründetheit

Vgl. die Anmerkungen bei der abstrakten Normenkontrolle.

Antworten und Lösungen

11.1 Weder Art. 19 Abs. 4 GG noch das Rechtsstaatsprinzip schließen die Abschaffung des BVerfG ganz und gar aus. Die verfassungsgemäßen Rechte und Pflichten der staatlichen Institutionen hätten auch ohne Sanktionsmöglichkeit vor einem Verfassungsgericht Bestand. Verfassungsrechtliche Streitigkeiten könnten auch vor den Verwaltungsgerichten ausgetragen und Instanzgerichten die Befugnis verliehen werden, Normen als verfassungswidrig zu verwerfen; der Bestand eines Verfassungsgerichts ist also nicht condicio sine qua non für die Gewährleistung verfassungsrechtlichen Schutzes.[652] Manche Rechtsstaaten innerhalb Europas (etwa Schweden) haben insbesondere mit Rücksicht auf die demokratische Legitimation der politisch Verantwortlichen überhaupt kein Verfassungsgericht eingerichtet.

11.2 Die Weisungsunterworfenheit von Staatsanwälten ist zunehmend in der Diskussion. Als Ermittlungsbehörden sind sie letztlich dafür verantwortlich, welche Fälle vor Gericht gebracht werden oder

---

652 MKS/Sommermann GG Art. 20 Rn. 326.

nicht. Dies möglicherweise politischer Opportunität zu überlassen, ist rechtsstaatlich bedenklich. Aus diesen Gründen bestehen Bestrebungen, die Weisungsunterworfenheit einzuschränken.[653]

11.3 In Betracht kommt die Verletzung der Garantie des gesetzlichen Richters (Art. 101 Abs. 1 S. 2 GG). Danach muss bei allen Verfahren vorhersehbar sein, wer zu welchem Zeitpunkt in welchem Verfahren als Richter mitwirkt. Damit soll ausgeschlossen werden, dass bestimmte Personen aufgrund politischer oder persönlicher Opportunität eingesetzt werden und somit sachfremde Gesichtspunkte das Verfahren beeinflussen. § 4 Abs. 4 BVerfGG zeitigt aber – indirekt – genau diesen Effekt: Die Verfehlung der Mehrheit für einen Nachfolger kann planmäßig mit dem Ziel betrieben werden, einen bestimmten Richter länger im Amt zu halten, um den Ausgang eines bestimmten Verfahrens in einem bestimmten Sinne zu beeinflussen. Dann ist aber nicht mehr vorhersehbar, wer zu welcher Zeit als Richter am BVerfG tätig wird. § 4 Abs. 4 BVerfGG widerspricht damit Art. 101 Abs. 1 S. 2 GG.[654]

---

653 Dazu Hanich DRiZ 2003, 249; Kintzi DRiZ 2003, 250.

654 So jedenfalls für den Fall der willkürlichen Verlängerung Wilms/Jäger JuS 1988, 268 (271 ff.); vgl. auch Höfling/Roth DÖV 1997, 67.

3. Kapitel. Das Grundgesetz im Mehrebenensystem

§ 12 Grundgesetz, Völkerrecht und Unionsrecht

Das Grundgesetz präsentiert sich als „völkerrechtsfreundliche" und auf die europäi- 1
sche Einigung hin angelegte Verfassung, die normativ und strukturell in ein „**Mehr-
ebenensystem**"[655] eingepasst ist. Seine Offenheit für überstaatliche Integration strahlt
nicht nur auf die praktische Rechtsanwendung aus, sondern bietet auch Anknüp-
fungspunkte für Klausurfragen. An dieser Stelle kann nur eine kursorische Einführung in den häufig als „Staatsrecht III" bezeichneten Kontaktbereich von staatlicher
und überstaatlicher Ebene gegeben werden; für die Vertiefung sei auf die einschlägige
Lehrbuchliteratur[656] verwiesen.

A. Grundgesetz und Völkerrecht

I. Grundlagen

1. Das „völkerrechtsfreundliche" Grundgesetz

Die „**Völkerrechtsfreundlichkeit**"[657] des Grundgesetzes tritt in vielen seiner Be- 2
stimmungen in Erscheinung. Dazu zählen

- die Präambel („in einem vereinten Europa dem Frieden der Welt zu dienen"),
- das (von Art. 79 Abs. 3 GG geschützte) Bekenntnis zu den universalen Menschenrechten (Art. 1 Abs. 2 GG),
- Art. 23 GG und Art. 24 GG, welche die Übertragung von Hoheitsrechten auf die
  EU und andere Organisationen gestatten,
- der besondere Rang der „allgemeinen Regeln des Völkerrechts" gem. Art. 25 GG
  sowie
- das verfassungsunmittelbare Verbot des Angriffskriegs (Art. 26 Abs. 1 GG).

Ohne programmatische Aussage, aber von zentraler Bedeutung sind die Vorgaben 3
des Art. 32 GG, der für die auswärtigen Beziehungen die Zuständigkeiten von Bund
und Ländern festlegt, und des Art. 59 GG, der für die auswärtigen Angelegenheiten
des Bundes, insbesondere den Abschluss völkerrechtlicher Verträge, das Verfahren
und teilweise auch Organzuständigkeiten festlegt.

Unter **Völkerrecht** versteht man die Gesamtheit der rechtlichen Beziehungen zwi- 4
schen den Völkerrechtssubjekten. „Geborene" Völkerrechtssubjekte sind die Staaten,
die – sofern sie „souverän", dh „völkerrechtsunmittelbar" sind, für ihr Handeln weder eine besondere Legitimation benötigen noch anderen Beschränkungen als den-

---

655 Dazu Schliesky, Souveränität und Legitimität von Herrschaftsgewalt, 2004; Schulze/Janssen/
      Kadelbach/Böhringer/Marauhn, Europarecht, 4. Aufl. 2020, § 7 Rn. 2 f.; s. auch Hwang EuR
      2015, 703.
656 S. nur Sauer, Staatsrecht III, 3. Aufl. 2015; Schweitzer/Dederer, Staatsrecht III, 11. Aufl. 2016.
657 Vgl. DHS/Herdegen, 94. Lfg. 2021, GG Art. 25 Rn. 6 f.; BeckOK GG/Heintschel v. Heinegg/
      Frau, 48. Ed. 15.8.2021, GG Vorb. Art. 25.

jenigen unterliegen, denen sie sich über Völkerrechtsregeln selbst unterworfen haben. Nicht-souveräne Staaten wie die Länder nehmen am Völkerrechtsverkehr grundsätzlich nicht teil; konsequenterweise spricht Art. 32 GG ihnen im Verhältnis zum Bund nur wenige auswärtige Befugnisse zu. Zur Souveränität eines Staates gehört auch die freie Entscheidung

- über das Rangverhältnis von Völkerrecht und innerstaatlichem Recht und
- über die verfahrensrechtlichen Voraussetzungen, unter denen Völkerrechtsregeln im innerstaatlichen Rechtskreis Wirkung entfalten können.

2. Zum Verhältnis zwischen Völkerrecht und innerstaatlichem Recht

5 Was den Rang des Völkerrechts im Verhältnis zum innerstaatlichen Recht betrifft, kann ein Verfassungsgeber zwischen zwei Grundmodellen wählen, die allerdings Raum für zahlreiche Varianten und Zwischenformen bieten: Für den **Monismus** sind Völkerrecht und innerstaatliches Recht Ausprägungen ein und derselben Rechtsordnung, für den **Dualismus** stellen sie separate Rechtsordnungen dar.[658] Aus dualistischer Sicht muss eine Völkerrechtsnorm, um innerstaatlich anwendbar zu werden, also immer in den nationalen Rechtskreis transformiert werden; der Monismus kann hierauf theoretisch verzichten. Allerdings ist in demokratischen Staaten auf eine Zustimmung des Parlaments zu völkerrechtlichen Verträgen auch dann geboten, wenn sie dem Monismus anhängen. Sie wird dann nicht als Transformationsakt, sondern als **Rechtsanwendungsbefehl** interpretiert. Umgekehrt geht ein dualistisches Verständnis nicht zwingend mit der Beteiligung des Parlaments einher, da die Transformation des Völkerrechts in innerstaatliches Recht auch in genereller Form durch die Verfassung selbst ausgesprochen oder der Exekutive überantwortet werden kann.

6 Ob das Grundgesetz dem Monismus oder Dualismus huldigt, kann nicht eindeutig beantwortet werden. So lässt sich

- Art. 25 Abs. 1 GG, wonach die „allgemeinen Regeln des Völkerrechts" – gemeint ist das universelle, also die Staatengemeinschaft bindende **Völkergewohnheitsrecht** – mit Vorrang vor den Gesetzen und (potenziell) unmittelbarer Wirkung für Einzelne Bestandteil des Bundesrechts sind, als Bekenntnis zum Monismus verstehen:[659] Hier bedarf es keines Umsetzungsakts durch das Parlament. Nicht ausgeschlossen ist aber auch eine Deutung der Vorschrift als eines generellen Transformationsbefehls für universelles Völkergewohnheitsrecht;[660]
- Art. 59 Abs. 2 S. 1 GG, wonach **völkerrechtliche** Verträge grundsätzlich der Zustimmung der „für die Bundesgesetzgebung zuständigen Körperschaften (gemeint sind: Bundestag und Bundesrat) in der Form eines Bundesgesetzes" bedürfen, als Ausdruck des Dualismus deuten. Sieht man das Zustimmungsgesetz nicht als Transformationsakt, sondern nur als Rechtsanwendungsbefehl an, mit dem zugleich der Bundespräsident zur Ratifikation (Art. 59 Abs. 1 S. 2 GG) ermächtigt wird, kommt auch eine monistische Deutung in Betracht.[661]

---

658 Überblicksartig BeckOK GG/Heintschel v. Heinegg/Frau, 48. Ed. 15.8.2021, GG Art. 25 Rn. 13 ff.
659 Geiger, Grundgesetz und Völkerrecht, 3. Aufl. 2002, 164 f.; aA Sachs/Streinz GG Art. 25 Rn. 20; v. Münch/Kunig/Aust GG Art. 25 Rn. 9.
660 DHS/Herdegen, 94. Lfg. 2021, GG Art. 25 Rn. 3 f.
661 Diff. DHS/Nettesheim, 90. Lfg. 2020, GG Art. 59 Rn. 167 ff.

Mögen die Grundmodelle auch vorwiegend theoretische Bedeutung entfalten, ist die 7
Auseinandersetzung mit ihnen doch für das Grundverständnis der in den Art. 25, 32
und 59 GG verankerten Mechanismen und auch für die Terminologie von Gewicht.

3. Insbesondere völkerrechtliche Verträge

Auch wenn die in Art. 32 GG geregelte Pflege der auswärtigen Beziehungen mehr 8
umfasst als nur den Abschluss völkerrechtlicher Verträge, ist dieser doch ihr zentrales
Instrument. Auch aus Gründen der Klausurrelevanz konzentriert sich die folgende
rechtliche Betrachtung auf Vertragsschluss und Vertragsumsetzung.

> **Hinweis:** Bei auswärtigen Beziehungen ist die Unterscheidung zwischen Verbands- und Organkompetenz essenziell. Die erste bezeichnet die Körperschaft („Verband"), die in einer Mehrebenenordnung jeweils zuständig ist. Die Organkompetenz gibt an, welches Organ der zuständigen Körperschaft handlungsbefugt ist. Das Grundgesetz regelt ex- oder implizit die Verbands- sowie die Organkompetenz sowohl für den Abschluss als auch für die Umsetzung völkerrechtlicher Verträge.

II. Abschluss völkerrechtlicher Verträge

1. Verbandskompetenz

a) Grundsatz: Bundesangelegenheit

Den Grundsatz formuliert Art. 32 Abs. 1 GG: Die Verbandskompetenz steht in der 9
Regel dem Bund zu. Wie bereits erwähnt, betrifft Abs. 1 im Gegensatz zu Abs. 3
nicht nur völkerrechtliche Verträge, sondern jedes Handeln im völkerrechtlichen
Verkehr.

> **Hinweis:** Die völkerrechtlichen Vorschriften für den Vertragsschluss finden sich überwiegend im Wiener Übereinkommen über das Recht der Verträge (WVRK). Sie gelten unmittelbar nur, wenn beide Vertragsparteien auch an das Übereinkommen gebunden sind; sonst ist auf Völkergewohnheitsrecht abzustellen, das mit vielen Regeln der WVRK identisch ist.

b) Ausnahme zugunsten der Länder

Eine wichtige Ausnahme, die allerdings auf den Abschluss völkerrechtlicher Verträge 10
beschränkt ist, statuiert Art. 32 Abs. 3 GG. Danach ist unter der Voraussetzung, dass
die Bundesregierung zustimmt, auch den Ländern eine Verbandskompetenz eingeräumt. Die Deutung der Norm ist umstritten:

- Klarheit besteht allein darüber, dass im Bereich der konkurrierenden Gesetzgebungskompetenzen (Art. 72 GG) vorrangig der Bund zuständig ist. Die Auffassungen gehen jedoch auseinander, wenn der Vertrag ausschließliche Gesetzgebungskompetenzen der Länder (Art. 70 Abs. 1 Hs. 1 GG) betrifft:
- Nach der „**föderalistischen Auffassung**" („Lehre von der ausschließlichen Vertragsschlusskompetenz der Länder") sind, wo die die Länder eine *ausschließliche*
Gesetzgebungskompetenz haben, *nur sie* vertragsschlussberechtigt.[662]
- Das Gegenstück hierzu ist die „**extreme zentralistische Auffassung**": Wo die Länder
eine *ausschließliche* Gesetzgebungskompetenz haben, ist der Bund nicht nur vorrangig vertragsschlussberechtigt, sondern verfügt auch über eine Transformationskom-

---

662 In den Verhandlungen des Bundesrates 1956/1957 von Baden-Württemberg, Bayern, Hessen
und Nordrhein-Westfalen vertreten; dazu auch DHS/Nettesheim, 90. Lfg. 2020, GG Art. 32
Rn. 100 ff.; Papier DÖV 2003, 265 (267).

petenz hinsichtlich des Vertragsinhalts. Die Bundesregierung ist nicht verpflichtet, ihre Zustimmung zum Vertragsabschluss durch die Länder zu erteilen.[663]

11 Weder die „föderalistische" noch die „extreme zentralistische" Ansicht ist praktikabel: Letztere erlaubt dem Bund, durch völkerrechtlichen Vertrag ihm eigentlich nicht zustehende Gesetzgebungsmaterien an sich zu reißen. Erstere wiederum widerstreitet den Bedürfnissen des völkerrechtlichen Rechtsverkehrs; außerdem ergibt das in Art. 32 Abs. 3 GG verankerte Zustimmungserfordernis wenig Sinn, wenn der Bund zu einer eigenen vertraglichen Regelung nicht befugt ist. Die Kontroverse ist heute ohne praktische Bedeutung, da Bund und Länder sich im **Lindauer Abkommen** vom 14.11.1957 auf einen Modus vivendi geeinigt haben, der den Interessen beider Seiten Rechnung trägt.

12 Das **Lindauer Abkommen**[664] sieht vor, dass der Bund auch im Bereich der ausschließlichen Gesetzgebungszuständigkeit der Länder Verträge schließen, aber nicht transformieren kann. Ihm obliegen umfangreiche Unterrichtungs- und Konsultationspflichten. Das Einverständnis der Länder muss eingeholt werden, wenn deren ausschließliche Gesetzgebungskompetenzen betroffen werden. Die rechtliche Kategorisierung des Lindauer Übereinkommens (verfassungsrechtlicher Vertrag?), und auch seine Verfassungsmäßigkeit sind umstritten.[665]

13 Will ein Land von seinen Befugnissen nach Art. 32 Abs. 3 GG Gebrauch machen, verbietet der Grundsatz der **Bundestreue** dem Bund, seine Zustimmung grundlos zu verweigern. Insgesamt hat sich faktisch eine „gemäßigt zentralistische" Linie durchgesetzt.

> **Beachte:** Art. 32 GG betrifft nur die (Verbands-)Kompetenz, einen völkerrechtlichen Vertrag abzuschließen – es sei denn, man folgt der „extremen zentralistischen Auffassung" (Rn. 10). Mit der Kompetenz, den Vertrag umzusetzen (ihn zu transformieren oder implementieren), stimmt diese Kompetenz nicht notwendigerweise überein. Wenn der Bund also Kulturabkommen abschließt (weil Art. 32 Abs. 1 GG in Verbindung mit dem Lindauer Abkommen ihn dazu berechtigt), ändert dies nichts daran, dass die gesetzlichen Regeln zur Ausführung des Kulturabkommens nur von den Ländern erlassen werden dürfen, denn Art. 70 GG weist ihnen insoweit die ausschließliche Zuständigkeit zu.[666]

2. Organkompetenz

14 Die Organkompetenz für die Außenrechtsbeziehungen ist, soweit dem Bund die Verbandskompetenz zugewiesen ist, nur teilweise geregelt. Nach Art. 59 Abs. 1 S. 1 GG ist die völkerrechtliche Vertretung des Bundes Sache des Bundespräsidenten. Das Gleiche gilt nach S. 2 für die Formalia des Abschlusses völkerrechtlicher Verträge, also die Ratifikation. In der Regel hat dieser die Zustimmung der gesetzgebenden Organe nach Art. 59 Abs. 2 GG (→ § 6 Rn. 61 ff.) vorauszugehen, mit welcher die Ermächtigung zur Ratifikation einhergeht. Für die politischen Vertragsverhandlungen, den Austausch und anderes ist hingegen die Bundesregierung zuständig. Dies ist

---

663 In den Verhandlungen des Bundesrates 1956/1957 von Bremen, Hamburg, Niedersachsen und Schleswig-Holstein vertreten.

664 BT-Drs. 7/5924; abgedruckt bei: MKS/Kempen GG Art. 32 Rn. 58. Vgl. zum Hintergrund auch BerlKomm GG/Fastenrath/Groh, 43. Lfg. 2014, GG Art. 32 Rn. 63 ff.; Überblick im HMPG VerfassungsR-HdB/Herdegen § 27 Rn. 8.

665 Für eine Verfassungswidrigkeit spricht sich aus: Rudolf AVR 13 (1966/1967), 53 (63); dagegen MKS/Kempen GG Art. 32 Rn. 58 ff.

666 GWC/von Coelln GG Art. 59 Rn. 13; Zu den »Kulturabkommen des Bundes« allg. Friehe JA 1983, 117 ff.

so im Grundgesetz nicht ausdrücklich festgeschrieben, ergibt sich aber aus dem Funktionszusammenhang zwischen Bundesregierung (der auch die Zustimmung im Falle des Art. 32 Abs. 3 GG obliegt) und dem Bundespräsidenten. Mitunter wird die Befugnis als vom Bundespräsidenten delegiertes Recht begriffen.[667]

12.1 Der Bund schließt mit dem zwischen Tonga und Chile im Südpazifik gelegenen Königreich Amnesia ein Übereinkommen über die deutsch-amnesischen Kulturbeziehungen, das nach Ratifikation durch den Bundespräsidenten und den König von Amnesia in Kraft tritt. Die Länder B und L weigern sich, die Vorgaben des Vertrags in Landesrecht umzusetzen, da sie das Vorgehen des Bundes als Beeinträchtigung der guten bilateralen Beziehungen zwischen diesen Ländern und den amnesischen Kulturbehörden ansehen. Was ist die rechtliche Konsequenz, und wie kann der Bund sie verhindern?

III. Umsetzung völkerrechtlicher Verträge

Das Grundgesetz sieht vor, dass die Erklärung der Zustimmung zum Abschluss völkerrechtlicher Verträge grundsätzlich ein Akt der Gesetzgebung ist (Art. 59 Abs. 2 GG). Aus monistischer Sicht ermächtigt die Zustimmung zur Rechtsanwendung, aus dualistischer bewirkt sie die Einbeziehung des Vertrags in die deutsche Rechtsordnung. Nicht jeder Vertrag ist zustimmungsbedürftig, wohl aber die weitaus meisten. **15**

Für die Übertragung von Rechten auf sonstige **Internationale Organisationen** gilt Art. 24 GG. Soweit die Übertragung von Hoheitsrechten auf zwischenstaatliche Einrichtungen gestattet wird (gemeint ist nach hM die Ausstattung der Einrichtung mit Durchgriffsbefugnissen in den nationalen Rechtskreis)[668], bestätigt dessen Abs. 1 nur den Gesetzesvorbehalt. Der Beitritt zu einem System gegenseitiger kollektiver Sicherheit (UNO, NATO etc) erfordert nach Art. 24 Abs. 2 GG nicht ausdrücklich ein Gesetz, doch ergibt sich dieses Erfordernis insoweit aus dem gleichzeitig anwendbaren Art. 59 Abs. 2 GG.[669] **16**

1. Zustimmungsbedürftige Vertragstypen

Das Grundgesetz erwähnt in Art. 59 Abs. 2 GG explizit drei Kategorien von völkerrechtlichen Verträgen, von denen zwei stets die Zustimmung des Parlaments erfordern: erstens Verträge, welche die politischen Beziehungen des Bundes regeln, und zweitens Verträge, die sich auf „Gegenstände der Bundesgesetzgebung" beziehen (Art. 59 Abs. 2 S. 1 GG). Den dritten Vertragstyp bilden die nicht zustimmungsbedürftigen Verwaltungsabkommen (Art. 59 Abs. 2 S. 2 GG). Eine vierte, nur im Gegenschluss erfassbare Kategorie völkerrechtliche Verträge umfasst all jene, die weder Verwaltungsabkommen sind noch die Voraussetzungen des Art. 59 Abs. 2 S. 1 GG erfüllen – und deshalb ebenfalls keiner parlamentarischen Zustimmung bedürfen. **17**

---

667 BVerfGE 68, 1 (82 f.) = NJW 1985, 603: »[...] zumindest kraft einer vom Bundespräsidenten stillschweigend erteilten Vollmacht.«; vgl. auch Sachs/Streinz GG Art. 59 Rn. 11; Dreier/Heun GG Art. 59 Rn. 23.

668 DHS/Calliess, 79. Lfg. 2016, GG Art. 24 Abs. 2 Rn. 30; Stern StaatsR I § 15 Abs. 1 S. 3, S. 518 ff.; teilweise anders im Lichte der jüngeren BVerfG-Rechtsprechung – BVerfGE 68, 1 (94) = NJW 1985, 603 – MKS/Classen GG Art. 24 Rn. 6 f.; Sachs/Streinz GG Art. 24 Rn. 14.

669 BVerfGE 104, 151 (194) = NJW 2002, 1559.

18 Verträge, welche die **politischen Beziehungen** des Bundes regeln, sind solche, die nach Inhalt und Zweck „wesentlich und unmittelbar den Bestand des Staates und seine Stellung und Gewicht innerhalb der Staatengemeinschaft oder die Ordnung der Staatengemeinschaft betreffen".[670] Darunter fallen mit anderen Worten alle „hochpolitischen" Verträge, wie zB Abrüstungsverträge, Friedensverträge, und Verträge über langfristige politische Zusammenarbeit.

19 Verträge beziehen sich unter folgenden Voraussetzungen auf **Gegenstände der „Bundesgesetzgebung"**:

- Es muss sich um eine Materie der Gesetzgebung handeln, nicht also der Verwaltung.
- Trotz des Wortlauts ist die Bestimmung nach hM *nicht auf Bundesgesetze beschränkt.* Sie grenzt nur Materien der Gesetzgebung von solchen der Verwaltung ab. Auch wenn eine Materie in den Bereich der Landesgesetzgebung fällt, bedarf es der Zustimmung des Bundestages durch Gesetz (denn dem Bund steht ja die Vertragsschlusskompetenz zu, Art. 32 Abs. 1, 3 GG).[671] Die Wirkung des Zustimmungsgesetzes beschränkt sich aber in solchen Fällen auf die Erteilung des Ratifikationsbefehls gegenüber dem Bundespräsidenten. Der materielle Vollzug bzw. die Umsetzung der Vertragsvorgaben (auch als Ausführung oder Implementierung oder – bei dualistischer Sichtweise – als Transformation bezeichnet) steht dem Bund nur dann zu, wenn er nach Art. 71 f. GG die Gesetzgebungshoheit für die Materie hat; andernfalls obliegt sie nach Art. 70 Abs. 1 Hs. 2 GG den Ländern.[672]

> **Hinweis:** Bei der Umsetzung von Verträgen, die der Bund abgeschlossen hat, können, bezogen auf die Verbände (Körperschaften), die Zustimmungskompetenz und die Vollzugskompetenz[673] also auseinanderfallen.

Beispiel: Der Bund hat ein Kulturabkommen mit drei anderen Staaten geschlossen, das transformationsbedürftige Regeln enthält. Die Zustimmung erfolgt dann durch Zustimmungsgesetz des Bundestages (Art. 59 Abs. 2 GG), da der Vertrag sich auf einen Gegenstand der Gesetzgebung bezieht. Die inhaltliche Umsetzung aber erfordert nach hM ein Landesgesetz, da die Länder für diesen Gegenstand die Gesetzgebungskompetenz haben (Art. 70 GG).

20 Nicht umsetzungsbedürftig sind Verträge iSd Art. 59 Abs. 2 S. 1 Var. 2 GG, soweit ihre Vorschriften „**self-executing**" sind. Dabei handelt es sich um Bestimmungen, die völkervertraglich so gefasst sind, dass sie bereits aufgrund eines schlichten Normanwendungsbefehls unmittelbar Rechte und Pflichten auf nationaler Rechtsebene erzeugen können. Vor allem die Rechtsverbürgungen von Menschenrechtsverträgen fallen in diese Kategorie.[674]

---

670 BVerfGE 1, 372 (384 ff.) = NJW 1952, 970.

671 BVerfGE 1, 372 (388 ff.) = NJW 1952, 970; SHH/Butzer/Haas GG Art. 59 Rn. 75, 84; Sachs/Streinz GG Art. 59 Rn. 33; v. Münch/Kunig/Starski GG Art. 59 Rn. 85; aA Dreier/Wollenschläger GG Art. 32 Rn. 43, Art. 59 Rn. 32.

672 MKS/Kempen GG Art. 59 Rn. 70; Grabitz AöR 111 (1986), 1 (21 f.); Trüe JuS 1997, 1092.

673 Eine einheitliche Begrifflichkeit findet sich im juristischen Schrifttum für den Vorgang der Umsetzung des Inhalts eines Vertrages in innerstaatliches Recht nicht.

674 Self-executing ist zB Abschnitt 1 der Konvention zum Schutze der Menschenrechte und Grundfreiheiten (EMRK) v. 4.11.1959 (BGBl. 1952 II 685); vgl. dazu MKS/Kempen GG Art. 59 Rn. 95; v. Münch/Kunig/Starski GG Art. 59 Rn. 109; allg. BerlKomm GG/Fastenrath/Groh, 22. Lfg. 2007, GG GG Art. 59 Rn. 102 ff. zur Änderung eines zustimmungsbedürftigen Vertrags vgl. BVerfGE 90, 286 (361 ff.) = NJW 1994, 2207.

Für völkerrechtliche Verträge iSv Art. 59 Abs. 2 S. 1 GG („Staatsverträge") kann das **21** Verhältnis zwischen Verbands- und Organkompetenz sowie Zustimmung und Umsetzung der folgenden Übersicht entnommen werden.

	Abschluss	Umsetzung (Transformation im engeren Sinn)
Verbands-kompetenz	• Grundsatz: Bund • Ggf. Länder, soweit alleinige Gesetzgebungs-hoheit für Umsetzung • „Lindauer Abkommen"	• *bei Vertragsschluss durch Bund* – Nicht umsetzungsbedürftig: „politische" Verträge, „self-executing"-Normen – Sonst: Umsetzungs- (oder Transformations-) Kompetenz folgt Gesetzgebungs-hoheit • *bei Vertragsschluss durch Land* → Land setzt Vertrag um (soweit transformationsbedürftig)
Organ-kompetenz	Bundespräsident (Art. 59 Abs. 1 S. 1 GG), Bundesregierung trägt aber die politische Verantwortung	• Kein umsetzungsbedürftiger Vertragsinhalt → Parlament erlässt Zustimmungsgesetz • Umsetzungsbedürftiger Vertragsinhalt, Materie fällt in Gesetzgebungskompetenz des Bundes → Parlament erlässt Zustimmungs- und Transformationsgesetz • Umsetzungsbedürftiger Vertragsinhalt, Materie fällt in alleinige Gesetzgebungskompetenz der Länder → Bundestag erlässt Zustimmungsgesetz, Länderparlamente Umsetzungsgesetzgebung

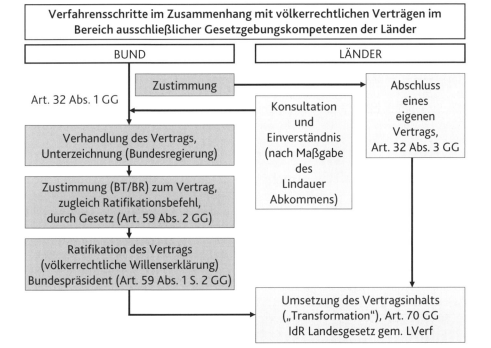

2. Nicht zustimmungsbedürftige Verträge

22 Völkerrechtliche Verträge, die keine der Voraussetzungen des Art. 59 Abs. 2 S. 1 GG erfüllen (wie zB Freundschaftsverträge oder Verträge wie das UNESCO-Übereinkommen zum Schutz des Kultur- und Naturerbes der Welt vom 16.11.1972), sind nicht zustimmungspflichtig. Auf völkerrechtlicher Ebene agieren insoweit nur die Bundesregierung sowie der Bundespräsident, dessen Ratifikation auch insoweit erforderlich ist (denn Art. 59 Abs. 1 S. 2 GG gilt für Verträge mit auswärtigen Staaten ohne Ansehung des Inhalts).

23 Ohne Beteiligung des Parlaments, aber auch ohne Mitwirkung des Bundespräsidenten werden **Verwaltungsabkommen** (Art. 59 Abs. 2 S. 2 GG) abgeschlossen. Auch diese sind im Grundsatz völkerrechtliche Verträge, deren Eigenart darin besteht, dass sie sich nicht auf Gegenstände der Gesetzgebung beziehen, sondern zur Durchführung bloß eines Akts der Exekutive (Verordnung, Verwaltungsvorschrift etc) bedürfen. Für Verwaltungsabkommen gelten „die Vorschriften über die Bundesverwaltung entsprechend". Dies heißt, dass sie von der Bundesregierung oder den zuständigen Bundesministern (oder Landesministern) abgeschlossen werden und abweichend von Art. 59 Abs. 2 S. 1 GG die Zustimmung des Parlaments nicht erforderlich ist.

3. Modus der Zustimmung

24 Art. 59 Abs. 2 S. 1 GG spricht – unscharf – von der „Zustimmung oder Mitwirkung der jeweils für die Bundesgesetzgebung zuständigen Körperschaften". Insofern geht mit der **Verbandskompetenz des Bundes** für den Vertragsschluss auch eine solche einher, dem Vertrag die Zustimmung durch innerstaatlichen Akt zu erteilen. Art. 59 Abs. 2 S. 1 GG regelt, obschon sich ihm Aussagen über Verbandszuständigkeiten ableiten lassen, nach seinem Wortlaut nur Organkompetenzen. Gemeint sind in Art. 59 Abs. 2 S. 1 GG nicht Körperschaften im Rechtssinne, sondern die Verfassungsorgane Bundestag und Bundesrat. Ebenso missverständlich ist das Wort „Zustimmung", die mit der Zustimmung des Bundesrates nach Art. 77 Abs. 2a GG (→ § 12 Rn. 24) nichts gemein hat. Nur dann, wenn die Umsetzung des Vertragsinhalts ein Zustimmungsgesetz erfordert, ist auch die Zustimmung des Bundesrates (nach Art. 77 Abs. 2a GG) für das Zustandekommen des Vertragsgesetzes konstitutiv; andernfalls steht dem Bundesrat nur das Einspruchsrecht zu.[675] Letzteres gilt vor allem für Verträge, die zur Regelung der „politischen Beziehungen des Bundes" abgeschlossen werden (dazu sogleich).

B. Grundgesetz und Unionsrecht

25 Das Verhältnis zwischen dem Grundgesetz und dem **Europäischen Unionsrecht** ist komplex und von gegenläufigen Vorranglansprüchen mit Konfliktpotenzial geprägt. Einerseits konditionieren und begrenzen das Grundgesetz und die anderen mitgliedstaatlichen Verfassungen die Handlungsspielräume der Union. Diese unterliegt dem Prinzip der **begrenzten Einzelermächtigung**, sie verfügt also nur über diejenigen Kompetenzen, die ihr die Mitgliedstaaten ausdrücklich übertragen haben (Art. 4 Abs. 1 EUV, Art. 5 Abs. 1 S. 1, Abs. 2 EUV). Als „Staatenverbund" fehlt ihr die für souveräne Staaten typische rechtliche Fähigkeit, Kompetenzen selbst zu be-

---

675 Vgl. Jarass/Pieroth/Jarass GG Art. 59 Rn. 15.

gründen („Kompetenz-Kompetenz").[676] Die Zuweisung von Kompetenzen erfolgt durch völkerrechtlichen Vertrag, das sog. Primärrecht, bei dem es sich aus Sicht des Grundgesetzes (Art. 23 Abs. 1 GG) in der Regel um eine faktische, materielle Verfassungsänderung handelt. Andererseits reklamiert das so geschaffene Unionsrecht, um volle Wirkung („effet utile"; vgl. Art. 4 Abs. 3 EUV) zu entfalten, seinerseits **Anwendungsvorrang** vor dem mitgliedstaatlichen Recht: Dieses hat im Kollisionsfall zurückzutreten, selbst wenn es sich um Verfassungsrecht handelt.[677] Diesen Anwendungsvorrang hat auch das BVerfG im Prinzip anerkannt.

Nicht minder komplex ist das **Verhältnis der obersten Gerichte**, also des BVerfG und des Gerichtshofs der Europäischen Union (EuGH), wobei zu unterscheiden ist zwischen der Kompetenzkontrolle auf der einen und der Grundrechtsprüfung erlassener EU-Rechtsakte auf der anderen Seite. Für beide Konstellationen behält sich das BVerfG ein Recht, auch Unionsrechtsakte auf ihre Verfassungsmäßigkeit zu überprüfen, im Prinzip vor. Auf eine Kontrolle von Unionsrechtsakten an deutschen Grundrechten wird jedoch generell verzichtet, solange die Union einen dem Grundgesetz im Wesentlichen gleichwertigen Grundrechtsschutz gewährleistet.[678] Strengere Maßstäbe legt das BVerfG an die sog. **Ultra-vires-Kontrolle** (Feststellung aus dem Kompetenzrahmen „ausbrechender Rechtsakte") an. Kompetenzüberschreitungen der EU will es dennoch nur beanstanden, wenn sie „hinreichend qualifiziert" sind, das Ultra-vires-Handeln also offensichtlich ist und zu einer strukturell bedeutsamen Verschiebung zulasten der Mitgliedstaaten führt,[679] selbst dann wird das BVerfG auch kompetenzwidrige Unionsakte eher nicht für „verfassungswidrig und nichtig" erklären, sondern sich mit der Feststellung begnügen, dass sie für Deutschland keine rechtlichen Bindungen entfalten und sich deutsche Hoheitsorgane an ihrer Anwendung nicht beteiligen dürfen.

I. Grundgesetzliche Vorgaben für die Änderung der europäischen Gründungsverträge

1. Der unionsrechtliche Regelungsrahmen

Neue Kompetenzen können der EU nur durch Änderung ihres Primärrechts, also der Gründungsverträge (EUV, AEUV sowie Grundrechte-Charta) zugewiesen werden. Zwar wirken die Unionsorgane an Vertragsänderungen mit (vgl. Art. 48 EUV), doch liegt die Letztentscheidung bei den derzeit 27 Mitgliedstaaten: Ratifiziert auch nur einer unter ihnen den Änderungsvertrag nicht, ist er gescheitert. Bei der Vertragsänderung wird unterschieden zwischen

- dem **ordentlichen Verfahren** (Art. 48 Abs. 2–5 EUV);
- dem **vereinfachten Verfahren** (Art. 48 Abs. 6 EUV), welches nur zulässig ist, wenn die Vertragsänderung keine Ausdehnung der Unionskompetenzen nach sich zieht; und

---

676 BVerfGE 123, 267 (349) = NJW 2009, 2267 – Lissabon.
677 EuGH Urt. v. 9.3.1978 – Rs. 106/77, Slg. 1978, 629 Rn. 17; Urt. v. 8.9.2010 – C-409/06, Slg. 2010, I-8015 Rn. 53; stRspr BVerfGE 123, 267 (401 f.) = NJW 2009, 2267 – Lissabon; Jarass/Pieroth/Jarass GG Art. 23 Rn. 27; ausf. Isensee/Kirchhof StaatsR-HdB/Hufeld Bd. X § 215 Rn. 4 ff.
678 Siehe nur BVerfGE 102, 147 (161 ff.) = NJW 2000, 3124.
679 Vgl. BVerfGE 126, 286 (304) = NJW 2010, 3422.

- den **allgemeinen Brücken- oder Passerelle-Verfahren** (Art. 48 Abs. 7 EUV).[680] Es findet Anwendung, wenn die Union von im Vertrag bereits angelegten Klauseln Gebrauch zu machen trachtet, welche eine Machtverschiebung von den Mitgliedstaaten auf die Union bewirken (zB Umschaltung von Einstimmigkeit auf qualifizierte Mehrheit für bestimmte Entscheidungen des Ministerrats oder Umschaltung von bloßer Beteiligung des Europäischen Parlaments zur Mitentscheidung). Auch wenn die Aktivierung der Brückenklauseln keine Änderung des Vertragswortlauts erfordert, behandelt Art. 48 Abs. 7 EUV sie der Sache nach als Vertragsänderung.

28 Darüber hinaus finden sich im EU-Primärrecht mehrere spezielle, sachbezogene Brückenklauseln, die zwar nicht das Unionsrecht, wohl aber das BVerfG wie Vertragsänderungen behandelt wissen will. Sie unterliegen also, wenn auch teilweise mit Modifikationen, den für Änderungen des Primärrechts geltenden, im Folgenden dargestellten Anforderungen des Art. 23 GG.

2. Die Anforderungen des Verfassungsrechts

a) Gesetze zu Änderungsverträgen zur Übertragung von Hoheitsrechten

29 Gemäß Art. 23 Abs. 1 S. 2 GG darf der Bund der EU, wie dort formuliert ist, „durch Gesetz (…) Hoheitsrechte übertragen". Tatsächlich erfolgt die Übertragung (oder besser Zuweisung) von Hoheitsrechten grundsätzlich – das betrifft jedenfalls Art. 48 Abs. 2–6 EUV – auf der Grundlage eines völkerrechtlichen Vertrags, dem durch Gesetz die Zustimmung erklärt wird.[681] Insoweit präsentiert sich Art. 23 Abs. 1 S. 2 GG als **Sonderbestimmung** sowohl im Verhältnis zu Art. 24 GG als auch zu Art. 59 Abs. 2 GG, der jedoch ergänzend noch Anwendung findet. Denn auch das nach Art. 23 Abs. 1 S. 2 GG zur Übertragung von Hoheitsrechten auf die EU erforderliche Gesetz entfaltet Zustimmungswirkung iSv Art. 59 Abs. 2 GG. Darüber hinaus ist das Vertragsgesetz noch in einem anderen Sinne Zustimmungsgesetz: Art. 23 Abs. 1 S. 2 GG ordnet an, dass es der Zustimmung des Bundesrats gem. Art. 77 Abs. 2 S. 3–5, Abs. 2a GG bedarf.

30 Die mit der Übertragung von Hoheitsrechten verbundene Vertragsänderung kann, zumal sie der Union Kompetenzen übertragen kann, materiell verfassungsändernd wirken, also das Grundgesetz seinem Inhalt nach ändern oder ergänzen oder dafür die Basis bereiten. Art. 23 Abs. 1 S. 3 GG gestattet eine solche materiell-faktische Verfassungsdurchbrechung als Sondervorschrift zu Art. 79 Abs. 1 S. 1 GG, unterwirft sie aber den für Verfassungsänderungen stets geltenden Anforderungen der Art. 79 Abs. 2 und 3 GG: Das Gesetz, mit welchem Deutschland seine Zustimmung zur Vertragsänderung erteilt, muss

- formell mit einer Mehrheit von zwei Dritteln der Mitglieder (Art. 121 GG) des Bundestags beschlossen worden sein; darüber hinaus muss die Zustimmung des Bundesrates mit Zweidrittelmehrheit erklärt werden (derzeit 46 Stimmen);
- materiell
  - muss es den Anforderungen der „Ewigkeitsklausel" des Art. 79 Abs. 3 GG (→ § 1 Rn. 41 ff.) genügen. Das BVerfG hob vor allem in seinen Urteilen zum

---

680 Als solches bereits bezeichnet von BVerfG NJW 2009, 2267 (2282) – Lissabon.
681 Vgl. Sachs/Streinz GG Art. 24 Rn. 24 f.; DHS/Calliess, 79. Lfg. 2016, GG Art. 24 Rn. 54 ff.

Maastricht-[682] und zum Lissabon-Vertrag[683] Kernbefugnisse des Staates und seiner Einrichtungen heraus, die nach seiner Auffassung durch eine Kompetenzübertragung auf die EU nicht zur Disposition gestellt werden dürfen. Wegen des **Demokratieprinzips** müssten dem Bundestag eigene Aufgaben und Befugnisse von substanziellem Gewicht verbleiben.[684] Er müsse haushaltsrechtliche Grundentscheidungen selbst treffen können.[685]

– Darüber hinaus darf nach Art. 23 Abs. 1 S. 1 GG eine Kompetenzübertragung generell nur stattfinden, wenn die Union selbst bestimmte Wesensmerkmale bewahrt, nämlich wenn sie

– demokratischen, rechtsstaatlichen, sozialen und föderativen Grundsätzen – also Kernelementen des Art. 20 GG – verpflichtet ist (vgl. dazu insbesondere Art. 2 EUV),

– dem Grundsatz der Subsidiarität verpflichtet ist (dieser ist in Art. 5 Abs. 3 EUV verankert und zugleich definiert) und

– einen dem Grundgesetz im Wesentlichen vergleichbaren Grundrechtsschutz gewährleistet. Dies hatte das BVerfG ihr bereits 1986 in der sog. Solange II-Entscheidung attestiert.[686] Nicht gefordert ist die Übereinstimmung der Grundrechtskataloge und prozessualen Instrumente oder der Reichweite einzelner Grundrechte (vgl. hierzu Art. 6 EUV, die Grundrechte-Charta der Union sowie die einschlägige Judikatur des EuGH).

Umstritten ist, ob alle oder nur bestimmte Vertragsgesetze **materielle Verfassungsänderungen** darstellen. Die wohl hM sieht alle Vertragsänderungen als Anwendungsfälle des Art. 23 Abs. 1 S. 3 GG[687] (es sei denn, die Kompetenzen der Union werden dadurch lediglich verringert). Mit Wortlaut und Aufbau des Art. 23 Abs. 1 GG ist dies nur schwer in Einklang zu bringen: Nach S. 2 darf der Bund Hoheitsrechte auf die EU übertragen, und zwar mit Zustimmung des Bundesrates. Ginge damit immer eine materielle Verfassungsänderung einher, bedürfte nicht nur die Zustimmung des Bundesrats keiner Erwähnung (denn sie ist in qualifizierter Form von Art. 79 Abs. 2 GG vorgegeben), sondern Art. 23 Abs. 1 S. 2 GG schiene neben Art. 23 Abs. 1 S. 3 GG auch überflüssig. Indes liegt es in der Natur einer Zuweisung von Hoheitsrechten an die Union, dass sie das grundgesetzliche Zuständigkeitsgefüge zwischen Bund und Ländern sowie den Staatsorganen des Bundes in der Sache modifiziert und damit das Grundgesetz seinem Wesen nach ändert.[688] Dies stützt die hM – muss dann aber auch zwingend in den Schluss münden, dass Art. 23 Abs. 1 GG gesetzestechnisch wenig geglückt ist. Von einer materiellen Verfassungsänderung ist bei Änderungsverträgen in der Vergangenheit stets ausgegangen worden.[689]

31

---

682 BVerfGE 89, 155 = NJW 1993, 3047 – Maastricht.

683 BVerfGE 123, 267 = NJW 2009, 2267 – Lissabon.

684 BVerfGE 89, 155 (172) = NJW 1993, 3047 – Maastricht; BVerfGE 123, 267 (330) = NJW 2009, 2267 – Lissabon.

685 BVerfG NVwZ 2011, 1515 – Griechenlandhilfe und Euro-Rettungsschirm.

686 Vgl. dazu BVerfGE 73, 339 (378) = NJW 1987, 577 – »Solange II-Rechtsprechung«.

687 Sachs/Streinz GG Art. 23 Rn. 71 ff. mwN; v. Münch/Kunig/Uerpmann-Wittzack GG Art. 23 Rn. 85 ff.

688 Ebenso Jarass/Pieroth/Jarass GG Art. 23 Rn. 27 ff.; DHS/Scholz, 92. Lfg. 2020, GG Art. 23 Rn. 118 f.

689 BeckOK GG/Heintschel v. Heinegg/Frau GG Art. 23 Rn. 22; Jarass/Pieroth/Jarass GG Art. 23 Rn. 23.

b) Sonstige die „Integrationsverantwortung" aktivierende Rechtsakte

32 Aus Sicht des BVerfG sind verfassungsrechtliche Sicherungen auch bei Rechtshandlungen der Unionsorgane geboten, die sich äußerlich weder als formale noch als faktische Vertragsänderung darstellen, wie die Flexibilitätsklausel (Vertragsergänzungsklausel) des Art. 352 AEUV oder bestimmte Brückenklauseln, die eine Erweiterung des materiellen Kompetenzrahmens (zB im Straf- und Familienrecht, Art. 81 Abs. 2, 83 AEUV) gestatten. Aus Art. 23 GG (in Verbindung mit dem Demokratieprinzip) leitet das Gericht die Notwendigkeit einer **„Integrationsverantwortung" des Bundestages bzw. Bundesrates** ab:[690] Er muss, damit die Unionsakte sich nicht als Fremdgesetzgebung darstellen, „die Entscheidungstätigkeit europäischer Organe" kontinuierlich (…) begleiten.[691] Die sehr detaillierten Handlungsanweisungen an den Bundesgesetzgeber, mit denen das BVerfG seine Stellung als Organ der Judikative bis zum Äußersten strapazierte, haben Eingang in das **Integrationsverantwortungsgesetz** (IntVG) von 2009[692] gefunden. Darin ist insbesondere niedergelegt, dass der deutsche Vertreter im Rat oder im Europäischen Rat ein positives Votum oder eine Enthaltung (ohne die wegen des für die erfassten Konstellationen geltenden Einstimmigkeitserfordernisses der Rechtsakt nicht zustande kommen kann) nur nach vorheriger parlamentarischer **Ermächtigung** (§ 10 IntVG spricht auch von Ablehnungsrecht) abgeben kann. Die Ermächtigung ist zu erteilen

- in Form eines **Gesetzes**
  - nach § 4 Abs. 1 IntVG für die allgemeine Brückenklausel (Art. 48 Abs. 7 UAbs. 1, 2 AEUV);
  - nach Art. 4 Abs. 2 IntVG für die familienrechtliche Brückenklausel (Art. 81 Abs. 3 UAbs. 2 AEUV);
  - nach § 7 Abs. 1 IntVG für die strafrechtliche „Kompetenzerweiterungsklausel", Art. 83 Abs. 1 UAbs. 3 AEUV und Art. 86 Abs. 4 AEUV, sowie für Satzungsänderungen bei der Europäischen Investitionsbank (Art. 308 Abs. 3 AEUV);
  - nach § 8 IntVG für die (in Rechtstheorie und Rechtspraxis gleichermaßen bedeutsame) „Flexibilitätsklausel" (Art. 352 AEUV);
- bzw. in den Fällen des § 5 IntVG durch **Beschluss**. Wegen der geringeren Tragweite der erfassten Fälle (Art. 31 Abs. 3 EUV und Art. 312 Abs. 2 UAbs. 2 AEUV) hat das BVerfG hier kein Gesetz verlangt.

33 Ob nur der Bundestag oder auch der Bundesrat den geforderten entsprechenden Beschluss zu fassen hat, bestimmt sich danach, ob und in welchem Umfang der Rechtsakt auch Gesetzgebungsbefugnisse der Länder berührt (Näheres in § 7 Abs. 2 IntVG).

II. Vorgaben des Grundgesetzes für das innerstaatliche Verfahren beim Erlass von EU-Rechtsakten

34 Die Mechanismen der EU weichen vom herkömmlichen Muster völkerrechtlicher Willensbildung erheblich ab: An die Stelle völkerrechtlicher Verträge treten sog. **Verordnungen**, die in allen Teilen für die Adressaten verbindlich sind und gesetzes-

---

690 BVerfGE 123, 267 = NJW 2009, 2267 – Lissabon.
691 Nettesheim NJW 2010, 177 (178).
692 Gesetz über die Ausweitung und Stärkung der Rechte des Bundestages und des Bundesrates in Angelegenheiten der Europäischen Union v. 23.9.2009 (BGBl. 2009 I 3022).

gleich in den nationalen Rechtsordnungen Wirkung zeitigen (Art. 288 Abs. 2 AEUV). Eines Umsetzungsakts bedarf es ebenso wenig wie der Ratifikation. **Richtlinien** (Art. 288 Abs. 3 AEUV) haben mit völkerrechtlichen Verträgen immerhin gemein, dass sie durch den nationalen Gesetzgeber (Verwaltungsvorschriften genügen nicht[693]) umgesetzt und konkretisiert werden müssen, da sie nur die Mitgliedstaaten binden. Auch bei Richtlinien fallen indes die Zustimmung deutscher Legislativorgane und die Ratifikation durch den Bundespräsidenten fort. Der Unionsgesetzgeber (normalerweise der Rat der Europäischen Union und das Europäische Parlament) können – ähnlich wie der Bundestag nach Art. 80 GG – Rechtsetzungsbefugnisse auf die Europäische Kommission nach Art. 290 AEUV delegieren (**delegierte Rechtsakte**, insbesondere delegierte Verordnungen). Welcher Gesetzgeber für die Umsetzung von Richtlinien zuständig ist, bestimmt sich, nicht anders als bei Gesetzen ohne unionsrechtliche Grundlage, nach Art. 70 ff. GG.

Rechtsetzung auf EU-Ebene kann Befugnisse des **Bundestages und der Länder verkürzen:** Bei Verordnungen entfällt die Mitwirkung nationaler Parlamente ganz, bei Richtlinien sind sie, ohne Entschließungsermessen zu besitzen, auf die Ausfüllung eines Rechtsrahmens beschränkt. Überdies verfügt die EU über (meist mit den Mitgliedstaaten geteilte, Art. 2 AEUV) Zuständigkeiten für einige Sachbereiche, die unter dem Grundgesetz der ausschließlichen Gesetzgebungszuständigkeit der Länder (Art. 70 GG) oder der konkurrierenden Zuständigkeit (Art. 72 GG) zugewiesen sind. | 35

Das Grundgesetz trägt den Interessen des Bundestags und der Länder insoweit Rechnung, als es ihnen bereits im Vorfeld des Erlasses eines EU-Rechtsetzungsakts Beteiligungsrechte unterschiedlicher Intensität einräumt, wobei die Rechte der Länder durch den Bundesrat gewahrt werden (Art. 23 Abs. 2–6 GG). Einzelheiten sind durch Bundesgesetze[694] festgeschrieben. Mit der Verankerung eines weiteren Rechts des Bundestages und des Bundesrates in Art. 23 Abs. 1a GG hat der deutsche Verfassungsgesetzgeber lediglich die Vorgaben des Lissabon-Vertrags[695] umgesetzt. Der Bundestag (der auf Antrag eines Viertels seiner Mitglieder sogar dazu verpflichtet ist) und der Bundesrat dürfen den Europäischen Gerichtshof wegen Verletzung des sog. Subsidiaritätsprinzips (Art. 5 Abs. 3 EUV) bei der europäischen Rechtsetzung anrufen. | 36

---

693 So zumindest der EuGH Urt. v. 28.2.1991 – Rs. C-131/88, Slg. 1991, I-825 = NVwZ 1991, 973 – Kommission/Deutschland; EuGH Urt. v. 30.5.1991 – Rs. C-361/88, Slg. 1991, I-2567 Rn. 10 ff. = NVwZ 1991, 866 – Kommission/Deutschland; EuGH Urt. v. 30.5.1991 – Rs. C-59/89, Slg. 1991, I-2607 Rn. 9 ff. = NVwZ 1991, 868 – Kommission/Deutschland, Teile der Lit. differenzieren nach dem Inhalt der einzelnen Richtlinienbestimmung, so etwa Grabitz/Hilf/Nettesheim AEUV Art. 288 Rn. 122 f.

694 Vgl. das Gesetz über die Wahrnehmung der Integrationsverantwortung des Bundestages und des Bundesrates in Angelegenheiten der Europäischen Union (IntVG) v. 22.9.2009 (BGBl. 2009 I 3022), sowie das Gesetz über die Zusammenarbeit von Bundesregierung und Deutschem Bundestag in Angelegenheiten der Europäischen Union (EUZBBG) v. 12.3.1993 (BGBl. 1993 I 311), zuletzt geändert durch Gesetz v. 22.9.2009 (BGBl. 2009 I 3026), und das Gesetz über die Zusammenarbeit von Bund und Ländern in Angelegenheiten der Europäischen Union (EUZBLG) v. 12.3.1993 (BGBl. 1993 I 313), zuletzt geändert durch Gesetz v. 22.9.2009 (BGBl. 2009 I 3031).

695 Vgl. die Subsidiaritätsklage nach Art. 8 des Protokolls über die Anwendung der Grundsätze der Subsidiarität und der Verhältnismäßigkeit, das durch den Vertrag von Lissabon v. 13.12.2007 dem Vertrag über die Europäische Union und dem Vertrag über die Arbeitsweise der Europäischen Union beigefügt wurde.

37 Bedeutsam sind insbesondere die Befugnisse des Bundesrats im Zusammenhang mit der Setzung von EU-Sekundärrecht. Sie gehen desto weiter, je stärker die Länder durch Gesetzgebungsakte der EU betroffen sind. Der **Bundesrat** nimmt **Stellung** bei Beginn des EU-Gesetzgebungsverfahrens gegenüber der Bundesregierung (die über den Rat der EU an der Gesetzgebung teilhat) zu vorgesehenen Sekundärrechtsakten (insbesondere Verordnungen und Richtlinien) der Union (Art. 23 Abs. 2, 4, 5 GG). Die Beteiligung des Bundesrats ist geboten, wenn er an einer entsprechenden innerstaatlichen Maßnahme mitzuwirken hätte (was bei Bundesgesetzen stets der Fall ist, Art. 77 GG) oder die Länder innerstaatlich zuständig wären (Art. 23 Abs. 4 GG). Je stärker die Unionsrechtsakte Gesetzgebungskompetenzen der Länder berühren, desto autoritativer fällt die Stellungnahme aus.

- Im Normalfall ist die Stellungnahme nur **zu berücksichtigen** (Art. 23 Abs. 5 S. 1 GG), die Bundesregierung hat sich mit ihr also argumentativ auseinanderzusetzen.
- Sind dagegen im Schwerpunkt Gesetzgebungsbefugnisse der Länder, die Einrichtung ihrer Behörden oder ihre Verwaltungsverfahren (im Grundsatz Gegenstände landeseigener Regelung, Art. 84 Abs. 1 S. 1 GG, Art. 85 Abs. 1 Hs. 1 GG) betroffen, ist unter Wahrung der gesamtstaatlichen Verantwortung des Bundes (Art. 23 Abs. 5 S. 2 GG) die Auffassung des Bundesrats **„maßgeblich zu berücksichtigen"**. Was hiermit gemeint ist, erhellt Art. 5 Abs. 2 S. 3–6 GG des auf der Basis des Art. 23 Abs. 7 GG erlassene Gesetz über die Zusammenarbeit von Bund und Ländern in Angelegenheiten der Europäischen Union (EuZBLG). Danach ist grundsätzlich ein Einvernehmen anzustreben; kommt es aber nicht zustande und bestätigt der Bundesrat mit zwei Dritteln der Stimmen einen gefassten Beschluss, so bindet seine Stellungnahme die Bundesregierung („maßgebend").
- Der Passus „Gesetzgebungsbefugnisse der Länder" ist teleologisch zu reduzieren. Die Formulierung des Art. 23 Abs. 1 S. 2 GG deutet nicht darauf, dass der Verfassungsgesetzgeber nur die Materien ausschließlicher Bundesgesetzgebung aus seinem Anwendungsbereich ausklammern wollte. Erfasst werden
  – stets ausschließliche Gesetzgebungsbefugnisse nach Art. 70 Abs. 1 GG;
  – konkurrierende Gesetzgebungsbefugnisse nach Art. 72 Abs. 1 GG nur mit Einschränkungen. Manche schlagen vor, danach zu differenzieren, ob der Bund von seiner Zuständigkeit schon (zulässigerweise) Gebrauch gemacht hat oder nicht.[696] Dies ist jedoch, zumal wenn nicht abschließende Regelungen durch das Unionsrecht ergänzt werden, schwer zu bestimmen. Überzeugender, weil eindeutiger, erscheint eine hypothetische Betrachtung: Wäre der Bund zum Zeitpunkt der Kommissionsinitiative nach den Maßstäben der Art. 72 Abs. 1 und 2 GG berechtigt gewesen, den Gegenstand durch Bundesgesetz selbst zu regeln, findet Art. 23 Abs. 1 S. 2 GG keine Anwendung.[697]

38 Noch weiter geht die Beteiligung des Bundesrats, wenn der EU-Rechtsakt die **„Kernkompetenzen" der Länder**, dh im Schwerpunkt ausschließliche Gesetzgebungsbefugnisse der Länder (Art. 70 GG) in den Bereichen schulische Bildung, Kultur oder Rundfunk, betrifft. In diesen Fällen besteht die Gefahr, dass durch Unionsgesetzgebung – an der die Bundesregierung über den Ministerrat, aber die Länder nicht beteiligt sind – die Landesgesetzgebung in zentralen Bereichen entweder ganz ersetzt (Verordnungen, Art. 288 Abs. 2 AEUV) oder doch inhaltlich

---

696 Abl. v. Münch/Kunig/Uerpmann-Wittzack GG Art. 23 Rn. 146.
697 So in der Tendenz DHS/Scholz, 88. Lfg. 2019, GG Art. 23 Rn. 168.

weitgehend vorgeprägt wird (Richtlinien, Art. 288 Abs. 3 AEUV). In solchen Fällen obliegt es dem Bundesrat, einen **Vertreter der Länder** zu benennen, der dann als Vertreter Deutschlands im (Minister-)Rat der EU agiert (Art. 23 Abs. 4 GG).

> **12.2** Die Europäische Kommission schlägt eine EU-Verordnung über die Verleihung von Naturschutz- und Öko-Prädikaten vor, mit welchen die Mitgliedstaaten besonders herausragende Projekte und Schutzmaßnahmen auszeichnen und gegebenenfalls auch finanziell unterstützen sollen. An der Vereinbarkeit des Verordnungsentwurfs mit Art. 192 Abs. 1 AEUV besteht im konkreten Fall kein Zweifel. Der Bundesrat meldet Bedenken gegen die EU-Verordnung an, da nicht wenige Länder bereits eigene und auch weiterreichende Prädikate vergeben. Die Bundesregierung nimmt hierzu Stellung, bleibt jedoch im Ergebnis bei ihrer Auffassung, dass ein EU-einheitliches Prädikat vorzugswürdig sei. Dies bleibe ihre Position und sie sei auch nicht verhandlungsfähig. Im Ministerrat (Rat der EU) stimmt der Bundesumweltminister daher für die Verordnung, die auch dank dem deutschen Votum zustande kommt. Die Länder fühlen sich übergangen und erwägen die Anrufung des BVerfG.

Antworten und Lösungen

12.1 Nicht gefragt ist hier nach der Verletzung bundesstaatlicher Pflichten durch die Nichtumsetzung des Kulturabkommens. Grundsätzlich folgt aus dem Abschluss eines völkerrechtlichen Vertrages noch nicht zwingend die Pflicht der Länder, für die Transformation („Implementierung") des Vertrages zu sorgen, falls die Materie in die Gesetzgebungskompetenz der Länder fällt. Das Prinzip der Bundestreue gebietet allerdings, dass sie die zur Umsetzung des Vertrages notwendigen bundesgesetzlichen Akte nur aus triftigen Gründen verweigern dürfen. Die fehlende Konsultation im Zuge der Vertragsverhandlungen ist kein ausreichender Grund, die Beeinträchtigung der bilateralen Beziehungen könnte es allerdings sein. Zur eigentlichen Frage: Rechtliche Konsequenz der Weigerung ist, dass der Bund einen Völkerrechtsverstoß gegenüber Amnesia begeht. Denn der Vertrag ist bereits in Kraft, wird auf deutscher Seite – soweit die Länder B und L betroffen sind – mangels Umsetzungsbestimmungen aber nicht beachtet. Der Bund kann dies nur verhindern, indem er die Länder B und L schon im Rahmen der Vertragsverhandlungen konsultiert. In der Praxis geschieht dies nach den Vorgaben des Lindauer Abkommens.

12.2 Die Bundesregierung könnte Art. 23 Abs. 5 S. 2 GG verletzt haben, wenn die Auffassung des Bundesrates maßgeblich zu berücksichtigen war. Zwar erläutert das Grundgesetz den Begriff „maßgeblich berücksichtigen" nicht, es darf jedoch davon ausgegangen werden, dass § 5 Abs. 2 EuZBLG des in einem engen zeitlichen Zusammenhang mit Art. 23 GG erlassenen EuZBLG zumindest im Kern auch das verfassungsrechtliche Verständnis von „Maßgeblichkeit" wiedergibt. Dazu gehört insbesondere, dass sich die Bundesregierung die Position des Bundesrates nicht einfach nur zur Kenntnis nehmen darf, sondern einen Ausgleich suchen muss (vgl. § 5 Abs. 2 S. 3 EuZBLG). Im vorliegenden Fall hat sie sich um ein Einvernehmen gar nicht erst bemüht, sondern eine weitere Diskussion schlechterdings ausgeschlossen. Dies verletzt Art. 23 Abs. 5 S. 2 GG aber nur, wenn eine maßgebliche und nicht lediglich eine schlichte Berücksichtigung geboten war. Ob die EU-Verordnung im Schwerpunkt das Verwaltungsverfahren der Länder betrifft, lässt sich dem Sachverhalt nicht entnehmen, doch können ihre Gesetzgebungskompetenzen betroffen sein. Naturschutz, auf den sich die Verordnung nicht nur im Schwerpunkt, sondern ausschließlich bezieht, zählt zu den Materien der konkurrierenden Gesetzgebung gem. Art. 72 Abs. 1 GG, Art. 74 Abs. 1 Nr. 29 GG. Für diese Gesetzgebungsvariante ist eine restriktive Auslegung des Begriffs „Gesetzgebungsbefugnisse der Länder" geboten. Die Kontroverse darüber, ob auf die (überwiegende) Regelung einer Materie durch den Bund oder dessen bloße Zuständigkeit abgehoben werden muss (→ Rn. 37), könnte hier dahinstehen, weil die Länder nach Art. 72 Abs. 3 S. 1 Nr. 2 GG die

Befugnis zur Abweichungsgesetzgebung besitzen. Da bei diesen Materien nicht das Bundesgesetz, sondern das jeweils spätere Gesetz Vorrang hat (Art. 72 Abs. 3 S. 3 GG), bedarf es insoweit keiner restriktiven Auslegung des Art. 23 Abs. 5 S. 2 GG: Die Möglichkeit der Abweichung reicht aus.[698] Da die Prädikate von keiner der drei von der Abweichung ausgeschlossenen Materien (Klammertatbestände des Art. 72 Abs. 3 Nr. 2 GG) umschlossen werden, hätte die Bundesregierung ein Einvernehmen herstellen müssen. Art. 23 Abs. 5 S. 2 GG ist daher verletzt.

In erster Linie missachtet die Bundesregierung Beteiligungsrechte des Bundesrates, der sich hiergegen im Wege des Organstreits wehren kann. Für einen Bund-Länder-Streit dürfte daneben kein Raum bestehen: Die aus Art. 23 Abs. 5 GG fließenden Rechte stehen nicht den Ländern selbst zu, und deren Gesetzgebungsbefugnisse werden auch durch den Erlass des EU-Rechtsakts nicht unmittelbar verletzt.

---

698 Dies ist keineswegs unstreitig und kann mit entsprechender Begründung auch anders gesehen werden, so etwa DHS/Scholz, 88. Lfg. 2019, GG Art. 23 Rn. 168.

Anhang: Klausurfälle

Fall 1 Von Krise zu Krise

Angesichts einer wirtschaftlichen Krisensituation beschließt die Bundesregierung unter Führung des Bundeskanzlers Q, das Schicksal von Teilen der Wirtschaft in die eigenen Hände zu nehmen. Sie verabschiedet den Entwurf eines „Gesetzes zur Rettung des Fahrzeugherstellers Mantamobil" (MRetG). Diese Publikums-AG mit mehr als 20.000 Aktionären befindet sich kurz vor der Insolvenz. Das MRetG ordnet die Überführung der Anteile eines erheblichen Teils der Gesellschafter auf den Bund gegen eine Zahlung iHv 5 EUR pro Aktie an. Die von der Bundesregierung eingebrachte Gesetzesvorlage erntet viel Kritik im Bundestag und in den Medien: Das ordnungspolitisch verfehlte Einzelgesetz verstoße insbesondere gegen den verfassungsrechtlichen Grundsatz der sozialen Marktwirtschaft. Den Bundestag ficht dies nicht an: Er beschließt das Gesetz, das dem Bundesrat zuvor zur Stellungnahme zugeleitet worden ist. Dieser wird auch im weiteren Verlauf ordnungsgemäß beteiligt.

Kurz bevor das Gesetz der Bundespräsidentin B zugeleitet werden soll, kommt Q durch ein konstruktives Misstrauensvotum zu Fall, und die bisherige Opposition übernimmt die Regierungsmacht. Der neue Bundeskanzler, P, weigert sich, die Gegenzeichnung zur Ausfertigung zu leisten. Was seine Vorgänger ausgearbeitet hätten, sei eklatant verfassungswidrig; er wolle und dürfe dafür die politische Verantwortung nicht übernehmen. B ist empört darüber, dass P sie auf diese Weise an der Unterzeichnung des Gesetzes hindert. Ein Prüfungsrecht stehe nur dem Bundespräsidenten, nicht auch dem Bundeskanzler zu. P sei ja unbenommen, Normenkontrolle zu erheben. P wendet ein, auch er habe einen Amtseid geleistet, an den er gebunden sei. B ruft daraufhin das BVerfG an.

Mit Erfolg?

Lösung

In Betracht kommt ein Organstreitverfahren der B gegen den neuen Bundeskanzler P vor dem BVerfG gem. Art. 93 Abs. 1 Nr. 1 GG, § 13 Nr. 5, §§ 63 ff. BVerfGG. Der Antrag muss, um Erfolg zu haben, zulässig und begründet sein.

A. Zulässigkeit des Organstreits

I. Parteifähigkeit der B als Antragstellerin

Da der Bundespräsident in § 63 BVerfGG ausdrücklich als möglicher Antragsteller genannt wird, ist B antragsberechtigt.

II. Parteifähigkeit des P als Antragsgegner

Der Bundeskanzler ist als Teil der Bundesregierung gem. § 63 BVerfGG parteifähig. ISd Art. 93 Abs. 1 Nr. 1 GG, der Organteile nicht explizit erwähnt, muss er zumindest als „anderer Beteiligter" angesehen werden.[699] Eigene verfassungsmäßige Rechte, die hierfür Voraussetzung sind, erkennt ihm das Grundgesetz in größerer Zahl, unter anderem in Art. 64 Abs. 1 GG, zu.

III. Antragsgegenstand (Streitgegenstand)

Laut § 64 Abs. 1 BVerfGG muss sich die Bundespräsidentin gegen eine rechtserhebliche Maßnahme oder Unterlassung des Antragsgegners wenden. Zwar weist die Weigerung des P, die Gegenzeichnung zur Ausfertigung des MRetG vorzunehmen, auch Züge einer positiven Maßnahme auf, doch überwiegt der Unterlassungsaspekt: Die Gegenzeichnung unterbleibt.

Dieses Unterlassen ist auch rechtserheblich,[700] da nicht von vornherein auszuschließen ist, dass der Bundeskanzler in concreto hätte gegenzeichnen müssen. Die Gegenzeichnung zur Ausfertigung von Gesetzen durch den Bundespräsidenten ist nach Art. 58 Abs. 1 GG iVm Art. 82 Abs. 1 S. 1 GG[701] Aufgabe des Bundeskanzlers.

IV. Antragsbefugnis

Die Bundespräsidentin müsste gem. Art. 64 Abs. 1 BVerfGG geltend machen, dass sie durch die Weigerung des Bundeskanzlers, das Gesetz gegenzuzeichnen, womöglich in ihren verfassungsmäßigen Rechten oder Pflichten verletzt wird.[702]

Art. 82 Abs. 1 S. 1 GG erklärt es zur Aufgabe des Bundespräsidenten, ein nach den Vorschriften des Grundgesetzes zustande gekommenes Gesetz auszufertigen. Hierzu ist er den Legislativorganen Bundestag und Bundesrat gegenüber, die Gesetze im de-

---

699 Str., vgl. Sachs/Detterbeck GG Art. 93 Rn. 46 f.; DHS/Walter, 80. Lfg. 2017, GG Art. 93 Rn. 216; Lechner/Zuck BVerfGG § 63 Rn. 7.

700 Schlichte Untätigkeit genügt nicht, vgl. BVerfGE 96, 264 (277) = NJW 1998, 3037; BVerfGE 103, 81 (86) = NVwZ 2001, 667; SHH/Hopfauf GG Art. 93 Rn. 247 f.

701 Str., nach aA ergibt sich Gegenzeichnungspflicht von Bundesgesetzen allein aus Art. 82 Abs. 1 S. 1 GG, vgl. DHS/Herzog, 54. Lfg. 2009, GG Art. 58 Rn. 73.

702 In der Staatspraxis ist eine ähnliche Situation bereits zweimal vorgekommen, vgl. SHH/Sannwald GG Art. 82 Rn. 12.

mokratischen Verfahren beschließen, auch verpflichtet. Aus Art. 58 GG ergibt sich, dass die Ausfertigung ohne Gegenzeichnung nicht gültig ist. Die Verweigerung der Gegenzeichnung nimmt dem Bundespräsidenten somit die Möglichkeit, die ihm obliegenden Pflichten zu erfüllen.

Antragsbefugt ist B jedoch nur, wenn damit auch ein verfassungsmäßiges Recht möglicherweise verletzt ist. Gegen diese Hypothese könnte eingewandt werden, dass die Verweigerung der Gegenzeichnung lediglich Rechte des Parlaments tangiere, da ein beschlossenes Gesetz am Inkrafttreten gehindert wird. Die Ausfertigung von Gesetzen muss als verfassungsmäßige Aufgabe des Bundespräsidenten im Verhältnis zu anderen Beteiligten des Verfassungslebens als Recht begriffen werden. Dies gilt umso mehr, als der Bundespräsident vor der Ausfertigung berechtigt ist, die formelle und möglicherweise auch materielle Verfassungskonformität des Gesetzes zu überprüfen.[703] Somit lässt sich grundsätzlich nicht ausschließen, dass das Unterlassen einer Gegenzeichnung des Bundeskanzlers die Bundespräsidentin in ihrer Pflicht bzw. ihrem Recht, Gesetze auszufertigen, verletzt. Im vorliegenden Fall könnte dieser Möglichkeit einer Rechtsverletzung allenfalls entgegenstehen, dass das Gesetz verfassungswidrig war und B aufgrund dessen zur Ausfertigung nicht berechtigt gewesen ist. Selbst wenn man eine Pflicht und nicht nur ein Recht des Bundespräsidenten annehmen wollte, die Ausfertigung verfassungswidriger Gesetze zu verweigern, liegt im vorliegenden Fall die Verfassungswidrigkeit des MRetG nicht in einer Weise auf der Hand, dass eine Pflicht, von der Ausfertigung Abstand zu nehmen, offenkundig wäre. Dann aber ist nicht schlechterdings ausgeschlossen, dass B in ihrem Ausfertigungsrecht durch die verweigerte Gegenzeichnung auch verletzt ist.

V. Form

Der Antrag ist gem. § 23 Abs. 1 BVerfGG schriftlich und mit einer Begründung versehen zu stellen. Nach § 64 Abs. 2 S. 1 BVerfGG ist die für verletzt erachtete Grundgesetznorm – hier also Art. 82 Abs. 1 GG – zu nennen.

VI. Frist

Der Antrag muss binnen sechs Monaten ab Kenntnis der Bundespräsidentin von der Weigerung des Bundeskanzlers gestellt werden (§ 64 Abs. 3 BVerfGG). Die Frist kann hier noch gewahrt werden.

VII. Zwischenergebnis

Der Antrag der Bundespräsidentin ist somit zulässig.

B. Begründetheit

Begründet ist der Antrag, soweit die Weigerung des Bundeskanzlers, die Ausfertigung des MRetG gegenzuzeichnen, Rechte und Pflichten der Bundespräsidentin verletzt und insoweit gegen das Grundgesetz verstößt (vgl. § 67 Abs. 1 BVerfGG).

---

703 Vgl. SKB/Bethge, 50. Lfg. 2017, BVerfGG § 64 Rn. 36; MKS/Fink GG Art. 58 Rn. 90.

Hinweis: In der Staatspraxis erfolgt die Gegenzeichnung durch den Bundeskanzler und den zuständigen Minister (vgl. § 29 Abs. 1 GO-BReg), in Einzelfällen nur durch den Bundesminister (vgl. § 29 Abs. 2 GO-BReg).[704] Diese Normen sind für die hier vorgenommene verfassungsrechtliche Bewertung allerdings ohne Belang.

I. Recht des Bundespräsidenten auf Ausfertigung

Gemäß Art. 82 Abs. 1 GG ist der Bundespräsident zur Ausfertigung von Gesetzen berechtigt und verpflichtet. Die Gegenzeichnung des Bundeskanzlers (Art. 58 S. 1 GG) ist Voraussetzung einer zu erfolgenden Ausfertigung. Entspricht das dem Bundespräsidenten vorgelegte Gesetz verfassungsrechtlichen Anforderungen, so ist er zur Ausfertigung verpflichtet. Wird die Gegenzeichnung verweigert, wird dem Bundespräsidenten somit die Möglichkeit genommen, die ihm obliegenden Pflichten zu erfüllen. Angesichts dieser Pflichtenstellung kommt dem Bundespräsidenten also ein Recht auf Gegenzeichnung gegenüber dem Bundeskanzler zu.[705]

Die erfolgte Weigerung ist nur dann nicht als Verletzung des Ausfertigungsrechts der Bundespräsidentin zu qualifizieren, wenn sich der Bundeskanzler auf ein verfassungsmäßiges Recht zur Verweigerung der Gegenzeichnung berufen kann. Dazu muss ein solches Recht nicht nur in abstracto bestehen, sondern P muss es auch in verfassungskonformer Weise wahrgenommen haben.

II. Recht des Bundeskanzlers auf Verweigerung der Gegenzeichnung

1. Bestehen eines Prüfungsrechts

Von einem Recht auf Verweigerung kann somit nur dann ausgegangen werden, wenn dem Bundeskanzler überhaupt in irgendeinem Umfang ein Prüfungsrecht zusteht.[706] Dazu bedarf es der Auslegung des Art. 82 Abs. 1 S. 1 GG und des Art. 58 S. 1 GG.

a) Wortlaut

Die Formulierung „die nach dem Grundgesetz zustande gekommenen Gesetze" bezieht sich in erster Linie auf die Ausfertigung. Der Passus „nach Gegenzeichnung ausgefertigt" schließt jedoch nicht aus, das verfassungsgemäße Zustandekommen auch als Voraussetzung für eine Gegenzeichnung zu verstehen. Ob das Zustandekommen nur die Zuständigkeits- und Verfahrensvorschriften einschließt oder auch materiell-rechtliche Vorgaben umfasst, lässt der Wortlaut offen.

b) Systematische Betrachtung

aa) Gleichlauf mit dem Prüfungsrecht des Bundespräsidenten?

Art. 82 Abs. 1 S. 1 GG („Die nach den Vorschriften des Grundgesetzes zustande gekommen Gesetze werden vom Bundespräsidenten nach Gegenzeichnung ausgefertigt …") rückt die Gegenzeichnung in unmittelbaren Zusammenhang mit dem Ausfertigungsakt des Bundespräsidenten. Insofern könnte aus der Feststellung, dass dem Bundespräsidenten – jedenfalls im Grundsatz – ein Prüfungsrecht zusteht, auch auf ein solches des Bundeskanzlers geschlossen werden. Da Bundeskanzler und Bundes-

---

704 Hierzu DHS/Herzog, 54. Lfg. 2009, GG Art. 58 Rn. 65.
705 MKS/Fink GG Art. 58 Rn. 90.
706 Vgl. in diesem Buch § 6.

präsident gleichermaßen mit der Ausfertigung betraute Organe seien, müssten für ihre Prüfungsbefugnis identische Grundsätze gelten.[707]

Dabei würden jedoch die Funktionsunterschiede zwischen Bundeskanzler und Bundesregierung im Verfassungskontext nicht ausreichend berücksichtigt. Auch dem Bundespräsidenten erkennt Art. 82 Abs. 1 S. 1 GG kein explizites Prüfungsrecht zu; um dieses zu belegen, wird auf die Art. 54 ff. GG Bezug genommen, Vorschriften also, die speziell auf den Bundespräsidenten zugeschnitten sind und grundsätzlich nicht auch für den Bundeskanzler in Anspruch genommen werden können. Aus dem Prüfungsrecht des Bundespräsidenten kann also nicht ohne Weiteres abgeleitet werden, dass auch dem Bundeskanzler ein solches zusteht. Vielmehr muss hierfür auf die speziell für den Bundeskanzler geltenden Verfassungsbestimmungen rekurriert werden.

bb) Art. 58 Abs. 1 GG

Gegen die Aussagekraft des Wortlauts von Art. 82 Abs. 1 GG könnte Art. 58 GG ins Feld geführt werden. Dieser, nicht Art. 82 Abs. 1 GG, ist *sedes materiae* der Gegenzeichnung, während die Ausfertigung allein in Art. 82 Abs. 1 S. 1 GG geregelt ist. Auch ohne Erwähnung der Gegenzeichnung in Art. 82 Abs. 1 GG würde die Ausfertigung von Bundesgesetzen, weil dies schon in Art. 58 S. 1 GG so angeordnet ist, der Gegenzeichnung bedürfen. Ist aber Art. 82 Abs. 1 GG für die Gegenzeichnung nur deklaratorische Bedeutung beizumessen, erscheint die Annahme, dass sie bei Gesetzen, die nicht „nach den Vorschriften dieses Grundgesetzes zustande gekommen" sind, verweigert werden kann, zumindest nicht zwingend.

cc) Amtseid

Für einen Gleichlauf der Befugnisse von Bundespräsident und Bundeskanzler könnte sich der Amtseid heranziehen lassen, der für beide Akteure identisch ist: Art. 64 Abs. 2 GG verweist für den Bundeskanzler auf den Amtseid des Bundespräsidenten. Da er das Versprechen einschließt, das Grundgesetz und die Gesetze des Bundes zu wahren und zu verteidigen, also Sorge für die Bindung staatlichen Handelns an Gesetz und Recht (Art. 1 Abs. 3 GG, Art. 20 Abs. 3 GG) zu tragen, liegt es nahe, mit dem Eid ein Prüfungsrecht nicht nur im Hinblick auf Gesetze, sondern auch ihre Ausfertigung, die Voraussetzung ihres Inkrafttretens ist, zu begründen. Dem Bundeskanzler könnte kraft seiner Verpflichtungen mit anderen Worten nicht zugemutet werden, die Ausfertigung eines von ihm für verfassungswidrig erachteten Gesetzes gegenzuzeichnen.

Die Begründung des Prüfungsrechts mit dem Amtseid ist jedoch zirkulär. Denn wenn das Grundgesetz dem Bundeskanzler die Prüfung der Verfassungsmäßigkeit zustande gekommener Gesetze verbietet, verstößt er mit der Verweigerung seiner Gegenzeichnung selbst gegen Verfassung und Recht. Unabhängig davon begründet der Amtseid beim Bundeskanzler ebenso wenig wie beim Bundespräsidenten rechtliche Bindungen, sondern bestätigt diese nur, soweit sie sich aus anderen Vorschriften ergeben. Er wirkt promissorisch, aber nicht kompetenzbegründend.

---

707 Vgl. Nierhaus, Entscheidung, Präsidialakt und Gegenzeichnung, 1973, 65; BK-GG/v. Lewinski, 162. Lfg, 2013, GG Art. 82 Rn. 64; anders Hamann/Lenz, GG, Kommentar, 3. Aufl. 1970, Art. 82 Erl. 5, die eine Prüfungskompetenz des Bundespräsidenten annehmen, eine solche des Gegenzeichnenden allerdings ablehnen.

dd) Rechtsstaatsprinzip

Wenn auch der Amtseid ein Recht oder möglicherweise gar eine Pflicht zur Prüfung nicht begründen kann, so könnte ein Prüfungsrecht doch aus dem Rechtsstaatsprinzip (vgl. Art. 20 Abs. 3 GG) fließen. Nach der früher vertretenen „Lehre von dem Verfassungsorgan"[708] sind alle an der Gesetzgebung beteiligten Organe sogar verpflichtet, sich Mitwirkungsakte zu enthalten, die zum Zustandekommen eines verfassungswidrigen Gesetzes führen könnten. Dies ist im Grundsatz zwar richtig, kann jedoch nicht bedeuten, dass damit ein Verfassungsorgan seine rechtliche Beurteilung ohne Weiteres über die des jeweils anderen stellen darf, insbesondere dann, wenn die Befugnis zur letztverbindlichen Prüfung einem Verfassungsgericht übertragen ist. Diese rechtsstaatliche Begründung des Prüfungsrechts führt sich geradezu selbst ad absurdum, wo der Bundeskanzler nach Auffassung des Bundespräsidenten zu Unrecht die Gegenzeichnung verweigert; denn der Bundespräsident müsste die fehlende Gegenzeichnung dann eigentlich ignorieren, darf es jedoch nicht.[709] Hiervon abgesehen ist das allgemeine Rechtsstaatsprinzip zu wenig aussagekräftig, um Rückschlüsse auf konkrete Rechte und Pflichten der an der Rechtsetzung Beteiligten zuzulassen.

ee) Verwerfungsmonopol des BVerfG

Die insbesondere in Art. 93 Abs. 1 Nr. 2 GG und Art. 100 Abs. 1 GG verankerte Befugnis des BVerfG, Gesetze auf ihre Verfassungskonformität zu überprüfen, mithin sein Verwerfungsmonopol, könnte gegen ein Prüfungsrecht sprechen. Dies ist aber schon deswegen nicht anzunehmen, weil das Verwerfungsmonopol nur für Gesetze gilt, die das Gesetzgebungsverfahren schon in Gänze durchlaufen haben. Zudem kann die Verfassungsmäßigkeit des Gesetzes, dessen Ausfertigung der Bundeskanzler verhindert, inzident in einem gegen den Bundeskanzler – wie hier – eingeleiteten Verfahren durchaus überprüft werden; die Rechte des BVerfG werden also nicht verkürzt. Insofern schließt das Verwerfungsmonopol des BVerfG die verfassungsrechtliche Prüfung eines Gesetzes durch andere Organe nicht aus, selbst wenn sie sich – wie auch beim Bundespräsidenten – in einer einstweiligen Blockade des Gesetzgebungsverfahrens niederschlägt.[710]

Mit einem Normenkontrollantrag nach Art. 93 Abs. 1 Nr. 2 GG ist der Bundesregierung ein Instrument an die Hand gegeben, Gesetze überprüfen zu lassen, was auf die Unzulässigkeit einer vorherigen Prüfung schließen lassen könnte. Auch dieses Recht setzt aber die Ausfertigung voraus, und überdies steht es nur der Bundesregierung als Gremium und nicht auch dem Bundeskanzler zu.

Im Ergebnis können der verfassungssystematischen Betrachtung klare Anhaltspunkte weder für noch gegen ein Prüfungsrecht bei der Gegenzeichnung entnommen werden.

---

708 Vgl. Nierhaus, Entscheidung, Präsidialakt und Gegenzeichnung, 1973, 66; Schäfer DVBl 1951, 434 (436); vgl. auch Arndt DÖV 1958, 604 (605).

709 Vgl. auch DHS/Butzer, 73. Lfg. 2014, GG Art. 82 Rn. 3.

710 Dies mag man auch anders sehen können. Insbesondere die Verweigerung der Ausfertigung durch den Bundespräsidenten hat Gesetzesvorhaben praktisch durchweg den Todesstoß versetzt. Für die Verweigerung der Gegenzeichnung gibt es keine Erfahrungswerte.

c) Historie

Das Instrument der Gegenzeichnung stammt aus dem Frühkonstitutionalismus. Der mit Immunität ausgestattete Monarch sollte zumindest in Bezug auf Rechtsakte einer Kontrolle unterworfen werden. Noch Art. 50 Abs. 2 S. 2 WRV bestimmte, dass durch die Gegenzeichnung „die Verantwortung" übernommen werde.[711] Während Art. 50 Abs. 2 S. 1 WRV in Art. 58 S. 1 GG Eingang fand, verzichtete der Parlamentarische Rat auf den Zusatz des Art. 50 Abs. 2 S. 2 WRV. Müsste dies als „Freistellung" von politischer Verantwortung zu verstehen sein, könnte dem Kanzler im Gegenzug auch kein Kontrollrecht attestiert werden. Unter dieser Prämisse wäre aber wiederum zweifelhaft, ob die Gegenzeichnung in der geltenden verfassungsrechtlichen Ordnung überhaupt noch eine sinnvolle Funktion erfüllen kann oder nicht vielmehr zum Zeremoniell erstarrt ist. Vieles deutet darauf hin, dass der Parlamentarische Rat die Gegenzeichnung, in der Gestalt, die ihr in der Weimarer Reichsverfassung gegeben wurde, unkritisch adaptiert hat, ohne sich mit dieser Frage näher auseinanderzusetzen. Insofern ist im Zuge der teleologischen Betrachtung zu überprüfen, ob die Verantwortungsübernahme auch heute noch ein Zweck der Gegenzeichnung ist und ob sie oder ein möglicher anderer Zweck ein Prüfungsrecht des Bundeskanzlers begründen kann.

d) Sinn und Zweck des Gegenzeichnungserfordernisses

Ein Teil der Lehre geht davon aus, dass das Gegenzeichnungserfordernis zu einem systemwidrigen Fremdkörper im Grundgesetz geworden ist.[712] So weit wird man nicht gehen können. Es widerstreitet juristischen Auslegungsgrundsätzen, eine Verfassungsbestimmung so auszulegen, dass sie obsolet wird. Vielmehr könnte die Gegenzeichnung auch heute noch – wenn auch möglicherweise in einem anderen Sinne als in der Vergangenheit – die Übernahme von Verantwortung spiegeln oder als verfassungsrechtliches Unbedenklichkeitsattest zu deuten sein.

aa) Übernahme von Verantwortung

Die Funktion der Gegenzeichnung, Übernahme von Verantwortung der Regierung zu dokumentieren, wird auch heute noch weitgehend für aktuell erachtet. Durch Zusammenwirken von Bundeskanzler und Bundespräsidenten solle Einheitlichkeit der Staatsführung gewährleistet werden. Staatshandlungen, die formell dem Bundespräsidenten unterliegen, materiell aber gubernativen Charakter aufweisen, würden kraft Gegenzeichnung – auch ohne dass eine dem Art. 50 Abs. 2 S. 2 WRV entsprechende Norm in das Grundgesetz aufgenommen worden ist – durch die Regierung vor dem Parlament verantwortet.[713]

Die Tragweite solcher „Verantwortung" allerdings bleibt offen. Das Grundgesetz verwendet den Terminus vielfach, jedoch nicht mit einheitlichem Bedeutungsgehalt. Eine „Haftung" für das Handeln des Bundespräsidenten kann jedenfalls nicht gemeint sein: Aus Art. 93 Abs. 1 Nr. 1 GG und Art. 61 GG folgt, dass der Bundespräsident sich durch Gegenzeichnung nicht für sein Handeln freizeichnen lassen kann. Überzeugender erscheint es, „Verantwortung" in dem Sinne zu deuten, dass sich die

---

711 Vgl. Sachs/Mann GG Art. 82 Rn. 19.

712 Heydt ZRP 1971, 201 (203), bezeichnet das Gegenzeichnungserfordernis bei Gesetzen für »funktionslos und überflüssig«.

713 Vgl. SHH/Sannwald GG Art. 82 Rn. 8; Sachs/Mann GG Art. 82 Rn. 19; MKS/Brenner GG Art. 82 Rn. 17.

Regierung durch die Gegenzeichnung Kenntnis vom Inhalt eines auszufertigenden Gesetzes und seiner Verfassungsmäßigkeit verschafft hat, die sie in die Lage versetzt, dem Bundespräsidenten gegebenenfalls die Verweigerung der Ausfertigung nahezulegen oder, wenn dies misslingt, Schritte zu einer verfassungsgerichtlichen Überprüfung vorzubereiten.

In diesem Fall würde die Gegenzeichnung nur dokumentieren, dass die Regierung das Gesetz unter verfassungsrechtlichem Vorzeichen zur Kenntnis genommen hat. Ein Recht, die Gegenzeichnung zu verweigern, ist aber auch dann ausgeschlossen, wenn man „Verantwortung" in einem traditionelleren, auf den Bundestag bezogenen Sinne versteht. Denn eine (durch die Regierung vermittelte) parlamentarische Kontrolle des Bundespräsidenten ist, wenn er ein Gesetz ausfertigt, entbehrlich; schließlich trägt er mit der Ausfertigung dem Willen des Parlaments Rechnung. Zweck parlamentarischer Kontrolle kann aber nicht die Selbstvergewisserung des Parlaments von der Richtigkeit seines eigenen Handelns sein. Anders liegen die Dinge, wenn der Bundespräsident die Ausfertigung verweigert; doch stellt eine solche Unterlassung eben keine Handlung oder Verfügung dar, die der Gegenzeichnung bedarf,[714] und kann daher die durch den Bundeskanzler vermittelte Kontrollkette gerade nicht aktivieren.

bb) Unbedenklichkeitsattest

Als maßgeblicher Zweck der Gegenzeichnung könnte auch das Attestieren verfassungsrechtlicher Unbedenklichkeit des Handelns des Bundespräsidenten ihm gegenüber aufgefasst werden. Dies würde jedoch im Ergebnis zu einer unerwünschten Umpolung der Kontrollstrukturen führen: Wenn Bundespräsident und Parlament verfassungsrechtlich der gleichen Meinung sind (und der Bundespräsident daher ausfertigen will), bedeutet Verweigerung der Gegenzeichnung durch ein Regierungsmitglied im Ergebnis, dass das Parlament der Regierung verantwortlich wird, auch wenn formal betrachtet der Bundespräsident Objekt gubernativer Kontrolle ist. Zwar stehen der Bundesregierung gewisse Kontrollrechte gegenüber dem Bundestag zu, doch bestehen sie, wo es um die Verfassungsmäßigkeit von Gesetzen geht, in der Anrufung des BVerfG – insbesondere im Wege der abstrakten Normenkontrolle (Art. 93 Abs. 1 Nr. 2 GG) – die ein bereits ausgefertigtes Gesetz voraussetzt.

Somit lässt sich also aus keiner der Funktionen, welche der Gegenzeichnung unter dem Grundgesetz beigemessen werden können, ein Recht des Gegenzeichnenden ableiten, die Gegenzeichnung zu verweigern.

III. Recht der Bundespräsidentin zur Ausfertigung bei Verfassungswidrigkeit des Gesetzes?

Das Fehlen eines Rechts, die Gegenzeichnung zu verweigern, deutet darauf hin, dass der Bundeskanzler das Recht und die Pflicht der Bundespräsidentin, Gesetze auszufertigen, verletzt hat. Eine Rechtsverletzung könnte nur dann ausgeschlossen sein, wenn das vorliegende Gesetz verfassungswidrig gewesen ist und die Bundespräsidentin ihrerseits ein verfassungswidriges Gesetz nach Art. 82 Abs. 1 GG gar nicht hätte

---

714 Was von einigen bestritten wird, vgl. Nachw. bei DHS/Herzog, 54. Lfg. 2009, GG Art. 58 Rn. 44.

ausfertigen dürfen, also verpflichtet gewesen wäre, sein Inkrafttreten zu verhindern.[715]

Vor dem Hintergrund, dass mit dem BVerfG eine Kontrollinstanz zur Verfügung steht, würde das Prüfungsrecht des Bundespräsidenten jedoch überzeichnet, würde es zur Prüfungs- und gegebenenfalls Ablehnungspflicht stilisiert. Selbst wenn man anders entscheiden wollte, müsste im vorliegenden Fall die Verfassungswidrigkeit, damit die Verletzung einer solchen Pflicht angenommen werden kann, gleichsam ins Auge springen. Dies ist aber nicht der Fall: Es ist bereits umstritten, ob dem Grundgesetz überhaupt ein Prinzip der sozialen Marktwirtschaft innewohnt;[716] bei einem so allgemein gehaltenen Grundsatz konnte sich überdies einem Bundespräsidenten eine Notwendigkeit, die Ausfertigung zu verweigern, schlechterdings nicht aufdrängen.

Selbst wenn das BVerfG das Gesetz am Ende für verfassungswidrig erachten würde, würde dies dem Recht der Bundespräsidentin, das MRetG auszufertigen, nicht entgegenstehen. Sie ist somit in diesem Recht durch die Weigerung des Bundeskanzlers, ihre Handlung gegenzuzeichnen, auch verletzt. Auf die Frage, ob das MRetG verfassungskonform ist, insbesondere seine Vereinbarkeit mit Art. 14 Abs. 1 GG, kommt es im Ergebnis also nicht an.

> **Klausurtipp:** Wer im Gegensatz zur hier vertretenen Ansicht von einer *Pflicht* des Bundespräsidenten ausgeht, die Ausfertigung verfassungswidriger Gesetze auch dann zu verweigern, wenn der Verstoß nicht nur formelle Vorschriften betrifft, muss die Prüfung fortsetzen und untersuchen, ob das MRetG gegen Art. 3 Abs. 1 GG, Art. 14 Abs. 1 GG, das Verbot des Einzelfallgesetzes gem. Art. 19 Abs. 1 S. 1 GG und den Grundsatz der sozialen Marktwirtschaft verstößt und ob dem Bund die Gesetzgebungszuständigkeit (zB nach Art. 74 Abs. 1 Nr. 15 GG) zusteht. Nach hier vertretener Ansicht hat die soziale Marktwirtschaft schon keinen Verfassungsrang;[717] auch wer dies anders sieht, wird in der Verstaatlichung eines einzelnen Unternehmens jedenfalls dann, wenn es bei seinen Handlungen weiter an marktwirtschaftliche Grundsätze gebunden bleibt, schwerlich einen Verstoß erkennen können. Eine Verletzung des Art. 19 Abs. 1 S. 1 GG (Verbot des Einzelfallgesetzes) wird daran scheitern, dass die Einzelfallregelung nicht willkürlich ist,[718] weil gerade das „systemrelevante" Unternehmen Mantamobil der Hilfe bedurfte. Hingegen spricht vieles für die Unvereinbarkeit des MRetG mit Art. 14 Abs. 1 GG. AA wohl LG München NZG 2014, 498 (500), da die Enteignung der Aktionäre nicht, wie von Art. 14 Abs. 3 S. 2 GG gefordert, mit einer angemessenen Entschädigung verbunden ist, sondern mit einer solchen, die deutlich unter dem durch den Börsenkurs ausgedrückten Verkehrswert liegt. Für die Prüfung eines Verstoßes gegen den allgemeinen Gleichheitssatz – vor dem Hintergrund, dass nicht alle Aktionäre enteignet werden – reichen die Angaben im Sachverhalt nicht aus.

C. Gesamtergebnis

Der zulässige Antrag ist auch begründet.

---

715 IdS Isensee/Kirchhof StaatsR-HdB/Nettesheim Bd. III § 62 Rn. 38 f.
716 Vgl. hierzu DHS/Di Fabio, 39. Lfg. 2001, GG Art. 2 Abs. 1 Rn. 76.
717 → Rn. 95.
718 Dazu BVerfGE 121, 266 (316) = LSK 2008, 330209.

Fall 2 Vox populi

Da die Ergebnisse der letzten Rechtschreibungsreformen – vor allem wegen mangelnden Rückhalts in der Bevölkerung – als unbefriedigend angesehen werden, beschließen die Kultusminister der Länder, „endlich einmal Nägel mit Köpfen" zu machen, und führen die bedingte Kleinschreibung ein. Um sich diesmal des Rückhalts der Bevölkerung zu versichern, kommt die Bundesregierung überein, über die Reform eine bundesweite Volksabstimmung abzuhalten. Das Bundesministerium des Innern erstellt den Entwurf eines Bundesgesetzes über die Volksabstimmung über die große Reform der deutschen Rechtschreibung (RRefVAG). Zur Beschleunigung des Gesetzgebungsverfahrens wird er dem Vorsitzenden der Fraktion des Zentralistischen Zentrums (ZZ) im Deutschen Bundestag zugespielt. Die ZZ-Fraktion hat 223 der 612 Sitze inne und stellt die Bundeskanzlerin. Nach dem Entwurf des RRefVAG ist am ersten Tag des dritten Monats nach Inkrafttreten des Gesetzes eine Volksabstimmung über die Frage anzuberaumen, ob die von den Kultusministern beschlossene Reform bestehen bleiben soll oder nicht. Abstimmungsberechtigt sind alle Deutschen, die über das Wahlrecht zum Bundestag verfügen. Es entscheidet die Mehrheit der abgegebenen gültigen Stimmen. Der Gesetzentwurf trifft darüber hinaus Regelungen über das von den Ländern zu beachtende Verfahren bei der Durchführung der Volksabstimmung.

Die der ZZ-Fraktion zugehörigen Abgeordneten bringen den RRefVAG-Entwurf als gemeinsame Vorlage im Bundestag ein. Um die Beschlussfassung weiter zu beschleunigen, entscheidet die Bundestagsmehrheit gegen die Stimmen der Fraktion der Orthodox-Konservativen Partei (OKP), auf eine dritte Beratung („Lesung") der Vorlage zu verzichten. In der zweiten Beratung ist das Für und Wider bezüglich der Volksabstimmung ausführlich diskutiert worden. Nachdem das Gesetz vom Bundestag mit deutlicher Mehrheit beschlossen und ein Einspruch vom Bundesrat nicht erhoben worden ist, wird es nach Gegenzeichnung durch den Bundesminister des Innern dem Bundespräsidenten zur Ausfertigung und Verkündung im Bundesgesetzblatt zugeleitet.

Die Fraktion der OKP – sie verfügt ebenso wie die ZZ-Fraktion in der laufenden Wahlperiode über 223 Sitze – wendet sich gegen das RRefVAG, das sie für verfassungswidrig hält. Als Teil des kulturellen Lebensbereichs sei Rechtschreibung Sache der Länder, weshalb dem Bund die Gesetzgebungszuständigkeit fehle. Das Gesetz sei ein unzulässiges Einzelfallgesetz und widerstreite dem Demokratieprinzip, so wie es im Grundgesetz ausgestaltet sei. Darüber hinaus sei die Vorlage nicht ordnungsgemäß eingebracht worden, weil ihr eigentlicher Urheber nicht die Abgeordneten der ZZ-Fraktion, sondern der Bundesminister des Innern sei. Außerdem seien mit dem Verzicht auf eine dritte Beratung die Rechte des Bundestags verkürzt worden. Angesichts dieser Vielzahl von Zweifeln entscheidet der Bundespräsident, die Ausfertigung des RRefVAG bis zur Klärung der Verfassungsmäßigkeit des Gesetzes zurückzustellen. Die ZZ-Fraktion erwägt daraufhin, gegen den Bundespräsidenten gerichtlich vorzugehen.

1. Ist das RRefVAG verfassungsgemäß?

2. Hätte ein prozessuales Vorgehen der ZZ-Fraktion gegen den Bundespräsidenten Erfolg? (Schritte im einstweiligen Rechtschutzverfahren sind dabei nicht zu untersuchen.)

Anmerkung: Es ist zu unterstellen, dass für die Verabschiedung der Rechtschreibungsreform kein Gesetz erforderlich war, sondern der Beschluss der Kultusministerkonferenz ausreichte.[719]

---

719 Vgl. zur Frage des Gesetzesvorbehalts insoweit OVG Lüneburg NJW 1997, 3456 (3460); Menzel NJW 1998, 1177 (1182).

Lösung

Frage 1: Verfassungsmäßigkeit des Volksabstimmungsgesetzes

I. Formelle Verfassungsmäßigkeit

1. Gesetzgebungszuständigkeit des Bundes (Verbandskompetenz)

Gemäß Art. 70 Abs. 1 GG haben die Länder das Recht zur Gesetzgebung, soweit nicht das Grundgesetz dem Bund die Befugnis zur Gesetzgebung verleiht. Dem Bund steht das Recht zum Erlass des RRefVAG also nur zu, wenn er sich dafür auf einen spezifischen (geschriebenen oder ungeschriebenen) Kompetenztitel stützen kann.

a) Ausdrückliche ausschließliche Gesetzgebungsbefugnis des Bundes (Art. 71 GG)

Als Anknüpfungspunkt für die Gesetzgebungshoheit kommt hier die Durchführung einer bundesweiten Volksabstimmung, aber auch die Rechtschreibung (als deren Gegenstand) in Betracht. Indes erfasst keiner der Gegenstände, für die Art. 73 GG dem Bund die Gesetzgebungshoheit ausschließlich zuspricht, diese Materien. Auch im Übrigen ist keine ausdrückliche Zuweisung der ausschließlichen Gesetzgebungskompetenz zum Bund erkennbar. Art. 38 Abs. 3 GG berechtigt den Bund nur zur Regelung der Wahlen zum Bundestag, also der Grundlagen für personale Legitimation, beschränkt auf den Bund.

b) Ungeschriebene ausschließliche Gesetzgebungsbefugnis des Bundes

Möglicherweise ist dem Bund eine ungeschriebene ausschließliche Kompetenz zur Regelung von Plebisziten zuzuerkennen.

aa) Kraft Sachzusammenhangs

Sie kann sich aus dem Sachzusammenhang mit Art. 38 GG ergeben. Eine Kompetenz kraft Sachzusammenhangs ist nur anzunehmen, „wenn eine dem Bund ausdrücklich zugewiesene Materie verständigerweise nicht geregelt werden kann, ohne dass zugleich eine nicht ausdrücklich zugewiesene andere Materie mitgeregelt wird"[720]. Das ist der Fall, wenn Regelungen zur Bundestagswahl gem. Art. 38 Abs. 3 GG nicht sinnvoll getroffen werden könnten, ohne dass der Bund zugleich punktuell auch Regelungen über Volksabstimmungen schafft.

Ein solcher Sachzusammenhang lässt sich allenfalls annehmen mit Blick auf Verfahrensregeln für Volksabstimmungen, die der Bund aufgrund der Kompetenzzuweisungen im Grundgesetz über eine bestimmte Sachmaterie durchführen darf. Im vorliegenden Fall geht es jedoch um die Frage, ob der Bund sich unter Hinweis auf einen Sachzusammenhang mit Art. 38 Abs. 3 GG die Sachmaterie selbst zu Eigen machen kann. Gestünde man ihm dies zu, könnte er praktisch sämtliche Gesetzgebungskompetenzen der Länder damit aushebeln, mit dem Effekt, dass an die Stelle des die jeweilige Sachmaterie betreffenden (Landes-)Gesetzes ein Plebiszit auf Bundesebene rückt. Ein Sachzusammenhang zwischen der Befugnis des Bundes, die Wahlen zum Deutschen Bundestag zu regeln, und der Regelung von Volksentscheiden über Sachfragen wie die deutsche Rechtschreibung lässt sich nach alledem nicht herstellen. Er besteht insofern auch nicht für die verfahrensrechtlichen Aspekte des Volksentschei-

---

720 BVerfGE 3, 407 (421).

des, jedenfalls sofern die Sachzuständigkeit des Bundes nicht auf irgendeinem anderen Wege begründet werden kann.

bb) Kraft Natur der Sache

Ein solcher anderer Weg könnte allenfalls noch über eine ungeschriebene ausschließliche Kompetenz des Bundes aus der Natur der Sache unter der Voraussetzung bestehen, dass „gewisse Sachgebiete, weil sie ihrer Natur nach eine eigenste, der partikularen Gesetzgebungszuständigkeit a priori entrückte Angelegenheit des Bundes darstellen"[721], zwingend nur vom Bund geregelt werden können.

Kraft Natur der Sache könnte der Bund deswegen zur Gesetzgebung berufen sein, weil die Sachfrage, auf die sich das RRefVAG bezieht, den Erlass eines Gesetzes nicht erfordert und auch hier nicht unmittelbar durch Gesetz geregelt wird. Dies könnte zu dem Schluss verleiten, es liege keine Materie der Gesetzgebung vor, sodass Art. 70 GG den Ländern keine Zuständigkeit für die Regelung der Sachmaterie (Rechtschreibung) zuweisen könne. Mangels einer Möglichkeit, die Zuständigkeit für das RRefVAG sachspezifisch zu verankern, liege es nahe, diese dem Bund *natura rerum* zuzuweisen, sofern nur das Plebiszit im gesamten Bundesgebiet abgehalten werde. Diese Erwägung würde jedoch zu kurz greifen: Art. 70 GG kommt nicht erst dann, wenn ein Gesetz nach rechtsstaatlichen Maßstäben unabdingbar ist, sondern immer schon zur Anwendung, wenn ein Gesetz mit Blick auf den fraglichen Sachbereich erlassen werden kann. Auch Rechtsakte unterhalb der Gesetzesschwelle werden erfasst, da über die Eingriffsintensität nicht einfach die verfassungsrechtliche Zuständigkeitsverteilung ausgehebelt werden kann. Auch wenn der Bund nur eine bundesweite Abstimmung über einen einfachen Sachbeschluss per Bundesgesetz dekretiert, zieht er implizit die Sachzuständigkeit hinsichtlich des Abstimmungsgegenstandes an sich. Für die Zuordnung der Zuständigkeit für das RRefVAG zum Bund oder zu den Ländern ist die Verortung der Materie „Rechtschreibung" im Kontext der Art. 70 ff. GG also nicht etwa deswegen ohne Belang, weil sie selbst gesetzesfrei geregelt werden kann. Dieser Gesichtspunkt stützt eine Bundeskompetenz kraft Natur der Sache also nicht.

Für eine solche Zuständigkeit könnte aber das „nationale Interesse" an einer gesamtstaatlich einheitlichen Rechtschreibung in Deutschland streiten. Sprache, zu der auch Orthographie gehört, ist im deutschen Bundesstaat ein für kulturelle, wirtschaftliche und soziale Kohärenz wichtiges Moment. Um eine ausschließliche Zuständigkeit des Bundes zu begründen, ist aber mehr erforderlich: Niemand anders als der Bund muss in der Lage sein können, diesem Belang Rechnung zu tragen. Schon die bisherige Praxis widerlegt diese Annahme: Die Länder haben durch Abkommen und Absprachen – auch mit dem Bund und anderen deutschsprachigen Staaten (vgl. Art. 32 Abs. 3 GG) – eine hinreichend solide Basis für einheitliche Rechtschreibung in Deutschland geschaffen. Etwaige leichte Abweichungen in den Bundesländern, zB unterschiedliche Übergangsfristen für die Einführung einer neuen Rechtschreibung, stehen diesem Befund nicht entgegen, da eine einheitliche Rechtschreibung keine Übereinstimmung in allen Einzelheiten erfordert, solange eine Abstimmung ohne Weiteres möglich bleibt.[722]

---

721 BVerfGE 26, 246 (257) = BeckRS 1969, 104921.
722 BVerfGE 98, 218 (249 f.) = NJW 1998, 2515.

Im Ergebnis kann der Bund allenfalls für seine eigenen Behörden unter Berufung auf ein gesamtstaatliches Interesse Sprachregelungen vorgeben; eine darüber hinausreichende Regelungszuständigkeit für die Rechtschreibung steht ihm nicht zu. Die Absicht, die Volksabstimmung bundesweit abzuhalten, kann aber keine exklusive Zuständigkeit des Bundes begründen, wenn deren Gegenstand selbst einer Regelung durch den Bund entzogen ist. Die Materie unterliegt folglich insgesamt der Gesetzgebungshoheit der Länder gem. Art. 70 GG.

c) Konkurrierende Gesetzgebung

Für eine konkurrierende Gesetzgebungsbefugnis bestehen keine Anhaltspunkte.

d) Zwischenergebnis

Der Bund ist für den Erlass des RRefVAG nicht zuständig.

2. Gesetzgebungsverfahren

a) Verstoß gegen Art. 76 Abs. 2 GG?

Entwürfe von Bundesgesetzen werden beim Bundestag gem. Art. 76 Abs. 1 GG durch die Bundesregierung, aus der Mitte des Bundestags oder durch den Bundesrat eingebracht. Vorlagen der Bundesregierung müssen gem. Art. 76 Abs. 2 GG jedoch zunächst dem Bundesrat zugeleitet werden. Hier wurde der Gesetzentwurf zwar vom Bundesministerium des Innern ausgearbeitet, dann aber über die Mitglieder der ZZ-Fraktion in den Bundestag eingebracht.

Stellt man nur auf die formalen Gegebenheiten ab, so stellt sich die Vorlage als eine solche „aus der Mitte des Bundestags" (Art. 76 Abs. 1 GG, § 76 Abs. 1 GeschOBT) dar, die dem Bundesrat nicht zugeleitet zu werden braucht. Wer hingegen der materiellen Urheberschaft den Ausschlag zuerkennt, wird möglicherweise zu dem Schluss gelangen, dass Art. 76 Abs. 2 GG bewusst umgangen und dem Bundesrat der Mitwirkung im „ersten Durchgang" beraubt worden ist.[723] Denn geistiger Urheber der Vorlage ist die Bundesregierung. Ein besonderes Eilbedürfnis kann nach Art. 76 Abs. 2 S. 4 GG berücksichtigt werden, rechtfertigt die Nichtbeachtung einer verfassungsrechtlichen Vorschrift aber nicht.

Auf Verletzung des Art. 76 Abs. 2 GG kann nur erkannt werden, wenn es möglich ist, den geistigen Urheber einer Vorlage zweifelsfrei ermitteln zu können, was wegen der engen Vernetzung von Parlament und Regierung oft mit Schwierigkeiten verbunden ist.[724] Selbst wo, wie hier, solche Probleme nicht bestehen, muss bezweifelt werden, ob die unmittelbare Zuleitung von Regierungsentwürfen an Fraktionen verfassungsrechtlich unerwünscht ist – auch dann, wenn eine solche „unechte Bundestagsvorlage" die Rechte des Bundesrates verkürzt. Denn es entspricht praktischen Bedürfnissen ebenso wie der politischen Praxis, dass Ministerien ihre Expertise dem Parlament zur Verfügung stellen. Entscheidend ist, dass sich die Mitglieder der ZZ-Fraktion den Entwurf inhaltlich zu Eigen gemacht haben, was durch dessen Einbringung doku-

---

723 Vgl. zum (iErg erfolglosen) Vorschlag eines Art. 76 Abs. 2a GG im Rahmen der Verfassungsreform von 1994 DHS/Kersten, 86. Lfg. 2019, GG Art. 76 Rn. 11.

724 Zur Staatspraxis s. etwa Stern StaatsR II § 37 Abs. 3 S. 4, S. 620 f.; Isensee/Kirchhof StaatsR-HdB/Ossenbühl Bd. V § 102 Rn. 24 f.

mentiert wird. Insofern stellt sich die Vorlage als eine solche aus der Mitte des Bundestages dar; auf den ursprünglichen geistigen Urheber ist nicht abzustellen.[725]

b) Zwischenergebnis: Ein Verstoß gegen Art. 76 Abs. 2 GG liegt nach alledem nicht vor.

Hinweis: AA vertretbar; dann ist gegebenenfalls auf Unbeachtlichkeit des Verstoßes oder Heilung wegen des späteren wirksamen Beschlusses des Gesetzes durch die nachfolgende Beteiligung des Bundesrates einzugehen.

c) Verstoß gegen Art. 77 Abs. 1 S. 1 GG wegen Verzichts auf eine dritte Lesung?

Nach Art. 77 Abs. 1 S. 1 GG werden Gesetze vom Bundestag beschlossen. Die Zahl der Beratungen (Lesungen) regelt das Grundgesetz nicht, sondern überlässt dies parlamentarischer Tradition gem. den Geschäftsordnungen. Nach § 78 GeschOBT wird über Gesetzesentwürfe dreimal beraten; hier erfolgten jedoch nur zwei Lesungen. § 126 GeschOBT gestattet eine Abweichung von der Geschäftsordnung nur mit Zweidrittelmehrheit der anwesenden Mitglieder. Mangels weiterer Angaben im Sachverhalt ist von der Anwesenheit aller 612 Mitglieder im Bundestag auszugehen. Von ihnen stimmten 223 Mitglieder, nämlich die OKP-Fraktion, gegen den Verzicht auf die dritte Lesung. Die nach § 126 GeschOBT erforderliche Zweidrittelmehrheit kam also nicht zustande.

Fraglich ist jedoch, ob dieser Rechtsverstoß auch verfassungserheblich ist. Das ist nur der Fall, wenn das Erfordernis einer dritten Lesung aus dem Grundgesetz selbst abgeleitet werden kann, die Regelung in der Geschäftsordnung also Verfassungsrecht konkretisiert.[726]

Aus der Funktion des Bundestags als Hauptgesetzgebungsorgan im Grundgesetz (Art. 77 Abs. 1 S. 1 GG) ergibt sich jedoch nur, dass über Gesetzesvorlagen überhaupt beraten werden muss, damit eine ernsthafte Auseinandersetzung mit der Materie möglich ist. Auch in Ansehung der Statusrechte gem. Art. 38 Abs. 1 S. 2 GG, die dem einzelnen Abgeordneten eine effektive Mitwirkung an den Beratungen und der Beschlussfassung im Bundestag verheißen, ergibt sich nichts anderes.[727] Auf eine konkrete Anzahl von Lesungen lässt keine dieser Vorschriften schließen. Gegen einen Verstoß gegen Art. 77 Abs. 1 S. 1 GG streitet zudem, dass die Mitglieder des Bundestags im vorliegenden Fall Gelegenheit gehabt haben, das Für und Wider des Gesetzes ausführlich zu beraten. Mit dem Verstoß gegen die Geschäftsordnung geht also nicht zugleich ein GG-Verstoß einher, der zur Verfassungswidrigkeit des Gesetzes führen kann.

3. Gegenzeichnung

Die Gegenzeichnung durch den nach Art. 58 S. 1 GG zuständigen Innenminister ist erfolgt.

---

725 Anders Sachs/Mann GG Art. 76 Rn. 24 ff.
726 S. dazu BK-GG/Kokott, 167. Lfg. 2014, GG Art. 77 Rn. 54 ff.; vgl. auch Isensee/Kirchhof StaatsR-HdB/Ossenbühl Bd. V § 102 Rn. 3; Stern StaatsR II § 37 Abs. 3 S. 5, S. 623 f.
727 BVerfGE 70, 324 (355) = LSK 1986, 140143; auch BVerfGE 112, 363 (366) = NJW 2005, 2059; MKS/Masing/Risse GG Art. 77 Rn. 22.

4. Zwischenergebnis: Das RRefVAG ist unter formellen Gesichtspunkten bereits verfassungswidrig, weil dem Bund dafür die Gesetzgebungsbefugnis fehlt.

II. Materielle Verfassungsmäßigkeit des RRefVAG

1. Verbot des Einzelfallgesetzes gem. Art. 19 Abs. 1 S. 1 GG

Werden Grundrechte durch Gesetz oder aufgrund eines Gesetzes eingeschränkt, so muss dieses Gesetz gem. Art. 19 Abs. 1 S. 1 GG allgemein gelten und darf nicht nur einen Einzelfall regeln.

a) Vorliegen eines Einzelfallgesetzes

Das RRefVAG ist ein Einzelfallgesetz, wenn es einen konkreten, einzelnen Fall regelt.[728] Lässt sich „wegen der abstrakten Fassung des gesetzlichen Tatbestandes nicht genau übersehen (…), auf wie viele und welche Fälle das Gesetz Anwendung findet"[729], liegt hingegen ein allgemeines Gesetz vor, dessen Rechtsfolge erkennbar nicht nur einmalig eintreten kann.[730]

Das RRefVAG enthält Regelungen für eine einzelne, an ein Datum gekoppelte Volksabstimmung über einen ganz bestimmten Gegenstand – den Beschluss der Kultusminister über die Einführung der bedingten Kleinschreibung – und somit für eine einmalige Situation. Seiner Art nach ist es also ein Einzelfallgesetz.

b) Unzulässigkeit des Einzelfallgesetzes

Das Grundgesetz verbietet Einzelfallgesetze nicht generell – wie auch aus Art. 14 Abs. 3 S. 1 GG ersichtlich wird –, sondern erklärt sie nur unter den weiteren Voraussetzungen von Art. 19 Abs. 1 S. 1 GG für unzulässig.[731] Diese Bestimmung findet ihrem Wortlaut nach jedoch nur auf Gesetze, die aufgrund eines speziellen Vorbehalts im Grundgesetz ein Grundrecht einschränken, Anwendung.[732] Das Volksabstimmungsgesetz hingegen schränkt keine Grundrechte ein, sondern ist im Gegenteil darauf gerichtet, die Mitwirkungssphäre der Bürger noch zu erweitern. Insofern kommt es auf die weitere Frage, ob die Regelung des Einzelfalles in casu willkürlich ist, nicht mehr an.

Über das Verbot von Art. 19 Abs. 1 S. 1 GG hinaus sind dem Grundgesetz keine Einwände gegen Einzelfallgesetze zu entnehmen. Insbesondere kann nicht aus dem Grundsatz der Gewaltenteilung gefolgert werden, dass Einzelfallgesetze schlechthin unzulässig seien. Denn durch die Regelung eines Einzelfalls greift der Gesetzgeber ja nicht notwendigerweise in die Zuständigkeiten der Exekutive oder der Rechtsprechung ein.[733] Soweit Einzelfallgesetze nicht grundrechtseinschränkend wirken, sind sie demnach grundsätzlich zulässig.

c) Ergebnis

Das Volksabstimmungsgesetz ist kein unzulässiges Einzelfallgesetz.

---

728 Vgl. Sachs/Sachs GG Art. 19 Rn. 20 ff.
729 BVerfGE 99, 367 (400) = NJW 1999, 1535.
730 BVerfGE 99, 367 (400) = NJW 1999, 1535; BVerfGE 25, 371 (396) = NJW 1969, 1203.
731 Vgl. BVerfGE 25, 371 (398) = NJW 1969, 1203.
732 BVerfGE 24, 367 (396) = NJW 1969, 309.
733 BVerfGE 25, 371 (398) = NJW 1969, 1203.

2. Verstoß gegen Art. 77 f. GG wegen Umgehung des Bundestags

Das Volksabstimmungsgesetz könnte gegen Art. 77 f. GG verstoßen, denn es könnte darauf gerichtet sein, den Bundestag als das zur Normsetzung berufene Organ in seinen Rechten zu beschneiden, indem seine Funktionen auf das Volk übertragen werden. Dies ist hier jedoch aus zwei Gründen nicht der Fall: Erstens liegt keine Materie vor, für die dem Bund die Gesetzgebungshoheit zugewiesen ist; sie kann damit auch nicht in die Organzuständigkeit des Bundestages fallen. Und zweitens ist der Gegenstand der Abstimmung kein solcher, der zwingend durch Gesetz geregelt werden muss.

3. Verstoß gegen das Demokratieprinzip (Art. 20 Abs. 1, 2 GG)

In Betracht kommt jedoch ein Verstoß gegen das Demokratieprinzip, und zwar dann, wenn es sich bei dem durch das RRefVAG angesetzten Plebiszit um eine Form der Willensbildung handelt, die vom Grundgesetz untersagt wird und die insofern mit dem Demokratieprinzip, so wie es dort angelegt ist, im Widerstreit steht.

a) Wortlaut

Der Verfassungswortlaut scheint diese Annahme eher nicht zu stützen: Nach Art. 20 Abs. 2 S. 2 GG kann das Volk die Staatsgewalt außer durch Wahlen („Personalplebiszite") auch durch Abstimmungen („Entscheidung von Sachfragen durch Appell an das Volk") ausüben. Allerdings enthält die Norm keine weiteren Angaben dazu, wann und wie Abstimmungen durchgeführt werden können, und liefert daher keine definitive Antwort auf die hier aufgeworfene Frage.

b) Systematik

Das Grundgesetz sieht Ausübung der Staatsgewalt durch Abstimmungen explizit nur in zwei Fällen vor: bei der Bestätigung eines Bundesgesetzes zur Neugliederung des Bundesgebiets durch Volksentscheid nach Art. 29 Abs. 2 GG (mit einer Sonderregelung in Art. 118a GG) und beim Beschluss über eine künftige Verfassung nach Art. 146 GG.[734] Aus der Existenz dieser Bestimmungen könnte auf eine allgemeine Regel geschlossen werden, wonach wichtige Sachfragen einem Plebiszit (einer Volksabstimmung) unterworfen werden dürfen,[735] zu der die beiden Bestimmungen leges speciales darstellen. Überzeugender ist die Verbindung ihrer Existenz mit einem Schluss e contrario: Räumt das Grundgesetz allein in Art. 29 und 146 GG die Möglichkeit einer Volksabstimmung ein, so statuiert es hiermit eine Ausnahme von der Regel, dass die Staatsgewalt von „besonderen Organen" ausgeübt wird (Art. 76–78 GG).

c) Telos

Einzig die Normzweckbetrachtung könnte ein anderes Ergebnis nahelegen. Denn die Nennung von Abstimmungen in Art. 20 Abs. 2 S. 2 GG könnte sich als überflüssig erweisen, wenn Abstimmungen im Normalfall nicht stattfinden dürften. Hinzu kommt die Überlegung, dass Elemente der direkten Demokratie, weil sie die Herr-

---

734 Die Volksbefragung über Neugliederung im Südwesten nach Art. 118 GG gehört mittlerweile der Verfassungsgeschichte an.

735 Dazu etwa Ebsen AöR 110 (1985), 2 ff.; Stern StaatsR I § 18 Abs. 2 S. 2, S. 608; Isensee/Kirchhof StaatsR-HdB/Krause Bd. III § 35 Rn. 7 ff.; v. Danwitz DÖV 1992, 601 ff.

schaft des Volkes unmittelbar zum Ausdruck bringen, schlechterdings nicht system-widrig sein können.

Aufschluss könnte insoweit der Gedanke der Einheit der Verfassung als eines alle Organisations-, Kompetenz- und Entscheidungsregeln umschließenden Dokuments bringen. Dass es zu Sachfragen außer Art. 29, 146 GG im Grundgesetz keine Rege-lungen zur Ausübung der Staatsgewalt durch das Volk gibt, hingegen ausführliche Regelungen für die Ausübung von Staatsgewalt durch besondere Organe bestehen, spricht für den Ausnahmecharakter von Art. 29 und 146 GG. Weitere Konstellatio-nen können nur durch Verfassungsänderung[736] begründet werden, die hier nicht er-folgt ist.

Es bleibt die Frage, ob aus diesem Befund ein Verstoß gegen Art. 20 Abs. 2 S. 2 GG abgeleitet werden kann. Hierzu müsste eine Volksabstimmung über Rechtschrei-bungsfragen im Widerspruch zum Demokratieprinzip des Grundgesetzes stehen – was jedoch nicht der Fall sein kann, wenn Art. 20 Abs. 2 S. 2 GG der Schaffung der erforderlichen Verfassungsgrundlage nicht im Wege steht. Wäre Rechtschreibung eine Materie der Bundesgesetzgebung, so wären die Regelungen des RRefVAG, wie unter 2. dargelegt, als Verletzung des Art. 77 Abs. 1 S. 1 GG zu werten. Ihm entsprechende Organrechte statuiert das Grundgesetz mit Bezug auf Landesparlamente systemge-mäß nicht. Ihre Rechte werden vielmehr vermittelt durch die Verbandszuständigkeit der Länder, die – wie gezeigt – durch den Erlass des RRefVAG als Bundesgesetz ver-letzt worden ist. Die Ausschaltung der Landesparlamente ist insoweit nicht am Maß-stab des Demokratieprinzips, sondern der föderalen Kompetenzverteilung zu beur-teilen.

c) Ergebnis

Verstöße des RRefVAG gegen materiell-rechtliche Bestimmungen sind nicht ersicht-lich (*aA vertretbar*).

III. Gesamtergebnis zu Frage 1

Das Gesetz über die Volksabstimmung zur Rechtschreibreform ist verfassungswidrig.

Frage 2: Prozessuales Vorgehen der ZZ-Fraktion gegen den Bundesprä-sidenten

In Betracht kommt ein Organstreitverfahren vor dem BVerfG. Der Antrag der ZZ-Fraktion hat Erfolg, wenn er zulässig und begründet ist.

A. Zulässigkeit

I. Zuständigkeit des BVerfGs

Das BVerfG ist gem. Art. 93 Abs. 1 Nr. 1 GG iVm §§ 13 Nr. 5, 63 ff. BVerfGG das für Organstreitigkeiten zuständige Gericht.

---

736 MKS/Sommermann GG Art. 20 Rn. 162; DHS/Grzeszick, 57. Lfg. 2010, GG Art. 20 Abs. 2 Rn. 113.

II. Antragsberechtigung

Die ZZ-Fraktion muss taugliche Antragstellerin gem. § 63 BVerfGG sein. Antragsberechtigt sind demnach die dort genannten Bundesorgane und Teile dieser Organe, die im Grundgesetz oder in den Geschäftsordnungen des Bundestages oder des Bundesrats mit eigenen Rechten ausgestattet sind.

Das Grundgesetz erwähnt Fraktionen nur in Art. 53a Abs. 1 S. 2 GG, jedoch ergeben sich für sie mittelbar aus Art. 38 Abs. 1 S. 2 GG (aA Art. 21 Abs. 1 GG[737]) Rechte und Pflichten. Zudem sind ausdrückliche Rechte und Pflichten der Fraktionen in §§ 10 ff. GOBT geregelt. Fraktionen sind ständige Untergliederungen des Bundestags und somit Teil dieses Bundesorgans iSd § 63 BVerfGG.[738] Die ZZ-Fraktion ist also taugliche Antragstellerin im Organstreitverfahren.

III. Antragsgegner

Der Bundespräsident kommt gem. § 63 BVerfGG als Antragsgegner in Betracht.

IV. Antragsgegenstand

Antragsgegenstand im Organstreitverfahren kann jede Maßnahme oder Unterlassung des Antragsgegners sein (vgl. § 64 BVerfGG). Der Bundespräsident hat sich geweigert, das Volksabstimmungsgesetz auszufertigen, und damit eine Unterlassung begangen.

Die Unterlassung muss rechtserheblich sein, dh es muss zumindest möglich sein, dass eine verfassungsrechtliche Verpflichtung des Antragsgegners zur Vornahme der unterlassenen Handlung besteht.[739] Gemäß Art. 82 GG sind Ausfertigung und Verkündung eines Bundesgesetzes Voraussetzung für sein Inkrafttreten. Es kann nicht von vornherein ausgeschlossen werden, dass der Bundespräsident zu diesen Handlungen verpflichtet ist. Nach alledem ist die Weigerung des Bundespräsidenten, das RRef-VAG auszufertigen, ein iSd Art. 93 Abs. 1 Nr. 1 GG und § 64 BVerfGG zulässiger Antragsgegenstand.

V. Antragsbefugnis

Die ZZ-Fraktion muss gem. § 64 Abs. 1 BVerfGG geltend machen, dass sie oder das Organ, dem sie angehört, also der Bundestag, in ihren bzw. seinen durch das GG übertragenen Rechten und Pflichten verletzt oder unmittelbar gefährdet wird. Diese Verletzung bzw. Gefährdung muss sich als möglich darstellen, darf also nach den Umständen des Falls nicht offenkundig ausgeschlossen sein.

a) Verletzung eigener Rechte der Fraktion

Eine Verletzung eigener verfassungsmäßiger Rechte[740] der Fraktion ist nicht ersichtlich.

---

737 Abl. DHS/Klein, 73. Lfg. 2014, GG Art. 21 Rn. 234.
738 Vgl. BVerfGE 90, 286 (339) = NJW 1994, 2207; BVerfGE 100, 266 (268) = NJW 1990, 2030; Schlaich/Korioth BVerfG Rn. 88.
739 BVerfGE 107, 286 (294 ff.) = NVwZ 2003, 1372.
740 BVerfGE 70, 324 (351) = LSK 1986, 140143.

b) Verletzung von Rechten des Bundestags (Prozessstandschaft)

Die Fraktionen können im Wege einer sog. Prozessstandschaft die Verletzung der Rechte des Bundestags rügen, also ein fremdes Recht in eigenem Namen im Organstreitverfahren geltend machen („oder das Organ, dem sie angehört").[741] Sinn dieses Instruments ist der Schutz der in der Fraktion verkörperten Parlamentsminderheit.[742]

Es ist nicht ausgeschlossen, dass das Gesetzgebungsrecht des Bundestags aus Art. 77 Abs. 1 GG beeinträchtigt worden ist durch die Weigerung des Bundespräsidenten, das RRefVAG auszufertigen; damit könnte er sich über den Willen der Bundestagsmehrheit hinweggesetzt haben. Die Fraktion ist somit antragsbefugt.

> **Klausurtipp:** Vertretbar wäre es auch, hier bereits auf die fehlende Zuständigkeit des Bundes einzugehen, die eine Verletzung der Rechte des Bundestags unmöglich macht. Dann muss allerdings plausibel gemacht werden, dass die fehlende Zuständigkeit offensichtlich ist und die Möglichkeit einer Rechtsverletzung ersichtlich ausscheidet.

VI. Form

Der Antrag der ZZ-Fraktion muss gem. § 23 Abs. 1 BVerfGG schriftlich und gem. § 64 Abs. 2 BVerfGG unter Nennung der Bestimmung des Grundgesetzes erfolgen, gegen die durch die beanstandete Unterlassung verstoßen wird.

VII. Frist

Der Antrag der ZZ-Fraktion muss zudem gem. § 64 Abs. 3 GG binnen sechs Monaten, nachdem die Verweigerung des Bundespräsidenten bekannt geworden ist, gestellt werden.

B. Begründetheit des Antrags

Ein Antrag der ZZ-Fraktion im Organstreitverfahren vor dem BVerfG ist begründet, wenn die Weigerung des Bundespräsidenten, das RRefVAG auszufertigen und zu verkünden, den Bundestag in eigenen verfassungsmäßigen Rechten verletzt.

I. Verletzung des Gesetzgebungsrechts des Bundestags aus Art. 77 Abs. 1 S. 1 GG, Art. 78 GG

In Betracht kommt die Verletzung des Rechts, Bundesgesetze zu beschließen, welches Art. 77 Abs. 1 S. 1 GG, Art. 78 GG dem Bundestag vorbehalten.

Ein Gesetzgebungsrecht des Bundestags besteht hier jedoch gerade nicht, da es schon an der Verbandskompetenz des Bundes für den Erlass des RRefVAG fehlte.

II. Ergebnis

Es kann dahinstehen, ob alle Voraussetzungen eines Prüfungsrechts des Bundespräsidenten vorliegen. Jedenfalls wird durch die Verweigerung der Ausfertigung des

---

741 Vgl. BVerfGE 67, 100 (125) = LMRR 1984, 42; SKB/Bethge, 50. Lfg. 2017, BVerfGG § 64 Rn. 86.
742 BVerfGE 68, 1 (77) = NJW 1985, 603; SKB/Bethge, 50. Lfg. 2017, BVerfGG § 64 Rn. 83.

RRefVAG kein Recht des Bundestages beeinträchtigt, da der Bundestag das Gesetz nach Maßgabe der föderalen Kompetenzverteilungen ohnehin nicht hätte erlassen dürfen. Der Antrag der ZZ-Fraktion ist damit unbegründet.

C. Gesamtergebnis zu Frage 2

Ein prozessuales Vorgehen der ZZ-Fraktion im Rahmen eines Organstreitverfahrens vor dem BVerfG hätte keinen Erfolg. Eine andere Verfahrensart kommt nicht in Betracht.

Fall 3 Ein Herz für Anwälte

Die wirtschaftliche Situation der Rechtsanwälte spitzt sich immer mehr zu. Die von der Partei für Traditionswahrung und Rechtsstaatlichkeit (PTR) geführte Bundesregierung unter Bundeskanzler Freiherr von Meyer-Löwenstein verabschiedet auf Anregung der Bundesministerin der Justiz den Entwurf eines „Bundesgesetzes zum Schutze des Anwaltsstandes" (BAnwSchG). Das Projekt ist umstritten, weil die Niederlassung von Rechtsanwälten in bestimmten Gebieten erstmals der Genehmigungspflicht unterworfen wird. Soweit das Gesetz verwaltungsverfahrensrechtliche Vorgaben enthält, werden diese als „unabänderlich" bezeichnet. Die amtliche Begründung zum BAnwSchG führt hierzu aus, die Wirkung der Vorschriften werde beeinträchtigt, wenn sich einzelne Stadt- oder Flächenstaaten seinem Imperativ entziehen könnten.

Die Bundesregierung bringt die Gesetzesvorlage für das BAnwSchG ordnungsgemäß in den Bundestag ein. Bei der Abstimmung votieren 215 unter den vollzählig versammelten 612 Abgeordneten, über die der Bundestag verfügt, für das Gesetz, 210 dagegen, 17 enthalten sich. Der Bundesrat hält das Gesetz hingegen für kontraproduktiv und erhebt nach erfolglosem Vermittlungsverfahren mit 44 Stimmen dagegen Einspruch. Der Antrag auf Zurückweisung des Einspruchs durch den Bundestag ergibt folgendes Ergebnis: 307 ja, 179 nein, 45 Enthaltungen.

1. Frage: Erfüllt das BAnwSchG die formellen Anforderungen des Grundgesetzes?

2. Frage: Nachdem die Bundespräsidentin das Gesetz ausgefertigt hat und es im Bundesgesetzblatt verkündet worden ist, äußern die Fraktion der Altpreußischen Tugendpartei (ATP, 237 Abgeordnete) sowie die nordrhein-westfälische Landesregierung, die das Gesetz bereits im Bundesrat abgelehnt hat, verfassungsrechtliche Vorbehalte. Können sich diese Akteure zulässigerweise an das BVerfG wenden?

Lösung

A. Verfassungsmäßigkeit des BAnwSchG (1. Frage)

I. Formelle Verfassungsmäßigkeit

1. Gesetzgebungszuständigkeit

a) Materiell-rechtlicher Teil des BAnwSchG: Statuierung einer Bedarfszulassung

Der Bund muss für den Erlass der betreffenden Regelung zuständig gewesen sein. Grundsätzlich haben die Länder die Gesetzgebungskompetenz, soweit nicht dem Bund die Kompetenz zugewiesen ist (Art. 70 Abs. 1 GG).

In Betracht kommt eine konkurrierende Gesetzgebungskompetenz des Bundes aus Art. 74 Abs. 1 Nr. 1 GG (Rechtsanwaltschaft, Rechtsberatung). Rechtsanwaltschaft erfasst das gesamte Berufsrecht der Anwälte einschließlich der Berufszulassung, wohingegen Rechtsberatung die geschäftsmäßige Besorgung fremder Rechtsangelegenheiten darstellt. Die Einführung eines an den örtlichen Bedarf anknüpfenden Zulassungserfordernisses bei Rechtsanwälten stellt folglich eine Angelegenheit der Rechtsanwaltschaft dar.

Der Voraussetzungen des Art. 72 Abs. 2 GG bedarf es nicht, da Art. 74 Abs. 1 Nr. 1 GG in dieser Vorschrift nicht aufgeführt ist. Der Bund war somit für die Einführung einer Bedarfszulassung für Rechtsanwälte der Sache nach zuständig.

b) Verwaltungsverfahrensrechtlicher Teil des BAnwSchG

Zweifelhaft ist jedoch, ob eine Zuständigkeit des Bundes auch für den Erlass der verwaltungsverfahrensrechtlichen Regelungen des BAnwSchG besteht. Da es sich weder um einen Fall der Bundesauftragsverwaltung noch um einen solchen der bundeseigenen Verwaltung handelt, führen die Länder das BAnwSchG gem. Art. 83 Hs. 1 GG als eigene Angelegenheit aus. Art. 84 GG ist daher einschlägig und der Bund nach Abs. 1 S. 2 Hs. 1 dieser Vorschrift zur Regelung des Verwaltungsverfahrens grundsätzlich befugt.[743]

Der vorliegende Fall weist jedoch die Besonderheit auf, dass nach dem BAnwSchG die entsprechenden Regelungen des Verwaltungsverfahrens als „unabänderlich" bezeichnet werden. Dies zielt ausweislich der Gesetzesbegründung auf einen Ausschluss der Abweichungsmöglichkeit der Länder (diese folgt aus Art. 84 Abs. 1 S. 2 Hs. 2 GG) gem. Art. 84 Abs. 1 S. 5 GG.

Voraussetzung für die Kompetenz des Bundes zur Regelung eines Abweichungsausschlusses ist, dass ein Ausnahmefall vorliegt, in dem ein besonderes Bedürfnis nach bundeseinheitlicher Regelung des Verwaltungsverfahrens besteht.

---

743 Vgl. Dreier/Hermes GG Art. 83 Rn. 21, wonach die Kompetenz des Bundes zur Regelung des Verwaltungsverfahrens und der Behördeneinrichtung nicht erst aus Art. 84 Abs. 1 GG besteht, sondern bereits als Annex zu seiner Sachkompetenz aus Art. 70 ff. GG (hier Art. 74 Abs. 1 Nr. 1 GG) folgt.

aa) „Ausnahmefall" als eigenständiges Tatbestandsmerkmal?

Ob dem Merkmal des Ausnahmefalls neben dem „besonderen Bedürfnis" noch eine eigenständige Bedeutung zukommt, wird unterschiedlich beurteilt.

Hinweis: Eine vertiefte Auseinandersetzung mit dieser Frage kann von Bearbeitern nicht erwartet werden.

Nach einer Ansicht können „Ausnahmefälle" immer nur solche sein, in denen ein besonderes Bedürfnis nach bundeseinheitlicher Regelung des Verwaltungsverfahrens besteht. Das Grundgesetz stelle damit lediglich klar, dass der Bund von dieser Möglichkeit nicht ausgiebig Gebrauch machen dürfe, Art. 84 Abs. 1 S. 5 GG also grundsätzlich eng auszulegen sei. Insoweit wäre „Ausnahmefall" nur eine Leitlinie für die Prüfung des besonderen Bedürfnisses.[744] Nach anderer Ansicht bildet „Ausnahmefall" ein eigenständiges Tatbestandselement; er soll vorliegen, wenn das materielle Recht, um effizient angewendet zu werden, auf einheitliche Verfahrensregelungen angewiesen ist.[745] Das besondere Bedürfnis nach bundeseinheitlicher Regelung sei unabhängig hiervon zu prüfen.

Da in jedem Fall eine Erörterung des besonderen Bedürfnisses im Sinne der Verfassungsvorschrift zu erfolgen hat, kann die Auseinandersetzung mit den divergierenden Rechtsmeinungen jedenfalls dann dahinstehen, wenn für ein besonderes Bedürfnis nach bundeseinheitlicher Regelung kein Anhaltspunkt besteht.

bb) Besonderes Bedürfnis

Art. 84 Abs. 1 S. 5 GG knüpft die Gesetzgebungskompetenz des Bundes in puncto Abweichungsausschluss an ein besonderes Bedürfnis für eine bundeseinheitliche Regelung, dessen Vorliegen hier der Prüfung bedarf.

Hinweise auf die Natur des besonderen Bedürfnisses liefert der Wortlaut der Vorschrift kaum. Gegen seine Gleichstellung mit der bundesstaatlichen Erforderlichkeit iSv Art. 72 Abs. 2 GG spricht jedenfalls, dass der verfassungsändernde Gesetzgeber, wenn er eine Gleichstellung erstrebt hätte, einen Verweisungsmechanismus ähnlich wie bei Art. 84 Abs. 1 S. 4 GG eingebaut hätte. Maßgeblich muss die Ratio der Ausnahmeregelung sein, die darin besteht, den wirksamen Vollzug einer gesetzlichen Vorgabe zu sichern, sofern er bei uneinheitlichen Regelungen zum Verwaltungsverfahren in einzelnen Ländern nicht mehr gewährleistet wäre. Abzustellen ist hierbei primär auf die materiell-rechtlichen Bestimmungen, die durch die Länder vollzogen werden sollen. Ein bundeseinheitliches Vollzugsniveau muss mit anderen Worten notwendig sein, um dem Bundesgesetz wirksam Geltung verschaffen zu können, und dieses einheitliche Vollzugsniveau darf auch nur durch ein Bundesgesetz über das Verwaltungsverfahren zu erreichen sein.[746] Darüber hinaus wird aber nicht einhellig beurteilt, mit welcher Intensität die Annahme eines besonderen Bedürfnisses nach bundeseinheitlicher Regelung gerichtlich überprüft werden kann.

Umstritten ist, ob Art. 84 Abs. 1 S. 5 GG dem Bund eine Einschätzungsprärogative einräumt, die nur insoweit (gerichtlich) überprüfbar ist, als er die Grenzen seines Ermessens verkannt oder seinen legislativen Spielraum eindeutig und evident über-

---

744 Haghgu, Die Zustimmung des Bundesrates nach Art. 84 Abs. 1 GG, 2007, 398 f.
745 Vgl. Kahl NVwZ 2008, 710 (715).
746 DHS/F. Kirchhof, 93. Lfg. 2020, GG Art. 84 Rn. 132.

schritten hat,[747] oder ob die Tatbestandsvoraussetzungen wie bei Art. 72 Abs. 2 GG in seiner jetzigen Fassung voll überprüfbar sind.[748] Im ersten Fall müsste der Bund nur schlüssig begründen, warum vom Grundsatz des Art. 84 Abs. 1 S. 1, 2 GG abgewichen werde,[749] und insoweit ein hinreichend konkretes, auf verlässliche Tatsachenermittlungen und Schlussfolgerungen gestütztes Szenario über die schädlichen Folgen absehbarer Unterschiede zwischen den Ländern darlegen müssen.[750] Für die Gegenmeinung streitet allerdings, dass nur eine volle gerichtliche Überprüfung der Tatbestandsmerkmale dem Ausnahmecharakter der Vorschrift zum Durchbruch verhelfen kann. Die Erkenntnis, dass eine praktisch nicht überprüfbare Vorschrift die Länder nicht wirksam schützt, hat bei Art. 72 Abs. 2 GG dazu beigetragen, dass die Vorschrift positivrechtlich verschärft, aber auch strikter ausgelegt wurde.[751] Die mit der Föderalismusreform intendierte Stärkung der Länder würde durch eine nur sehr eingeschränkt überprüfbare Einschätzungsprärogative bei Art. 84 Abs. 1 S. 5 GG konterkariert.

Hinweise darauf, dass der Zweck des BAnwSchG und dessen wirksamer Vollzug gefährdet wären, wenn der Vollzug des Gesetzes durch die Länder nach unterschiedlichen verwaltungsverfahrensrechtlichen Regeln vorgenommen würde, sind nicht ersichtlich. Dem Grundgesetz liegt, wenn es in Art. 84 Abs. 1 GG die Zuständigkeit für die Regelung des Verwaltungsverfahrens beim Vollzug von Bundesgesetzen den Ländern – und das bedeutet: jedem Land für sich – zuweist, die Annahme zugrunde, dass eine solche Zuständigkeitsaufteilung in der Regel keine Probleme aufwirft und ein bundeseinheitliches Verwaltungsverfahren nicht erforderlich ist. Aus dem gleichen Grunde ist den Ländern auch erlaubt, von bundesgesetzlichen Regeln zu diesem Gegenstand wieder abzuweichen. Warum dies gerade beim BAnwSchG Schaden nach sich ziehen soll, erschließt sich nicht. Zu beachten ist zudem, dass die weitreichenden Kompetenzen der Länder im Bereich des Gesetzesvollzugs Ausfluss ihres grundgesetzlich abgesicherten Staatlichkeitsstatus[752] sind, was zur Zurückhaltung im Hinblick auf eine mögliche Beschneidung ihrer Verwaltungskompetenzen verpflichtet. Selbst bei Zugrundelegung einer Einschätzungsprärogative würde der Bund mit einer nur allgemeinen und nicht weiter begründeten Behauptung, das Gesetz werde durch die Abweichung in seiner Wirkung beeinträchtigt, seiner Darlegungslast nicht genügt haben; denn konkrete Tatsachen und Folgenabschätzungen möglicher Abweichungen durch die Länder liefert die Begründung nicht.

cc) Zwischenergebnis

Es fehlt demnach am besonderen Bedürfnis für eine bundeseinheitliche Regelung des Verwaltungsverfahrens. Der Bund verfügt somit nicht über die Kompetenz, das Verwaltungsverfahren gem. Art. 84 Abs. 1 S. 5 GG abweichungsfest zu regeln.

Zu klären bleibt, wie sich dies auf die Verfassungsmäßigkeit der im BAnwSchG enthaltenen Regelungen zum Verwaltungsverfahren auswirkt. Da der Bund sie in Verbindung mit einem Abweichungsverbot erlassen hat, ließe sich argumentieren, dass

---

747 SHH/Henneke GG Art. 84 Rn. 12.
748 Dreier/Hermes GG Art. 84 Rn. 64 f.; Kahl NVwZ 2008, 710 (717).
749 Sachs/Winkler GG Art. 84 Rn. 21 ff.; Zur erhöhten Begründungslast auch DHS/F. Kirchhof, 93. Lfg. 2020, GG Art. 84 Rn. 132, der von einer ausdrücklichen Einzelbegründung spricht.
750 Kluth, Föderalismusreformgesetz/Germann, 2007, Art. 84 Rn. 76.
751 Vgl. Kahl NVwZ 2008, 710 (717).
752 DHS/Korioth, 46. Lfg. 2006, GG Art. 30 Rn. 21.

das Fehlen seiner verfassungsrechtlichen Voraussetzungen die Regelungen insgesamt infiziert. Ebenso könnte man erwägen, das Verdikt der Verfassungswidrigkeit auf den Abweichungsausschluss zu begrenzen – mit der Folge, dass der Bund den Ländern nur das Recht zur Abweichung nicht wirksam genommen haben und die Regelung im Übrigen in kompetenzieller Sicht als verfassungskonform zu betrachten sein würde. Solches ließe sich mit der Erwägung begründen, dass die bundesgesetzliche Regelung mit Abweichungsrecht der Länder ein „wesensgleiches Minus" im Verhältnis zu einer solchen ohne Abweichungsrecht darstelle.

Gegen diese Betrachtungsweise muss allerdings angeführt werden, dass sie dem Bund einen Freibrief einräumen würde, ohne verfassungsrechtliches Risiko Abweichungsausschlüsse in Gesetze hineinzuschreiben – denn mehr als der Eintritt des gesetzlichen Normalfalls, wonach die Länder das Recht zur Abweichung von der bundesgesetzlichen Regelung haben, würde ihm nicht drohen. Indessen muss auch Berücksichtigung finden, dass ein Abweichungsverbot nach Art. 84 Abs. 1 S. 6 GG an die Zustimmung des Bundesrates gekoppelt ist, was den Bund vom Versuch abhalten könnte, durch arbiträre Abweichungsausschlüsse die Rechte der Länder zu beschneiden. Dies allerdings setzt erstens voraus, dass sich das Zustimmungserfordernis auch auf Abweichungsverbote erstreckt, deren materielle Voraussetzungen nicht vorliegen, und dass es das Gesetz als Ganzes und nicht allein das Abweichungsverbot erfasst.[753] Doch selbst wenn man dies annehmen sollte, kann nicht ausgeschlossen werden, dass der Bundesrat in Fehleinschätzung der materiell-rechtlichen und politischen Lage (einschließlich der Dringlichkeit einer gesamtstaatlichen Regelung) seine Zustimmung voreilig erteilt. Zudem würde eine „salvatorische" Lösung den Ländern im Ergebnis wenig einbringen, da das wieder auflebende Abweichungsrecht der Länder weder vom Bund akzeptiert noch mit hoher Wahrscheinlichkeit von den Ländern, sofern sie über den Bundesrat dem Abweichungsausschluss zugestimmt haben, genutzt würde. Und schließlich muss auch das Interesse des Bundes selbst betrachtet werden: Auch wenn eine bundesgesetzliche Regelung mit Abweichungsrecht im Verhältnis zu einer solchen ohne Abweichungsrecht eine „Minusmaßnahme" darstellt, kann nicht ohne Weiteres unterstellt werden, dass der Bundesgesetzgeber in Kenntnis der Verfassungswidrigkeit des Abweichungsausschlusses überhaupt eine Regelung iSd Art. 84 Abs. 1 S. 2 Hs. 1 GG getroffen und nicht die Regelung des Verwaltungsverfahrens ganz den Ländern überlassen hätte.

Nach alledem ist dem Bund nicht nur für den Abweichungsausschluss, sondern für die gesamten verwaltungsverfahrensrechtlichen Regelungen des BAnwSchG die Gesetzgebungszuständigkeit abzusprechen.

Hinweis: Die Gegenauffassung, wonach die Verfassungswidrigkeit des Abweichungsausschlusses nach Art. 84 Abs. 1 S. 5 GG die verfahrensrechtlichen Regelungen des Gesetzes auf eine dann kompetenzgemäße Regelung iSd Art. 84 Abs. 1 S. 2 Hs. 1 GG reduziert, ist gleichermaßen vertretbar.

2. Gesetzgebungsverfahren

Ob ein Gesetz nach Art. 78 GG ordnungsgemäß zustande gekommen ist, richtet sich zunächst danach, ob es sich um ein Zustimmungs- oder ein Einspruchsgesetz handelt. Bei Zustimmungsgesetzen muss die Zustimmung positiv erteilt worden sein; bei Ein-

---

753 Dazu sogleich in 2.

spruchsgesetzen kommt das Gesetz bereits zustande, wenn kein Einspruch eingelegt oder der eingelegte Einspruch vom Bundestage zurückgewiesen worden ist. Letzteres scheint auf den vorliegenden Fall zuzutreffen. Sollte das BAnwSchG wirklich als Einspruchsgesetz zu qualifizieren sein, ist es gescheitert – und hätte nicht ausgefertigt werden dürfen –, wenn der Einspruch des Bundesrates wirksam gewesen ist und seine Zurückweisung durch den Bundestag nicht mit ausreichender Mehrheit erfolgte.

a) Vorliegen eines Einspruchs- oder Zustimmungsgesetzes

Damit der Bundesrat gegen das BAnwSchG Einspruch einlegen konnte, musste es sich auch um ein Einspruchsgesetz gehandelt haben. Ist das Gesetz als Zustimmungsgesetz zu qualifizieren, kommt allenfalls eine Umdeutung des Einspruchs in eine Verweigerung der Zustimmung in Betracht.[754]

Wie (1.) festgestellt, fehlt dem Bund für die verwaltungsverfahrensrechtlichen Aspekte des BAnwSchG bereits die Gesetzgebungsbefugnis, sodass die Frage nach der Zustimmung des Bundesrates obsolet geworden sein könnte. Das ist nicht der Fall, wenn Art. 84 Abs. 1 S. 6 GG die Zustimmungsbedürftigkeit des Gesetzes en bloc, also unter Einschluss auch seiner materiell-rechtlichen Vorschriften, anordnet. Die herrschende Betrachtung des Gesetzes als legislative Einheit lässt ein auch nur punktuelles Zustimmungsbedürfnis auf den gesamten Gesetzgebungsakt ausstrahlen.[755] Dieses Ergebnis entspricht dem Bedürfnis nach Rechtsklarheit: Wird die Zustimmung versagt, würde das Gesetz andernfalls nur teilweise und mit einem ursprünglich so nicht vorgesehenen Inhalt zustande kommen. Dem Bund bleibt trotzdem unbenommen, den Corpus zustimmungsbedürftiger Regelungen durch Separierung der Normen auf mehrere Gesetzgebungsakte, so dies sinnvoll erscheint, zu begrenzen. Auch eine noch so geringe Verfahrensregelung in einem Bundesgesetz, die als solche zustimmungsbedürftig ist, macht das Gesetz demnach als Ganzes zustimmungsbedürftig. Danach könnte die Verankerung eines Abweichungsausschlusses nach Art. 84 Abs. 1 S. 5 GG über S. 6 die Zustimmungsbedürftigkeit des gesamten BAnwSchG ausgelöst haben.

Zwar hat der Bund hier ein Abweichungsverbot verhängt, nur liegen die sachlichen Voraussetzungen dafür (Art. 84 Abs. 1 S. 5 GG), wie dargelegt (1.), nicht vor. Insofern fragt sich, ob dem Zustimmungserfordernis die materiellen Voraussetzungen des Abweichungsverbots oder der bloße Umstand, dass der Bund den Ländern die Abweichung verwehrt hat, zugrunde zu legen sind.

Ein, wie hier, unrechtmäßig erlassenes Abweichungsverbot hat – wie dargelegt – zur Folge, dass die Länder das Verwaltungsverfahren nach wie vor in eigener Regie regeln dürfen (Art. 84 Abs. 1 S. 1 GG).

> **Hinweis:** Nach aA, wonach Art. 84 Abs. 1 S. 2 Hs. 1 GG als „salvatorische" Auffangnorm wirkt, sind sie zumindest berechtigt, von bundesgesetzlichen Regelungen zum Verwaltungsverfahren abzuweichen.

Allerdings muss Berücksichtigung finden, dass auch einer rechtswidrigen Regelung ein Rechtsschein anhaftet, der nur durch Richterspruch des BVerfG zerstört werden

---

754 Vgl. Nolte/Tams JURA 2000, 158 (162 f.).
755 BVerfGE 8, 274 (294) = NJW 1959, 475; BVerfGE 55, 274 (319, 326 f.) = NJW 1981, 329; DHS/Kersten, 94. Lfg. 2021, GG Art. 77 Rn. 100; MKS/Masing/Risse GG Art. 77 Rn. 51.

kann. Dies spricht dafür, auf die Tatsache der Regelung und nicht ihre verfassungsrechtliche Statthaftigkeit abzustellen. Dem gegenüber rechtswidrigen Eingriffen des Bundes erhöhten Schutzbedürfnis der Länder wird angemessen Rechnung getragen, wenn eine scheinbar zustimmungsbedürftige gesetzliche Regelung auch als zustimmungsbedürftig behandelt wird. Die Rechte des Bundes werden auch nicht dadurch unangemessen verkürzt, dass sich die Zustimmungsbedürftigkeit auf das gesamte Gesetz erstreckt; denn hiervon ging der Bund bei Erlass des Abweichungsverbotes ja gerade aus. Es bleibt dem Bund unbenommen, auf dieses Verbot zu verzichten oder es gegebenenfalls in einer separaten gesetzlichen Regelung zu verankern.

Nach alledem ist die Ansicht, dass auch ein Abweichungsverbot, dessen verfassungsrechtliche Voraussetzungen nicht gegeben sind, das Zustimmungserfordernis auslöst, vorzugswürdig. Sie erstreckt sich hier auf das gesamte BAnwSchG, da dieses als legislative Einheit zu betrachten ist und nicht in zustimmungsbedürftige und zustimmungsfreie Teile aufgespalten werden kann.

> **Hinweis:** Auch hierzu ist eine Gegenauffassung ohne Weiteres vertretbar. Wer ihr folgt, gelangt zu dem Schluss, dass ein Einspruchsgesetz vorliegt, und muss auf Art. 77 Abs. 3, 4 GG eingehen.

b) Verweigerung der Zustimmung

aa) Vom Bundestage beschlossenes Gesetz

Sowohl Zustimmung als auch Einspruch setzen voraus, dass der Bundestag ein Gesetz iSd Art. 77 Abs. 1 S. 1 GG beschlossen hat. Soweit nichts anderes bestimmt ist, bedarf es für Beschlüsse des Bundestages der Mehrheit der abgegebenen Stimmen (Art. 42 Abs. 1 S. 1 GG). Die für das Gesetz votierenden 215 Abgeordneten bilden jedenfalls nicht die Mehrzahl der abgegebenen Stimmen, die bei 222 liegen würde. Entscheidend ist jedoch nur, dass die Zahl der Ja- die der Nein-Stimmen überwiegt, was in Anbetracht der 17 Enthaltungen der Fall ist. Zwar können Enthaltungen im Falle des Art. 121 GG, der eine Mehrheit der Mitglieder für ein positives Votum fordert, rechtlich durchaus wie Nein-Stimmen gewertet werden. Dies erscheint jedoch nicht angemessen, wo ein Mitwirkungsquorum, wie bei Art. 42 Abs. 1 S. 1 GG, nicht gefordert ist. Kann die erforderliche Relation von Ja- zu Nein-Stimmen hergestellt werden, wenn ein für keine Seite entschiedener Abgeordneter an der Abstimmung nicht teilnimmt, so vermag sich dadurch, dass er an der Abstimmung zwar teilnimmt, sich der Stimme aber enthält, in der Sache nichts zu ändern.[756]

Das BAnwSchG ist folglich mit der erforderlichen Mehrheit beschlossen worden.

bb) Rechtliche Würdigung des „Einspruchs"

Der Bundesrat hat dem BAnwSchG die Zustimmung nicht erteilt, sondern vielmehr gegen das Gesetz Einspruch eingelegt. Ob das Gesetz noch „in der Schwebe" ist – weil die künftige Zustimmung noch möglich erscheint – oder endgültig gescheitert ist, hängt davon ab, wie die Einlegung des „Einspruchs" rechtlich zu bewerten ist.

Der Einspruch könnte sich in eine definitive Versagung der Zustimmung umdeuten lassen, wenn Einspruch und Nicht-Zustimmung in der Finalität übereinstimmen und die materiellen Voraussetzungen beider Rechtsakte im konkreten Fall gegeben sind.[757] Mit seinem Einspruch bekundete der Bundestag jedenfalls positiv seine Ablehnung

---

756 Nolte/Tams JURA 2000, 158 (161).
757 Zum Meinungsstand → § 4 Rn. 14.

gegenüber dem BAnwSchG. Bei verständiger Würdigung der Umstände kann davon ausgegangen werden, dass der Bundesrat, wäre ihm bewusst gewesen, dass das Gesetz der Zustimmung bedürfte, den Einspruch als Verweigerung der Zustimmung hätte gelten lassen. Erklärt der Bundesrat ein solches explizites „Nein" zu einem Zustimmungsgesetz, so läuft keine „angemessene Frist" mehr, sondern das Gesetz ist in diesem Moment als gescheitert anzusehen.[758]

cc) Für die Ablehnung erforderliche Mehrheit

Insofern muss untersucht werden, ob das Gesetz im Bundesrat mit ausreichender Mehrheit abgelehnt worden ist.

> **Klausurtipp:** Wer sich gegen ein Zustimmungserfordernis ausgesprochen hat und zum Ergebnis gelangt ist, dass ein Einspruchsgesetz vorliegt, kommt zu einer ganz ähnlichen Prüfung: Während hier die Verweigerung der Zustimmung daraus abgeleitet wird, dass sich eine Mehrheit für den „Einspruch" gefunden hat, muss auch im Rahmen der Gegenauffassung untersucht werden, ob der Einspruch die erforderliche Mehrheit im Bundesrat hinter sich vereint.

Nach Art. 77 Abs. 3 S. 1 GG kann der Bundesrat binnen zwei Wochen Einspruch gegen vom Bundestag beschlossene Gesetze einlegen; dafür muss das Vermittlungsverfahren erfolglos beendet worden sein. Beide Voraussetzungen sind hier zwar erfüllt, ihr Vorliegen ist jedoch nicht maßgeblich für die Wirksamkeit der Zustimmungsverweigerung; denn Art. 77 Abs. 2a GG knüpft die Zustimmung weder an die Pflicht, ein Vermittlungsverfahren durchzuführen, noch an eine in Wochen bemessene Frist.

Somit kommt es lediglich darauf an, ob der Bundesrat das Gesetz mit Stimmenmehrheit abgelehnt hat (Art. 52 Abs. 3 S. 3 GG). In Ansehung des den Ländern jeweils nach Art. 51 Abs. 2 GG in Abhängigkeit von ihrer Einwohnerzahl zustehenden Stimmengewichts hat der Bundesrat derzeit 69 Stimmen. Da der Einspruch mit 44 Stimmen beschlossen worden ist, hat sich eine Mehrheit gegen das BAnwSchG ausgesprochen. Dies ist als Verweigerung der Zustimmung zu werten. Nach Art. 78 GG ist das Gesetz somit nicht zustande gekommen.

> **Klausurtipp:** Wer von einem Einspruchsgesetz ausgeht, muss nun noch prüfen, ob der Bundestag den von 44 Stimmen getragenen Einspruch wirksam zurückgewiesen hat. Da der Einspruch die Zweidrittelmehrheit verfehlt hat, genügt dafür die Mehrheit der Mitglieder des Bundestages (Art. 77 Abs. 4 S. 1 GG, Art. 121 GG). Erforderlich für die Zurückweisung wären 307 abgegebene Stimmen, die auch erreicht worden sind. Die 45 Enthaltungen sind hier wie Nein-Stimmen zu werten. Qualifiziert man es als Einspruchsgesetz, ist das BAnwSchG also zustande gekommen.

2. Ergebnis

Da Gegenzeichnung und Ausfertigung (Art. 82 Abs. 1 GG) bislang nicht erfolgt sind, kann eine verfassungsrechtliche Prüfung dieser Handlungen noch nicht vorgenommen werden. Diese Schritte dürfen aber ohnehin nicht erfolgen, da das BAnwSchG nicht nach Art. 78 GG wirksam zustande gekommen ist. Darüber hinaus fehlt dem Bund für die verfahrensrechtlichen Bestimmungen des BAnwSchG die Gesetzgebungszuständigkeit.

> **Hinweis:** AA für die Anordnung des Abweichungsausschlusses vertretbar.

---

758 Vgl. Sachs/Mann GG Art. 77 Rn. 11.

> **Hinweis:** Nach der materiellen Verfassungsmäßigkeit des BAnwSchG ist hier nicht gefragt, umso mehr, als keine Details der gesetzlichen Regelungen offengelegt werden. Sie müsste anhand Art. 12 Abs. 1 GG – Berufsfreiheit – vorgenommen werden. Die Anforderungen an die Verhältnismäßigkeit von Eingriffen in dieses Grundrecht sind desto strenger, je stärker sich eine Maßnahme auf den Zugang zu einem Beruf auswirkt und je weniger der Zugang für den Einzelnen voluntativ steuerbar ist. Bedarfsabhängige Zugangsvoraussetzungen dürfen nur zur Abwehr schwerer Gefahren für überragend wichtige Gemeinschaftsgüter festgeschrieben werden. Die Sicherung des Auskommens aktiver Berufsträger ist jedenfalls kein solcher überragender Gemeinschaftsbelang, dass er die massive Abwehr der Konkurrenz durch Gebietsschutz rechtfertigen könnte.[759]

B. Zulässigkeit verfassungsprozessualen Vorgehens (Frage 2)

I. ATP-Fraktion

Die ATP-Fraktion könnte das BAnwSchG im Wege der abstrakten Normenkontrolle überprüfen lassen.

1. Zuständigkeit des BVerfG

Das BVerfG ist gem. Art. 93 Abs. 1 Nr. 2 GG iVm §§ 13 Nr. 6, 76 ff. BVerfGG das für eine abstrakte Normenkontrolle zuständige Gericht.

2. Antragsberechtigung

Antragsberechtigt sind nach § 76 Abs. 1 BVerfGG nur die Bundesregierung, die Landesregierung und ein Drittel der Mitglieder des Bundestages, jedoch keine Fraktion.

Allerdings besteht die LVP-Fraktion aus 237 Abgeordneten, die zusammen mehr als ein Drittel der Mitglieder des Bundestages iSd Art. 121 GG umfassen. Insofern könnte zwar nicht die Fraktion als Körperschaft, aber die Gesamtheit der ihr zugehörenden Abgeordneten einen Antrag auf Überprüfung des Gesetzes stellen. Die 237 Abgeordneten der LVP sind folglich antragsberechtigt.

3. Antragsgegenstand

Als Bundesgesetz ist das BAnwSchG der bundesverfassungsgerichtlichen Überprüfung im Verfahren der abstrakten Normenkontrolle zugänglich (vgl. § 76 Abs. 1 BVerfGG).

4. Antragsgrund/Statthaftigkeit des Antrags

Die Anträge der Abgeordneten der ATP sowie der Landesregierung müssen statthaft sein. Dies sind sie jedenfalls dann, wenn die Antragsteller das Bundesgesetz wegen förmlicher oder sachlicher Unvereinbarkeit mit dem Grundgesetz für nichtig halten (§ 76 Abs. 1 Nr. 1 BVerfGG). Auf eine etwaige eigene Rechtsverletzung kommt es dabei nicht an; es genügt ein „objektives Klarstellungsinteresse", an dem es nur aus-

---

759 DHS/Scholz, 47. Lfg. 2006, GG Art. 12 Rn. 366 f.

nahmsweise fehlt.[760] Für einen solchen Ausnahmefall bestehen hier keine Anhaltspunkte.

Laut Sachverhalt hat die ATP-Fraktion lediglich Zweifel an der Verfassungskonformität des Gesetzes – was wiederum zu Zweifeln an der Statthaftigkeit ihres Antrags Anlass geben könnte. Die Anforderungen des § 76 Abs. 1 Nr. 1 BVerfGG, demzufolge der Antragsteller das Gesetz „für nichtig halten" muss, scheinen damit nicht erfüllt zu sein. Allerdings darf diese Vorschrift keine strengeren Anforderungen statuieren als Art. 93 Abs. 1 Nr. 2 GG, wonach „Meinungsverschiedenheiten" über die Vereinbarkeit von Bundesrecht mit dem GG ausreichen, und muss im Lichte der höherrangigen verfassungsrechtlichen Norm ausgelegt werden. Auch würden die Anforderungen an die Antragsbefugnis überspannt, wenn eine unumstößliche Überzeugung von der Nichtigkeit der Vorschrift nachgewiesen werden müsste – die letztlich jene verfassungsrechtliche Untersuchung erfordern würde, um derentwillen das BVerfG angerufen wird. Mehr als Zweifel an der Verfassungskonformität des BAnwSchG brauchen die ATP-Abgeordneten also nicht darzulegen.[761]

5. Ordnungsgemäßer Antrag/Form

Gemäß § 23 Abs. 1 BVerfGG muss der Antrag schriftlich und mit Begründung gestellt werden.

6. Ergebnis

Ein Antrag auf Überprüfung des BAnwSchG im Wege der abstrakten Normenkontrolle ist mit der Maßgabe zulässig, dass nicht die ATP-Fraktion, sondern die ihr zugehörigen Abgeordneten ihn stellen.

II. Landesregierung Nordrhein-Westfalen

1. Abstrakte Normenkontrolle

Landesregierungen sind in Art. 93 Abs. 1 Nr. 2 GG, § 76 Abs. 1 BVerfGG ausdrücklich als Antragsteller benannt. Die nordrhein-westfälische Landesregierung ist damit antragsberechtigt. Für die übrigen Voraussetzungen der abstrakten Normenkontrolle kann auf die Ausführungen unter I. verwiesen werden. Ein Normenkontrollantrag der Landesregierung ist nach alledem zulässig.

2. Bund-Länder-Streitigkeit

Der nordrhein-westfälischen Landesregierung könnte überdies die Bund-Länder-Streitigkeit zu Gebote stehen. Zwar ist diese nicht unmittelbar auf die Überprüfung der Verfassungskonformität von Gesetzen gerichtet, wohl aber auf diejenige der Rechtsverletzungen durch die zum Erlass des Gesetzes führenden Handlungen.

---

760 Vgl. zB BVerfGE 106, 244 (251) = NVwZ 2003, 724 – Fehlendes Klarstellungsinteresse bei auf Gültigkeitsfeststellung gerichteter Normenkontrolle, wenn mit der Unvereinbarerklärung durch ein Instanzgericht nicht mehr zu rechnen ist.

761 In der Praxis lässt sich dieses Problem dadurch ausräumen, dass die ATP in ihrer Antragsschrift eine Überzeugung von der Verfassungswidrigkeit darlegt und begründet.

1. Zuständigkeit des BVerfG

Die Zuständigkeit des BVerfG für den Bund-Länder-Streit ergibt sich aus Art. 93 Abs. 1 Nr. 3 GG iVm §§ 13 Nr. 7, 68 ff. BVerfGG.

2. Antragsberechtigung

Antragsteller ist laut § 68 BVerfGG zwar die Landesregierung, die insoweit jedoch nur das Land organschaftlich vertritt und Prozesshandlungen vornimmt. Partei im Bund-Länder-Streit ist somit das Land Nordrhein-Westfalen.

3. Antragsgegner

Der Bund ist gem. § 68 BVerfGG Antragsgegner, vertreten durch die insoweit prozesshandlungsbefugte Bundesregierung.

4. Antragsgegenstand

Gegenstand der Bund-Länder-Streitigkeit muss § 69 BVerfG iVm § 64 Abs. 1 BVerfGG zufolge eine rechtserhebliche Maßnahme des Antragsgegners, in casu also des Bundes, sein. Der Erlass des BAnwSchG ist eine dem Bund zurechenbare Maßnahme, die auch, weil sie zu Kompetenzbeeinträchtigungen des Landes führen kann, rechtserheblich ist.

5. Antragsbefugnis

Das Land Nordrhein-Westfalen muss, um antragsbefugt zu sein, gem. § 69 BVerfG iVm § 64 Abs. 1 BVerfGG geltend machen können, durch den Erlass des BAnwSchG in seinen grundgesetzlichen Rechten verletzt oder unmittelbar gefährdet zu sein.

Dafür ist erforderlich, aber auch ausreichend, dass nach dem Vortrag der Landesregierung die Möglichkeit einer Rechtsverletzung oder -gefährdung des Landes möglich, also nicht von vornherein ausgeschlossen ist, wobei die als verletzt gerügten Rechte aus einem Bund und Land umschließenden materiellen Verfassungsrechtsverhältnis stammen müssen.

a) Materielle Gesetzgebungskompetenzen

Das Land könnte die Verletzung seiner Gesetzgebungskompetenzen (Art. 70 Abs. 1 GG) geltend machen. Jedoch ist der Bund im konkreten Fall nach Art. 74 Abs. 1 GG ausschließlich zur Gesetzgebung berufen. Diese Feststellung kann, ohne dass es einer weiteren Auslegung des Kompetenztitels bedarf, eindeutig getroffen werden. Die Verletzung von Rechten des Landes durch Erlass materiell-rechtlicher Vorschriften des BAnwSchG ist damit ausgeschlossen. Auf sie kann das Land eine Antragsbefugnis nicht stützen.

b) Ausführungskompetenzen

Das Land könnte aber in seinen Rechten zur Ausführung des BAnwSchG verletzt sein. Wie bereits festgestellt, wird dieses Gesetz von den Ländern als eigene Angelegenheit ausgeführt. Art. 84 Abs. 1 S. 1 GG weist den Ländern dann die Kompetenz zur Regelung der Behördeneinrichtung und des Verwaltungsverfahrens zu und, wenn der Bund diese zulässigerweise an sich zieht, von dessen gesetzlichen Regelungen abzuweichen (S. 2). Dieses Recht könnte der Bund durch den Erlass der verwaltungsverfahrensrechtlichen Regelungen des BAnwSchG verbunden mit ihrer Bezeichnung als „unabänderlich" verletzt haben.

Da der Bund einen solchen Abweichungsausschluss nur unter der Voraussetzung eines besonderen Bedürfnisses regeln darf und an diesem hier von vornherein erhebliche Zweifel bestehen (vgl. A I 1. b)), ist nicht schlechterdings auszuschließen, dass das BAnwSchG die Rechte des Landes Nordrhein-Westfalen aus Art. 84 Abs. 1 S. 2, 3, 5 GG verletzt hat. Das Land ist also antragsbefugt.

6. Ordnungsgemäßer Antrag/Form

Der Antrag ist gem. § 69 BVerfGG iVm § 64 Abs. 2, § 23 Abs. 1 BVerfGG schriftlich, mit Begründung und unter Bezeichnung der als verletzt gerügten Grundgesetznorm zu stellen.

7. Frist

Die Antragsfrist beträgt sechs Monate ab Bekanntwerden der Maßnahme (§ 69 BVerfGG iVm § 64 Abs. 3 BVerfGG). Mangels gegenteiliger Ausführungen im Sachverhalt ist davon auszugehen, dass sie hier noch eingehalten werden kann.

8. Ergebnis

Ein Antrag des Landes Nordrhein-Westfalen auf Durchführung eines Bund-Länder-Streits ist zulässig.

Sachverzeichnis

Die fett gesetzten Zahlen beziehen sich auf die Paragrafen, die mageren Zahlen auf die Randnummern.